當代中國

当代中国的城市建设

CONTEMPORARY CHINA: CITY CONSTRUCTION

當代中國出版社
Contemporary China Publishing House
2020年·北京

图书在版编目(CIP)数据

当代中国的城市建设 /《当代中国》丛书编辑委员会编. -- 北京 : 当代中国出版社, 2020.7
(《当代中国》丛书)
ISBN 978-7-5154-0946-7

Ⅰ. ①当… Ⅱ. ①当… Ⅲ. ①城市建设 - 概况 - 中国 - 现代 Ⅳ. ① F299.2

中国版本图书馆 CIP 数据核字 (2019) 第 163917 号

出 版 人　曹宏举
责任编辑　宗　边
特约编辑　陈立旭
责任校对　康　莹
印刷监制　刘艳平
装帧设计　创世禧图文
出版发行　当代中国出版社
地　　址　北京市地安门西大街旌勇里 8 号
网　　址　http: //www. ddzg. net　邮箱: ddzgcbs@sina. com
邮政编码　100009
编 辑 部　(010) 66572264　66572154　66572132　66572180
市 场 部　(010) 66572281　66572161　66572157　83221785
印　　刷　北京润田金辉印刷有限公司
开　　本　787 毫米 × 1092 毫米　1/16
印　　张　30 印张　439 千字
版　　次　2020 年 7 月第 1 版
印　　次　2020 年 7 月第 1 次印刷
定　　价　210.00 元

ISBN 978-7-5154-0946-7

9 787515 409467 >

《当代中国的城市建设》

撰　稿　人

（按姓氏笔画排列）

王　凡　王云龙　王秉洛　王洪铸　兰　荣　叶耀先

刘仁根　刘京援　刘金声　刘维城　朱嗣保　孙鸿兴

陈为邦　吴正淮　吴勤珍　沈建忠　金经元　武　涌

张仁隆　张器先　贺　雨　赵　瑾　孟正夫　柳尚华

曹洪涛　顾云昌　蔡玉琢　魏士衡

《当代中国》丛书再版说明

《当代中国》丛书作为新中国成立以来第一套大型当代中国国史和国情丛书，是新中国国史研究领域的标识性作品。该丛书以无可辩驳的史实客观呈现了新中国成立以后近40年我们党带领全国人民所取得的社会主义建设的伟大成就，是改革开放前后两个时期有机衔接的忠实记录。

《当代中国》丛书是20世纪80年代初胡乔木同志提议，经中共中央书记处批准，由中宣部向全国部署，交由中国社会科学院规划和编辑出版，是新中国成立后由中央组织的首次大规模编写中华人民共和国历史的工程。《当代中国》丛书共150卷，208册，约1亿字，3万幅珍贵历史图片。丛书内容广泛，几乎涵盖新中国成立以来各条战线、各个地区社会主义革命和社会主义建设事业的发展过程、辉煌成就。按内容区分，有部门（行业）卷、地方卷、专题卷，还有不限于某个部门或某个方面的综合卷。

1999年6月30日，《当代中国》丛书完成总结大会在北京人民大会堂召开，时任中共中央总书记、国家主席江泽民，国务院总理朱镕基，副总理李岚清等党和国家主要领导同志亲切会见了与会代表。江泽民总书记对丛书的完成表示热烈祝贺和高度评价，同时发表重要讲话。他指出：《当代中国》丛书为研究有中国特色社会主义的伟大事业的发展进程、经验和规律，为在广大干部和群众中开展爱国主义、集体主义、社会主义思想教育，提供了丰富的史料和生动的教材。大家应该充分运用这部丛书的科研成果，为资政育人服务，为推进改革开放和现代化建设服务。同年，《当代中国》丛书荣获第四届中国国家图书奖荣誉奖。

由于本丛书第一版时间久远，版本陈旧，且至今市面无存，为服务广大读者，我们推出了该丛书的新版本。目前再版这套丛书，既是向2019年新中国成立70周年奉献的一份厚礼，也是向2020年全面建成小康社会和2021年中国共产党成立100周年敬献的贺礼。

本次再版的总体原则是在尊重史实和时代语境的前提下，保持丛书既有框架和内容，个别调整体例、订正错讹。本次再版，我们邀请专业人员对各卷英文目录做了全面修订，使之更加准确、简洁。我们还提升了用材、装帧质量，务使该丛书以更好的面貌呈现给广大读者。

本次再版得到了中国社会科学院哲学社会科学创新工程和当代中国研究所的鼎力支持与帮助，在此谨表诚谢。

2019年，习近平总书记对在“不忘初心、牢记使命”主题教育中学习党史、新中国史作出重要指示。我们真诚希望，通过本丛书再版，能为全国广大读者增添一套新的、更为全面系统的学习教材，起到进一步传承红色基因、坚定理想信念的作用，做到知史爱党、知史爱国。

当代中国出版社

2019年12月

总　序

中华人民共和国，作为一个伟大的社会主义国家，屹立于世，已经整整35个春秋。

当此之际，我们决定把30多年来的历史经验，分门别类，加以总结，编纂成书，陆续付梓，以献给这一伟大事业的创业者和建设者，献给行将参加到这一事业中来的一代又一代新的建设者，献给全国各族同胞和世界上一切关心我们事业的朋友们。

在中华民族5000多年的文明史上，我们当代的历史——中华人民共和国的历史，是最辉煌的篇章。这个时期，中国大地上社会的发展，历史的进步，各项事业的兴旺，人民的团结，都是空前的。我们并不满足于既有的初步成就，并不想以此矜夸于人，但是我国人民通过30多年的实践，确实重新建立了充分的民族自信。实践本身向全世界宣告，有着古老文明的中华民族，在中国共产党领导下，恢复了和勃发着青春的活力，她完全有能力在比较短的时间内，扎扎实实，以比较高的速度，迎头赶上，跻身于世界先进民族之林。

中华人民共和国的历史，是一部艰苦卓绝的社会主义创业史。其所以艰苦卓绝，一则是由于我们的基础太差，起点太低；二则是由于我们没有经验。如何把一个贫困落后的半殖民地半封建的旧中国改造和建设成为一个富强先进的社会主义新中国，不仅在我国的历史发展中是前无古人的创新之举，而且在世界范围内也无成例可援。我们固然可以参考和借鉴别人的经验，但从根本上来说，却只有靠我们自己运用马克思列宁主义的普遍真理，独立地认识和分析中国的特殊国情，以无畏的革命创造精神和严格的科学态度，找出一条中国化的建设社会主义的道路。只有这样，振兴中华的大业才会事半功倍，卓有成效。在革命战争年代，我们把马克思列宁主义普遍真理和中国革命具体实践相结合，形成了适合中国情况的科学的指导思想，即毛泽东思想。是否坚持马克思列宁主义普遍真理和中国革命具体实践相结合，是决定新民主主义革命成败的关键。新中国成立以来的历史实践表明，这同样是决定我国社会主义事业成败的关键。30 多年来，中国人民为此贡献了智慧，付出了劳动，备尝了失误的苦痛和成功的欢欣。党的十一届三中全会以后，我们总结过去正反两方面的丰富经验，坚持和发展马克思列宁主义、毛泽东思想，逐步制定和完善各方面的方针政策，在探索建设有中国特色的社会主义的道路上，有许多新的创造，取得了重大的成就。在 1982 年党的第十二次全国代表大会上，邓小平同志提出："把马克思主义的普遍真理同我国的具体实际结合起来，走自己的道路，建设有中国特色的社会主义，这就是我们总结长期历史经验得出的基本结论。"建设有中国特色的社会主义，这是一个实践的过程，又是我们的认识不断提高和深化的过程，这是我们的出发点，又是我们的奋斗目标。我们完全可以自豪地说，沿着这条道路前进，通过全体共产党人和各族人民脚踏实地的艰苦奋斗，把我们的祖国建设成为一个高度文明、高度民主的社会主义的现代化强国，是指日可待的。

社会主义中国的历史还在发展。我们有责任把我国走过的道路和取得的经验，介绍给全国各族人民，介绍给世界人民。我国人民必能从中吸取到爱国主义和社会主义的可贵教益，国外一切关心中国的人也能够由此增进对社会主义新中国的了解。这就是我们编撰出版这套《当代中国》丛书的主要目的。

《当代中国》丛书，将遵循实事求是的科学的态度，不虚美，不掩过，用可靠的事实资料，如实地写出新中国30多年的建设史，为世人为后代留下一部科学的信史。我们深信，只要把30多年建设的成功和挫折的经验，运用马克思列宁主义、毛泽东思想一一加以科学的总结，那就会使之成为传诸后世的国宝。

当然，任何珍贵的历史经验，都不应变成妨碍人们继续前进的沉重负担。我们不仅不能重复过去的错误，也不能为成功的经验所束缚，而故步自封。历史经验的可贵，在于提供给人们继续前进的力量，在于给人们研究和解决新问题以智慧。现在，为了实现社会主义现代化，全面进行经济改革和技术革命的历史任务，已经提上了议事日程。这些在新的历史条件下面临的重大的新课题，显然是不可能从既往的历史经验中找到现成答案的。我们的任务在于，正确运用历史经验，从中得出规律性的认识，以便用科学性和革命性紧密结合的革新精神，去迎接我国社会主义现代化建设的新高潮。

《当代中国》丛书编辑委员会

1984年5月3日

目录

第二编
当代中国城市建设各行业的发展

第三编
当代中国各类城市的建设和发展

Contents

Part Two

Development of the Trades in the Field of the Contemporary Chinese City Construction

Part Three
Construction and Development of the Contemporary Chinese Cities

绪　论

城市是社会生产力发展的产物。当人类由于生产力的发展发生了社会分工，从而出现了城乡分离。《礼记·礼运篇》载："今大道既隐，天下为家。各亲其亲，各子其子，货力为己。大人世及以为礼，城郭沟池以为固。……"[①] 这是中国城市的起源。

随着社会生产力的发展，城市的功能越来越复杂，城市在社会发展中所起的作用也越来越大。马克思把城市看成是再生产的客观条件。列宁说过："城市是经济、政治和人民精神生活的中心，是前进的主要动力。"[②] 中国城市"是经济、政治、科学技术、文化教育的中心，在社会主义现代化建设中起着主导作用"。[③] 城市的发展，有力地促进社会生产力的发展。

中国城市有4000多年的悠久历史，不同历史阶段的城市发展，有着不同的特点和规律，对城市建设也有着不同的要求。

一

中国是一个文明古国。勤劳智慧的中国人民在历史上曾创造了众多可歌可颂的城市，这些城市以其高超的建筑艺术和杰出的成就而享誉世界。

在原始公社后期（公元前21世纪以前），由于畜牧业与农业逐渐分离，促进了生产力的发展，开始有了少许的剩余产品，这时在氏族之间有了交换产品的需要。传说中的"日中为市"[④]，当是交换产品的原始市场。

---

① 《十三经注疏》下册，中华书局1980年10月第1版，第1414页。

② 《列宁全集》，人民出版社1959年第1版，第19卷第264页。

③ 《中共中央关于经济体制改革的决定》，人民出版社1984年第1版，第5页。

④ 《周易·系辞下第八》，《十三经注疏》上册，中华书局1980年1月版，第86页。

到了夏朝（约公元前21世纪—前16世纪），财产的公有制便向着私有制转变，进入奴隶社会，产生了国家。“国君”为了保护他的财富和私属，便建造城郭。传说“筑城以卫君，造郭以守民，此城郭之始也”。《世本》说：“鲧作城郭”①，又说“禹都阳城”②。经考古发掘的河南省登封县王城岗城址遗迹，约建于4000多年前，是中国迄今发现的建立最早的古城堡遗址之一。城的夯土墙每边长约100米，城内有明显的窖穴和灰坑，但无突出的手工业作坊遗址。据有些考古学家推断，它可能就是禹都阳城。当时，城的功能单一，建筑简陋。随着社会经济的发展，城的功能和建筑才不断有所发展。如在河南省郑州市发掘的晚于王城岗古城500多年的商城隞都，城周长7000米，比王城岗古城大十几倍，城内有为奴隶主建造的宫室遗址，城外有多处手工业作坊遗址，证明这时手工业已有所发展，城的功能和建筑也发展了。

西周（约公元前11世纪—前771年）分封诸侯，建立71国，建造城郭也有了一定的规制。《春秋穀梁传》范宁《集解》说：“建国立城邑，有定所，高下大小，存乎王制。”③ 这时，由于手工业的发展，出现了商品生产和商人，城内遂有了市场的设置。《周礼·考工记》记载：“匠人营国，方九里，旁三门，国中九经九纬，经涂九轨。左祖右社，面朝后市。市朝一夫。”④ 以上是指“天子”的都城。“天子”以下，按爵位建设都邑：公国方七里，侯、伯方五里，子、男方三里。其他，如城墙高度，道路宽度以及设几个庙社等，都有定制。

春秋时期（公元前770—前476年），见于记载的大小国家有148个，各自筑城自卫，城市也多起来了。各国都邑都有大小不等的商市，城市的经济功能日益明显，城市的规划建设也有了新的发展。《管子》这本书对城市结构和布局均有论述。其中，《大匡》篇载：“凡仕者近公，不仕与耕者近门，工

---

① 《世本》，问经堂刊，清嘉庆七年九月刻本第1页。

② 同上，第3页。

③ 《十三经注疏》下册，中华书局1980年版，第2370页。

④ 《周礼·冬官考工记第六》，清嘉庆十一年十二月清芬阁重刊福礼堂本，第46页。

贾近市。”① 在确定城址时，还注意了对地理位置和自然条件的选择。《乘马》篇载：“凡立国都，非于大山之下，必于广川之上，高毋近旱而水用足，下毋近水而沟防省。”② 经考古发掘，齐都临淄有大小二城，大城在淄河以西，南北长约 4000 米，东西宽约 3000 米。城内主要是劳动人民居住的地方，有冶铁、冶铜和制骨等手工业作坊遗址，道路通向城门，有排水渠道穿过城墙下面的石筑涵洞，流入护城壕。小城嵌筑在大城的西南隅，南北长约 1800 米，东西宽约 1230 米，是王室居住的地方。除宫殿遗址外，也有直接为宫廷服务的冶铜以及铸造钱币的作坊遗址。道路和排水渠道都有合理的分布。临淄城附近土地肥沃，取水便利，自然条件优越。说明这一时期中国城市规划和城市建设已具有一定的规模和水平了。

战国时代（公元前 475—前 221 年），手工业和商业日益发展，城市的数量和规模均扩大了。当时，各个大国的都城，如齐国的临淄、燕国的下都（今易县）、赵国的邯郸、魏国的大梁（今开封）、韩国的郑城（今新郑）、楚国的郢都（今江陵）、秦国的咸阳等，都是人口众多和工商业密集的大城市。据《战国策》记载，齐宣王时，“临淄之中七万户”③。如按每户 5 口人计，城市人口当在 30 万以上。齐宣王还扩建了稷下学宫，汇集各流派学者数千人在那里讲学。说明这时的城市不但在经济方面的功能有了发展，而且，在政治、文化方面的作用也很重要了。

秦（公元前 221—前 206 年）灭六国以后，建立了中国历史上第一个中央集权的封建国家，初步建立起封建统治的城市体系。秦把全国分为 36 郡（后增至 46 郡，郡下置县）。在全国修建驰道（国道），使首都咸阳和地方的行政中心相联系，以强化统治。秦朝实行重农抑商政策，郡、县等地方城市，主要是作为对农民实行封建统治的军事、政治中心。

西汉（公元前 206—25 年）沿袭秦制，除分封一些亲贵为王侯之“国”④

① 《管子·大匡第十八》，清嘉庆十一年影宋刊本，第 10 页。
② 《管子·乘马第五》，清嘉庆十一年影宋刊本，第 15 页。
③ 《战国策·齐一》，上海古籍出版社，1985 年第 2 版，第 337 页。
④ 西汉时为地方行政区划单位。

外，地方行政区划仍设郡县，但疆域扩大了，封建统治也加强了。西汉后期，有郡、国103个，下辖1500多个县、邑、道、侯国，地方上出现的城市就更多了。由于盐铁工业的发达，农业、商业、手工业都有所发展，形成了洛阳、临淄、邯郸、宛（今南阳）、成都五大商业城市。都城长安，是全国的政治、经济、文化中心，也是进行国际贸易“丝绸之路”的起点。长安城的建筑，以宫室为主体，城内设有9市，居民区划分为160个闾里，城周长25100米，是商、周以来规模最大的城市。

东汉、曹魏和西晋（25—317年），都在洛阳建都。洛阳成了名噪当世的大城市。西晋以前，中国历代的重要城市基本上都分布在黄河流域。西晋以后，北方先后出现“十六国”，混战了100多年。中原士族纷纷逃奔江东，黄河流域的文化也随着转移到长江流域，因而促进了南方社会经济和城市的发展。如京口（今镇江）、江陵、成都、广州等，都很快发展起来。尤其都城建康（今南京），是在三国时吴都建业旧址上建设起来的，南北朝时，又是宋、齐、梁、陈四个朝代的都城，每个朝代都有所修建，遂形成中国南方一大名城。这一期间，北方城市大多由于遭受长期战祸的摧残而衰落了，直到北魏孝文帝后期，北方的社会经济才得到恢复。公元494年，孝文帝从平城（今大同）迁都洛阳，仿照邺城（今临漳附近）、建康的城市模式，在西晋都城的旧址上重新修建了洛阳。

“十六国”时期的后赵和前燕，都曾在邺城建都。后赵曾按曹魏旧城的布局，重新建设邺城。南北朝时的东魏、北齐也在此建都，又继续进行了修建。所以，当时北方最大的城市，要数洛阳、邺城了。但洛阳毁于东魏，邺城又被北周的杨坚所焚毁。

隋唐（581—907年）的建立，结束了两晋以来民族混战和割据分裂的局面。南北统一以及大运河的开通，使衰落的社会经济有所振兴。隋先后建设了长安（叫大兴城）、洛阳，当时分别称西京、东京。唐朝以长安作都城，以洛阳为东都，在隋都的基础上又作了进一步的修建，使两城特别是长安城的规划和建设，在中国封建社会前半期达到了高峰。长安城规模宏伟，规划整齐：东西长9721米，南北宽8651米；皇城宫城居中偏北，以方格网形的道路划分了108个坊里作为居住区；城内设东、西二市；中轴线上的朱雀大街宽达150米；城市人口近百万，是当时世界上最大的城市之一。唐朝的工商业是相当发达的，除长安、洛阳外，扬州是国内的贸易中心，广州是对外出口的贸易中心，还有开封、南昌、江陵、成都等，也是重要的工商业都市。地方行政区划，在开元末期（741年），全国设置15个监察道，共有328个府、州，下辖1573个县。

“五代十国”时期，中国又陷入战乱分裂的局面。当时只有地处长江下游的吴越、南唐和四川的前蜀、后蜀，战火较少，所以淮南一带的人民便向江南流动，而关中一带的人民则流往四川。北方人民南移，又一次促进了南方经济和城市的发展。这时的杭州（吴越都城）、金陵（今南京，南唐都城），都是国内著名的大城市；成都（前蜀、后蜀都城），也以商业发达和物产丰富而著称；江陵（南平国都）是最大的茶市；广州（南汉国都）、泉州、明州（今宁波）等，都成了对外贸易的重要港口城市。

北宋（960—1127年）初期，全国出现了和平统一的局面，农、工、商各业有了较大发展。城市建设也有了新的发展和变化：一是，不再局限于在特定的地点集中设市，而是沿街设店。例如，北宋都城东京汴梁（今开封）的建设就与唐长安城不同，城市人口最多时达到100多万，但城市面积仅及长安城的一半。由于人烟稠密，城内设置瞭望火楼和军巡铺屋等消防设施。北宋张择端所作的《清明上河图》，形象地描绘了当时熙熙攘攘的东京汴梁商业街市。二是，地方上出现了一些工商业小市镇，在行政建制上属县领导，这在前朝也是没有先例的。北宋时，商业都会除东京汴梁外，还有兴元（今汉中）和成都；对外贸易城市则以杭州居首位，其次是广州、泉州、明州、密州（今山东诸城）等。

南宋（1127—1279年）在临安（杭州）建都后，北方的人民，大批逃亡临安，所以此时的临安人口比开封还多，商业、手工业更为繁盛，各行业的商市达400多处。坊巷市街有许多酒楼、歌馆，四季昼夜，殷盛如一，当铺（大质库）有十多处，钱庄百余家等，说明城市经济非常繁荣。由于江南富饶，商业发达，南宋疆域虽不及北宋的2/3，但财政岁入与北宋全盛时期不相上下。有些地方的城市，也建设得很好。如平江府城（今苏州），重建于公元1229年，住宅商店都是前临街、后临河。河道是城市的主要交通运输线，构成“家家门外泊舟航”的水乡特色，具有相当高的规划、建设水平。至今保存下来的南宋平江府图碑，是中国较早的一幅城市平面图。

元朝（1271—1368年），由于商业、手工业有所恢复和发展，城市又繁盛起来，如南方的杭州、南京、镇江、苏州、扬州、成都，沿海港口城市广州、泉州、庆元（今宁波）；北方发展起来的城市，除大都（今北京）外，有涿州、中定（今济南）、太原、平阳（今临汾）、京兆（今西安）。由于改造了山东境内的运河，沟通了长江到直沽（今天津）的水运，运河沿岸也出现了一些新城镇，如临清、德州、直沽等。元大都城是自唐长安以后建设规模最大的都城，始建于公元1267年，主持规划建设的，是汉人刘秉忠，他继承并发展了唐、宋以来中国城市规划的模式和方法。

明朝（1368—1644年），奖励耕垦，减轻赋役，社会经济呈现繁荣景象。明朝工商业的发展，超过了任何一个朝代，出现了资本主义的萌芽，人口大量向城市集中，除北京、南京外，全国新发展起来的工商业大城市有苏州、松江、镇江、淮安、徐州、常州、扬州、仪征、杭州、嘉兴、湖州、福州、建宁、武昌、荆州、南昌、吉安、临江、清江、成都、重庆、泸州、桂林、开封、太原、平阳、蒲州、济南、济宁、临清、德州、天津等30多个；对外贸易港口城市，有广州、泉州、宁波等。明朝各州、县，都很重视筑城。平原地区的城市，多为十字形或井字形的大街；河网或丘陵地区的城市，为了适应地形、地貌，虽不甚规整，但一般都把衙署、寺观等建在城市中心或其他重要地点，住宅多位于小街小巷，把商店等服务性设施放在大街的两侧。明成祖迁都北京前，在元大都的基础上进行了大规模的建设，并保持了元大都的中轴线和布局、结构，建筑更加雄伟壮丽。1550年（明世宗嘉靖二十九年）又加筑了外城。

清朝（1644—1911年）定都北京，保存了明代北京城的建筑格局，并在西郊建设了一批皇家园林，当时北京是世界上少有的一座宏伟壮丽的大城市。清朝在政治上沿用明朝制度，康熙、雍正、乾隆三代约有100多年的稳定时期。18 世纪 50 年代，实现了中华民族疆域的统一，全国凡属府、厅、州、县 1700 多个①。这时，农业、手工业都有较大发展。生产的发展，促进了商品流通，城市也日趋繁荣。由于商业的发展和生产的需求，乾隆年代出现了专门经营汇兑、存款、放贷业务的机构（俗称“票号”，即中国金融业的雏形）。到了嘉庆、道光年代，手工业开始按地域和行业分工，使产品在国内广大地区有了更广泛的流通。但清朝推行的“强本抑末”和“闭关自守”政策，严重地阻碍了仍处于萌芽状态的资本主义的滋长，使其未能冲破封建制度的束缚。

直到鸦片战争，中国封建社会时盛时衰地徘徊了 2000 多年，城市建设虽在历史上谱写过光辉的篇章，但是因为朝代的更迭和战争的破坏，许多城市往往是“兴为都邑，衰为废墟”。特别是由于社会经济发展缓慢，自然就制约了城市的发展。鸦片战争时，中国城市的发展已远远落后于西方资本主义国家。

二

1840—1842 年（清道光二十至二十二年），发生了英国侵略中国的中英鸦片战争。随后，法、俄、日、德、美、意等资本主义列强又多次入侵中国，迫使清政府与各列强国家签订了一系列丧权辱国的不平等条约。在这些不平等条约中，除割地赔款、建立租界外，还被迫允许列强国家在中国开辟了许多通商口岸或商埠，先后计有：上海、广州、福州、厦门、宁波、伊犁、塔城、牛庄（后改营口）、登州（后改烟台）、潮州（后改汕头）、琼州、汉口、九江、南京、镇江、台湾（台南）、淡水、天津、喀什噶尔、沙市、重庆、苏州、杭州、青岛、威海卫、腾越、思茅、梧州、三水、旅大、湛江、凤凰城（凤城）、辽阳、新民屯（今新民）、通口子（今通江口）、法库门（今法库）、长春、吉林、哈尔滨、宁古塔（今宁安）、珲春、三姓（今依兰）、齐齐哈

① 新编《二十五史·清史稿》，上海书店 1987 年版，第 277 页。

尔、海拉尔、瑷珲（今爱辉）、满洲里等。

资本主义列强以通商口岸和租界作为侵略中国的据点，在中国倾销商品，开办工厂，冲破了中国自然经济基础，促进了商品经济的发展。列强经济、政治的入侵，使中国社会变成了半封建半殖民地。清朝后期，在“办洋务”的背景下，创办了一些官办的军事工业和“官督商办”的工矿企业，中国的民族资本主义也应运而生。外国资本主义和中国民族资本主义企业绝大多数都建在沿海的城市中，使得沿海一带的城市得到了较快的发展。

1911年辛亥革命以后，中华民国的建立并没有使中国摆脱半封建半殖民地的枷锁，中国民族资本主义仍然在帝国主义和封建势力的夹缝中挣扎，只是在第一次世界大战期间，由于西方国家顾不上向中国倾销商品，才得到了一个发展的机会。第一次世界大战结束以后，帝国主义又卷土重来，中国民族资本主义竞争不过外国资本，就难以正常发展了。中国主要的工业资本操纵在帝国主义和官僚资产阶级手里。所以，沿海城市即形成一种畸形发展的半殖民地城市。例如上海，自1842年被资本主义列强开辟为通商口岸后，英、法、美等国又先后在这里建立租界。英美租界于1863年合并为公共租界，有“十里洋场”之称。1865年清政府在上海设立了江南制造局（江南造船厂前身）和机器织布局等工厂；私人资本也陆续办起了一些机器、缫丝、轧花、石印、造纸、火柴等小型工厂；第一次世界大战期间，又发展了一些棉纺织、卷烟、面粉等轻工业，上海逐渐成为全国最大的一个工商业城市和金融中心。据资料记载，1875年上海县共有人口55万，到1927年上海设立特别市时，市区人口已发展到267万人。当时主宰上海经济命脉的是帝国主义者。外国租界是帝国主义在中国领土上的“国中之国”。从1845年至1914年的70年间，租界面积扩大到32.82平方公里，比当时的华界地区（共15.68平方公里）大1倍还多。公共租界的“工部局”俨然如同一个市政府，设有警务、税务、学务等行政机构及法院等。外国人还直接掌握着上海的海关。他们在上海开设了68家银行，进行商业投机，发行钞票，使上海及其他通商口岸的中国钱庄成为其附庸。上海有200多家“洋行”，垄断着中国的进出口贸易，并在中国大量倾销商品。外国资本家在中国开办工厂，控制着全城主要的电力、煤气、自来水、公共交通和电话；在租界里住着豪华的洋房别墅，享受着现代的市政公用设施。而大多数中国人则居住在设备简陋的旧式里弄里，甚至有上百万的劳苦群众栖身于污浊破烂的棚户区，生活环境十分恶劣。

1931年发生了“九一八”事变，中国东北三省沦为日本帝国主义的殖民地。日本帝国主义把东北作为侵略整个中国和东亚地区的根据地，曾在东北建设了一批工业基地，使得一部分城市得到了发展，形成了日本帝国主义残酷统治下的殖民地城市。大连市被日本帝国主义进行殖民统治的时间最久（从1905年日本就取代帝俄，占领了大连，前后统治达40年之久）。日本帝国主义为了大肆掠夺中国东北的物产资源，在大连筑港口，开办工厂（其主要工厂都是日本国内大工厂的分厂，只从事修配和半成品加工，不能独立制造完整设备），管理权也完全控制在日本人手里。大连解放前，市区人口有70多万，日本人占1/3，城市中75%的住房为日本人所占有。日本人的居住区，有完善的现代市政设施，而大多数中国人则居住在潮湿破烂的边缘地带，过着牛马不如的亡国奴生活。

1937年爆发“七七”事变。日本帝国主义发动对中国的全面侵略战争，大半个中国被日寇侵占，全国80%的重要城市遭到日寇的破坏和摧残。震惊世界的南京大屠杀，使30万人遇难，大批的建筑物被毁；江西南昌陷落后，城内78%的房屋、35%的道路、50%的排放水设施被破坏；日寇进攻武汉时，有1/3的房屋毁于战火……

1945年抗日战争胜利。1946年，国民党政府即发动了向解放区的全面进攻，很多城市再次遭受战火破坏。内地有些城市即使没有受到严重的战争破坏，仍是一派衰败落后的景象。以西安为例，西安当时是国民党政府行政院的直辖市，房屋破旧，棚户茅屋到处可见，街道都是狭窄的土路和碎石路，公共汽车只有17辆，电话不到1000门，市民饮用的是浅井苦水，大多数人家用油灯照明。全市工业只有一座4000千瓦的发电厂和几家规模很小的纺织厂、面粉厂、火柴厂和机械厂，以及一些技术落后的手工作坊。再如北平（今北京），当时是国民党政府在华北最重要的政治、军事中心，但在《中美友好通商航海条约》的制约下，依然是一个半封建半殖民地城市。古老建筑衰颓残破，城市设施简陋落后。城市人口200.6万，城区和关厢面积共109平方公里。2000多万平方米的各类房屋中，约3/4是明、清时代遗留下来的旧平房，其中住房面积1300万平方米，除在东、西两个城区内，有一些较好的宽敞明亮的四合院，大多数住宅特别是建在城根和关厢的，都是低矮破烂的房屋；多数街道是碎石路和土路，公共交通只靠49辆有轨电车和汽车，主要的交通工具是20000多辆脚蹬三轮车和3000多辆人力车；电力供应严重不足，相当多的居民只能点油灯照明；全城仅有电话交换机20000门；只有一座日供水能力50000立方米的自来水厂；下水道共有221公里，主要是明清时代修建的，多处坍塌堵塞，污水横流；街巷垃圾遍地，脏乱不堪。1948年全市工业总产值仅1亿元①，而且其中的80%是手工业产值。

据1948年4月南京国民政府内政部方域司编印的《中国之行政督察区》刊载，当时全国共有67个设市城市（见表1）和2016个县，另有21个旗和35个设治局。

1948年全国设市城市一览表

表1

序　号	城市名称	隶属关系	城市人口（人）	设市时间（年·月）
1	南　京	行政院直辖	1030572	1927·5
2	上　海	行政院直辖	4300630	1927·5
3	北　平	行政院直辖	1672438	1928·6
4	青　岛	行政院直辖	759057	1929·7
5	天　津	行政院直辖	1707670	1929·6
6	重　庆	行政院直辖	1002787	1939·5
7	大　连	行政院直辖	722950	1945·9
8	哈尔滨	行政院直辖	637573	1945·9
9	汉　口	行政院直辖	641513	1928

① 按1980年不变价格折算。

续表

序　号	城市名称	隶属关系	城市人口（人）	设市时间（年·月）
10	广　州	行政院直辖	960712	1918·10
11	西　安	行政院直辖	502988	1947·6
12	沈　阳	行政院直辖	1094804	1947·6
13	徐　州	江苏省辖	160013	1945·10
14	连　云	江苏省辖	76753	1935·12
15	杭　州	浙江省辖	606136	1927·5
16	蚌　埠	安徽省辖	105237	1947·9
17	南　昌	江西省辖	203101	1935·7
18	武　昌	湖北省辖	174367	1935·7
19	长　沙	湖南省辖	421616	1933·8
20	衡　阳	湖南省辖	181424	1933·4
21	成　都	四川省辖	620302	1930·2
22	自　贡	四川省辖	291791	1942·8
23	福　州	福建省辖	300337	无资料
24	厦　门	福建省辖	124075	无资料
25	台　北	台湾省辖	269116	无资料
26	基　隆	台湾省辖	68754	无资料
27	新　竹	台湾省辖	119087	无资料
28	台　中	台湾省辖	82588	无资料
29	彰　化	台湾省辖	59155	无资料
30	台　南	台湾省辖	165329	无资料
31	嘉　义	台湾省辖	116437	无资料
32	高　雄	台湾省辖	143288	无资料
33	屏　东	台湾省辖	100086	无资料
34	汕　头	广东省辖	146864	1930·12
35	湛　江	广东省辖	无资料	无资料
36	桂　林	广西省辖	142202	1940
37	昆　明	云南省辖	255462	1935·3
38	贵　阳	贵州省辖	262740	1930·8
39	唐　山	河北省辖	149124	1947·5
40	石　门	河北省辖	217327	1947·5
41	济　南	山东省辖	591490	1930·2
42	烟　台	山东省辖	无资料	1946·2
43	威　海	山东省辖	222247	1945·10
44	太　原	山西省辖	251566	1947·4
45	兰　州	甘肃省辖	156468	1947·7
46	银　川	宁夏省辖	38634	1945·8
47	西　宁	青海省辖	55564	1945·11

续表

序　号	城市名称	隶属关系	城市人口（人）	设市时间（年·月）
48	归　绥	绥远省辖	103051	无资料
49	包　头	绥远省辖	53228	1933·4
50	陕　坝	绥远省辖	17582	1943·10
51	张家口	察哈尔省辖	168840	1947·6
52	迪　化	新疆省辖	97980	1945·8
53	锦　州	辽宁省辖	155435	1947·6
54	营　口	辽宁省辖	154705	1947·6
55	鞍　山	辽宁省辖	219751	1947·6
56	旅　顺	辽宁省辖	44394	1947·6
57	通　化	安东省辖	81993	1947·6
58	安　东	安东省辖	315242	1947·6
59	四　平	辽北省辖	76825	1947·6
60	吉　林	吉林省辖	239325	1947·6
61	长　春	吉林省辖	605276	1947·6
62	牡丹江	松江省辖	200319	1947·6
63	延　吉	松江省辖	42792	1947·6
64	佳木斯	合江省辖	168000	1947·6
65	北　安	黑龙江省辖	70032	1947·6
66	齐齐哈尔	嫩江省辖	174675	1947·6
67	海拉尔	兴安省辖	16146	1947·6

注：根据1948年4月国民党政府内政部方域司编印的《中国之行政督察区》所列城市及该司1947年编印的《中华民国行政区域简表》和《中国之都市》整理。

67个设市城市中有9个在台湾省（台北、基隆、新竹、台中、彰化、台南、嘉义、高雄、屏东，共有城市人口1123840人）；58个在大陆（共有城市人口23794125人，内缺湛江、烟台二市人口资料）。这58个城市大体上可分为三类：一类是分布在东北各省，曾经日本帝国主义长期统治过的殖民地城市，有大连、沈阳、哈尔滨、锦州、营口、鞍山、抚顺、通化、安东、四平、吉林、长春、牡丹江、延吉、佳木斯、北安、齐齐哈尔、海拉尔，共18个城市；一类是分布在沿海、沿长江地带，曾为列强国家通商口岸的殖民地、半殖民地城市，有上海、天津、青岛、广州、南京、汉口、重庆、杭州、烟台、威海、福州、厦门、汕头、湛江，共14个（另外武昌、连云也是沿海沿江的港口城市，但不属于列强国家通商口岸城市），这两类城市，在租界地和外国人的居住区都有一些现代的市政公用设施；第三类属于内地城市，如北平、西安、徐州、蚌埠、南昌、长沙、衡阳、成都、自贡、归绥、包头、陕坝、张家口、迪化、桂林、昆明、贵阳、唐山、石门、济南、太原、兰州、银川、西宁，共24个城市，这些城市设施十分落后，只有官僚、绅商等少数人才有一些高级舒适的住所。

以上各类城市，在临近解放时，已都是经济停滞、百业凋零、满目疮痍、民不聊生。只有新中国成立以后，城市回到了人民手中，经过30多年的社会主义建设，才发生了翻天覆地的变化。

三

当代中国的城市建设，取得了辉煌的成就，但也几经挫折，走过了一条曲折的道路。把走过的路程和取得的经验，如实地展现，是编写本书的目的。

本书第一编按照年代顺序，综合的叙述1949年到1986年城市建设的历史和所取得的成就，并对工作中的经验教训做出科学的总结，以反映中国城市建设历史的面目。第二编展示了按照国家现行体制归城乡建设环境保护部所管辖的城市规划、城市住房、城市道路、城市公共交通、城市供水、城市排水、城市园林绿化、城市燃气、城市环境卫生等行业所取得的成就，详述了各行业技术进步和发展的过程，及其达到的水平。第三编选刊了49个不同类型、各有一定代表性的城市的建设实绩，通过这些典型，更实际更形象地反映出当代中国城市建设的全貌。

第一编

当代中国城市建设的历程

第一章
国民经济恢复时期的城市建设
（1949—1952 年）

1949 年 10 月，中华人民共和国成立，标志着旧中国半封建半殖民地旧制度的覆灭和社会主义新制度的建立。从此，城市建设进入了一个崭新的历史时期。

当中国人民解放战争胜利在望的时候，中国共产党对城市工作已经引起重视。1949 年 2 月，毛泽东指出："从现在起，开始了城市到乡村并由城市领导乡村的时期，党的工作重心由乡村移到了城市"，"必须用极大的努力去学会管理城市和建设城市"，"只有将城市中的生产恢复起来和发展起来，将消费的城市变为生产的城市了，人民政权才能巩固起来。"① 这些极其重要的论述，奠定了制定新中国城市建设方针的思想基础。

新中国成立之际，城市面临着医治战争创伤、消除旧社会腐朽的恶习、建设新的社会秩序、恢复生产、稳定物价、安定人民生活等重要问题，百业待兴。为了适应城市经济的恢复和发展，城市建设工作提上了议事日程。

第一节　改善市政设施和居住条件

解放初期，人民政权接管的大批城市，由于连年战争，日趋败落，普遍存在着供水排水管道、道路、河道和房屋年久失修，医院病床不够，消防设备不足，公共厕所太少，失学儿童太多等严重问题。针对这些问题，1951 年

① 毛泽东：《在中国共产党第七届中央委员会第二次全体会议上的报告》，《毛泽东选集》人民出版社 1964 年第 1 版，第 1317—1318 页。

2 月，中共中央在《政治局扩大会议决议要点》中指出："在城市建设计划中，应贯彻为生产、为工人服务的观点。"明确规定了城市建设工作的基本方针。为了解决城市建设经费的来源，1951 年 3 月，政务院公布了《关于进一步整理城市地方财政的决定》，规定了城市地方财政收入的范围，允许使用于市政公用设施的修建。各城市采用以工代赈的方法，结合爱国卫生运动，发动群众，清运垃圾，整治环境、修桥补路、疏浚河道、修筑堤坝等，解决了一些旧社会长期未能解决的问题。

一、整治城市环境

全国（除台湾省以外，下同）中华人民共和国成立以后，各城市环境极差，由于雨水污水排泄不畅，集成臭水沟塘，大小街巷垃圾成堆，改善城市劳动人民的居住环境已是城市建设中最迫切的问题。各城市人民政府采用以工代赈和组织居民义务劳动等办法，1949 年至 1952 年，共修建排水管沟 1037 公里，清除垃圾约 2000 万吨，初步改变了全国城市的环境面貌。

北京市人民政府从 1949 年开始，在中央驻京机关和部队的配合下，组织全市人民先后疏浚了北海、中南海，整治了紫竹院、陶然亭、龙潭湖，形成广阔的水面，建成美丽的公园。著名的龙须沟工程，就是在这个时期完成的。龙须沟原是天坛附近的一条排水明沟，它汇集了天桥、天坛、金鱼池等地区 300 多公顷面积的雨水和污水，沟里污水淤积、垃圾成堆，沟旁密集着低矮、潮湿的简易房屋和棚户，卫生条件十分恶劣，是旧社会贫苦人民聚居的地方。每逢大雨，这里常有房屋倒塌、溺死儿童的灾祸发生，严重威胁着当地居民的生命、财产安全。1950 年，北京市人民政府仅用半年时间，清理了沟内的污泥和垃圾，修建了排水暗沟，并修筑了沥青道路，安装了自来水管和电灯，通了有轨电车，使龙须沟地区的面貌焕然一新。著名作家老舍，根据龙须沟的变化，写了剧本《龙须沟》，生动地记叙了龙须沟的变迁，歌颂了北京的建设成就。

南京市共动员以工代赈工人约 2 万人，疏浚了秦淮河、惠民河、玄武湖，培修了郊区堤防，把臭水坑遍布、疾疫蔓延的"苦恼村"（五老村棚户区）改造成房屋整洁、花木繁盛的幸福村。

成都市动员9万余人，投入27万个工日，疏通河道、沟渠50余公里，街道暗沟80公里，初步解决了城区洪涝灾害，清除了市中心区的杂草和积存百年以上的垃圾20多万吨，改善了城区的环境卫生。

二、改善劳动人民的居住条件

城市居住问题是关系到广大城市居民切身利益的问题。新中国成立后，人民政府就把改善职工住房的困难问题作为大事来抓。

1951年，根据中央人民政府政务院先后发布的《关于没收战犯、汉奸、官僚资本家及反革命分子财产的指示》和《关于没收反革命罪犯财产的规定》，接管了敌产和大批逃亡的敌伪军政官员、地主、资本家的房屋，除一部分留作政府机关的用房外，其余大部分分配给城市职工。例如，江西省40个市、县共接管了100万平方米的房屋；南昌市接管了1898幢房屋，解决了约6万居民的住房问题；大连市约有2.39万户、30%的居民迁进了原日本人居住的“洋房”。

从1949年到1952年，对城市原有的危房、破房进行了维修养护。全国城市共维修房屋约2000万平方米，使部分居民的住房得到了改善。北京市3年共修缮危房、破房约360万平方米，上海市修缮房屋100万平方米，广州市修缮危房57.7万平方米，鞍山市维修住宅62.2万平方米。

在国家资金比较困难、材料和施工力量不足的情况下，各城市还新建了一批工人住宅。从1949年到1952年，全国城市大约新建了1000万平方米的职工住宅。

1951年2月，天津市第三次各界人民代表大会专门研究了住房问题。1952年，市人民政府把解决劳动人民的居住问题列为市政建设的两大任务之一，专门成立了天津市建筑管理委员会，领导这项工作。在中山门、西南楼、吴家窑、丁字沽、唐家口、王串场等地修建了工人新村。在“三反”、“五反”运动和反霸斗争①以后，工人群众热情很高，他们普遍开展劳动竞赛、革

① 即反封建把头的斗争。

新技术、改进施工方法，大大加快了施工进度。工人及其家属像赶庙会一样，扶老携幼拥向工地，参加义务劳动。天津自行车厂钳工组技工刘师傅的父亲感慨地说："我从10岁做油漆工，干了一辈子，净给人家油门刷窗，盖的房子是人家的。今天人民政府给咱工人盖房子，这都是共产党、毛主席给咱的好处。"天津市在财政能力、技术条件、施工和建筑材料还都十分困难的条件下，发动群众，一年修建了90多万平方米、5.5万间的职工住宅，解决了17万工人及其家属的居住问题。

到1952年年底，成都市共新建住宅7.7万平方米，太原市共新建27.6万平方米，济南市共新建住宅20.4万平方米，北京市共新建住宅156.9万平方米，江西省全省城市共建住宅452.97万平方米。

上海市拆除了近100万平方米的棚户，改建成砖木结构住宅，并新建了全市第一个工人住宅区——曹杨新村。

经过三年的建设，到1952年年底，全国城市人均居住面积达到了4.5平方米。在新建的工人住宅区内，有了供水、排水、电力、卫生设备，有了比较齐全的公共服务设施和良好的绿化环境，城市中劳动人民的居住条件有了很大的改善。

三、整修道路，增设城市公共交通

新中国成立前，大多数城市道路是极其落后的。有的城市道路路面不平，"无风三尺土，有雨一街泥"，有的城市路网不成系统。新中国成立后，各城市都积极整修街道，加固桥梁，拓宽干道，装修路面，并安装路灯。有些城市是第一次安装路灯，有的城市第一次修建了混凝土路面。到1952年年底，全国城市道路的总长度，由1949年的11127公里增加到12291公里。

重庆市整修、改造和新建了解放碑、校场口周围的邹容路、民族路、五一路、临江路、和平路和新华路等104条大街小巷。抚顺市维修路面290公里，改造、新建道路95公里，保证了厂矿生产运输和职工通勤的需要。太原市翻修道路59.21公里，打通了南北干道（今五一路），新建了北汾河、北沙河两座钢筋混凝土桥梁，以及迎泽大桥，初步改善了城市交通。济南市整修了趵突泉路等 4 条干道，形成了环城路，改善了城内的交通状况。南昌市改建了赣江桥（今八一大桥），新建八一大道，贯通了火车站、市区和赣江南岸的联系。景德镇市翻修了中山路、中华路等 4 条干道，新辟了莲花路等 4 条道路，使老市区内的道路系统初步改善。福州市整修了洋中路等 10 多条道路，拆除鼓楼城墙，扩建西南环城路，连通了城区道路与对外公路。扬州市拆除城墙，修筑了 8.7 公里的环城马路，整修了老城内的 4.4 公里的十字干道。

经过 3 年的建设，不仅城市道路有了不同程度的改善，而且城市公共交通状况也有了明显的改善。

到 1952 年，全国有公共交通设施的城市，从 1949 年的 26 个增加到 41 个。公共交通线路从 1154 公里增加到 2446 公里；公共交通车辆由 2292 辆增加到 3515 辆；客运量由 37024 万人次增加到 111463 万人次。仅北京、天津、成都、重庆等城市，3 年共增加电车 272 辆、汽车 315 辆。全国有 15 个城市第一次开办了公共交通，像太原、成都这样的省会城市也是 1952 年才有了公共汽车的。

四、改善城市供水状况

新中国成立时，有现代供水设施的城市大部分集中在沿海和东北地区。原来有外国租界地的城市，供水设施分散，经营各成系统。内地只有少数城市有自来水，大部分城市没有现代供水设施。1949 年，全国只有 58 个城市有供水设施，日供水能力为 240.6 万立方米。大部分城市居民直接饮用江、河、湖水和浅井水。

新中国成立后，许多城市恢复、调整和扩大了原有供水设施。沈阳、大连、抚顺、鞍山等城市恢复了被战争破坏的供水设施，并扩建水厂，增加供水能力和供水管线，扩大供水范围。对在一个城市分割为几个系统的供水设施进行了调整。例如，上海市合并了 6 家自来水厂，统一了城市供水管线，并在劳动人民聚居的闸北、南市、普陀等地区的 77 个棚户区安装了自来水。1950 年，天津市将原有的两家自来水公司合并，成立了天津市自来水公司，扩大了供水能力，调整了管道，改善了供水条件。重庆、成都、昆明等城市也都扩建自来水厂，铺设新的供水管道，扩大了城市供水面积。

从1949年到1952年，全国有24个城市新建了自来水厂和相应的供水管网。郑州市原来只有土井，水味苦涩，1951年陆续打了深井，改变了全市的供水状况，使大多数居民吃上甜水。长沙市于1950年动工修建自来水厂，1951年建成投产，改变了市民历来喝湘江水和浅井水的状况。西安市在1952年建成自来水厂，改变了过去吃“苦水”的状况。

经过三年恢复、改造和建设，有现代供水设施的城市增加到82个，日供水能力增加到266.6万立方米，提高了城市生活用水的质量，保障了居民的身体健康。

第二节　增加建制市，加强城市的统一管理

随着国民经济的恢复和发展，服从于政治、经济的需要，城市发展很快，市的建制相应增加，并相应建立了统一管理城市建设的机构。

一、设市的城市不断增加

新中国成立前，全国设市的城市共有58个。随着解放战争的胜利，由于政治、经济的需要，一些县城被改为市的建制，计有保定、秦皇岛、承德、大同、赤峰、乌兰浩特、满洲里、鹤岗、西安（今辽源）、抚顺、本溪、阜新、辽阳、无锡、苏州、常州、镇江、南通、扬州、泰州、宁波、温州、嘉兴、绍兴、金华、兰溪、衢州、合肥、芜湖、安庆、阜阳、宿州、屯溪、萍乡、九江、赣州、吉安、抚州、张店、周村、潍坊、济宁、德州、郑州、洛阳、开封、新乡、安阳、南阳、信阳、周口、漯河、驻马店、宜昌、许昌、沙市、常德、韶关、佛山、海口、江门、肇庆、南宁、柳州、梧州、宝鸡、汉中、宣化、山海关、金州、榆林、石岛、龙口、羊角沟、当涂、大通、宣城、三河、界首、亳城、汝南、朱集共82个城市。新中国成立时，曾撤销解放前设置的北安、延吉、陕坝、武昌4个建制市。这样到1949年年底，全国

设市的城市已由解放前的58个增加到136个，增加1.34倍。设县镇的小城市2000多个。城镇人口共有5765万人①，约占全国总人口的10%。

在三年恢复时期，随着经济的恢复和发展，又有一些城镇改为市的建制，计有湖州、淮南、泉州、漳州、淄博、商丘、黄石、襄樊、株洲、邵阳、湘潭、洪江、益阳、邯郸、阳泉、长治、通辽、咸阳、南郑、平凉、天水、临夏、吴忠、喀什、伊宁、清江、东台、潮州、北海、景德镇、上饶、内江、宜宾、万县、南充、泸州、遵义、个旧、下关、拉萨、雅安、五通桥、合川、麻栗坡、河口、常熟、延吉47个城市。同时又撤销了赤峰、兰溪、衢州、阜阳、萍乡、抚州、周村、南阳、肇庆、汉中、山海关、金州、榆林、石岛、龙口、羊角沟、当涂、大通、宣城、三河、亳城、汝南、朱集23个城市的市建制。到1952年，经过调整，设市的城市发展到160个，比1949年增加了17.6%。城镇人口增加到7163万人，比1949年增加了24.2%，占总人口的12.5%。城市的分布与全国解放前相比也有了很大的变化。

二、建立城市建设管理机构

人民政府在恢复经济和改造社会的同时，就注意了城市建设工作。1949年10月，在政务院财经委员会（简称中财委，下同）计划局下设立了基本建设处，主管全国的基本建设和城市建设工作。各城市相继都成立了城市建设管理机构。大城市如北京市成立了都市计划委员会，重庆市成立了都市建设计划委员会，成都市成立了市政建设计划委员会，济南市成立了城市建设计划委员会等，这些城市还建立了公用局、市政局或建设局。一些中小城市也都设立了城市建设局，分管城市各项市政设施的建设和管理工作。

为了迎接有计划大规模的经济建设，从组织上作好准备，1952年8月，中央人民政府建筑工程部（简称建工部，下同）成立，主管全国建筑工程和城市建设工作，并专设了城市建设处。

① 城镇人口指常住在城镇的非农业人口。

三、统一管理城市建设工作

为了使城市建设工作适应国家由恢复向建设的转变，为大规模的经济建设做好准备，中财委在 1952 年 9 月，由副秘书长周荣鑫主持，召开了新中国成立以来第一次城市建设座谈会。会议提出，城市建设要根据国家的长期计划，分别不同城市，有计划有步骤地进行新建或改建，加强规划设计工作，加强统一领导，克服盲目性，以适应大规模经济建设的需要。会议决定：

第一，从中央到地方建立健全城市建设管理机构，统一管理城市建设工作：（1）在中央成立城市建设局；（2）各大区由大区财委（计委）基本建设处管理城市建设工作；（3）要求各城市建立健全城市建设机构；（4）在 39 个重点城市成立建设委员会，委员由市内的工业、交通、水利、文教、卫生、军事等部门负责人及市一级有关部门负责人担任，并吸收若干专家参加工作。主任委员由中共市委书记或市长担任，另设几个副主任，其中一个由市财委主任担任，并设一个专门负责具体工作的副主任。委员会的任务是：领导城市规划设计，监督检查城市内一切建设工作。委员会下设两个常设机构：一是规划设计机构，负责规划设计工作；二是监督检查机构，负责监督检查一切建设工程。

第二，开展城市规划。为了有计划有步骤地进行城市建设，首先要制订城市远景发展的总体规划，在城市总体规划的指导下，有条不紊的建设城市。城市总体规划的内容要求，参照苏联专家帮助草拟的《编制城市规划设计程序（初稿）》进行。各城市都要建立城市规划工作。

第三，划定城市建设范围。城市建设计划列入财委（计委）计划之内，由财委掌握。城市建设的项目，定为 11 种：调查研究、道路、自来水、下水道、公园绿地、电车、公共汽车、防洪排水、桥梁、轮渡、煤气。旅馆暂不列入，个别城市可以另外考虑。至于小的公共厕所等卫生工程，可以考虑列入城市建设计划内。这是新中国成立后第一次对城市建设工作的内容和范围做出规定，也是第一次明确规定把城市建设计划纳入国家经济计划内。

第四，对城市分类排队。当时，国家经济建设要集中力量发展工业，而且以发展重工业为主。因此，从全国城市建设的重要性来看，把全国城市按性质与工业建设比重划分为四类：

第一类，重工业城市：北京、包头、西安、大同、齐齐哈尔、大冶、兰州、成都 8 个城市；

第二类，工业比重较大的改建城市：吉林、鞍山、抚顺、本溪、沈阳、哈尔滨、太原、武汉、石家庄、邯郸、郑州、洛阳、湛江、乌鲁木齐 14 个城市；

第三类，工业比重不大的旧城市：天津、唐山、大连、长春、佳木斯、上海、青岛、南京、杭州、济南、重庆、昆明、内江、贵阳、广州、湘潭、襄樊 17 个城市。

第四类，除上述 39 个重点城市以外的一般城市，采取维持的方针。

会后，中财委计划局基本建设处会同建工部城建处组成了工作组，到各地检查会议的贯彻执行情况，促进了重点城市的城市规划和城市建设工作的开展。

从此，中国的城市建设工作进入了一个统一领导，按规划进行建设的新阶段。

第二章
第一个五年计划时期的城市建设
(1953—1957 年)

经过三年国民经济恢复，自 1953 年起，中国进入第一个五年计划（简称“一五”计划，下同）时期，第一次由国家组织有计划的大规模经济建设。城市建设事业作为国民经济的重要组成部分，为保证社会与经济的发展，服务于生产建设和人民生活，也由历史上无计划、分散建设进入一个有计划、有步骤建设的新时期。

“一五”计划开始后，百业待兴，城市建设面临着改造旧基础，建设新内容的双重任务，这是一个复杂而繁重的任务。但是，国力有限，人力、物力和财力要集中用于发展生产和工业建设，城市建设要为工业建设服务，要与国家重点建设相结合，不能平均使用力量，只能根据国家的长期计划，有计划、有步骤地进行新建或改建，以适应大规模经济建设的要求。

第一节　城市建设工作的加强

“一五”时期，国家的基本任务是：集中主要力量进行以苏联援助的 156 个[①]建设项目为中心的、由限额以上的 694 个建设单位组成的工业建设，以建立社会主义工业化的初步基础。随着社会主义工业建设的迅速发展，在中国辽阔的国土上，出现了许多新工业城市、新的工业区和工人镇，城市建设事业相应地得到发展。为了配合工业建设，中共中央和国务院对城市建设工作

---

① 苏联 1953 年计划援建项目为 141 项。1954 年 10 月 12 日中苏两国签订协议，苏联帮助中国新建 15 项工业企业，加上原有协定规定的 141 项工业企业，共为 156 个建设项目。

十分重视，加强了城市建设的统一领导，从上到下建立、健全了管理机构，制定了城市建设的工作方针，调整了市、镇建制。

一、加强和健全城市建设机构

三年国民经济恢复时期，有些城市已经新建了一些工厂和市政公用设施。因为管理机构不够健全，加上没有经验，有些建设部门各自为政现象比较严重，城市各项建设出现了“天上地下到处打架，活人死人连续搬家”的混乱现象，带来了一些不合理的安排和浪费。例如，西安制药厂由于选址建厂的位置不当，严重污染了城市环境；成都火车站原计划要用2万亩地，市人民政府拨给7000亩还用不完等等。这种混乱状况对即将到来的大规模经济建设是不利的。因此，为了加强对城市建设工作的领导，国家开始逐步健全和加强各级城市建设机构。

1953年3月，在中央人民政府建筑工程部设城市建设局，主管全国的城市建设工作。5月，国家计划委员会（简称国家计委，下同）在基本建设联合办公室内设立城市建设组，统管城市建设计划。中共中央于1953年5月发出通知，要求建立和健全各大区财委的城市建设局（处）及工业建设比重较大城市的城市建设委员会。1953年7月，为了加强城市建设的计划性，国家计委撤销了城市建设组，设置城市建设计划局。

1953年7月，中共中央中南局向中共中央反映，国家建设中存在着一个极大的矛盾，就是工厂建设有计划，城市建设无计划；工厂建设有人管，城市建设无人管。因而产生两种情况：一种是盲目冒进，为适应主观想象的大规模的工厂建设，过早地拆房子，修马路；另一种是由于缺乏整体的城市建设计划，心中无数，消极等待。建议在有重要建设的城市成立城市建设委员会。对此，中共中央于同年9月发出《关于城市建设中几个问题的指示》，要求各中央局、分局、省、市及中央各有关部门，加强对城市建设的领导，建立、健全各大区的城市建设机构，抽调一定的得力干部及技术人员加强此项工作。中共中央华北局于1953年年底成立以书记刘澜涛为首的包头基地建设委员会。

1953年由苏联援建的重点工程的选厂工作普遍展开。为了解决在选厂中出现的各种矛盾，同年10月，国家计委向中共中央建议，在同时有3个或3个以上新厂建设的城市中，组织城市规划与工业建设委员会。11月，中共中央批准了国家计委的这一建议。此后，北京、西安、兰州、包头、太原、郑州、武汉、成都等城市都成立了城市规划与工业建设委员会。

1954年，重点工程的厂址多数已经确定，各城市面临着编制城市规划、勘察测量和各种市政工程设计的繁重任务。为了加强各部门之间的协作，组织好重点城市的建设工作，1954年8月，建工部城市建设局改为建工部城市建设总局，负责城市建设的长远计划和年度建设计划的编制和实施，参与重点工程的厂址选择，指导城市规划的编制。并成立给水排水设计院，承担重点城市的供水、排水设计任务；成立城市设计院，协助重点城市编制城市规划设计。同年11月，国家建设委员会（简称国家建委，下同）成立，国家计委城市建设计划局划归国家建委，改名为城市建设局。城市建设局负责全国城市建设计划的综合安排，制订城市建设的政策、规章、条例、制度和定额指标，组织城市规划的审批。

1955年，国家的重点建设项目陆续开工，城市建设任务繁重。为保证城市建设的顺利进行，4月，建工部城市建设总局升格为国务院直属的城市建设总局。总局的直属事业单位有城市设计院、给水排水设计院、公用建筑设计院。

1956年5月，为了加强对城市建设工作和民用建筑设计工作的集中领导，并为“二五”计划的建设作准备，国家建委将城市建设局划分为3个局：城市规划局、区域规划局、民用建筑局。与此同时，国务院撤销城市建设总局，成立了中华人民共和国城市建设部（简称城建部，下同）。部内设置城市规划局、市政工程局、公用事业局、地方建筑工程局、勘察测量局、设计局、计划财务司、教育司、人事司、办公厅等职能部门。部下设城市设计院、民用建筑设计院、给水排水设计院、市政工程研究所和勘察公司、测量公司等事业单位。这些职能部门和事业单位，分别负责城市建设方面的政策研究、业务建设、计划安排和实施，以及城市的规划设计、供水、排水、民用建筑设计和城市测量、科学研究、干部培训、刊物出版等工作。各省、市、自治区都相继建立城市建设厅（局），与城建部对口管理各项业务。

“一五”期间，城市建设工作逐步加强，各级管理机构日趋完善，都配备了较强的干部，在全国建立了工作系统和科学的工作秩序，使城市建设事业步入正轨。

二、城市建设方针的提出

随着国家工业建设的开展，城市建设工作已日益迫切和重要。由于重要工业城市没有城市总体规划，对城市发展缺乏整体布局和统一领导，已影响到工厂、住宅以及道路、交通等方面的合理布置和建筑用地的正确分配。由于在城市建设中，出现了盲目扩张、无计划、无重点的建设和脱离原有城市专建“新村”“新城”的两种偏向，周恩来总理于1953 年6 月指示：“城市建设上要反对分散主义的思想”，“我们的建设应当是根据工业的发展需要有重点有步骤地进行。”他要求建工部就全国的城市建设问题准备意见，在即将召开的财委主任会议上研究。

据此，建工部对全国城市建设问题作了研究。1953 年 12 月，建工部党组向中共中央提出了《关于城市建设的当前情况与今后意见的报告》。经中共中央批准，1954 年 6 月，建筑工程部在北京召开第一次城市建设会议。参加会议的有各大区、10 个省和 37 个城市的城市建设部门的领导干部和业务干部，4 个大学的教授和中央有关部门的代表。会议着重研究了城市建设的方针任务、城市建设的组织机构与组织领导、城市建设的管理制度等问题，检查了过去城市建设工作中存在的缺点与错误，明确了城市建设的目标是建设社会主义的城市，必须贯彻国家过渡时期的总路线和总任务，为国家社会主义工业化，为生产、为劳动人民服务。并按照国家统一的经济计划、建设的地点与速度，采取与工业建设相适应的“重点建设，稳步前进”的方针。会议认为，城市建设的物质基础主要是工业，城市建设的速度必须由工业建设的速度来决定，一下子想把全国所有城市都改造成社会主义新城市是不可能的。“一五”时期，城市建设必须集中力量，确保国家工业建设的中心项目所在的重点工业城市的建设，以保证这些重要工业建设的顺利完成；在一个重点工业城市内，也应集中力量于工业区及配合工业建设与生产的主要工程项目上面，才不会分散国家有限的资金与延误工业建设的期限。

因此，这次会议，除首都北京特殊重要外，对全国其他城市重新进行了分类排队，并对不同的城市确定了不同的建设方针。

第一类城市是有重要工业建设的新工业城市，即重点工业建设项目安排较多的城市。它们包括太原、包头、兰州、西安、武汉、大同、成都和洛阳。这些城市的原有公用事业基础十分薄弱，“一五”时期一下子安排了许多大型的工业企业，急需城市建设与之配套，采取重点建设的城市建设方针。

第二类城市是扩建城市。这些城市包括鞍山、沈阳、吉林、长春、哈尔滨、抚顺、富拉尔基、石家庄、上海、重庆、广州、郑州、株洲、青岛、本溪、邯郸、湛江、天津、佳木斯、大连和鹤岗等，有一些限额以上的项目分布在这些城市中，所以，为了保证工业建设的正常进行，城市建设要随着工业建设作必要的扩建。这些城市的建设方针是尽量利用旧市区，有计划地建设新市区，并在扩建中与局部改建相结合，为新工业区服务。

第三类城市是可以局部扩建的城市。这些城市包括南京、济南、杭州、昆明、唐山、长沙、南昌、贵阳、南宁、呼和浩特、张家口、西宁、银川、宝鸡等，这些城市的特点是，市内新建了工厂，但项目不多，随着国家工业建设的开展，可以局部的进行改建或扩建，城市设施着重进行维修养护，加强城市管理工作。

第四类是一般中小城市。这些城市的特点是，“一五”时期没有安排限额以上的工业项目，城市建设基本上是进行维护工作，加强城市卫生管理，必要时可对一些项目如道路等加以调整。

第一次全国城市建设会议以后，及时纠正了前几年盲目建设的错误，明确了“一五”时期城市建设的方针、政策，从而使城市建设走上了有计划有步骤进行的道路。

三、市、镇建制的调整

“一五”时期，随着国家经济建设的发展，出现了一批新的城市和新的工业区，旧城市也不断扩大，因而有必要扩大郊区的范围。为了防止盲目扩大，中央人民政府内务部于1954年5月发出了《关于调整市郊区行政区划应注意事项》的通知。通知指出，扩大郊区必须从当前几年内的城市建设实际出发，范围应限在政治、经济、文化和国防事业发展上与市区有密切联系的区域，并应采取随着建设的需要逐步扩充的办法，避免一开始就任意扩大，以致造成郊区过大，领导不便的困难。

1955年6月，国务院颁布了设置市、镇建制的决定，对市、镇建制作了如下规定：

1. 市是属于省、自治区、自治州领导的行政单位。聚居人口10万人以上的城镇，可以设市的建制；市的郊区不宜过大。

2. 镇是属于县、自治县领导的行政单位。县级或者县级以上国家机关所在地，可以设置镇的建制；不是县级或县级以上国家机关所在地，必须是聚居人口在2000人以上，有相当数量的工商业居民，并在确有必要时，可设置镇的建制；少数民族地区如有相当数量的工商业居民，聚居人口虽不及2000人，确有必要时，亦可设置镇的建制。镇以下不再设乡。

3. 工矿基地，规模较大，聚居人口较多，由省领导的，可设市的建制；工矿基地，规模较小，聚居人口不多，由县领导的，可设置镇的建制；工矿基地，规模小，人口不多，在市的附近，且在经济建设上与市联系密切的，可划为市辖区。

1955年11月，国务院第二次公布了城乡划分标准。

1. 凡符合下列标准之一的地区都是城镇：

（1）设置市人民委员会的地区和县（旗）以上人民委员会所在地（游牧区流动的行政领导机关除外）；

（2）常住人口在2000人以上，居民50%以上是非农业人口的居民区。

2. 工矿企业、铁路站、工商中心、交通要口，中等以上学校，科学研究机关的所在地和职工住宅区等，常住人口虽不足2000人，但在1000人以上，而且非农业人口超过70%的地区，列为城镇型居民区；具有疗养条件，而且每年来疗养或休息的人口超过当地常住人口50%的疗养区，也可列为城镇型居民区。

3. 上列城镇型居民区以外的地区，列为乡村。

第二节 重点城市的建设

“一五”计划时期，城市建设的重点是集中力量建设那些有重要工程的新工业城市。按照城市建设的统一规划，有组织有计划有步骤地建设道路、给水排水等各项市政公用设施和住宅以及各项生活服务设施，以使城市的生产设施和生活设施配套，满足生产和人民物质生活的需要。这些城市在建设中得到了全国各地的大力支援。

一、联合选厂

早在国民经济恢复时期，中央各工业部即派出人员在全国 200 多个城镇收集资料，踏勘地形，分析各项建厂条件，研究厂址方案，对部分厂址还做了勘探，为“一五”计划的工业建设项目选择合适的建厂地点。在选厂过程中各部门之间往往发生矛盾，特别是在建厂条件比较好的城市，各工业部门争相建厂，对于厂址问题，各抒己见，难以统一，影响了新建工业的整体布局，也影响了建设进度。

中共中央和国务院十分重视工厂厂址的选择工作。为了合理地布置工业，组织好城市建设，1953 年 4 月，李富春亲自率领由各工业部和铁道、卫生、水利、电力、公安、文化、城建等部的领导、技术人员和苏联专家近百人组成的联合选厂组，到郑州、洛阳、西安、兰州等城市，分别与中共中央西北局和中共河南、陕西、甘肃省委的领导一起，实地踏勘，收集资料，听取各方面的意见。在各部门提出的厂址方案的基础上，进行综合技术经济分析，经过反复的讨论，取得一致意见，提出了在西安、兰州、洛阳等地成组布置 35 项重点工程方案。

之后，1953 年年底至 1954 年年初，国家计委先后组织华北、中南、西南联合选厂组，分别到大同、太原、包头、武汉、重庆、成都等城市进行选厂，与地方党政部门共同研究，统一认识后，确定了包头、武汉大型钢铁联合企业的具体厂址，确定了在太原新建机械工业、化学工业的厂址，在成都市及其附近地区布置电子工业的厂址等。

包头市是“一五”时期国家确定的8个重点建设城市之一。国家对新建工厂的厂址选定，投入了很大力量。早在1950年，中财委决定对白云鄂博的铁矿开展地质工作。而后，国家决定在内蒙古西部建设一座现代化的钢铁联合企业、两个机械厂、一个发电厂。1952年，两个机械厂开始到包头选厂，初步选择在包宁公路以北——当铺窑子一带。1953年，包头钢铁公司（简称包钢，下同）在东起呼和浩特，西至乌梁素海，共勘察厂址15处，经过比较，初步选择在包头附近的宋家壕、万水泉、南排地和乌梁素海4处。包钢偏重于宋家壕方案并开始做建厂的前期工作。1954年，国家计委组织中共中央华北局、中共中央内蒙古分局、铁道部、水利部、电力部、煤炭部、重工业部、二机部、卫生部、公安部、城市建设总局等部门的领导、技术人员和苏联专家共50余人，组成联合选厂组，到包头确定包钢、机械厂、电厂等厂址和车站的位置。在选厂过程中，对包钢的位置争论较大。城建部门偏重于包钢应放在万水泉地区，使新市区与旧市区可以联成一片，形成一个完整的城市；而包钢主张将厂址放在昆都仑河以西宋家壕地区，因为地质条件好，可以节省投资。但这个方案使新旧市区相距20公里，不能联成一片，要形成3个独立的市区。在华北行政委员会副主席刘秀峰主持下，经过反复比较后确定包钢放在昆都仑河以西的宋家壕地区，两个机械厂放在当铺窑子一带，电厂确定在两个机械厂之间，客运站放在包兰路苕潭。这样，在昆都仑河以东，两个机械厂以南，客运站以北，形成了新的市区方案。

1954年，在厂址选择的基础上，国家计委先后批准了“一五”计划694项建设项目的厂址方案。这些项目大体上分布在91个城市、116个工人镇。其中有65%的项目分布在京广铁路以西的45个城市和61个工人镇；35%的项目分布在京广铁路以东及东北地区的46个城市和55个工人镇。这样的布置为中国城市特别是内地城市的建设和发展奠定了基础。

二、编制城市规划

城市建设是百年大计，它的影响是长远的。为了避免城市建设的盲目性，1953 年 9 月，中共中央指示："重要的工业城市规划工作必须加紧进行，对于工业建设比重较大的城市更应迅速组织力量，加强城市规划设计工作，争取尽可能迅速地拟定城市总体规划草案，报中央审查。"

1954 年年初，大批新建工业企业完成了厂址选择工作，厂外工程和职工住宅区即将进行建设。只有编制好城市规划，才能及早确定住宅区的地点、街坊布置和公共生活服务设施的分布，并确定道路的走向和供水、排水、供电、供热等管线的分布，避免盲目的修建。城市规划的编制直接影响着国家重点工程的建设进度。1954 年 6 月，第一次全国城市建设会议决定，完全新建的城市与工业建设项目较多的扩建城市，应在 1954 年完成城市总体规划设计，其中新建工业特别多的城市还应完成详细规划设计。当时，城市规划的编制工作处于毫无经验的状态，一方面城市的各项建设急需城市总体规划作指导，并提供有关图纸和经济资料。另一方面这些城市却没有编制出城市总体规划，出现了城市总体规划不定，各路建设大军难以行动的被动局面。因此，只能向苏联学习。在苏联专家帮助下，一批学习建筑、给排水、道路、园林、经济等专业的大学生和为数不多的老工程师，应用苏联的城市规划理论，凭着建设新中国的热情，开始进行城市规划的编制工作。建工部城市设计院成立后，先后向重点城市派出了规划小组，在各市中共市委的直接领导下，与地方的技术人员一起，由苏联专家指导，编制城市的总体规划和详细规划。

西安、兰州、太原、洛阳等城市规划工作进展较快。1954 年 9 月，西安市完成了城市总体规划和东郊、西郊新建居住区的详细规划，上报中央审批。人大常委会委员长刘少奇、国务院总理周恩来听取了西安市城市总体规划的汇报。同时，兰州也完成了城市总体规划和西固、七里河新建居住区的详细规划；太原市完成了城市总体规划和化工区、河西区居住区的详细规划；洛阳市完成了城市总体规划和涧西居住区的详细规划。

国家建委于 1954 年 10 月，批准了太原市的城市总体规划。1954 年 10

月，国家建委召集建工部、卫生部、公安部、水利部、交通部、一机部、铁道部、纺织部、空军修建部、国家计委和陕西省计委、中共西安市委、西安市人民政府等有关单位的领导人参加的会议，审查通过了西安市的城市总体规划。12 月，批准了西安市、兰州市、洛阳市的城市总体规划。城市建设总局同时批准这 4 个城市新建区的详细规划。

包头市于 1954 年确定厂址方案后，开始编制城市总体规划。1955 年 3 月，中共包头市委就城市发展的远景规模向国家计委、国家建委作了请示。5 月，国家计委和国家建委批准了包头市按 60 万人口规模进行规划。6 月，中共中央提出降低非生产性建设标准之后，包钢又重新提出了包钢住宅区建在昆都仑河以西的意见，并准备将 8 万平方米住宅建在河西。这个方案在选厂时就有争论，因为这样包头市将建设得过于分散，形不成一个完整的城市，而居住区将处于工厂严重污染的范围内，当时已被有关方面否定。在这种情况下，国家建委准备进一步研究包头的城市总体规划方案和包钢住宅区问题，派出以国家建委副主任孔祥祯和城市建设总局局长万里为首，由重工业部、公安部、卫生部、铁道部、水利部、城建总局、中共内蒙古自治区党委、中共包头市委、包钢等有关人员和有关专业的 15 位苏联专家组成的中央工作组，对包头市建委和包钢提出的 4 个方案再次进行全面的技术经济分析，经过五天的反复比较，再次否定了包钢住宅区建在河西的方案，肯定了包头城市总体规划。9 月，包头市委将城市规划方案报中共内蒙古自治区党委并转呈中共中央审批。10 月，国家建委党组向中共中央呈报了对包头市城市规划的审查意见。11 月，中共中央批准了包头市的城市总体规划。

1955 年 12 月，国家建委批准了成都市总体规划，城市建设总局批准了大同市总体规划和成都圣灯寺区的详细规划。

到 1957 年，国家先后批准了太原、西安、兰州、洛阳、包头、成都、大同、湛江、石家庄、郑州、哈尔滨、吉林、沈阳、抚顺、邯郸 15 个城市的城市总体规划和部分详细规划。这些规划的批准，使城市规划成为指导各城市建设的具有法律效力的文件，使城市建设能够按照规划，有计划有步骤地进行。

三、有计划、按比例的配套建设

“一五”时期，计划体制按行业划分投资，建设项目的生产部分和生活部分的建设计划，统一下达给企业，而生活服务设施却需要由城市统一进行建设。在建设过程中，实施统一组织协调，妥善解决了条块之间的矛盾①，促进了各重点工程和重点城市建设的顺利进行。

（一）在新工业区建立总甲方，组织各建设单位的协作配合。

为了组织工厂建设和厂外工程建设的协作，在同时有几个工厂的新工业区内，国家建委指定一个主要工厂作为该工业区的总甲方，城市为乙方。由甲乙双方负责组织工厂建设和厂外工程、市政公用设施建设的协作。1954 年年底至 1955 年年初，西安、兰州、洛阳、包头、太原、大同、成都、武汉等重点城市都先后组成了总甲方，与城市协同配合，以共同完成工业建设和城市建设的任务。

总甲方根据国家的计划，确定新工业区的总平面布置；提出厂外工程的建设项目，并向乙方委托设计和施工任务；与乙方商订厂外工程和市政公用设施的规划、设计、施工的内容、标准和分工；拟订各项工程的规划、设计、施工的进度，双方签订协议。甲乙双方代表经常联系，共同研究解决在建设过程中出现的各种问题。

“一五”时期，在一个城市进行大规模现代工业建设，工作千头万绪，在当时历史情况下，以总甲方的组织形式，协调各方面的工作关系，统一安排建设进度，保证了工厂按期投产，取得了很大成绩。1956 年 5 月，国务院常务会议通过的《关于加强新工业区和新工业城市建设工作几个问题的决定》中肯定了这一经验。

（二）城市建设投资在基本建设投资中保持适当比例。

“一五”期间，国家对重点城市所需的建设资金，基本上按城市近期建设范围内确定的建设项目列入国家计划，所以基本上能够实行配套建设。1953

① 指在建设工作中，部门投资和地方投资之间的矛盾。

年至 1957 年，8 个重点建设的新工业城市基本建设总投资 55 亿元，用于城市建设的投资 9.7 亿元，占基本建设总投资的 17.63%。这几个新工业城市原有的基础不同，规模各异，但新建部分的投资比例大体相近于上述平均数。例如，太原市城市建设投资占基本建设投资的 18.05%，洛阳市占 15.78%，大同市占 12.2%，西安市占 20.6%。

生产设施和生活设施配套，进行统一的建设，是“一五”时期社会主义新工业城市建设的一个显著特点，也是一个成功的经验。

（三）城市建设投资的划分。

按照“一五”时期的计划体制，在城市建设中，各企业单独使用的工程项目，有计划有投资；而各企业共同使用的项目，则无计划无投资。但是这些项目又不能缺少，因此，这些公共项目，由谁来投资、谁来建设，成为重点城市建设中的又一难题。为了保证 156 项重点工程和重点城市的建设，国家计委在 1954 年 7 月召集有关部门商议后，于同年 10 月做出了《关于厂外工程投资划分的规定》。《规定》对共同性工程投资，包括铁路专用线与站场、供电工程、供热工程、电话中继线、市政工程、公用事业、职工住宅、生活福利设施、中小学校等工程的投资，作了明确规定：凡是工业企业专用的，由工业企业投资；地区性和全市性的，分别由铁路、燃料、邮电、城市、商业、教育等部门投资；对于上下水道、城市污水处理场、市区道路、桥梁、涵洞等工程，在厂区内者由工业企业投资，厂区以外者由城市投资，但厂区外单纯属于一个部门专用者，由使用部门投资；对于新建工业城市住宅区，应将职工最低限度需要的商店、合作社、理发室等生活服务设施考虑在内，其建筑费用，由该住宅区所属单位负责；大型百货公司由商业部门投资；职工小学由工业企业投资，中学由教育部门投资建设。

国家计委还对包头、西安、兰州、武汉、洛阳、太原、成都等重点工业城市的一些大型工程的投资作了明确划分。例如，包头市昆都仑河水源工程由城市投资，黄河水源工程由包钢投资，武汉第一机械部各厂使用的水运码头由第一机械部投资。武昌工业区一般零星防洪工程由城市投资，整个地区的防洪排渍治本工程由水利部投资。太原市上兰村水源工程由城市投资，河西工业区防洪工程由工业部门投资，晋祠引水工程由重工业部投资，蓄水池及其输水工程由城市投资。

各重点城市根据已经批准的城市总体规划和详细规划的要求，以及国家计委批准的计划任务书和设计任务书中确定的新建工厂的职工人数、住宅数量、文化生活服务设施的规模，以及市政公用设施的工程量，计算出修建地区的造价概算。按照投资划分的规定，属于各工业部门投资的职工住宅及文化生活服务设施，列入各工业部门的五年计划；属于铁道、电力、邮电、教育、商业等部门的项目投资，分别列入各部门的五年计划；属于城市部分的给水、排水、道路、桥梁、绿化等市政公用设施的投资，列入城市建设五年计划。各部门分别上报国家计委，经过综合平衡，列入国家计划。

（四）按科学的秩序进行城市建设。

新工业城市的建设，按照总甲方排定的施工进度表，采用了先厂外、后厂内，先地下、后地上的建设顺序，统一进行建设。首先做好工厂和新建住宅区的施工前的准备，做到“三通一平”（路通、水通、电通和场地平整）。紧接着修建职工住宅，当一定数量的住宅建好后，暂时不进行室内装修，先让基建工人住下，待厂内工程完毕后，再对这些住宅进行室内装修，然后交付使用。市政公用设施的建设则采取先地下、后地上的顺序，先开出道路路基，再铺设地下管线，然后再铺装道路路面，避免了施工中的互相干扰，缩短了工期，节省了投资，加快了工厂和厂外工程的建设进度，生产和生活设施提前建成。例如，洛阳涧西区拖拉机厂、矿山机械厂、轴承厂、热电站等，从 1955 年 9 月开工，到 1957 年 7 月都基本完工，只用了 23 个月的时间，即建成一批现代化的工厂。同时，在涧西区还建成了由 36 个街坊组成的居住区，建成 425 幢三四层住宅楼，建筑面积 85. 76 万平方米，有 17152 户职工迁入新居；开辟了 56 条道路，使涧西区形成了方便的路网；埋设了 55 公里的排水管道，初步形成了排水系统；埋设了 50 公里的供水管道，保证了居住区的生活用水；开辟了 3 条公共汽车线路，保证了居住区内外的交通联系；新建了 8 所中学，10 所小学，8 个电影院、文化宫、曲艺厅，3 家综合医院以及 2 个大型综合性市场，2 座百货大楼。在涧西形成了一个 10 万人的新市区。

在西安市东郊、西郊新建成了2个能保证工厂正常生产，满足职工基本生活需要的新区，还建成了南郊文教区。新建住宅建筑面积310.7万平方米，城市建成区范围由解放初期的13.2平方公里，到1957年扩大为41.2平方公里；开辟了未央西路、未央东路等30多条道路，新增道路长度220公里；新增日供水能力5万立方米；新增下水道163公里，初步形成了排水系统；新建了9所高等学校，19所中等专业学校，普通中小学生在校人数增加了14.6万人，新增托儿所236所，新增医院床位4633个，新增影剧院座位2359个。

到1957年，太原、大同、包头、成都、武汉、兰州、西安、洛阳8个城市胜利完成了厂外工程和市政公用事业工程的建设任务，新建职工住宅1500万平方米；开辟道路长度1559公里；新增自来水日供水能力68.24万立方米；铺设下水管道880公里。

四、全国支援重点城市建设

新工业城市，大都是在经济比较落后的西北、内蒙古地区建立的。新工业又大都建在城市郊外。这些城市原有的工业和市政设施都相当落后，技术力量和干部力量都很缺乏，与繁重的工业建设和城市建设的任务是极不相称的。例如，国家决定将包头建设成一个重工业基地，而包头是一个塞外的小城市，只有7.9万人口，6家小工厂，中小学、医疗卫生设备也很不足，市政公用设施极为简陋，技术力量更是缺乏，市政府只有4个工程技术人员。这些新工业城市，完全靠自身的力量来完成如此大规模的建设任务是不可能的，迫切需要国家在人力、物力和财力上给予支援。

1953年，为了迎接包头的大规模工业建设和城市建设，中共中央华北局派华北财委城建处王文克去天津，请天津测量队支援包头，赶测包头地形图，经天津市长同意，派出由沙钟瑞工程师带队的120人的测量队，在包头到乌梁素海间的荒原上，安营扎寨，风餐露宿，甚至放弃了春节的休息时间，经过10个月的艰苦工作，完成了包头地区570平方公里、1/5000的地形图，有力地配合了工业建设的开展。

为了保证重点城市的建设，中央发动沿海城市支援国家重点建设的城市。

1954 年 6 月，经中共中央批准，在建工部召开的第一次全国城市建设会议上，专门研究了沿海城市如何支援重点城市建设的问题。会上，李富春指示："全国各城市要相互援助，本钱大的任务少的城市应挺身而出，支援本钱小的工业任务大的城市。东北自力更生以沈阳、哈尔滨支援东北其他城市；西南以重庆支援成都；华东支援西北，华东很慷慨，已经包下洛阳的任务，仍需包西安、兰州两个城市；中南区的武汉由广州支援；包头、太原由北京、天津支援，大家可以订支援合同。"根据指示的精神，会议决定：

1. 在建工部城市建设总局下立即成立中央城市设计院、给水排水设计院、城市工程设计院、城市勘测院，负责城市规划重点大型建筑物、供水、排水、煤气、城市道路、桥梁、防洪工程的设计，及城市地质勘察、地形测量等。并根据可能与需要，在上海、武汉、沈阳设立分院，以加强设计力量，支援重点城市的建设。

2. 加强重点工业城市的技术力量，由北京、天津支援包头、太原、大同；由华东支援洛阳、西安、兰州；由广州支援武汉；西南各城市支援成都。国家计委和建工部每年有计划地分配一批大专、中专学生给这些新建城市。

会议以后，中央动员了全国 50 多个城市、近千个企业，对重点城市进行了大力支援。建工部抽调了华东第五建筑工程公司和中国人民解放军建筑第八师①，组成建工部洛阳工程局，担负洛阳的建设任务。建工部还抽调中国人民解放军建筑第三师、六师、七师约 3 万人支援西安，并与北京、上海、武汉支援西安的建筑施工力量共同组成西北建筑工程局，承担西安的建设任务。

为了解决城市的水源问题，1954 年开始，地质部和水利部抽调水文地质勘探队，在包头地区勘察水源。

天津市 1955 年抽调 2810 人的专业施工队伍，组成内蒙古工程公司，1956 年又抽调道路施工专业队伍 500 人到包头，组成包头市道路工程公司，承担包头的给排水建设和道路建设。1956 年完成了昆都仑河水源地、北郊输水干管、昆都仑区的污水干管、北郊污水处理厂的建设任务。1957 年，他们又完

① 1952 年，为了加强建筑工程队伍，中国人民解放军将 8 个师划归建工部领导。

成了拦河坝、渗水渠、集水井、输水干管等工业供水系统和生活供水系统的建设任务。

上海市积极支援内地经济建设，对支援重点城市的建设做出了贡献。中共上海市委很重视对内地经济建设的支援，上海市长陈毅强调说，上海是中国的主要工业城市，要对发展内地经济多作贡献。上海市从三个方面支援重点城市的建设：第一，成建制地搬迁工业企业到重点城市；第二，抽调技术骨干支援；第三，抽调熟练的技术工人到重点城市。上海市给水排水设计院承担了包头、洛阳、兰州的城市供水、排水设计任务；抽调了一部分建筑、道路、给排水等专业的技术人员到西安，组成西北建筑设计院，承担西安的设计任务；还成建制地搬迁了建筑机械厂、橡胶厂到洛阳，又迁出一部分手工业组、社和饭店、服装店、照相馆、理发店、越剧团等到西安、兰州、洛阳等重点城市。据初步统计，在“一五”期间，上海为支援内地建设，共调出各种专业人员 217804 人，其中工人 128144 人，工程技术人员 29790 人，职员 41511 人，其他人员 18359 人，为内地建设做出了重要贡献。

在支援重点城市的建设中，数以万计的工人、干部和工程技术人员，响应祖国的号召，怀着建设新中国的满腔热情，积极奔赴经济落后、生活条件艰苦的内地，投入伟大的社会主义建设事业。许多工程技术人员放弃了大城市优越的生活条件，毅然举家迁往内地，为开发和建设内地做出了贡献。如西安市自来水公司的工程师孙季华，就是在“一五”建设初期从上海应招去西安的，他对西安市自来水、城市交通的建设和发展做出了卓有成效的贡献。包头市城建委规划处工程师陈建东是 1954 年响应号召，从北京市建设局到包头的，他对包头的城市规划和建设做出了显著的贡献。上海工人丁志良、朱明等在洛阳拖拉机厂的工程建设中被评为洛阳市、河南省劳动模范，出席了 1956 年全国先进生产者代表大会。

第三节　原有城市的改造和建设

“一五”时期，由于国家财力有限，城市建设资金主要用于重点城市和有些城市新工业区的建设。但大多数城市和重点城市旧城区的建设，只能按照“充分利用、逐步改造”的方针，充分利用原有房屋、市政公用设施，进行维修养护和局部的改建或扩建。

一、配合工业的建设扩建城市

“一五”期间的建设项目，从1953年开始，陆续确定了建设地点。除了国家重点建设项目成组的布置在一些城市外，其他城市在变消费城市为生产城市的口号下，也安排了很多建设项目。尤其是各省的省会城市，集中了较多的工业企业、高等学校和科研机构。有些城市在城市边缘开辟工业区和文教区，城市的范围有所扩大，城市人口有较多的增加。

1954年6月，第一次全国城市建设会议决定：在旧城市建设新工业时，采取扩建而不是改建的方针，要尽量利用旧市区，有重点地建设新市区。因此，非重点城市的工业建设，一般都强调了充分利用原有城市的一切设施，以节省基本建设投资。在原有城市建设的重点建设项目，按照国家计委的规定，要在当地居民中招收25%的职工，生活服务设施的建设规模，也要相应减少25%。新建的地方工业，由于缺乏资金，几乎是全部利用旧城的生活服务设施。这些新建的工业，无力开辟独立的新工业区，又不能改建旧城，大部分采取“填空补实”的办法，在旧城内的空地和旧城区边缘建设工厂。建设量大的城市就出现了一些靠近旧城区的新工业区，如上海市的沪东、沪西、沪南、沪北、闸北、徐家汇、北新泾、吴淞、高桥等工业区，大连市的寺儿沟工业区，天津市的南郊、白庙、唐家口、西站西等工业区和仓库区，景德镇的东市区工业区，济南市的西南部、北部、东部工业区，合肥市的东郊工业区，南昌市的城东、城北、城西工业区，福州市的城西工业区等。

1956年，私营工商业和手工业的社会主义改造达到了高潮，各城市对工业企业和手工业企业进行了合并、归类和调整。如上海市对长期形成的不合理的工业结构、混乱的工业布局、分散的管理体制，采取合并、转产、迁出市区等措施进行调整；南昌市将分散的手工业和私营工业逐步合并为大工厂。调整后，各城市将一批工厂迁往新工业区，或在新工业区新建工厂，又进一步扩大了新工业区的规模。

由于这些新工业区的开辟和发展，城市由内向外逐步扩展开来，促使城区面积不断扩大，城市人口迅速增加。

二、逐步改善居住环境

城市住宅和市政公用设施的建设，对提高工业生产中的劳动生产率，完成国家生产任务，改善劳动人民物质和文化生活，保护劳动人民的身体健康，起着重要作用。

1954 年 6 月，全国第一次城市建设会议提出：旧城市应该进行社会主义改造，但还未具备大规模改建的经济条件，基本上应该维持现状，加强市政公用设施的维修工作，挖掘潜力，尽可能对现有市政公用设施加以改善。随着国家经济建设的发展，随着原有城市人口的增长和新工业建设的需要，城市住宅、供水、排水、道路和公共交通的建设，仍然赶不上工业生产的发展和人民生活提高的要求。解决居民住宅问题，改造原有城市的市政公用设施的问题日益突出。

（一）新建住宅，以缓和居民住房困难的状况。

为解决居民住房困难的问题，在加强对现有房屋维修养护，充分利用原有城市建筑的前提下，各城市从各方面筹集资金，新建了一批住宅。

从 1953 年到 1954 年间，新建住宅的建筑质量和设备条件有很大改善，由砖木结构的平房发展到混合结构的三四层楼房，从室内无卫生设备提高为室内有卫生设备和单独厨房等。新住宅普遍受到群众的欢迎，城市居民的居住条件有了很大的改善。

1955 年春天，中共中央发出降低非生产性建筑标准的指示以后，各城市采取简化立面和室内装饰，降低墙壁的厚度，降低室内净空的高度，缩减附属房间面积，修建简易平房等措施，以降低建筑造价。1955 年全国住宅平均造价比 1954 年降低了 23%。到 1957 年又进一步降低建筑标准，从而使住宅造价比 1955 年再降 8.6%。

虽然标准降低了，但数量并未减少。从 1953 年到 1957 年，原有城市共新建职工住宅约7954万平方米。江西省6个城市5年共新建住宅65.61万平方米，比三年恢复时期增加了1倍。许多厂矿形成了设施较为完善的工人新村，改善了职工居住条件；河南省新建城市住宅427.8万平方米；天津市共新建住宅185万平方米，扩建了王串场、丁字沽工人新村，新建了团结里、友好里、德才里、佟楼等街坊和尖山住宅区。

上海市居住困难的问题比较突出。为了解决居民住房问题，上海市采取由国家投资新建、民建公助等办法建设住宅。1953年至1956年，在市郊开辟了曹杨新村等12个工人新村，新建住宅210万平方米，使许多过去住在棚户区的劳动人民搬进了新居。这些工人新村，每幢住房都有水、电、卫生设备、厨房等，部分有煤气灶。新村里还设有学校、商店、医院等。鞍山市“一五”期间共新建住宅152万平方米，其中简易住宅13万平方米。大连市五年间共新建住宅110万平方米，金家街居住区是按照“六统一”[①]的建设方法建设起来的第一个居住区，区内建有商店、学校、俱乐部、托儿所和完备的市政设施，效果比较好。重庆市成片改造了朝天门、解放碑、学湾等地区的房屋，“一五”期间共新建住宅266万平方米。沈阳市5年内新建的住宅达280万平方米。

（二）增加供水能力，提高水质，保障居民身体健康。

“一五”时期，城市供水作为市政公用设施建设的重点，在三年经济恢复时期的基础上又有了较大发展，全国有26个城市第一次建设了自来水厂。例如，烟台市1956年建成供水能力1.6万立方米的第一水厂，结束了“苦水城”的历史。由于水质的改善，工厂设备延长了寿命，提高了产品质量；群众肠道传染病发病率也大为减少。景德镇为解决瓷业生产和人民生活用水，兴建日产1.15万立方米的观音阁水厂，瓷城人民第一次用上了自来水，也改变了陶瓷工业长期取用天然水的落后状况。许多城市加强了给水设施的改造和建设。例如，哈尔滨市新建供水管道42公里，日供水能力由1952年的2万立方米增加到1957年的8万立方米，供水普及率达到64%。郑州市1955年

① 即在住宅建设中实行统一规划、统一投资、统一设计、统一施工、统一分配、统一管理。

建成了第二水源，增加了供水能力。天津市为了改善供水条件，扩大供水能力，提高水质，于 1953 年改造了芥园水厂，不仅使日供水能力由 5.38 万立方米，增加到 12.73 万立方米，而且改变了天津市给水设备落后的状态。

到 1957 年年底，全国有自来水设施的城市由 1952 年的 86 个增加到 112 个，日供水能力达到 115.36 万立方米。

（三）继续整治沟、塘，修建排水管道，改造排水系统，改善城市环境卫生。

从 1953 年起，许多原有城市的排水设施，得到了进一步的改造。如南京市 1953 年至 1955 年第二次整治秦淮河城内段，疏浚河道，加固护岸，新建了桥梁和泵站；南昌市于 1954 年兴建孺子路下水道第一期工程，消除了旧城南部筷子巷一带 2000 多户居民长期遭受渍水之害；哈尔滨新建排水管道 25 公里，形成了松花江沿岸、马家沟、阿什河等 4 个排水系统；上海市改造了过去租界地内各成系统的排水设施。上海市还为改变肇家滨地区及市区南部的排水不畅和环境卫生差的状况，于 1954 年至 1956 年兴建了肇家浜工程，市人民政府发动群众，填浜、埋管、筑路、植树，建成了贯穿市区南部长 3 公里、宽 40 米的平坦大道，改造了肇家浜沿岸 1100 多棚户，使附近 10 万人的居住环境得到改善；沙市市人民政府于 1956 年整治了全市大小死角、臭塘 158 处。

各城市经过 5 年的建设，基本上整治了严重影响城市环境卫生的沟、塘、河、湖，新建和改建下水管 2201 公里，很多城市初步形成了排水系统。

（四）打通卡口路段，改善城市交通。

城市道路的建设，关系到生产的发展和人民社会活动的开展，直接影响着城市功能的发挥。各城市非常重视城市道路的建设。“一五”时期，原有城市的道路建设，主要是解决新市区与旧城的联系，打通和拓宽卡口的路段，在主要干道上铺装路面，安装路灯，以改善路况。

“一五”期间，天津市开辟了通往工业区和仓库区的道路，拓宽了大沽南路、卫津路、西马路等卡口地段，共完成道路工程 258 公里，其中高级路面 66 公里，基本上满足了交通运输的要求。南京市重点改建了通往西郊的水西门外三山桥、中山北路、中山路、中山东路等主干道。合肥市将原小东门街、前大街、西大街拓宽成东西横贯市中心的交通干道长江路；拓宽和改建了胜利路、巢湖路、徽州路和芜湖路等，形成较完整的道路网。长沙市打通了市中心的东西大干道——五一西路，使火车站与江边码头直接联系起来，开辟了沿江大道，改善了沿江码头的环境卫生和装卸条件。哈尔滨市新建了通往香坊区的中山路、通往动力区的和兴路，铺装路面48条，在主要干道上增设路灯7476盏。

经过5年的建设，到1957年年底，原有城市共新建城市道路4409公里，改善了原有城市的交通运输条件。

原有城市在“一五”期间，集中各方面的资金进行改造和建设，城市设施水平有了较大的提高，城市面貌有了很大的改变。但由于城市人口的增加，以及城市建设与工业建设的比例不协调，加重了城市设施的负担，还是欠了账，给以后的城市建设留下了困难。

第四节　城市建设工作的成绩和问题

“一五”时期，城市建设工作是随着大规模的工业建设及手工业和工商业的社会主义改造进行的，为保证生产的发展和劳动人民物质文化生活水平的不断提高做出了重要贡献。但是由于缺乏经验，在学习外国经验时结合中国的国情不够，也出现了一些偏差和问题。

一、城市建设工作取得伟大成绩

经过5年的艰苦奋斗，中国的城市建设工作，在中国共产党和人民政府的领导下，依靠广大群众和各级干部的努力，在苏联专家帮助下，取得了伟大的成绩。

随着中国社会主义事业的发展，许多新工业城市已经建立起来，很多原有城市得到了发展。新建了6个城市，大规模扩建了20个城市，一般扩建了74个城市（见表2）。

"一五"时期新建、扩建城市一览表

表2

	数量	京广铁路以西	东北地区	京广铁路以东
新建城市	6	包头（新区）、洛阳（涧西区）、白银、株洲、茂名	富拉尔基	
大规模扩建的城市	20	北京、石家庄、太原、大同、西安、兰州、郑州、武汉、成都、宝鸡、湛江	沈阳、旅大、鞍山、长春、吉林、哈尔滨、抚顺	上海、天津
一般扩建的城市	74	保定、邯郸、张家口、阳泉、长治、榆次、集宁、咸阳、天水、银川、西宁、乌鲁木齐、喀什、伊宁、焦作、新乡、安阳、宜昌、长沙、湘潭、广州、海口、韶关、南宁、柳州、桂林、凭祥、重庆、自贡、内江、宜宾、泸州、南充、贵阳、遵义、昆明、个旧	海拉尔、乌兰浩特、本溪、锦州、葫芦岛、安东、阜新、营口、辽阳、通化、辽源、延吉、牡丹江、佳木斯、鹤岗、双鸭山、鸡西	秦皇岛、唐山、承德、济南、青岛、淄博、潍坊、徐州、杭州、合肥、芜湖、蚌埠、淮南、马鞍山、铜官山、南昌、景德镇、九江、黄石、福州

1957年年底，全国设市的城市达到177个，比1952年增加了17个。城市人口达到6902万人，加上县镇人口共有城镇人口9949万人，比1952年增加2786万人，增加了38.9%。

"一五"期间的5年里，从中央到地方，建立、健全了城市建设管理机构；建立了一支勘测、规划、设计、施工、管理的城建队伍；建设了一批城市建设生产企业；共完成150多个城市的总体规划编制工作；比较合理地安排了厂址和各项建设；对许多城市和准备建立工业基地的地区，进行了大量的勘察和资料收集工作；全国城市新建住宅建筑面积9454万平方米；新建办公楼、学校、医院、文化宫、戏院、电影院、商店等公共建筑8099万平方米；新建道路5968公里；新增公共汽车2659辆；新建自来水管4617公里，新增日供水能力183.6万立方米；新修下水道3081公里；拥有自来水的城市由1952年的86个增加到1957年的112个；拥有排水设施的城市由1952年的115个增加到1957年的148个；有铺装道路的城市由1952年的102个增加到1957年的127个；拥有公共汽车的城市由1952年的40个增加到1957年的55

个。这些建设，不仅保证了“一五”期间工业建设的需要，体现了城市建设工作为生产、为劳动人民服务的方针，并且为以后许多城市的新建、扩建和改建准备了有利的条件。

此外，“一五”期间的建设实践，还为探索一条中国社会主义城市建设的道路提供了宝贵经验。这就是，在国民经济计划指导下，根据工业的合理布局，国家对全国城市进行分类排队，有重点地建设城市；建设城市首先要编制好城市总体规划，城市总体规划以对人的关怀为原则，以国民经济计划为依据，从城市的整体出发，全面组织城市的生产与生活活动，统筹安排城市的各项设施，使各方面的建设取得有机的联系；在城市规划的指导下有计划有步骤地建设城市。城市是一个有机的整体，局部利益必须服从城市的整体利益，近期建设应该与远期发展相结合；在建设中，要反对各自为政的分散主义，实行统一规划、统一投资、统一设计、统一施工、统一分配、统一管理的方法；城市建设是国民经济的一个重要组成部分，做好城市建设工作，是保证工业建设顺利进行的重要条件。

二、城市建设工作出现的偏差和问题

“一五”时期的大规模城市建设，是中国历史上前所未有的，中国历史上没有任何一个政府能够在这样短短的时间内办这么多利国利民的大事。但是，由于缺乏经验，对建设城市的复杂性和艰巨性认识不足，因此，在工作中也出现了一些偏差。

“一五”计划开始，因受苏联设计思想的影响，在建筑形式上有盲目追求民族形式的倾向，具体表现是大屋顶、琉璃瓦、雕梁画栋，过分讲究漂亮的装饰，提高了建筑造价。由此，对建筑形式展开了广泛的争论，批判了复古主义，明确了“适用、经济，在可能条件下注意美观”的设计原则。1955 年 7 月，中共中央发出《关于厉行节约的决定》，国务院发出《关于 1955 年下半年在基本建设中如何贯彻节约方针的指示》，全面开展了增产节约运动。同年 8 月，国务院批转国家建委《关于在基本建设中贯彻中共中央、国务院节约方针的措施》。这些指示和规定下达以后，对城市建设、城市规划、建筑设计部门震动很大，在实际贯彻中，部分修订了城市规划，主要措施是将大部分三四层住宅降为一层，将部分干道缩窄宽度，降低市政设施标准等。经过增产节约运动，克服了建设中一些浪费现象，也节省了国家建设资金，但是，不恰当地全面降低了城市规划的设计标准，降低了城市住宅、市政公用设施的建设标准，把本来就不多的城市建设投资，压缩了20%，致使一些住宅和市政公用设施，不得不采取降低质量和临时处理的办法来节省投资。

1956年，工业建设和城市建设都进入了施工高潮，大批的施工队伍涌进城市，职工家属也从农村带入城市，致使城市人口迅速增加。据工业建设比重较大的19个城市的统计，总人口由1951年的1416.5万人，增加到1956年的2227.5万人，增加了57.3%。其中重点城市更为突出，兰州市1951年城市人口25.9万人，1956年年底已增加至62.8万人，增加了142%；西安市1951年城市人口60万人，1956年增加到125万人，增加了107%；鞍山市增加了140%；齐齐哈尔市增加了150%；北京市增加了70%。由于城市人口增长的速度超过了城市建设的速度，城市建设上出现了城市住宅、文化生活服务设施和市政公用设施紧张的状况。例如，太原市人口增长了2.83倍，而同期住宅面积只增长了2.69倍，每人平均居住面积由1949年的2.65平方米，下降到1956年的2.27平方米；兰州市西固区已有10万人口，但只设有临时的商店，小学、门诊部、托儿所、幼儿园、理发店、澡堂，文化设施大部分尚未建成。根据当时的经济形势，中共中央主席毛泽东于1956年11月15日在中国共产党第八届中央委员会第二次全体会议上指出："前几年建设中有一个问题，就像有的同志所说的，光注意'骨头'，不大注意'肉'，厂房、机器设备等搞起来了，而市政建设和服务性的设施没有相应地搞起来，将来问题很大。我看，这个问题的影响，不在第一个五年计划，而是在第二个五年计划，也许还在第三个五年计划。"这个论断切中了要害，但是没有引起经济决策部门的注意，以致造成严重的后果。

1957年4月，国家建委和城建部派出工作组，到西安、兰州、成都等地检查城市规划和城市建设工作。同年6月，在检查报告中提出，城市建设中存在的主要问题是因为在城市建设中存在着"规模过大、占地过多、求新过急、标准过高”的错误而引起的。不少领导人多次批评了城市建设工作中的“四过”问题，并把错误提到不应有的高度，要求在1957年中共中央发动的整风运动中加以解决，从而引发了全国各省、市城市建设部门普遍检查“四过”的运动。各省、市城市建设部门修改了未开工的住宅和市政公用设施工程的设计，降低标准；对已开工的工程，则坚决降低未完工部分的标准。如兰州市把正在修建的皋兰路宽度由75米压缩到33米；郑州市正在施工的建设路和中州路由50米宽缩减为30米宽；洛阳市把住宅的外墙厚度由24厘米改为18厘米，等等。类似的做法，在全国各城市到处可见。

城市建设是百年大计，各项设施特别是道路网和各种地下管网，一经形成，很难改变。只考虑近期需要，不考虑远期的发展，或只顾眼前节省，而造成以后极大的浪费，甚至无法补救，是城市建设的大忌。从1955年到1957年，一再降低城市建设的标准，压缩城市建设投资。全国城市住宅的平均造价，由1953年每平方米93.4元，降至1955年的71.4元，再降至1957年的65元，竟下降了30%。以形而上学的思想方法来指导工作，从一个极端走到另一个极端，导致了城市建设标准越低越好，住宅、市政公用设施和文化生活服务设施越简易越好的偏向，为后来的城市建设留下了很多长期难以解决的隐患。

第三章
“大跃进”和调整时期的城市建设
（1958—1965 年）

从 1958 年开始，进入“二五”计划时期。1958 年 5 月，中共第八届全国代表大会第二次会议确定了“鼓足干劲，力争上游，多快好省地建设社会主义”的总路线。会后，迅速掀起了“大跃进”运动和人民公社化运动，高指标、瞎指挥、浮夸风和“共产风”等“左倾”错误严重地泛滥起来，以致形成国民经济比例失调和严重困难。1961 年，中共八届九中全会不得不提出了“调整、巩固、充实、提高”的方针（以下简称“八字方针”）。城市建设即出现了缺口。

第一节 “大跃进”中的城市建设

在 1958 年“大跃进”的形势下，建工部①提出了“用城市建设的大跃进来适应工业建设的大跃进”的号召。许多城市为适应工业发展的需要，迅速编制、修订城市总体规划，积极进行城市建设，使城市建设也出现了“大跃进”的形势。

一、城市在“大跃进”中发展

在全民大办工业的号召下，市市办工业，县县办工厂，在全国 2195 个城镇中，几乎普遍安排了工业建设项目。仅 1960 年施工的大中型建设项目即达

① 1958 年 5 月城市建设部被撤销，城市规划和城市建设工作归建筑工程部领导。

1815 个，基建筹建机构约有 1500 个；在建的中小型工业企业达 10 多万个。规模之大，来势之猛，前所未有。例如，沈阳这个老工业城市，1958 年至 1960 年进行的重工业建设，比“一五”时期规模还大，一些制造发电、采煤、炼焦、钢铁冶炼、建材、医药、化工等设备，以及汽车、拖拉机、无线电、电气仪表的工业企业一齐上马。哈尔滨市除了新建、续建一批国防工厂和其他大型工业企业外，地方和街道还新建了冶金、机械、化工、轻工、食品和建材等大量的中小工业企业，到 1960 年年底，全市工业企业由 1957 年的 722 个猛增到 1423 个，工业企业职工人数，由 1957 年的 14.8 万人猛增到 34.3 万人。

由于庞大的新工业建设，特别是全国大办钢铁，各地纷纷增加新职工，农民大量涌进城市，使城市人口骤增。全国城镇人口，1957 年年底为 9949 万人，占总人口的 15.4%；1960 年年底，增加到 13073 万人，占总人口的 19.8%，三年净增 3124 万人。

全国设市城市数，增加得也很快。1957 年年底，设市城市有 177 个；1960 年底达到 199 个；1961 年时又增加到 208 个，是新中国成立以后的 12 年中设市城市最多的一年。

有些大城市为了适应工业发展的需要，规划和建设了卫星城。上海开辟了以机电和重型机械工业为主的闵行、以煤化学工业为主的吴泾、以科研和轻纺工业为主的嘉定等卫星城。北京市开辟了昌平、大兴等卫星城。天津市开辟了杨柳青、咸水沽、军粮城等卫星城。南京市开辟了大厂镇、板桥、栖霞镇等卫星城。南昌市开辟了莲塘、长陵、罗家等卫星城。

为了迎接 1959 年国庆十周年，首都北京建设了人民大会堂、中国革命博物馆和中国历史博物馆、军事博物馆、民族文化宫、民族饭店、北京工人体育场、全国农业展览馆、北京火车站、华侨大厦、迎宾馆十大工程。

二、普遍开展城市规划

1958 年 7 月间，建工部在山东省青岛市召开了城市规划工作座谈会。部长刘秀峰在总结报告中提出：城市的发展，应该是大中小城市相结合，以发展中小城市为主。但是，大城市还要继续发展，过去的中等城市也可能发展成为大城市，随着新的大型工业基地的出现，还会出现新的大城市。同时，有计划地建设卫星城市，应当作为大城市继续发展的方向。还提出，城市规划中的居住面积定额，可以提高到每人4—6平方米；城市生活用地综合指标，提高到每人30—60平方米。为适应大办工业的需要，会议介绍了先粗后细、粗细结合的快速规划做法。

许多县城和一些建制镇，为了安排“大跃进”中上马的工业建设项目，采用规划座谈会提倡的“快速规划”做法，编制了城镇建设规划。有的在没有地形图和地质资料、自然资料的情况下，仅用几天时间，就绘制出规划图纸。

在“大跃进”的高潮中，许多省、自治区都对省会和部分大中城市在“一五”期间编制的城市总体规划重新进行了修订。这次修订，都是跟着工业“大跃进”的指标进行的。因此所修订出来的城市规划，城市规模都定得过大，建设标准也定得过高。例如，西安市计划把城市规模扩大到220万人，人均城市用地指标72平方米，人均居住面积指标9平方米。湖北省襄樊市当时只有10万人，却作出了120万人口规模的大规划。广东省海口市也编制了80万—100万人的大规划。1959年山东省计划开发兖州煤田，要在济宁和兖州之间建设一个规模为80万—100万人、用地170多平方公里的大城市。

1959年5月，建工部在所属的城市建设局新设区域规划处，除了研究和编纂区域规划的方法、经验与有关文件、资料外，组织并协助辽宁省朝阳地区、河南省郑州地区、江苏省徐州地区等，编制了初步的区域规划。据统计，1959年至1960年，河北、山西、内蒙古、江苏、安徽、四川、贵州等省、自治区有39个相当专区的地区编制了区域规划。

1960年年初，城市规划和区域规划工作从建工部城市建设局划出来，成立了城市规划局。同年4月，建工部在广西桂林市召开了第二次全国城市规划工作座谈会。座谈会提出：“要在十年到十五年左右的时间内，把我国的城市基本建设成为社会主义的现代化的新城市。”对于旧城市，也要求“在十年到十五年内基本上改建成为社会主义的现代化的新城市”。

当时，城市人民公社正在蓬勃兴起，座谈会要求，要根据它的组织形式和发展前途来编制城市规划，要具体体现工、农、兵、学、商五位一体的原则。会议还对天津、郑州、哈尔滨等城市为全面组织人民公社的生产和生活的“十网”① “五化”② “五环”③ 进行了鼓励和宣传。

座谈会还提出：特大城市的主干道，可以考虑80—100米；大城市的主干道，可以考虑60—80米；中等城市的主干道，可以考虑40—50米，个别的到60米。座谈会还提出了城市园林化，要求把城市中的各种绿地组成一个系统。

桂林会议以后，有的城市提出“苦战三年，基本改变城市面貌”；有的提出“要三年改观，五年大变，十年全变”等脱离实际的口号。

三、城市住房和市政公用设施的建设

在“大跃进”期间，工业大上，城市人口骤增，城市住房、供水和公共交通成了当时迫切需要解决的问题。

在住房方面，三年净增建筑面积3071万平方米，平均每年净增1023.66万平方米，比“一五”期间平均每年竣工建筑面积1285.8万平方米略低。而市政公用设施的建设，则大大超过了“一五”时期。

在供水方面，完成的大工程有：北京市的十三陵水库、怀柔水库和密云水库，获得40多亿立方米的蓄水能力，成为北京市的主要城市水源之一。辽宁省鞍山市建设了首山水源，改变了长期以来由鞍钢负担城市供水的状况。吉林省长春市建成新立城水库，初步解决了城市水源问题。呼和浩特、银川、乌鲁木齐三个自治区首府，也都建设了城市供水系统，城市居民第一次用上了自来水。1960年年底，全国各城市的水厂达到326个；供水管道长度达到15896公里，比1957年年底的12749公里增长3147公里，增加24.68%；水

① 十网：生产网、食堂网、托儿网、服务网、教育网、卫生保健网、商业网、文体网、绿化网、车库网。

② 五化：家务劳动社会化、生活集体化、教育普及化、卫生经常化、公社园林化。

③ 五环：环形供水、环形供电、环形交通运输、环形供煤气、环形供热。

厂的日生产能力达到1020万立方米（不含各单位自备水源日生产能力1187万立方米），比1957年年底的450万立方米/日增长570万立方米/日，增加126.74%；城市年供水总量达到250813万立方米（其中，工业用水量占56%，生活用水量占40%），比1957年供水总量95605万立方米增加155208万立方米，增加162.34%。这三年平均每年增长的供水能力为“一五”期间每年增长能力的5倍。比较突出的一项重大工程是，天津市完成了改造海河工程，使海河实现了“咸淡分家”“清浊分流”。

在城市公共交通方面，北京市建成了两条无轨电车线路，杭州市建成第一条无轨电车线路。在北京、上海、天津、沈阳、重庆等大城市，都建设了能大批量装配公共汽车的工厂。1960年年底，全国有公共汽车的城市达到130个，比1957年年底的68个增加62个，增长91.18%；设有无轨电车的城市19个，比1957年年底的5个增加14个，增长180%；城市公共交通营运线路总长度达11570公里，比1957年年底的5732公里增加5838公里，增长101.85%；公共汽车和电车实有数达9838辆，比1957年年底的6174辆增加3664辆，增长59.35%，三年间平均每年增加的车辆为“一五”期间每年增加数量的2.3倍。

在道路建设方面，北京市拓宽了天安门广场，并打通、延伸了东西长安街，建设了三环路东、北半环和几条放射路，沟通了城乡交通。江苏省南京市为充实道路骨架，将中央路和中山南路按40米宽路幅拓宽，新建、扩建了北京东路、北京西路、鼓楼广场、太平北路、长乐路、雨花路至安德门路和通往工矿区的道路，适应了交通运输的需要，城市面貌也有很大改观。辽宁省大连市为了解决由于工业区扩大而造成的交通阻塞问题，从1958年到1960年，先后新建了甘西路、香周路、促进路、东山路，扩建了沿海路等道路，改变了城市西北部工业区的路网结构。1960年年底，全国实有城市道路总长度为23255公里，比1957年的18259公里增加4996公里，增长27.36%；其中，高级、次高级道路6023公里，比1957年的4514公里增加1509公里，增长33.43%。1960年年底，城市道路实有面积20067万平方米，比1957年的14421万平方米，增长39.13%；其中高级、次高级道路6723万平方米，比

1957年的4140万平方米增加2583万平方米，增长62.39%。

1960年年底，全国城市下水管道总长度比1957年年底的10108公里增加了2465公里，增长24.39%，平均增长速度超过了“一五”时期。

第二节　城市建设在“大跃进”中的失误

“大跃进”期间，工业建设规模过大，城市和城市人口过分膨胀，远远超过了国家财力物力所能承受的限度，城市住宅严重不足，市政公用设施超负荷运转，严重影响了工业生产和城市人民的生活。

一、城市发展失控与“三年不搞城市规划”

“大跃进”不但使城市数量和城市人口骤增，住房和市政公用设施紧张，使人民生活出现了困难，而且征用了大量土地，占用了很多民房、绿地，造成了很大的浪费，并打乱了城市的布局，恶化了城市的环境。由于大办工业，致使城市发展失控。庞大的工业建设和生产规模的扩大，各地纷纷要求增加新职工。1958年6月，中央批准劳动部的报告，决定放松对招收新工人的审批管理，招工计划由省、市、自治区确定即可执行，不必经过中央审批。这就为职工队伍的扩大和城市人口的急剧膨胀开了口子，使大批农业人口涌进了城市。3年时间就增加城市人口3124万人，比“一五”时期5年增加的2786万人还多338万。

北京市在石景山、衙门口、通惠河两岸、酒仙桥、左家庄、垡头、铁匠营、宋家庄等工业区，新建工业占地共约30平方公里。天津市仅北仓工业区新建工厂就占地6平方公里。江苏省南京市城区和近郊的工业区基本上都摆满了项目，使建成区扩大到82平方公里。无锡市在3年中共征耕地12平方公里。江西省南昌市3年共征地34平方公里。甘肃省兰州市3年占用耕地共50平方公里。湖北省武汉市开辟葛店、关山、余家头、白沙洲、鹦鹉洲、唐家墩、十里铺等新工业区，都占用了大量耕地。

由于全民大炼钢铁和城市人民公社化运动，在城市的各个角落都建起了小高炉，居住区内到处是公社办的街道工厂，不仅占用了大量住房和公共建筑，还占用了不少殿堂、寺庙、公园绿地、道路、广场，造成住宅与工厂混杂和环境污染。例如，河南省洛阳市“一五”时期新建的涧西工业区，在工业区与居住区之间规划了300米宽的绿化隔离带，在“大跃进”中乱建了很多房屋，把隔离带破坏了，江苏省南京市的街道工业占用住宅和商业服务用房近100万平方米，以致居住水平降低，商业服务网点锐减，城市环境开始恶化。

“大跃进”期间，由于工业建设的盲目冒进，各城市不切实际地扩大城市规模，发展大城市，建设一条街，急于改变城市面貌。许多城市过早地改建旧城，并借迎接国庆十周年的机会，不顾财力大小，不计成本，大建楼、堂、馆、所，造成了极大的浪费。对于这些问题，本应该让各城市认真总结经验教训，通过修改规划，实事求是地予以补救，但在1960年11月召开的第九次全国计划会议上，却草率地宣布了“三年不搞城市规划”。这一决策是一个重大失误，不仅对“大跃进”中形成的不切实际的城市规划无从补救，而且导致各地纷纷撤销规划机构，大量精减规划人员，使城市建设失去了规划的指导，造成了难以弥补的损失。

二、“骨头”与“肉”的比例关系失调

在“大跃进”期间，城市建设的发展远远跟不上工业建设规模和城市人口的增长。从基本建设投资的构成来看，城市建设的投资比例是大幅度地降低了。例如，1952年城市建设投资占全国基建总投资的3.76%，占工业基建投资的9.71%；“一五”期间所占比重，分别为2.6%和5.7%；1958年却分别下降为2.19%和3.4%；1961年竟分别下降到0.7%和1.27%。城市建设所需的材料设备和备品配件，分配得更少，品种规格也不对路。相形之下，城市建设就成了国民经济中的一条“短腿”，市政公用设施不得不超负荷运转，失修失养严重，直接或间接地影响着国民经济的发展和城市人民的生活。

（一）许多工业城市普遍出现供水紧张状况。

1959年年底，辽宁省沈阳市每日缺水19万立方米，使100多个新建工厂

和车间，因缺水不能投入生产，不少老厂也因缺水减产。大连市 1958 年每日缺水 3.2 万立方米，影响着工业的正常生产。河北省唐山林西煤矿，因供水不足，有 5000 人不能下井采煤。不少城市，为保证生产用水，被迫压缩生活用水，造成居民昼夜排队接水，给人民生活带来极大不便。

（二）城市排水，也出现很多问题。

全国城市约有 40% 的地区没有排水设施。在旧城市中，原有的排水设施未得到改造，设施陈旧，管网不成系统，管径小，许多地段堵塞、腐蚀、破裂、塌陷，排水不畅，有的甚至排不出水，造成污水乱流。有的城市每遇大雨，便积水成患。

（三）车辆少，乘客多，城市公共交通困难。

1959 年，全国城市人口平均 1.3 万人才有 1 辆车，而且失修失养严重，车辆完好率低。据 79 个城市统计，完好率在 90% 以上的，只有 8 个城市；完好率在 50%—70% 的，有 32 个城市；完好率竟在 50% 以下的，有 9 个城市。道路桥梁年久失修，质量差，运输能力低，影响了交通运输。

（四）城市防洪设施标准低。

全国有 146 个城市需要建设防洪设施，而防洪工程可以有效防止洪水的，只有 27 个城市；防洪能力小，隐患较多的有 98 个城市；未建防洪设施的，还有 21 个城市。

（五）居民住房紧张。

由于城市工业发展过快，人口增长过多，占用了不少住宅，拆除了不少旧房，有些房屋破损情况严重，缺房户增多，造成居民住房十分紧张。1960 年，全国城市居民人均居住面积下降到 3.1 平方米，是新中国成立以后最低的水平。居住水平最低的城市，如沈阳市人均居住面积只有 2.75 平方米，太原市人均居住面积只有 2.7 平方米，南昌市人均居住面积只有 2.5 平方米。

“大跃进”的结果，使“一五”时期出现的“骨头”和“肉”比例关系失调的问题，在“二五”时期不仅未得到纠正，反而更加严重了。

第三节 城市建设的调整

1961年1月，中共中央提出了“调整、巩固、充实、提高”的“八字方针”，作出了调整城市工业项目、压缩城市人口、撤销不够条件的市镇建制，以及加强城市设施养护维修等一系列重大决策。经过几年调整，城市设施的运转状况有所好转，城市建设中的其他紧张问题也有所缓解。

一、压缩城市人口，调整市镇建制

1961年1月，中共八届九中全会决定，适当地缩小基本建设规模，调整发展速度。据此精神，国家计委对1961年基本建设计划进行了调整。施工的大中型项目，由原定的900个减少到771个（不含国防工业）；加上少量施工的收尾、维持和筹建等项目325个，共为1096个，比1960年减少739个。对已经兴办起来的各类地方工业和部分国家重点工程，逐级进行鉴定，凡没有生产条件或暂时还不十分重要的工业项目，实行“关、停、并、转”。部分国家重点工程和绝大多数地方兴办的“五小”工业（小钢铁厂、小机械厂、小煤窑、小化肥厂、小水泥厂）都下了马。

1961年6月，中共中央先后发出《关于减少城镇人口和压缩城镇粮食销量的九条办法》《关于精减职工工作若干问题的通知》，要求在3年内减少城镇人口2000万人以上。精减职工的主要对象是1958年1月以后参加工作的来自农村的新职工。动员他们回到各自的家乡去，参加农业生产。原先就是城市居民的职工，确实自愿回家，而回家以后生活又有保障的，也可以准许离职回家。到1961年年底，全国共精减职工950万人，减少城镇人口1300万人。这一措施，对于扭转当时的经济被动局面，是十分有利的。但是城镇的人口和职工仍然过多。

1962年5月，中共中央和国务院又做出《关于进一步精减职工和减少城镇人口的决定》。《决定》提出，全国全民所有制职工，要在1961年年底4171万人的基础上，再减少1056万—1072万人。全国城镇人口要在1961年年底1.2

亿人的基础上，再减少2000万人（包括从城镇减到农村去的职工在内）。

到1963年6月，全国共减少职工1887万人，共减少城镇人口2600万人。大量精减职工和减少城镇人口，对加强农业生产，减少工资开支和城镇粮食销量，缓和城市各项设施的压力，争取财政经济状况的好转，起了很大作用。

在减少城镇人口的同时，还调整了市建制。1962年10月，中共中央、国务院联合发布的《关于当前城市工作若干问题的指示》规定：今后凡是人口在10万人以下的城镇，即使是重要的林区和矿区，没有必要设立市的建制的，都应当撤销。过去大中城市的近郊区（不包括市辖县），一般划得过大，菜农过多，今后应当根据实际需要，适当划小，以便减少吃商品粮的人口。县城和集镇，一律不划郊区。今后一个长时期内，对于城市，特别是大城市人口的增长，应当严加控制。计划中新建的工厂，应当尽可能分散在中小城市。

1963年12月，中共中央、国务院又联合下达了《关于调整市镇建制、缩小城市郊区的指示》，对设立市镇建制的具体条件和城市郊区的内容范围，作了详尽的规定：

1. 凡是在完成精减职工、减少城镇人口任务和缩小郊区后的地方，其聚居人口仍然在10万人以上，一般可以保留市建制（没有必要保留市建制的，也应撤销）；聚居人口不足10万人的，必须是省级国家机关所在地，或者是重要的工矿基地，或者是规模较大的物资集散地，或者是边疆地区的重要城镇，并且确有必要由省、自治区领导的才可保留市的建制。

2. 工商业和手工业相当集中，聚居人口在3000人以上，其中非农业人口在70%以上，或者聚居人口在2500人以上，不足3000人，其中非农业人口占85%以上，确有必要由县级国家机关领导的地方，可以设置镇的建制。少数民族地区的工商业和手工业集中地，聚居人口虽不足3000人，或者非农业人口不足70%，但确有必要由县级国家机关领导的，也可以设置镇的建制。不符合上述条件，或者虽符合但改归乡村人民公社领导为有利的，即使是县或县级以上地方国家机关所在地，也应撤销。

3. 对城市郊区内容和范围的限制为：当前城市建设所必需的地方；紧靠

市区的职工聚居区；设在市区附近必需的蔬菜、副食生产基地；无法从市区划出的插花性质的农业区；受地形限制划归市较有利的地区；群众经济生活与城市关系紧密的地区。不符合上述原则者，都不应划为市郊区。市辖县应按县的建制进行领导和管理，不得划为远郊区。

到1964年年底，建制市由1961年年底的208个减少到169个。撤销市建制的有：通化、汉沽、宣化、榆次、侯马、朝阳、青铜峡、吴忠、哈密、临沂、聊城、菏泽、临清、泰安、屯溪、湖州、嘉兴、绍兴、金华、新余、岳阳、冷水滩、郴州、洪江、津市、娄底、安顺、六枝、都匀、大理、巴彦高勒、安达、白银、冷湖、乌兰浩特、大柴旦、东江、冷江、安江39个城市。

二、确定城市维护资金，加强市政公用设施的养护维修

在国民经济调整时期，注意了弥补“大跃进”中出现的城市建设缺口。1961年7月，国务院副总理邓小平在沈阳视察工作时，指出了沈阳市城市建设的落后状况，建议从企业利润中提取5%，作为城市建设维修专项资金。同年8月，建工部部长刘秀峰带领工作组到沈阳进行调查研究后，向中央写了报告。1961年12月，中央批准沈阳市从企业利润中提取5%，作为城市建设维修资金，从1962年起开始试行。并规定了提取利润的范围是：国营和地方国营工业，零售商业和城市公用事业。资金使用范围是给水、排水、道路、桥梁、防洪、市内公共车辆、煤气、环境卫生、城建企业、绿化10项公用事业，专款专用。

1962年和1963年，中共中央和国务院接连召开了两次城市工作会议，在周恩来总理亲自主持下，比较全面地研究了调整期间城市的经济工作，并决定对市政公用设施要加强维修养护，同时规定了维修资金的渠道：将城市的工商业附加税，公用事业附加税和房地产税，统一划为市财政，由市人民委员会掌握，保证使用于城市的公用事业、公共设施以及房屋的维修和保养；城市房屋的租金也实行专款专用，以保证房屋的经常维修和改建、扩建。

由于国家财力有限，第一次城市工作会议先确定在64个大中城市实行。除北京、上海、天津3个直辖市和26个省、自治区首府之外，尚有唐山、保

定、邯郸、大同、包头、旅大、鞍山、抚顺、锦州、阜新、本溪、丹东、吉林、鹤岗、齐齐哈尔、牡丹江、鸡西、佳木斯、无锡、苏州、常州、徐州、芜湖、蚌埠、淮南、青岛、淄博、柳州、湘潭、衡阳、安阳、开封、洛阳、重庆、自贡。

1962年12月，国家计委和财政部联合发出《关于64个大中城市房地产税划归市财政用于城市建设和维修费用的通知》。按规定，这些城市每年可以增加收入2.68亿元，加上工商税附加和公用事业附加，共计4.5亿元。

为了保证这笔费用使用得当，财政部与建工部还对“城市公用事业、公共设施”所包含的内容作了规定：

1. 公用事业，主要包括城市自来水、供热、公共交通（有轨电车、无轨电车、公共汽车、出租汽车、城市轮渡）等事业。

2. 公共设施，主要包括：

（1）市政工程设施，指城市道路、桥梁、防洪、下水道、排水沟渠、污水处理等设施。

（2）园林绿化设施，指城市绿化、公园、苗圃、动物园、风景绿地等设施。

（3）环境卫生设施，指公共厕所、清扫垃圾和粪便、街道洒水、扫雪等设施。

（4）其他公共设施，指公用消防设施、一般人民防空设施（灯火管制和报警设备等）、交通标志（路标）、路灯等。

广播电台、影院、剧院、音乐厅、俱乐部、博物馆、图书馆、文化馆（站）等，各种纪念馆、体育场、防疫站、市内电话、学校、幼儿园等，不属于城市建设部门养护维修的范围。

第二次城市工作会议决定，对所有设市城市增辟经常性的、固定的维修资金来源：

1. 把房地产税划归全国所有设市的城市；

2. 把公用事业大修理基金的提取率，由预计的2.4%提高到3%；

3. 某些城市公用事业附加税收入过少，可增开某些尚未开征的公用事业附加税；

4. 有计划地调整房屋租金标准，逐步做到“以租养房”；

5. 城市在完成国家规定的地方预算任务后，对于超收部分，除按原规定提成外，再增加提成5%—10%。

此外，对于市政建设补缺配套、填平补齐的大、中型项目，要在国家年度或长期的基本建设计划中加以安排。对住宅和中、小学校舍的建设资金，也适当地调整提高。并规定，以后凡是新建、扩建的企业、事业单位，在编制计划任务书时，就要把住宅、校舍和其他生活福利设施包括在内，属于这些方面的投资，应单独划出，拨交所在城市，由市统一建设。

在这期间，城建主管部门也加强了城市建设的管理工作。1962年12月，建工部召开全国城市建设工作会议，讨论修改了《城市建设工作条例》和《关于公用事业企业经营管理工作的若干规定》《关于市政工程管理和养护维修工作的若干规定》《关于城市园林绿化工作的若干规定》等几个草案，于1963年3月正式下达试行。

由于开辟了城市建设和维修资金渠道，从1963年至1965年，城市建设投资占基本建设的投资比例，由“二五”期间的2.3%上升到2.9%，超过了“一五”期间的投资比例。

第四节　在“左”的思想指导下，城市建设再次受挫

经过几年调整，城市建设刚有一些起色，但“左”的指导思想对城市建设在决策上产生的错误，并未得到纠正，甚至在某些方面还有进一步的发展。因此，在1964年和1965年，城市建设工作又连续遭受了几次挫折。

一、不建集中的城市

1959年，在国家经济困难的条件下，大庆油田在一片荒原上开始建设矿区。他们就地取材，建议“干打垒”（即夯土墙）房屋，建设分散的居住区。

当时提出的“先生产，后生活”“不搞集中的城市”，是符合当时当地的客观条件的。1963 年，周恩来视察大庆时，作了“工农结合，城乡结合，有利生产，方便生活”的题词。但是，在 1964 年 2 月全国开展“学大庆”运动以后，机械地将这四句话作为城市建设方针。有些城市在市区穿插上农田和种植农作物，房屋建设也搞“干打垒”，以为这就是贯彻“工农结合”和“城乡结合”的方针。

1964 年 8 月，根据对当时国际形势的分析，毛泽东提出“三线”建设的方针，并要沿海的一些重要企业往内地搬家，要求国家在搞“大三线”的同时，各省、市、自治区都要搞各自的“小三线”。同时，国家经济委员会（简称国家经委，下同）召开全国搬迁工作会议，提出对搬迁项目要实行“大分散，小集中”的原则；少数国防尖端项目，要按照“分散、靠山、隐蔽”的原则建设。随后，林彪又把“分散、靠山、隐蔽”改为“靠山、分散、进洞”。因此，在大、小“三线”的建设中，形成了不建集中城市的思想。“不建集中的城市”，建“干打垒”房屋，其影响就不仅在“三线”建设，而是涉及全国所有的城市了。

二、“设计革命”否定城市规划

1961 年 1 月，城市规划局和城市设计院划归国家计委领导，主要进行调查研究工作。1963 年，国务院召开了第二次全国城市工作会议。随后，中共中央、国务院在《第二次全国城市工作会议纪要》中提出：“为了有计划地逐步改善城市的市政设施，各大中城市应当编制城市的近期建设规划，并且修改总体规划。”但是，这一决定实际上并没有得到贯彻执行。1964 年，国家经委规划局在调查研究的基础上，重新确定了城市规划（试行）定额指标。为了配合“三线”建设，并于同年组织规划力量，编制攀枝花钢铁基地的总体规划。1964 年，“设计革命”运动开始了。“设计革命”运动是在“左”的思想指导下开展起来的，目的在于批判所谓“一部分技术骨干和设计人员严重的资产阶级思想”，解决“许多设计单位的领导权”问题。同年 12 月，全国设计革命领导小组在向中央的报告中，除批判“设计工作存在贪大求全；片面追求建筑高标准；因循守旧及缺乏国防观念"等问题外，还把城市规划在50年代被批判过的东西又重新加以批判。认为城市规划"只考虑远景，不照顾现实，规模过大，人口过多，过分讲究构图美观，设计了许多大广场、大建筑、大马路、建筑密度过低"。① 实际是对城市规划的又一次否定。在"设计革命"运动中，不仅许多规划技术人员受到错误的批判，而且城市规划机构再次被精减。1965年3月开始成立国家基本建设委员会（简称国家建委，下同）时，便没有设立城市规划局，后来才给了30个人的编制，城市规划局就从100人②压缩为30人，并且规定，这个局的任务是，只作调查研究，不得编制城市规划，也不对地方进行业务指导。这样，城市规划工作就几乎名存实亡了。

三、取消国家计划中的城市建设户头

1965年11月30日，国务院转发了国家计委、国家建委、财政部、物资部拟定的《关于改进基本建设计划管理的几项规定（草案）》，提出：地方农牧业、农业机械站和修理网、农垦、林业、水利、气象、水产、交通、商业、银行、高教、卫生、文化、广播、体育、科学、城市建设等部门的投资，继续划归地方统筹安排，中央各部门不再下达建设项目和投资指标。从此，城市建设在国家计划中的投资户头就被取消了。这个规定，也叫作对非工业部门建设投资的"切大块"。每年切给地方的数额约占全部基建投资总数的20%。各地进行安排时，一般都是：第一农林水，第二财商贸，第三科研和文教，分给城市建设的投资则寥寥无几。例如，河北省在当时除天津以外，有唐山、秦皇岛、张家口、保定、石家庄、邢台、邯郸、承德、沧州9个城市，从省里分到的城市建设投资只有100多万元，这就使城市建设陷入无米之炊的困境。

① 摘自1964年12月《关于当前设计工作革命运动的几个问题的报告》和1965年3月，《关于设计革命运动的汇报提纲》。

② 1964年4月，城市规划局从国家计委转归国家经委领导时，撤销了300多人的城市规划研究院（1962年城市规划设计院改称城市规划研究院），一部分人员充实到城市规划局，编制为100人。

城市建设中为工业生产所必需的供水、排水、公交、道路、桥梁、燃气、供热等设施，应该先行建设，或与工业同步建设才能保证经济、社会的正常发展。违背这一客观规律的做法，给城市建设工作带来了十分严重的后果，使城市建设再次遭受挫折。

第四章
“文化大革命”时期的城市建设
（1966—1976 年）

1966 年 5 月开始的“文化大革命”，无政府主义大肆泛滥，城市建设受到更大的冲击，造成了一场历史性的浩劫。

“文化大革命”后期，在周恩来、邓小平主持工作期间，全国各方面工作出现转机，城市规划和城市建设工作也有所恢复。但是，由于“四人帮”的干扰和破坏，整个经济战线仍是“左”的思想占统治地位，城市建设仍然问题成堆，严重地影响着城市生产的发展和社会的安定团结。

第一节　城市建设工作受到严重冲击和破坏

1966 年下半年至 1971 年，是城市建设遭受破坏最严重的时期。“文化大革命”一开始，国家主管城市规划和建设的工作机构（国家建委城市规划局和建筑工程部城市建设局）即停止了工作，各城市也纷纷撤销城市规划、建设管理机构，下放工作人员，使城市建设、城市管理形成了极为混乱的无政府状态。

一、城市规划被废弃，乱拆乱建成风

城市建设各行业在“文化大革命”中，遭受严厉批判的是城市规划，林彪、江青反革命集团把城市规划批判为修正主义的黑纲领，把城市规划工作的专家说成是资产阶级的反动学术权威，把城市管理被说成是“管、卡、压”。各城市毫无例外地都裁并了城市建设机构，下放了工作人员，城市建设

的档案资料大量销毁。由于城市建设处于无人管理的状态，到处呈现乱拆乱建、乱挤乱占的局面。

1967年1月，国家建委在《关于一九六六年北京地区的建房计划审查情况和对一九六七年建房计划的意见》中，提出了北京市“旧的规划暂停执行”。并且规定：“一九六七年的建设，凡安排在市区内的，应尽量采取‘见缝插针’的办法，以少占土地和少拆民房”，要求“干打垒”建房。这个文件下达后，给北京的城市建设带来极大危害。由于城市规划“暂停执行”，在此后的5年多的时间里，北京的建设基本上是在脱离城市规划指导的状态下进行的，致使易燃、易爆和噪声严重不应在市区内继续扩建的工厂，在居住区内盲目扩建，严重污染破坏了居住区的安宁。建筑上的“见缝插针”、乱搭乱建，不但侵占了小区内的公共绿地和庭院，甚至侵占了红线①，严重影响了城市交通，破坏了城市布局，恶化了环境，给旧城改造设置了难以解决的障碍。在片面贯彻“干打垒”精神的要求下，房管部门建造了数十万平方米的简易楼房。虽然当时解决了部分居民的住房困难，但是由于设计不合理，设备过于简陋，不但住户意见大，并且影响城市景观，给城市建设工作造成了很大困难。

上海市有480条道路，被413家工厂占去46万平方米的路面，作为马路仓库，乱堆物料，造成秩序混乱，交通堵塞，严重破坏了市容，影响了城市交通。

兰州市城市规划局长、总工程师任震英，是从事兰州城市规划工作的元老，也是全国城市规划界的知名人士，“文化大革命”一开始，就被打成“牛鬼蛇神”，关进了“牛棚”。兰州市城市规划设计机构被撤销后，城市建设无规划、无管理。1969年在市区上风向的东岗镇重新建起兰州钢厂；1970年在火车站南面的居民区建起了胜利铁厂；在其他居民生活区建设了五一化工厂、七里河塑料化工厂、西园农药厂等；在五泉山公园大门口也建起了一个无线电厂。严重污染了环境，破坏了城市布局和景观。

① 城市规划图上，表示街道和街坊的范围，控制沿街建筑物位置的线，多以红色表示。

南昌市城市规划机构被撤销后，一批工程技术人员下放到农村，城市建设处于无政府状态。1969 年，江西省革命委员会主任程世清竟下令将城区数百家工厂外迁，把各类大学和中等专业学校统统赶出城市，全市 31 所普通中学迁出 16 所，大、中学校校舍被侵占 47 万平方米，强行拆除市区 61 万平方米的房屋。却在 30 公里以外的湾里、石岗另建新城，致使旧城区 1 万多户人家无家可归。此时的南昌市道路失修失养，车辆完好率低，交通事故频繁，公共交通秩序极其混乱。城市供水紧张，居民半夜排队挑水，经常因为争水发生斗殴及私自打开消防栓取水等问题。类似的灾难，全国许多城市大同小异，都有发生。

二、园林、文物遭破坏，私人住房被挤占

1966 年 8 月，“红卫兵”首先在北京掀起了一场破“四旧”（旧思想、旧文化、旧风俗、旧习惯）的运动，并迅速传遍全国。城市园林和文物古迹被列为“四旧”，遭受了一场空前的破坏。江青亲自下令伐掉了北京景山公园明朝崇祯皇帝上吊的那棵老槐树，封闭了香山碧云寺中的中山纪念堂，毁掉铜佛 22 座，泥塑、木佛、瓷佛 607 座。颐和园内有 21 座铜佛被运到炼铜厂，周恩来总理发现后追回 3 座，其余 18 座已被熔化。其他如牌匾、对联、石碑、古玩、字画等被毁坏的不计其数。曲阜孔林的大批历代碑碣，也被北京去的“造反派”砸毁。1968 年，南昌市的“造反派”把人民公园百花山上的 137 种花木作为“修根”挖光烧毁；许多人行道和绿带则被侵占盖房、种菜，苗圃中的苗木被砍 130 多万株；著名的古迹万寿宫佑民寺被拆除，佑民寺的铜佛、普贤寺的铁像被投入熔炉毁掉。兰州市兴隆山风景区的古建筑被毁，崔家崖古寺被拆光，滨河路上 5 公里长的观赏花木被拔光，各类绿地被占被毁 200 多亩。杭州西湖也遭到严重破坏，著名古刹灵隐寺和素有“佛国”之称的上、中、下天竺的寺院，均被工厂占用，以“南屏晚钟”著称的净慈寺，则被部队占用；每天有 4000 多立方米污水直接排入西湖，使湖水变黑发臭。破“四旧”这场浩劫，使全国绿地遭到严重破坏，到 1975 年全国绿地面积下降为 62015 公顷，比 1959 年的 128212 公顷减少了一半多。

在破“四旧”的同时，各城市都发生了破坏法制的抄家和挤占私人住房的活动。据统计，全国城市被挤占、没收的房屋达3243万平方米，其中有自住房屋1095万平方米。为数最多的是北京市，被挤占、没收的房屋共777万平方米，其中私人自住的房屋有107万平方米。

三、工厂进山、入洞，不建城市

“三线”建设初期，一切从战备出发，已经形成了不建城市的思潮。1966年至1971年，“三线”建设进入高峰时期。这一时期建设的工厂，统统安排在山沟和山洞里，不但不建城市，而且要求新厂建设消除工厂的特征，实行厂社结合。要求城市向农村看齐，消灭城乡差别。

1966年3月，中共中央西南局在四川省成都市召开西南“三线”建设会议时，总结了工农结合、以厂带社（农村人民公社）、工厂与公社互相支援、以工厂为主和避开城市建设工厂的经验，同时提出“发扬延安（大庆）精神，搞‘干打垒’，每平方米建筑造价40元，不仅民用建筑搞，而且厂房建筑也搞”的主张。

1966年7月，“三线”地区建设主管部门又在甘肃省兰州市召开西北“三线”建设座谈会。会议决定，在厂区和生活区的布置上，要注意消除工厂的特征，加强对空隐蔽；要认真实行现场党委一元化领导，取消甲乙方承包制。西北地区“三线”建设的工厂完全分散在深山区，不但工厂分散得很零落，而且一个工厂的几个车间也是单独布置。例如，在陕南建设的某军工厂，把车间分散在几个县，相距100多公里，不仅与外部的经济联系极为不便，工厂内部各车间的联系也很不方便。这个时期的“三线”工业布局，有的领导人还提出越散越好，不仅要像“羊拉屎”，还应该像在飞机上撒黄豆那样分散。各省建设的“小三线”，也是极为分散。例如，山东省在莱芜山区建设的一个年产5万吨的小钢厂，一个车间进一条山沟，每个摊都要自搞一套水、电、道路和生活单位，既造成很大浪费，又给生产、生活带来很大困难。

在这样的指导思想影响下，1966年至1970年，全国城市建设投资的比例，从调整期间占基本建设总投资的2.9%，猛减为1.8%。有些城市根本不列城市建设投资。例如，陕西省自1967年到1969年期间，根本不给城市分配城市建设投资。当时以为降低城市设施标准，就可以消灭城乡差别，这种极“左”思想，给城市建设造成了极大的困难和危害。

第二节　城市建设工作出现转机

1971年，周恩来总理主持中央日常工作以后，使全国各方面的工作有了好转。1975年周恩来病重住院后，由国务院副总理邓小平主持党政日常工作，对各方面工作进行了整顿。这个时期城市建设工作出现了转机。

一、城市建设机构的恢复和城市规划工作的复苏

1971年5月1日庆祝国际劳动节的时候，周恩来在天安门城楼上对当时北京市负责人说，对城市建设管理问题要加强，要大力整顿，在“十一”以前，要搞出个样子来，以配合国际形势的发展。6月，北京市召开了城市建设和管理工作的会议，决定恢复城市规划工作机构，以尽快研究北京市的建设现状和城市总体规划中的方针性问题，重新编制新的规划总图和确定有关管理办法。还通过了加强北京市城市建设管理的几条原则规定等文件。会后即恢复了北京市城市规划局的建制，这对全国各地城市规划工作的恢复起了推动作用。

1971年11月间，国家建委召开了城市建设座谈会，研究当时城市建设中存在的问题，对如何加强城市建设工作同与会的代表交换了意见。会议要求各省、市、自治区，为恢复城市建设工作进行调查研究，做好准备。

1972年5月，国务院批转国家计委、国家建委、财政部《关于加强基本建设管理的几项意见》，其中规定：“城市的改建和扩建，要作好规划，经过批准，纳入国家计划。”12月，国家建委设立了城市建设局，统一指导和管理城市规划、城市建设工作。1973年6月，成立了城市建设研究所，开展城市规划、城市给排水和道路交通的科学研究。全国各省、市、自治区也开始恢复城市规划工作。一些城市的规划技术人员由“五七”干校归队，重新恢

复工作。1972 年，广西壮族自治区革命委员会审查了桂林、南宁两市的城市规划方案。安徽省也修改了合肥市的城市总体规划。其他如广州、沈阳、沙市、乌鲁木齐等城市规划工作，也先后开展起来。

1973 年 9 月，国家建委城建局在合肥市召开了部分省市城市规划座谈会，讨论了当时城市规划工作面临的形势和任务。会议还对城市建设局草拟的《关于加强城市规划工作的意见》《关于编制与审批城市规划工作的暂行规定》《城市规划居住区用地控制指标》等几个文件草稿征求了意见，这是自 1960 年桂林城市规划座谈会后，召开的又一次城市规划座谈会。由于多年停止城市规划工作，使城市建设吃尽了苦头，与会者一致要求尽快把几个征求意见稿修改下达。这次会议对城市规划工作者是一次鼓舞和动员，对全国开展城市规划工作是一次有力的推动。会后，南京、合肥等市都成立了城市规划的机构。其他城市如西安、延安、广州、天津、旅大、辽阳、南昌、宜昌、襄樊、沧州、邢台、邯郸等都陆续开展起规划工作。

1974 年 5 月，在全国基本建设会议期间，城市建设局请到会的各省建委负责人座谈开展城市规划工作的问题，建委领导人宋养初同意把《关于城市规划编制和审批意见》和《城市规划居住用地控制指标》修改稿下发试行，这使十几年来被废弛的城市规划有了一个编制和审批的依据。当年年底，国务院副总理李先念对《基本建设简报》刊登的调查报告《从荆门镇的建设看搞好新兴城镇规划的重要性》一文作了批示："看来荆门工业布局很不合理。由于林彪反党集团的影响，'三线'工业布局问题很多，恐怕要逐个审查，重新规划，征得省委同意，报国家计委批准。搞得像荆门那样的地方，要停下来。"这一批示，促使各省、市、自治区城建部门更加重视了对规划布局的调查和城市规划的修订。但是，当时全国从事规划工作的工作人员仅 700 来人（约占 1960 年时 5000 人的 16%），所以除积极动员原来转业的一些规划技术人员归队外，又采取了短期培训的办法。同济大学、南京大学、北京大学、中山大学、重庆建工学院开办了城市规划专业班培训，加上黑龙江、辽宁、广东、福建、湖北、河南、河北、陕西、贵州、天津等省市自办的培训班，到 1975 年即培训出 400 多人。

1975年4月，国家建委城市建设局在广东省湛江市召开小城镇规划建设座谈会，有广东省和湛江、北海、宜昌、岳阳、新会、晋城、辛集、廊坊、衡水、湘乡等许多小城镇的代表参加，讨论了城建局起草的《关于加强小城镇建设的意见》，研究了建设小城镇的方针政策，推动了城市规划和城市建设工作。

1976年6月，广西壮族自治区和湖南、安徽、河北、河南、辽宁、吉林、黑龙江等省、区，还召开了城市规划座谈会，研究讨论了本省、区城市规划建设中的问题。同年7月28日，河北省唐山市发生了大地震，使唐山遭到毁灭性的破坏。为了尽快恢复、重建这座城市，国家建委城市建设局于8月8日派人了解情况后，立即组织当时规划力量较强的上海、沈阳两市城市规划院的技术骨干，帮助唐山制定震后重建的城市规划。国家建委城建局的规划工作人员与他们同吃同住在帐篷里，冒着余震的危险，在极其困难的条件下工作。河北省建委也组织省内各城市的规划人员参加了工作。中国科学院地理研究所的研究人员和清华大学建工系的一些师生也为制订震后唐山的建设规划做出了贡献。

二、城市建设工作的开展

国家建委城建局建立以后，积极地开展工作。1973年3月，针对城市乘车难的问题，召开了城市公共交通座谈会，要求加强现有车辆的维修、保养，提高车辆的完好率和出车率；积极组装新车，合理布置线路，增加运营能力；加强管理，提高服务质量，搞好安全行车。

由于许多城市供水告急，据1973年统计，全国城市每日缺水500万立方米，为研究解决供水紧张的问题，1973年4月，召开了北京、天津、西安、武汉、广州、杭州、青岛、阜新、大连、哈尔滨、包头、太原、兰州13个重点城市的供水会议，讨论了开源和节流的办法。会后同国家计委商定，首先安排了这些城市的供水项目。7月间，国家建委发出《关于继续执行城市建设统计年报的通知》，要求各省、市、自治区从1973年起，恢复中断了7年的城市建设统计年报制度。10月间，国家建委城建局在长春市召开了煤气工作座谈会，推动了城市液化石油气的发展。

1973 年，国家试行全面税制改革方案时，重新规定了城市维护费的来源：（1）城市公用事业附加；（2）从“工商所得税”收入中提取附加 1%；（3）国家预算拨款①。这三项维护费简称“三项费用”。同时规定，小城市的维护费，可由省、自治区在“国家预算拨款”项内统筹安排解决。城市维护费由计划、财政、城建等部门密切合作，城市建设部门统一归口安排使用。各省、市也据此精神确定了本省、市城市维护费的具体管理办法，但是挪用现象仍比较严重。例如，山东省 9 个城市从 1966 年至 1972 年共收维护费 22879 万元，用于城市建设 7218 万元，只占 1/3，被挪用的竟占 2/3。旅大市 1971 年建设军分区大楼，也动用了 30% 的城市维护费。鉴于城市维护费用被大量的挪用，国家计委、国家建委、财政部于 1973 年 12 月联合发出《关于加强城市维护费管理工作的通知》，规定城市维护费必须保证使用于城市的公用事业、公共设施以及房屋的维修和保养，不能挪作他用。所需材料设备，要按照现行物资管理体制，由省、市、自治区纳入计划，统筹安排，保证供应。

1974 年，城市三废处理由国家建委城建局分管，为了推动城市的消烟除尘工作，9 月，城建局在沈阳市召开了全国城市消烟除尘经验交流会。1975 年 6 月，国务院同意北京市关于市政公用设施要和房屋建筑配套建设的意见，并批准了解决北京市市政公用设施建设的补助投资。在第四个五年计划期间，每年在国家计划内安排专款 1.2 亿元和相应的材料设备。同年 10 月，国务院指示国家建委要把城市房产业务管起来②。国家建委在城建局设立了房产处，并发出《关于加强城市房屋管理工作的通知》。1976 年 1 月，国家建委城建局召开北京、上海、天津、沈阳、成都、哈尔滨、广州、西安 8 个大城市的房产工作座谈会，研究了以修为主，修、建并举的方针。

---

① “国家预算拨款”是把以前由城市收取的房地产税改为收缴财政部，再由财政部拨还地方，收多少，拨还多少。以前除“三项维护费”外，财政部还有一笔国家预算拨款补助城市维修和建设，税制改革后，这一笔拨款就减掉了。

② 1962 年国务院成立了国家房产管理局（局长赵鹏飞），管理全国城镇房地产业务。

根据1976年年底的统计，全国设市城市由1970年的176个增加到188个，城镇人口由1970年的14424万人增加到16341万人。全国公共交通车辆由1972年的15831辆增加到1975年的21338辆，3年增加了5507辆，比1965年至1972年这7年增加的还多736辆。全国城市供水由1973年的日产能力1775万立方米，增加到1975年的2170万立方米，平均每年增长197.5万立方米，为1965年至1973年8年间平均每年增长87.2万立方米的2.2倍多。民用液化石油气由1972年的23457立方米增加到1975年的820711立方米，液化气钢瓶由16797个猛增到681769个，分别增长了34倍和40倍。但总的来说，由于长期欠账太多，城市建设中还存在大量的问题。

第三节　城市建设中的问题

城市建设工作在“文化大革命”后期，虽然有所好转，在某些方面取得了一些进展，但是，由于“四人帮”的干扰破坏，“左”的错误指导思想仍然笼罩着国民经济的各个领域。1972年，国务院虽然批准国家计委、国家建委、财政部《关于加强基本建设管理的几项意见》的文件，规定“城市的改建和扩建要做好规划，经过批准，纳入国家计划”，但实际上并未实行。“四五”计划期间，城市建设资金来源主要靠“三项费用”，而且有的城市还随便挪用。由于城市建设投资太少，欠账太多，积累的问题便成了堆。

一、住宅紧张，成了爆炸性的社会问题

据190个城市的统计，平均每人居住面积仅为3.6平方米，比新中国成立初期的人均4.5平方米还下降0.9平方米。据不完全统计，全国城市缺房户共有323万户，占城市居民总户数的17%。很多青年人因为缺房不能结婚，有的结婚后甚至生了孩子还住在办公室，或几户人家同住一室；拥挤户更多，有的大儿大女甚至老少三辈挤住一室，有的床上架床，床下也睡人。各城市都有一批危房亟待维修，有些城市还有旧社会遗留下来的棚户，居住条件恶劣，亟待改造。加上少数人在住房方面出现的以权谋私和特殊化，群众意见

很大，以致社会上潜伏着不安定的因素。

二、市政公用设施不足，严重影响生产和人民生活

在城市供水方面，北方许多城市水源不足，而且受到污染，水质下降；有的地方地下水开采过量，引起地面下沉；用水管理不善，浪费现象严重。北京、天津、西安等13个城市在1972年夏季高峰用水时，每日缺水共109万立方米，相当于这些城市日供水能力的30%。据全国各城市不完全统计，1976年日缺水量已达880万立方米。有些城市严重缺水，3层楼就上不去水，居民不得不在晚间到楼下接水。例如，青岛市不少工厂每周只能开工三四天，叫作“开三停四”，市民生活用水平均每人每天只有15升，以致紧张到不得不发水票的程度。大连市因为缺水，工厂也常有停产情况。厦门因为缺水，轮船供水都发生了困难。

在排水方面，全国各城市建成区中，有一半以上的面积没有排水管网，平时污水横流，雨后积水成灾。城市每天排出的工业废水和生活污水，有98%未经处理即排入江河湖泊，造成严重的污染。有的城市强占江河滩地，建民房，盖工厂，办林场，乱挖砂石。一些工厂、矿山，也任意向行洪河道排放矿渣、尾矿、粉煤灰和垃圾，堵塞排洪河道。加上无力修建防洪排涝工程，每到汛期，就发生内涝，水患严重威胁着城市人民生命财产的安全。

在道路交通方面，全国城市平均每人道路面积只有2.8平方米，行车速度低，交通拥挤，事故频繁。城市公共交通车辆少，乘客多，运力和运量不相适应，普遍出现乘车难的问题。尤其是哈尔滨市最为严重，到了冬季，有些重点线路排队等车者竟达五六百人，等车时间长达一两小时，职工上班难，居民上街难，直接影响着城市的生产和人民生活。

三、城市布局混乱，环境污染严重

城市建设由于长期无人管理，到处见缝插针，乱拆乱占，出现了大量违章建筑。例如，北京市自1971年至1975年间，出现各种违章建筑约50万平方米。太原市在规划道路红线内乱建的违章建筑达10多万平方米，被完全或

部分占用的规划道路有30余条。

在“文化大革命”期间，城市街道又兴起一阵大办“五七”工厂之风，许多有污染的工厂挤占民房，混杂在生活区内，污染严重，使居民不得安宁。有不少街道在破“四旧”时，改变了大批街道的传统名称，造成了城市地名的混乱；大字报、标语到处乱贴；垃圾废物乱堆乱倒；园林绿地横遭侵占、破坏，到1976年时，全国城市绿化覆盖率平均已不足10%。经过“文化大革命”的洗劫，许多城市的环境、市容，被折腾得脏乱不堪。

城市建设中积累的这些问题，已妨碍了城市的正常运转，直接或间接地影响着国计民生和社会的安定团结，到了非解决不可的时候了。

第五章
城市建设的新时期
(1977—1986 年)

粉碎“四人帮”，结束了“文化大革命”的十年动乱，中国进入了一个新的历史发展时期。中共十一届三中全会做出了把党的工作重点转移到社会主义现代化建设上来的战略决策，中国经济社会发生了深刻的变化，城市建设工作也步入了崭新的阶段。

第一节　城市建设的历史转折

城市建设工作经历了长期的曲折，积累了大量问题，在粉碎“四人帮”后，中共中央和国务院加强了对城市建设工作的领导，城市建设顺利地完成了这一历史性的转折。

一、召开第三次全国城市工作会议

由于“文化大革命”的破坏，给城市建设各方面工作造成了极为严重的损失，城市建设和管理中积累的问题已经成堆，严重地影响生产，影响人民生活，影响着社会的安定团结，要全面解决这些积累已久的问题，绝非一个业务部门力所能及。因此，国务院准备召开一次全国城市工作会议。为给会议进行准备，1977 年 12 月国家建委副主任韩光率领工作组先后在西安、广州、上海召开西北、中南、华东 3 个地区的城市建设座谈会，为城市工作会议起草了文件。1978 年 3 月，国务院在北京召开了第三次全国城市工作会议，会议由李先念主持，各省、市、自治区和国家各有关部门的主要负责人参加了会议，经过讨论，对城市建设制定了一系列的方针、政策，解决了几个关键问题。

1. 强调了城市在国民经济发展史中的重要地位和作用，要求城市适应国民经济发展的需要，并指出要控制大城市规模，多搞小城镇，城市建设要为实现新时期的总任务做出贡献。

2. 强调了城市规划工作的重要性，要求全国各城市，包括新建城镇，都要根据国民经济发展计划和各地区的具体条件，认真编制和修订城市的总体规划、近期规划和详细规划，以适应城市建设和发展的需要。

3. 为协调“骨头”与“肉”的关系，决定从1979年起，先在所有省会城市和城市人口在50万以上的大城市（不含三大直辖市），以及对外接待和旧城改造任务大、环境污染严重的47个城市，试行每年从上年工商利润中提成5%，作为城市维护和建设资金。为了建设好小城镇，加强现有小城镇的维护管理，自1979年起城市维护费的开征范围扩大到一些工业比较集中的县镇和工矿区。并提出今后在国家基本建设计划中，要专列城市住宅和市政公用设施建设（包括供水、排水、公共交通、煤气、道路、桥梁、防洪、园林绿化等）户头。

4. 为缓和城市住房的紧张状况，在对城市现有住房加强维修养护的同时，要新建一批住宅。1978年国家先补助城市住宅建设资金2亿元，以后几年国家每年要拨款4亿元，用于城市住宅建设。同时动员地方、企业与国家一起，共同解决城市住宅问题。

会议制定的《关于加强城市建设工作的意见》，1978年4月，经中共中央批准，下发各省、市、自治区和国务院各有关部委。各地方、各部门根据文件的精神，加强了对城市建设的领导和管理。这次会议对城市建设工作地发展起了重要作用。

二、城市规划工作全面展开

中共十一届三中全会以后，为了加强城市规划工作，国家建委和国家城市建设总局从1979年起，便着手为全面开展城市规划工作做准备，起草了《中华人民共和国城市规划法草案》《关于发展小城镇的意见》《关于城镇建设用地综合开发的试行办法》《关于征收城镇土地使用费的意见》等文件。

1980 年 4 月，中共中央书记处对北京市城市工作提出四点建议①，这对推动城市建设工作地发展具有重要的意义。

1980 年 10 月，国家建委在北京召开了全国城市规划工作会议，会议由国家建委副主任韩光主持。国务院副总理谷牧在会上讲话时强调：要建设好城市，应当先有一个好的城市规划，城市规划工作要有一个新的发展。他还指出“市长的主要职责应该是规划、建设和管理好城市”，提倡“市政府第一把手亲自抓规划”。会议系统地总结了城市规划的历史经验，批判了不要城市规划和忽视城市建设的错误，讨论通过了《中华人民共和国城市规划法草案》。会议提出了“控制大城市规模，合理发展中等城市，积极发展小城市”的城市发展方针，要求全国各城市在 1982 年底以前完成城市总体规划和详细规划的编制。

这次会议端正了城市规划思想，达到了拨乱反正的目的，在城市规划事业的发展历程中，占有重要的地位。

1980 年 12 月，国务院批转了全国城市规划工作会议纪要，全国城镇展开了城市规划的编制工作。为适应编制城市规划的需要，国家建委于 1980 年 12 月正式颁发了《城市规划编制审批暂行办法》和《城市规划定额指标暂行规定》。

截至 1986 年，全国已有 96% 的设市城市和 85% 的县镇编制完成了城市总体规划。其中，设市城市中 80% 的总体规划已经审查批准。根据国家规定，应由国务院审批的 38 个城市的总体规划已经全部审批完毕；建制镇的规划编制工作也有很大进展。城市总体规划批准之后，有的还进一步编制详细规划和专业规划，如深圳、珠海等建设任务大的沿海开放城市，都是在城市规划

① 四点建议是：1. 在社会治安、社会秩序和道德风尚方面，北京要成为全国的模范，在全世界也应当是最好的；2. 改造北京市的环境，搞好绿化、卫生，利用有山有水有文物古迹的条件，把它建设成为优美、清洁、具有第一流水平的现代化城市；3. 要使我们的首都成为全国文化科学技术最发达、教育程度最高的城市；4. 经济要不断繁荣，人民生活要安定方便。

具体指导下进行城市建设的。在旧城改造中，调整了旧区的一些污染、扰民的工业，如天津市外迁了污染扰民的工厂企业108家，在郊区建设了印染等工业区，在市内撤并了300多个电镀点，既发展了生产，又改善了环境。“六五”时期全国城镇按照详细规划配套兴建的居住区和小区约有1400多个，安排了6.3亿平方米住宅和相应的市政公用、生活福利设施，城市缺乏城市建设规划指导的局面已经改变。

这期间，还开展了历史文化名城的保护规划工作。1982年2月，国务院确定了国家第一批历史文化名城共24个，有：北京、承德、大同、南京、苏州、扬州、杭州、绍兴、泉州、景德镇、曲阜、洛阳、开封、江陵、长沙、广州、桂林、成都、遵义、昆明、大理、拉萨、西安、延安。1983年初，城乡建设环境保护部城市规划局会同文化部文物局在西安市召开了历史文化名城规划与保护座谈会，推动了历史文化名城的保护规划工作。1986年12月国务院又批准公布了第二批历史文化名城共38个，有：上海、天津、沈阳、武汉、南昌、重庆、保定、平遥、呼和浩特、镇江、常熟、徐州、淮安、宁波、歙县、寿县、亳州、福州、漳州、济南、安阳、南阳、商丘、襄樊、潮州、阆中、宜宾、自贡、镇远、丽江、日喀则、韩城、榆林、武威、张掖、敦煌、银川、喀什。加上第一批的24个，两批合计共62个。

三、加快城市住宅建设

据统计，从1949年至1978年全国城镇新建住宅建筑面积达49300万平方米，千百万群众住进了新房。房子建了不少，但同国民经济发展、城市人口增长速度比较起来，还是远远跟不上需要。许多城市包括一些新建工矿区，住房仍然很紧张。特别是人口集中，工业发展较快的大、中城市，住房紧张情况更为突出。

中共中央和国务院十分关心改善人民居住条件，邓小平提出到1985年全国城市平均每人居住面积要达到5平方米。为了全面研究城市住宅建设问题，经国务院批准，1978年9月国家建委在北京召开了城市住宅建设工作会议。

会议讨论了7年实现城市平均每人居住面积达到5平方米的问题。为了实现这一目标，会议提出了充分发挥国家、地方、企业和人民群众的积极性，加快城市住宅建设的办法；拟定了住宅建设的7年规划和两年设想及实施规划的具体措施；要求各省、市建立住宅建设专业队伍，切实保证建筑材料的供应，积极推行“六统一”的建设方法。会后，国家建委向国务院写了《关于加快城市住宅建设的报告》。1978年10月，国务院批转国家建委的报告，并指出，1985年城市平均每人居住面积达到5平方米的目标一定要实现。

这次会议引起了各地、各部门领导人对住宅建设的高度重视，调动了地方、企业和群众建设住房的积极性，从此各城市普遍展开了一场空前规模的住宅建设。1979年，全国城镇和工矿区住宅建设开工11998万平方米，竣工面积7477万平方米，是过去30年中建成住宅最多的一年。

为了研究如何加快解决城市居民住房问题，1980年3月，国家城市建设总局召开全国城市房产住宅工作会议，检查贯彻执行中共中央和国务院关于加快住宅建设指示的情况。会议要求加快城市住宅建设，逐步改善城市人民的住房状况，并提出把国家、地方、企业投资组织起来实行统建，征地、拆迁统一解决，集中力量打歼灭战，以加快建设速度。

由于各级政府重视住宅建设，充分发挥了国家、地方、企业和个人四个方面的积极性，住宅建设规模逐年扩大，住宅建设投资不断上升，占基建投资总额的比例从1978年的7.8%，逐年上升为1979年的14.8%、1980年的20%，“六五”计划期间，平均每年达到21%。1979年至1985年，全国用于城镇住宅建设的投资共达1213亿元，占1950年至1985年住宅建设总投资的76.6%。城镇住宅竣工面积以每年平均11.2%的速度增长，城镇共新建住宅8.25亿平方米，占新中国成立36年来建成住宅总面积的60%。这一时期是新中国成立后城镇住宅建设发展最快的时期（见表3）。

由于兴建了大量住宅，城镇人民居住条件得到改善，居住紧张状况有所缓和。据1986年12月2日，城乡建设环境保护部和国家统计局发布的首次全

1977—1986 年住宅投资及竣工情况

表 3

项目 / 年	全国住宅基本建设投资（亿元）	住宅基建投资占基建投资总额比例（%）	年竣工住宅面积（万平方米）
1977	26.30	6.9	
1978	39.21	7.8	
1979	77.28	14.8	7476.6
1980	111.66	20.0	10210.9
1981	111.19	25.1	11068.7
1982	141.05	25.4	13151.5
1983	125.10	21.1	12949.0
1984	135.80	18.3	12354.3
1985	215.20	20.0	15322.4
1986	189.40	16.1	14841.8

注：1. 本表根据国家统计局和城乡建设环境保护部房地产局资料进行整理。
2. 年竣工住宅面积包括：基建投资、更新改造资金、集体所有制集资和个人建房的面积。

国城镇房屋普查新闻公报报道：1985 年年底，全国城镇共有住宅面积 22.91 亿平方米，平均每人居住面积 6.36 平方米，其中城市人均 6.1 平方米，县镇人均 6.48 平方米。住房设备水平也有提高，一般新建住房每户都有单独的厨房和卫生间。

在大规模新建住宅的同时，对旧住宅区也进行了改造。“六五”计划期间，全国城市共改造破旧危房 6711 万平方米，其中住宅 5406 万平方米。天津市消灭了历史上遗留下来的“三级跳坑”（道路比胡同高、胡同比院子高、院子比屋内地面高）住房 1.8 万多间、25 万平方米；哈尔滨市改造了历史遗留下来的三十六棚和十八拐等棚户区。

四、大力发展市政公用事业

（一）开源、节流，逐步改变城市用水紧张状况。

新中国成立以后，中国城市供水事业有了较大的发展，但仍与城市的发展不相适应。“文化大革命”前每年平均增加的日供水能力为 94 万立方米，十年动乱期间每年仅平均增加 59 万立方米，远远落后于生产发展和人民生活的需要，欠下了一大笔账。

第三次城市工作会议以后，城市给水事业得到了进一步的发展。从1979年到1982年的4年中，新增的日供水能力达到907万立方米，平均每年增加日供水能力226万立方米，对保证生产和生活用水起了重要作用。但是，城市的供水水平仍然很低，全国236个城市共计每天缺水1240万立方米；全国设市的城市人口中，还有1/6的人口没有用上自来水；全国3000多个县城和建制镇中还有一半左右没有自来水。突出的问题是，一方面水源紧张，供水不足，另一方面用水浪费严重。

1983年10月，国家经委、中华全国总工会和城乡建设环境保护部联合召开了全国城市节约用水会议。会议指出：中国淡水资源总量不丰富，人均占有量只相当于世界人均占有量的1/4。城市水资源更为贫乏。解决城市用水问题，要采取开源、节流的方针，即在积极发展城市给水事业的同时，要采取制订《工业生产用水定额》、收取水资源费、颁发节约用水奖励、调整自来水售价等办法来节约用水。特别是要求各工业企业把工业用水的重复利用率提高到60%。

由于加强了城市给水事业的建设，城市供水能力大幅度上升。1979年至1984年全国集中了20多亿元资金（国家投资和地方企业集资约各占一半），这6年用于城市供水的投资，超过了1950年至1978年的总和。设有自来水的城市由1978年的182个增加到1984年的279个，新建水厂223座。到1986年年底，又有64个城市新建了自来水厂。全国353个城市共有862座水厂，日产水能力4162万立方米，年供水总量133.6亿立方米。全国饮用自来水的城市人口由1978年的5995万人增加到1986年的10095万人；城市用水普及率由81%增加到86.6%；人均日生活用水量由121升增加到161.9升。

此外，到1986年年底，全国已有2556个县镇有了自来水设施，大多是1979年以后新建的，总供水能力日达到965万立方米，用水人口有4100万人，县镇用水普及率为67.8%。一批县镇的居民，特别是地方病严重地区居民，生活的用水条件得到了明显的改善。

（二）加强城市道路的建设，迅速发展城市公共交通。

1979年至1986年年底，8年共新建城市道路10551公里，相当于1978年以前29年修建道路总长的66.6%。截至1986年年底，全国城市道路总长度达37157公里，道路面积36297万平方米，8年新增13758万平方米，相当于前29年新增的97.5%。1986年年底，全国有城市永久性桥梁8005座，其中8年增加的为3632座。这期间，一些大型桥梁工程相继建成，一些大城市还建设了立交桥、人行天桥，增设了地下人行过道，使城市交通的紧张状况有所改善。

随着商品经济的发展，城市的客流量猛增，为了解决群众乘车难的问题，各城市加强了城市公共交通的建设。1979年至1986年的8年间，全国城市新增交通车辆19606辆，相当于前29年增加总数23547辆的83.2%；新增加运营线路58738公里，相当于前29年增加总数46297公里的126.9%。1978年有公共汽车的城市187个，1986年有公共交通设施的城市达320个。与此同时，一些公共交通特别紧张的大城市还千方百计地调动社会车辆参加运营。

这个时期，北京地下铁道环线和天津市的地下铁道都通车运行，山城重庆还建成一条总长740米的过江索道。一些城市的出租汽车发展也比较快，1986年，全国城市建设系统共有160个城市设有出租汽车，共有车辆10336辆，成为城市公共汽、电车的补充。

（三）发展城市燃气，实行集中供热。

随着煤炭、化学、石油等工业的迅速发展，城市燃气事业也逐渐走上全面发展的道路。各城市一方面挖掘现有气源潜力，提高制气技术，另一方面则根据可能条件，新建气源厂，逐步增加液化石油气、天然气的民用比重。到1986年年底，全国拥有燃气设施的城市数已由1978年的50多个增加到146个，占城市总数的41.35%；用气人口3068万人，比1978年增长了1.43倍；用气普及率达到25%。

城市集中供热事业在1978年以前发展缓慢，仅北京、吉林、长春、哈尔滨等几个城市有集中供热的设施，民用供热面积共800多万平方米，普及率不到1%，城市供热方式主要是分散的锅炉和小煤炉。1978年以后，国家把城市集中供热作为节约能源的重要措施来抓，使城市集中供热事业获得很大发展。到1986年年底，北方地区已有54个城市建设了集中供热设施，供热面积达到7103万平方米，为1978年的8.9倍，每年可节约标准煤140万吨。

（四）改进城市排水系统，增加污水处理能力。

1978年至1983年国家对城市排水设施的投资额达92549万元，平均每年的投资额相当于1977年投资的4倍。自1979年以后，全国城市排水管道平均每年增加1854公里。到1986年，全国城市共有排水管道34352公里，共有污水处理厂59座，日处理能力为176.7万立方米，分别为1978年的1.7倍和2.8倍。这个时期，在武汉、长沙、桂林、哈尔滨、杭州、苏州、天津等18个城市新建了排污、排渍和污水处理厂等大中型工程。天津的纪庄子污水处理厂日处理能力26万立方米，是中国最大的城市污水处理厂。

五、加强环境卫生管理，绿化美化城市

1979年12月，国家城市建设总局、中央爱国卫生运动委员会、卫生部发出《关于改变城市环境卫生体制问题的通知》，决定将城市环境卫生工作交给城建部门，加强管理。经过改善环卫工人的待遇和增加机械设备，环卫工作的管理能力有了较大的提高，城市的脏、乱状况有所改善。1986年，全国城市年清运垃圾达5008万吨、粪便2709万吨，已基本做到垃圾、粪便及时清运。

1979年6月，国家城市建设总局发出《关于加强城市园林绿化工作的意见》，强调城市绿化要以普遍绿化为基础。1980年3月，中共中央、国务院发出《关于大力开展植树造林的指示》，指出加强城市绿化建设，要发动群众大力种树、种草、种花，管理好园林绿化，美化市容。据1986年底统计，全国城市园林绿地面积共164773公顷，比1978年增长98.2%，每人平均占有公共绿地面积增长了33%，全国城市建成区绿化覆盖率平均为16.86%。

第二节　新时期中国城市的发展

中共十一届三中全会以后，改革与开放促进了城市的迅速发展，农村经济体制改革与乡镇企业的增长，使小城镇蓬勃发展。这一时期是中华人民共和国建立以后，城市发展最快的一个时期。

一、建制市的增加

城市经济体制改革，在国家经济体制改革中占有重要位置。为此 1981 年国务院决定在湖北省沙市市进行综合经济体制改革的试点，1982 年国务院决定在江苏省常州市进行综合经济体制改革的试点。

1982 年 11 月，国务院总理在五届人大五次会议上作《关于第六个五年计划的报告》时指出，要注意发挥城市的作用，特别要着重发挥大、中城市在组织经济方面的作用。为取得更广泛的经验，1983 年 2 月，中共中央和国务院又批准在重庆进行综合经济体制改革试点。

1984 年 10 月，中共十二届三中全会作出了《关于经济体制改革的决定》，进一步要求充分发挥城市的中心作用，逐步形成以城市特别是大、中城市为依托的、不同规模的、开放式网络型的经济区。并扩大了进行综合体制改革试点的城市。到 1985 年年底，全国实行经济改革试点的城市达 61 个，其中，中共中央、国务院批准试点的城市有沙市、常州、重庆、武汉、沈阳、南京、大连 7 个，各省、自治区确定的试点城市共 54 个。

为进一步发挥城市的作用，在经济基础比较好的城市，实行了市领导镇的新体制。到 1985 年年底，全国共有 145 个市领导 681 个县，占全国县的 32.9%。

由于城市体制的改革，城市经济有很大的发展，城市的作用更加突出，城市在国家经济社会发展中占有越来越重要的地位。1985 年，全国 324 个城市的工业总产值占全国工业总产值的 88.5%，社会商品零售总额占全国商品零售总额的 69.6%，高等学校在校学生人数占全国 97.9%。

由于城乡经济的蓬勃发展，城镇的产业结构和人口结构发生了很大变化，原来设市的标准，已不适应城乡变化的新情况。1986 年 2 月，中华人民共和国民政部建议调整设市的指标。1986 年 4 月，国务院批准民政部《关于调整设市标准和市领导县条件的报告》，并发出通知，要各省、自治区、直辖市人民政府，国务院各部委、各直属机构执行新标准。

1. 非农业人口 6 万人以上，年国民生产总值 2 亿元以上，已成为该地经济中心的镇，可以设置市的建制。少数民族地区和边远地区的重要城镇、重要工矿科研基地、著名风景名胜区、交通枢纽、边境口岸，虽然非农业人口不足 6 万人、年国民生产总值不足 2 亿元，如确有必要，也可设置市的建制。

2. 总人口 50 万人以下的县，县人民政府驻地所在镇的非农业人口 10 万人以上，常住人口中农业人口不超过 40%，年国民生产总值 3 亿元以上，可以设市撤县。

总人口 50 万人以上的县，县人民政府驻地所在镇的非农业人口一般在 12 万人以上，年国民生产总值 4 亿元以上，可以设市撤县。

自治州人民政府或地区（盟）行政公署驻地所在镇，非农业人口虽然不足 10 万人，年国民生产总值不足 3 亿元，如确有必要，也可以设市撤县。

根据上述规定调整市的建制后，城市数量迅速增长。1986 年年底，全国设市的城市已发展到 353 个，比 1978 年增加了 160 个，增加 82.9%。其中 100 万人口以上的城市由 15 个发展到 23 个，50 万—100 万人口的城市由 23 个发展到 31 个，20 万—50 万人口的城市由 64 个发展到 96 个，20 万人口以下的城市由 91 个发展到 203 个，全国城市人口由 1978 年的 7955 万人，增加到 12263.4 万人，增加 54.15%（见表 4）。

根据 1986 年规定的新标准调整市的建制后，全国城市和城市人口的分布状况与解放前相比，都发生了很大变化。

1948 年，全国共有设市城市 58 个，城市人口 2379.4 万人（缺湛江、烟台两市资料）。按 3 个经济地带划分：东部地带（辽宁、北京、天津、河北、山东、上海、江苏、浙江、福建、广东、广西）的城市数和城市人口数在全国所占比重分别为 46.6% 和 67.4%；中部地区（黑龙江、吉林、内蒙古、山

1986 年全国 29 个省、市、自治区设市城市一览表

（截至 1986 年 12 月 31 日）

表 4　　　　单位：万人

地　区	城市个数	城市人口	100 万人以上的特大城市	50 万—100 万人的大城市	20 万—50 万人的中等城市	20 万人以下的小城市
全国总计	353	12263.4	23 个（4939.5 40.28%）	31 个（2237.1 18.24%）	96 个（2905.8 23.69%）	203 个（2181.0 17.79%）
北京市	1	522.3	北 京（522.3）			
天津市	1	424.4	天 津（424.4）			
河北省	17	525.5		唐　山（95.9） 石家庄（95.8） 邯　郸（76.8）	张家口（49.9） 保　定（44.1） 秦皇岛（32.0） 邢　台（27.0） 承　德（23.5） 沧　州（20.3）	廊　坊（12.8） 任　丘（9.4） 衡　水（8.6） 涿　州（7.2） 泊　头（6.1） 定　州（6.0） 南　宫（5.3） 辛　集（4.8）
山西省	10	346.2	太 原（144.0）	大　同（72.4）	阳　泉（32.7） 长　治（28.5）	榆　次（17.5） 临　汾（16.6） 晋　城（10.8） 运　城（9.0） 忻　州（7.9） 侯　马（6.8）
内蒙古自治区	16	353.2		包　头（91.3） 呼和浩特（58.6）	牙克石（32.2） 赤　峰（30.1） 乌　海（24.1）	通　辽（19.7） 海拉尔（15.9） 集　宁（14.8） 乌兰浩特（13.4） 扎兰屯（11.4） 满洲里（10.9） 临　河（10.5） 锡林浩特（7.3） 东　胜（6.3） 霍林郭勒（2.9） 二连浩特（0.8）

续表

地　区	城市个数	城市人口	100万人以上的特大城市	50万—100万人的大城市	20万—50万人的中等城市	20万人以下的小城市
辽宁省	19	1194.6	沈阳（333.5） 大连（142.2） 抚顺（112.6） 鞍山（112.2）	本　溪（71.0） 锦　州（62.6） 阜　新（59.4）	丹　东（48.0） 辽　阳（45.0） 营　口（37.9） 盘　锦（24.6） 瓦房店（23.2） 锦　西（22.9） 铁　岭（22.0）	海　城（19.9） 朝　阳（18.7） 北　票（18.3） 铁　法（11.6） 兴　城（9.0）
吉林省	12	487.5	长春（151.2）	吉　林（94.1）	浑　江（45.4） 辽　源（32.0） 通　化（29.6） 四　平（28.7） 敦　化（22.0） 白　城（20.1）	公主岭（19.2） 梅河口（18.8） 延　吉（18.4） 图　门（8.0）
黑龙江省	18	802.0	哈尔滨（229.0）	齐齐哈尔（99.8） 伊　春（76.5） 鸡　西（64.3） 大　庆（56.0） 牡丹江（51.3）	鹤　岗（48.5） 佳木斯（43.7） 双鸭山（35.7） 绥　化（20.5） 北　安（20.1）	七台河（17.3） 肇　东（16.3） 安　达（13.1） 黑　河（7.9） 绥芬河（1.4） 五大连池（0.6）
上海市	1	698.7	上海（698.7）			
江苏省	15	648.9	南京（191.9）	徐　州（73.8） 无　锡（72.5） 苏　州（63.5）	常　州（46.2） 镇　江（32.9） 南　通（29.3） 扬　州（26.8） 连云港（29.4）	淮　阴（19.7） 盐　城（19.3） 常　熟（14.4） 泰　州（13.4） 仪　征（9.5） 张家港（6.3）
浙江省	14	321.2	杭州（102.6）	宁　波（50.8）	温　州（37.5） 嘉　兴（20.4） 湖　州（21.2）	绍　兴（16.3） 金　华（12.4） 余　姚（11.8） 衢　州（10.0） 海　宁（9.8） 兰　溪（7.2） 临　海（8.0） 椒　江（6.9） 丽　水（6.3）

续表

地　区	城市个数	城市人口	100 万人以上的特大城市	50 万—100 万人的大城市	20 万—50 万人的中等城市	20 万人以下的小城市
安徽省	16	387.9		合　肥（64.5） 淮　南（63.4）	蚌　埠（41.0） 芜　湖（40.3） 淮　北（27.5） 马鞍山（27.0） 安　庆（23.0） 铜　陵（20.0）	阜　阳（15.8） 宿　州（12.5） 六　安（12.8） 巢　湖（11.2） 滁　州（10.9） 亳　州（9.3） 屯　州（6.4） 黄　山（2.2）
福建省	10	216.9		福　州（80.6）	厦　门（35.1）	漳　州（16.5） 南　平（16.1） 泉　州（16.1） 三　明（14.7） 龙　岩（12.0） 永　安（10.5） 邵　武（8.0） 莆　田（7.3）
江西省	12	281.8		南　昌（94.1）	萍　乡（39.2） 景德镇（30.9） 九　江（25.8）	赣　州（19.7） 宜　春（14.2） 新　余（13.8） 吉　安（13.6） 上　饶（11.6） 抚　州（10.9） 鹰　潭（6.7） 井冈山（1.3）
山东省	22	613.4	济南（118.8） 青岛（117.7）	淄　博（75.2）	烟　台（35.5） 潍　坊（31.8） 枣　庄（27.1） 济　宁（22.0） 泰　安（20.7）	东　营（19.4） 临　沂（17.7） 德　州（16.4） 新　泰（16.3） 莱　芜（14.1） 菏　泽（14.0） 聊　城（13.5） 日　照（9.3） 滨　州（9.2） 临　清（9.0） 青　州（7.7） 威　海（6.8） 龙　口（6.2） 曲　阜（5.0）

续表

地　区	城市个数	城市人口	100 万人以上的特大城市	50 万—100 万人的大城市	20 万—50 万人的中等城市	20 万人以下的小城市
河南省	18	514.7	郑 州（102.4）	洛　阳（66.9）	开　封（46.5） 新　乡（42.0） 平顶山（38.1） 安　阳（36.3） 南　阳（20.2） 焦　作（34.5）	许　昌（17.7） 漯　河（10.4） 濮　阳（15.3） 义　马（4.9） 驻马店（10.7） 信　阳（17.1） 三门峡（8.4） 周　口（12.0） 鹤　壁（17.4） 商　丘（13.9）
湖北省	20	631.0	武 汉（302.4）		黄　石（41.0） 襄　樊（34.4） 沙　市（23.0） 鄂　州（22.8） 仙　桃（20.1） 宜　昌（34.7） 十　堰（23.6）	荆　门（19.3） 麻　城（7.1） 咸　宁（12.3） 孝　感（13.8） 丹江口（9.9） 蒲　圻（10.6） 石　首（7.3） 应　城（8.1） 随　州（18.0） 利　川（3.8） 老河口（10.7） 恩　施（8.1）
湖南省	22	425.4	长 沙（100.1）		衡　阳（43.1） 湘　潭（40.1） 株　洲（35.8） 岳　阳（25.4） 邵　阳（22.1）	常　德（18.5） 冷水江（11.4） 永　州（7.3） 耒　阳（12.3） 娄　底（9.9） 洪　江（5.5） 资　兴（10.1） 湘　乡（7.4） 津　市（7.5） 吉　首（6.6） 冷水滩（6.7） 郴　州（15.3） 大　庸（4.0） 怀　化（10.6） 益　阳（15.8） 醴　陵（9.9）

续表

地　区	城市个数	城市人口	100 万人以上的特大城市	50 万—100 万人的大城市	20 万—50 万人的中等城市	20 万人以下的小城市
广东省	18	624.6	广　州（265.0）	汕　头（50.0）	湛　江（35.1） 韶　关（31.6） 潮　州（27.0） 东　莞（26.5） 佛　山（25.4） 中　山（24.5） 海　口（21.8） 深　圳（21.6）	江　门（17.7） 通　什（2.1） 茂　名（14.0） 肇　庆（15.2） 三　亚（7.5） 珠　海（10.0） 梅　县（17.4） 惠　州（12.2）
广西壮族自治区	11	223.1		南　宁（62.8） 柳　州（53.9）	桂　林（33.2） 梧　州（20.0）	玉　林（12.3） 钦　州（9.7） 北　海（9.6） 百　色（8.1） 河　池（7.7） 合　山（4.3） 凭　祥（1.5）
四川省	19	703.3	重庆（212.8） 成都（157.2）		渡　口（37.2） 乐　山（32.4） 绵　阳（23.5） 自　贡（36.8） 泸　州（24.8） 宜　宾（22.0）	内　江（19.8） 德　阳（17.7） 涪　陵（16.5） 广　元（16.4） 南　充（16.1） 达　县（15.3） 万　县（14.2） 遂　宁（12.5） 西　昌（12.0） 雅　安（9.1） 华　蓥（8.5）
贵州省	6	187.0		贵　阳（91.6）	六盘水（35.3） 遵　义（24.3）	安　顺（13.1） 都　匀（12.7） 凯　里（10.0）
云南省	11	198.3	昆明（111.1）		个　旧（20.1）	曲　靖（14.8） 昭　通（7.8） 开　远（8.2） 东　川（6.8） 楚　雄（7.0） 玉　溪（5.1） 保　山（5.5） 畹　町（0.3） 大　理（11.6）

续表

地　区	城市个数	城市人口	100万人以上的特大城市	50万—100万人的大城市	20万—50万人的中等城市	20万人以下的小城市
西　藏自治区	2	11.3				拉　萨（9.5） 日喀则（1.8）
陕西省	8	306.7	西安（177.7）		咸　阳（29.5） 铜　川（28.1） 宝　鸡（29.2）	汉　中（15.0） 渭　南（11.3） 延　安（9.3） 韩　城（6.6）
甘肃省	12	223.3	兰州（109.7）		天　水（21.9）	白　银（17.9） 平　凉（8.9） 金　昌（9.7） 嘉峪关（7.4） 张　掖（7.5） 酒　泉（6.4） 临　夏（7.2） 玉　门（10.7） 西　峰（4.1） 武　威（11.9）
青海省	2	57.4		西宁（51.9）		格尔木（5.5）
宁夏回族自治区	4	62.1			银　川（29.2） 石嘴山（23.8）	吴　忠（5.5） 青铜峡（3.6）
新疆维吾尔自治区	16	269.7		乌鲁木齐（95.8）	石河子（29.9）	克拉玛依（17.4） 伊　宁（15.7） 喀　什（15.1） 哈　密（15.0） 阿克苏（14.1） 库尔勒（13.4） 昌　吉（11.3） 奎　屯（11.2） 阿勒泰（7.4） 和　田（6.5） 吐鲁番（5.5） 博　乐（4.3） 塔　城（4.1） 阿图什（3.0）

注：本表以市区及郊区的非农业人口计，不包括市辖县。

西、河南、湖北、湖南、江西、安徽）的城市数和城市人口数在全国所占比重分别为36.2%和18.8%；西部地带（陕西、甘肃、宁夏、青海、新疆、四川、云南、贵州、西藏）的城市数和城市人口数在全国所占的比重分别为17.2%和13.8%。

1986年，全国共有设市城市353个，城市人口12263.4万人（缺镜泊湖市资料）。按3个经济地带划分：东部地带的城市数和城市人口数在全国所占比重分别为36.5%和49%；中部地带的城市数和城市人口数在全国所占比重分别为40.8%和34.5%；西部地带的城市数和城市人口数在全国所占比重分别为22.7%和16.5%。

二、小城镇的崛起

中共十一届三中全会以后，在城市的带动下，广大农村的乡镇企业发展很快。1978年，全国社队企业的总产值为490.6亿元。1986年全国乡镇企业产值达到3540亿元，乡镇企业发展到1515万个，职工人数达7937万人。

乡镇企业的飞速发展，致使农村的劳动人口迅速转移，一些农村集镇的非农业人口不断增长，集镇的性质也发生了变化，很多原来的农村小集镇，变成了工、农、商业都很发达的小城镇。例如江苏省常熟市碧溪镇，由于乡镇企业迅速发展，镇上建设了织布厂、羊毛衫厂、针织厂、塑料厂、电子仪器厂、花边厂等工厂。1983年，乡镇企业产值达5000多万元。1984年，全乡工农业产值超过了1亿元。1985年，工农业产值比重发生了很大变化，农业产值的比重由1979年的25.8%，下降到6.3%，工业产值的比重由1979年的71.5%，上升到91.2%；劳动力结构也发生了变化，农业劳动力比重由1979年的57.9%，下降到25.8%，工业劳动力比重由1979年的35.9%，上升为64.8%。这个原属于乡的集镇，于1986年3月上升为城镇型的建制镇。

随着农村商品经济和乡镇企业的蓬勃发展，1955年和1963年关于设镇的规定已不适于小城镇发展的新形势。1984年4月，民政部建议调整原有规定。

1984年10月，国务院批准了新的规定。

1. 凡县级地方国家机关所在地，应设置镇的建制。

2. 总人口在2万人以上的乡，乡政府驻地非农业人口超过2000人的，可以建镇。总人口在2万以上的乡，乡政府驻地非农业人口占全乡人口10%以上的，也可以建镇。

3. 少数民族地区、人口稀少的边远地区、山区、小型工矿区、小港口、风景旅游区、边境口岸等地，非农业人口虽不足2000人，如确有必要，也可设置镇的建制。

根据上述规定调整的建制后，小城镇迅速增加，到1986年年底，全国建制镇增加到8463个，比1979年的2851个增加了196%。全国建制镇人口由1978年的4039万人，增加到1986年的5947.7万人，增加了47.25%（见表5）。

1986年全国29个省、市、自治区
设镇数量及人口统计表

表5　　单位：万人

地　区	县辖建制镇			
	个　数	总人口	非农业人口	自理口粮人口
全国总计	8463	20143.4	5947.7	454.3
北 京 市	14	57.8	41.6	0.0
天 津 市	13	33.4	14.9	0.0
河 北 省	471	967.1	173.1	13.1
山 西 省	447	858.6	170.1	0.007
内蒙古自治区	220	412.6	206.6	1.2
辽 宁 省	322	830.0	253.2	1.7
吉 林 省	247	730.3	324.6	11.5
黑龙江省	288	880.9	403.3	5.3
上 海 市	33	69.8	53.5	0.2
江 苏 省	271	942.1	310.2	15.6
浙 江 省	473	885.4	267.7	47.4
安 徽 省	373	754.2	259.3	61.2
福 建 省	192	765.6	178.9	1.2
江 西 省	182	439.1	227.7	10.1
山 东 省	597	2380.5	280.5	1.4
河 南 省	204	767.1	246.7	0.9

续表

地　区	县辖建制镇			
	个　数	总人口	非农业人口	自理口粮人口
湖北省	438	728.4	309.1	139.0
湖南省	492	831.1	275.5	10.1
广东省	781	2523.0	584.1	73.6
广西壮族自治区	244	958.8	173.4	2.7
四川省	639	1250.3	499.7	55.9
贵州省	316	408.0	126.8	0.2
云南省	515	452.2	137.8	0.5
西藏自治区	8	7.3	5.7	0.0
陕西省	347	650.9	185.7	0.4
甘肃省	147	277.6	79.8	0.2
青海省	35	72.5	38.6	0.01
宁夏回族自治区	35	53.1	21.7	0.04
新疆维吾尔自治区	119	155.7	98.4	0.7

小城镇工业和商业的发展，为小城镇的建设积累了资金。很多小城镇加强了市政公用设施的建设，过去破旧的城镇面貌逐步得到改变。例如，湖北省在1981年至1982年两年中，用于小城镇市政公用设施和住宅建设的投资达33300万元，共修建住宅227万平方米，新建或扩建自来水厂73个，新修道路506条、625公里。

1986年，全国城镇（建制市加建制镇）人口由1978年的11994万人增加到1986年的18211万人，增加了51.8%。全国城镇人口占全国总人口的比例，由1978年的12.5%，增加到17.28%，提高了38.2%。城镇人口中建制镇人口占32.7%，另外还有自理口粮的人口454.3万人。农村的剩余劳动力向城市转移时，首先的落脚点就是小城镇，小城镇有着强盛的生命力，发展前景是很广阔的。

三、沿海开放城市的建设

实行对外开放，首先在沿海一批城市实行了优惠政策，大力开展了沿海开放城市的城市建设。1979年5月，经国务院批准，首先在蛇口试点。1979年7月，中共中央和国务院决定，广东、福建两省在对外经济活动中实行

"特殊政策、灵活措施"。随后，在深圳、珠海、汕头、厦门建立经济特区，全面展开了特区的建设。为了创造有吸引力的投资环境，4个经济特区都十分重视城市基础设施的建设。

广东深圳在过去只是一个边陲小镇，2.3万人口，占地3平方公里，建筑物30万平方米。1980年试办经济特区以后，经过7年建设，到1986年开发了50平方公里的土地，完成了81.45亿元基本建设投资，建成1209万平方米建筑物。1986年，全市工业已有1176家，其中外商投资、中外合资、合作经营的企业219家。全市工业总产值达36.67亿元，其中外资、中外合资、合作经营企业产值占63.5%。初步建成了蛇口、上埗、八卦岭3个区。

1984年5月，中共中央、国务院做出进一步办好特区和开放大连、秦皇岛、天津、烟台、青岛、连云港、南通、上海、宁波、温州、福州、广州、湛江、北海14个沿海港口城市的决定。这些城市选定了经济技术开发区的位置，对开发区进行了规划以及基础设施的建设，到1986年，已有12个开发区基本上完成了供水、供电、排水、通信、道路和场地平整"五通一平"工程，有60万平方米的标准厂房、办公楼已竣工交付使用，建成投产的企业已达120家。

第三节　城市建设的改革

随着经济体制改革的推行，城市建设各行业也开始进行改革，初步取得了一些经验。

一、城镇住房制度改革的试验

中国的城市住房，在人口不断增长、住房不能满足需要的情况下，又长期执行低房租、行政分配的制度，形成了住房短缺，居住苦乐不均，国家背上了沉重的包袱的结果。中共十一届三中全会以后，城镇住房制度的改革提上了日程。1979年国家城市建设总局从国家补助的住宅建设投资中，分别拨给陕西、广西一部分资金，在西安、南宁、柳州、桂林、梧州等进行建房出售给私人的试点。1980 年，中共中央和国务院肯定了陕西、广西试点的经验。同年 6 月，中共中央和国务院在批准国家建委《全国基本建设工作会议汇报提纲》的通知中指出：“要准许职工私人建房、私人买房，准许私人拥有自己的住宅。要有计划地由国家建设一批住宅，向私人出售。”

1982 年，国务院决定在常州、郑州、沙市、四平 4 个城市试行补贴出售公有住宅。一般是个人支付房价的 1/3，其余 2/3 由国家和企业补贴。到 1983 年年底，4 个城市共出售住宅 1619 套，8.3 万平方米，总投资 1200 万元，收回资金占建设总投资的 30%。到 1984 年年底，全国已有 27 个省、市、自治区的 120 多个城市、240 多个县、镇进行了住房制度改革的试验。仅 1984 年一年，共出售新建住宅 111 万平方米，收回资金 1.9 亿元。其中全价出售的住宅共 9345 套、57.5 万平方米，以广东、广西、浙江、福建 4 省较多；补贴出售共 9859 套、53.5 万平方米，以四川、广东、辽宁 3 省出售较多。

为了加强对住房制度改革的领导，1985 年春，国务院成立了住房制度改革领导小组。1981 年至 1986 年，各省、市的试点工作，收到很好的效果，全国城镇个人买房共 25.2 万套，达 1261 万平方米。

二、城市建设资金体制的改革

1978 年第三次全国城市工作会议以后，城市建设维护资金，主要有三个渠道：第一，城市维护费，包含工商税附加、公用事业附加、国拨城市维护费，1984 年共计 26 亿元。第二，从上年工商利润中提取 5%，作为城市建设和维护的专项资金。1979 年先从 47 个城市实行，1984 年发展到 137 个城市实行。另外广东、福建两省规定了 13 个市仿照实行 5% 的办法，这样，1984 年共有 150 个城市实行，总共提取金额 20.79 亿元。第三，县镇维护费，包括公用事业附加、工商税附加和国拨城市维护费，先在一部分工业比较发达的县镇实行。1984 年，全国有 1079 个县征收公用事业附加和工商税附加 7.76 亿元，加上国家预算拨款 8.5 亿元，共计 63.23 亿元。

1984 年以后，城市建设维护资金渠道有了新的改进：

1. 随着国家实行“利改税”的改革，城市建设维护资金也实行了改革。

1985 年 2 月，国务院发布了《中华人民共和国城市维护建设税暂行条例》。条例规定：城市维护建设税是以产品税、增值税、营业税税额为计税依据，设市城市的税率为 7%，县城和镇的税率为 5%，纳税人所在地不在市区、县镇或镇的，税率为 1%。实行城市维护建设税后，同时停止了从上年工商利润中提取 5%、工商税附加和国拨城市维护费，但城市公用事业附加仍继续征收。

征收城市维护建设税，为城市建设开辟了一项稳定的资金来源，尤其是广大中小城市和县城、建制镇，都有了固定的城市维护建设资金。1986 年全国城市维护建设税收入共 40.68 亿元，另有公用事业附加 15.78 亿元，加上县镇维护建设资金 18.73 亿元，全国城市维护建设资金共计 75.19 亿元。有些大城市，由于税率低金额比过去有所下降。

2. 试行市政设施的有偿使用。

过去，城市道路、桥梁、隧道、排水设施无偿使用，市政建设和维护资金不足。针对这种状况，1984 年 6 月，国务院在《关于大力开展节约用水的通知》中指出：“城市建设部门必须尽快会同有关部门制定排水设施有偿使用办法。”根据国务院的精神，北京、天津、上海、徐州、无锡、沈阳、杭州、长春、吉林、太原、长沙、成都、广州、西安等 30 多个城市，陆续制订了城市排水设施有偿使用办法，进行了试验。一般每排放 1 立方米水，收 0.05—0.07 元。实行改革后，1986 年全国共收排水设施有偿使用费 1.26 亿元。实行排水设施有偿使用办法，对加强排水设施的维护管理、节约用水、减少排污产生了积极效果。例如，河北省保定市从 1985 年 3 月实行排水设施有偿使用，至 1986 年年底，共收费 497 万元，全部用于排水设施的养护、更新、改造，有力地促进了排水设施的建设。一年来，集中改造了东干渠、西干渠，新建了五四路管道工程，维修了北干渠。同时还促进了节水工作，该市化学、轻工、纺织、机械等行业 15 个大中型企业 1985 年比 1984 年节约用水 117 万立方米。

广州、佛山等城市还对城市桥梁收取了通行费。1986 年 12 月，国务院副总理李鹏在全国城市建设工作会议上，在肯定了这种办法时指出，部分市政设施要实行有偿使用。

3. 开辟城市建设资金的渠道。

（1）试行收取“市政公用设施配套费”和“城市增容补助费”。1984 年，国务院办公厅转发的《沈阳市经济体制综合改革试点方案》中规定：“工业建设项目所需建设的市政公用设施配套工程，列入该工业建设项目的计划和总概算。”“由于企业、事业单位进行新建、扩建、改建及技术改造而造成城市市政公用设施增加负荷的，应向城市缴纳增容补助费”。根据上述规定，一些城市试行收取城市市政公用设施配套费和增容补助费。1985 年，全国共有 113 个城市试行，当年共征收 2.6 亿元，主要是用于城市供水和煤气建设。1986 年 12 月，国务院批准了北京市人民政府《关于在规划市区内征收城市基础设施“四源”建设费的暂行规定》，规定指出：“凡在规划市区内兴建民用、工业建筑工程并接用城市统一四源（指自来水、煤气、供热、污水处理）设施的单位，应当缴纳城市基础设施四源建设费，此费包括在建设项目总投资内。征收的四源费，统一安排自来水厂、煤气厂、供热厂和污水处理厂的建设”。

（2）试行城市土地有偿使用。国家城市建设总局成立后，为了节省城市用地，增辟城市建设资金，经过调查研究后草拟了《关于征收城镇土地使用费的意见》。经过 1980 年 10 月全国城市规划工作会议讨论修改后报国务院，国务院指示国家建委和城市建设总局继续进行调查。1982 年城乡建设环境保护部成立后，城市规划局建议在抚顺试点。1984 年，经财政部同意，在抚顺市试行开征城市土地使用费。收费标准按不同地段每平方米每年分别为 0.3—0.5 元，为城市财政开辟了新的财源。1985 年共收取土地使用费 1050 万元，全部作为地方财政收入，纳入国家预算管理，其中 70% 左右用于城市维护和建设。实行两年后，对节约土地收到明显效果，企业单位主动退回超占或闲置不用土地 15 万平方米，先后解决了中央、省、市属企业 17 个单位长期没有解决的用地过多问题。抚顺的试点，在全国城市引起了很大反响。

三、城市建设实行综合开发

在城市建设中存在的统一规划和分散建设的矛盾，长期没有得到合理解决。50 年代总结出的“六统一”建设方法，因计划体制以条条为主，未能实现。1978 年第三次全国城市工作会议上又提出民用建筑要逐步实行“六统一”。到 1980 年全国城市规划工作会议时，正式提出实行综合开发。那就是对新建地区和旧城成片改造的地区从勘测、规划、设计到征地、拆迁、安置、土地平整，以及对所需道路、供水、排水、供电、供气、供热、通信等基础设施的建设，进行一系列的综合安排和统一管理。有条件的地方，还可以统建住宅、生活服务设施、公共建筑和通用厂房等等。综合开发由城市组织开发公司承包，建成以后，出售给使用单位，使用单位也可以预定预购。国务院在批转这次会议纪要时指出，“城镇建设用地综合开发，有条件的城市可以先行试点”。会后，在许多城市的住宅建设中，开始推行了综合开发。

城乡建设环境保护部成立以后，于 1982 年 6 月召开的第一次全国城乡建设环境保护工作会议中又明确指出：实行综合开发建设，是城乡建设中的一项重要改革，要求各地参照常州、唐山、郑州、深圳等地的经验，在城市规划指导下，制订综合开发规划，由政府出面统一征地，由建筑企业总包建造。这一阶段，各城市的“统建”单位纷纷转为综合开发机构。

1984 年 5 月，国务院总理在六届人大二次会议上的政府工作报告中提出：要着手组建多种形式的工程承包公司和综合开发公司。城市住宅区、新建工矿区及其公共设施工程的建设，由开发公司承包。此后，全国各城市的综合开发得到了较快的发展。据 1986 年的不完全统计，全国已有不同所有制形式的开发公司 2200 家，综合开发新征土地 4000 公顷，改造旧城区 1315 公顷，房屋施工面积达 6464 万平方米，竣工房屋面积 3436 万平方米，开发工作量达 100 亿元。各地实践表明，实行综合开发建成的大量居住区，一般布局完整，施工速度快，经济效益、社会效益都比较好。居住区内公共服务项目齐全，各种工程设施配套，布局合理。例如，常州市有的居住区还建了小型的污水处理场，有的居住区还在住房之间进行了不同特点的绿化，修建了精致的小游园，环境幽静，居住舒适，生活方便。

四、城市规划与计划的结合

在城市规划的编制和实施的过程中，首先要求国家宏观的指导计划与城市规划密切结合，使计划项目做到布局合理，要求城市规划实施与城市建设计划相结合，使主观能力与客观需求平衡。“六五”计划时期，在城市规划与计划相结合方面作了新的探索。

1983 年 11 月，国务院批转了城乡建设环境保护部《关于重点项目建设中城市规划和前期工作意见的报告》。报告中指出了基本建设前期工作要增加城市方面的有关内容；城市规划部门要参加有关建设项目的可行性研究；对重点建设项目实行联合选址；各类建设项目的选址工作要同城市规划工作密切结合；城市规划部门要参与区域规划等等。国务院指出：重点建设工程与城市发展有着密切的关系，重点建设的前期工作与城市规划相结合，是保证重点项目建设顺利进行，并取得良好的经济效益、社会效益和环境效益的重要条件。

1984 年 7 月，经国务院同意，城乡建设环境保护部和国家计委共同决定，建设部城市规划局改由建设部和国家计委双重领导，在组织上为规划与计划的结合创造了条件。规划局经过调查研究，对“七五”计划期间重点建设项目中有争议的厂址提出了意见，其中大多已为主管部门采纳，得到了圆满解决。

一些城市从建设体制上进行改革，有力地促进了城市规划与计划工作的结合。例如，天津市自 1982 年以来，在国家确定全市基建计划“总盘子”以后，即将住宅建设、生活配套、市政公用设施及重点工厂企业的恢复重建，连钱带物，由市计委切块给市建委统管。市建委对有关项目的计划、规划、设计、施工、材料实行统一管理，按照规划进行城市建设，收到了显著的效果。重庆、沙市、抚顺等城市，在体制改革中，也密切了计划部门同规划部门的关系，计划部门参与规划的编制，规划部门参与计划的编制，使城市五年计划、年度计划与城市近期规划、详细规划相衔接，保证了城市规划的实施。

随着改革开放形势的发展，不少城市进行了城市发展战略的研究。城市规划工作在参与城市发展战略的研究中扩大了视野，重视了社会经济和环境生态的研究，有的开展了区域性城镇布局规划、市域规划。1982 年，在国家计委国土局组织下，城乡建设环境保护部城市规划局参与编制了北京、天津、唐山地区的国土规划。1985 年，城市规划局组织华东各省市参加了华东经济区规划，编制了区域城镇布局规划。1985 年 10 月，城市规划局还制订了《2000 年全国城镇布局发展战略要点》，作为国家计委国土局制订 2000 年国土规划纲要的重点内容之一。

五、成立行业协会

适应国家机关简政放权和推进行业管理的需要，城市建设各行业的企业、事业单位，陆续联合成立行业协会。行业协会是在国家主管部门指导下，由各有关企、事业自愿组成的社会经济团体。自 1985 年开始，到 1987 年，已成立 5 个行业协会。

（一）中国城镇供水协会。

中国城镇供水协会（对外称中国供水协会），是以城镇供水企业为主体和有关单位自愿参加组成的非营利社会经济团体，1985 年 4 月成立。

协会的宗旨是：贯彻党和国家的方针政策，推进全国城镇供水的行业管理，维护会员单位的合法权益，为供水企业提供各种形式的服务，促进企业之间的横向交流，发挥政府主管部门与企业间联系的桥梁和纽带作用，促进城镇供水事业的发展。

（二）中国房地产协会。

中国房地产协会，是由从事房地产综合开发和经营业务的企、事业单位和部门自愿组成的行业组织，1985 年 9 月成立。

协会的任务是：（1）研究、探讨社会主义房地产业的发展方向、理论和方针政策；调查、搜集、整理行业的有关资料，向政府部门提出本行业发展的技术政策和行业规划的建议。（2）协调本行业企业之间和本行业与其他行业之间的重要经营合作和技术合作活动，调节竞争中发生的问题，促成在对外经济活动中的统一立场。（3）开展咨询服务，提供国内新技术经济情报和市场信息；组织技术和经验交流；对企业的经营管理进行诊断和指导；办好行业刊物。（4）采取多种形式，为企业培训管理人才和技术人才，提高科学管理和业务技术水平。（5）同国外房地产业及有关民间经济组织，开展经济、技术方面的合作交流活动。（6）承办政府部门和其他团体委托办理的事项，开展有益于本行业的其他活动。

（三）中国动物园协会。

中国动物园协会，是由全国各动物园、动物园工作者，以及热心动物园事业的社会团体和人员组成的群众团体，1985 年 10 月成立。

协会的宗旨是：组织协调有关动物园间的活动，推动中国动物园事业的发展，为保护和合理利用野生动物资源做出贡献。

协会成立后，积极组织国内动物园之间的技术交流活动，加强了动物的饲养、管理、繁殖、保护等工作，并先后同美国、加拿大、日本、澳大利亚、新加坡等国交换了动物。

（四）中国城市出租汽车协会。

中国城市出租汽车协会，1986 年 12 月成立。

协会的宗旨和任务是：贯彻国家有关出租汽车的方针政策，团结广大出租汽车经营者，推进行业管理，加强企业之间的横向联系，为出租汽车企业提供各种形式的服务，并在政府部门与企业之间起桥梁和纽带作用，反映企业的愿望，传达政府的政策意图，促进全国城市出租汽车事业的发展。

协会在全国 28 个省、市、自治区（西藏未加入）有 101 家出租汽车企业为其团体会员，并与 300 多家出租汽车经营单位建立了信息交流联系。

第四节　新时期的城市建设管理

1978 年以后，国家不断加强对城市规划、建设和管理工作的领导，城市人民政府也重视了规划、建设和管理城市，建立健全了各级城市建设管理机构。随着国家民主与法制建设的加强，城市建设的法制建设也逐步加强了。

一、健全城市建设管理机构

为了加强对城市建设的领导和管理，1979 年 3 月，国务院发出了《关于成立国家建筑工程总局、城市建设总局的通知》，城市建设总局直属国务院，由国家建委代管。同年 5 月，国家城市建设总局正式成立，总局下设有城市规划局、房产住宅局、公用事业局、市政工程局、园林局、环境卫生局、科教设计局等业务机构。各省、市、自治区的建委也普遍设置了城市建设管理机构，大城市一般建立了城市规划局、市政工程局、公用事业局、房地产局、园林局、环境卫生局，中小城市都设有城市建设局、房地产局。全国从上到下，加强了城市建设管理机构。

国家城市建设总局是在中共十一届三中全会后不久成立的，肩负着拨乱反正和重整城市建设各行业的繁重任务。在城市建设业务范围中新增加了房地产和环境卫生工作。城市建设各行业都作了大量调查研究，通过各种形式的会议总结了历史经验，确定了行业的发展方向和工作方针。各行业在新的历史条件下，都作了新的探索，根据需要制定了法规、条例，加强了行业管理。经过三年的努力，各行业在队伍建设、业务建设和管理水平等方面都有所提高。

1982 年 5 月，五届人大常委会第二十三次会议通过《关于国务院部委机构改革实施方案的决议》，撤销城建总局等机构，成立了城乡建设环境保护部。部内设有城市规划局、城市住宅局、市政公用局、市容园林局等专业局，负责城市建设方面的工作。各省、自治区设立了城乡建设环境保护厅或建设委员会，厅（委）内设置了主管城市建设的机构。

为加强首都的城建管理机构，1983 年 7 月，中共中央、国务院在批准北京总体规划的同时，还发出了《关于成立首都规划建设委员会的决定》。决定指出："为了使北京的城市建设同它的重要地位相适应，从根本上解决北京城市建设上存在的问题，必须有一个统一的规划，一套保证统一规划得以实施的法规，一个合理的建设体制，一个协调各方面关系的、具有高度权威的统一领导。”1983 年 11 月，首都规划建设委员会成立。随后，上海、杭州等城市也相继成立了由市长负责的城市规划建设委员会，加强了对城市规划、建设工作的领导。沙市、常州、重庆 3 个经济体制改革试点城市都设置了城乡建设委员会，行使计委、经委等综合部门的职权。

二、加强城市建设的法制

新中国成立以后，有关城市建设方面的法规、条例很不健全，法制观念也不够强，造成了很多问题。1979 年以后，城市建设的法制开始逐步加强。

1979 年，国家建委和国家城建总局在总结新中国成立以来城市规划经验教训的基础上，经过调查研究，听取各方专家、学者的意见，开始草拟《城市规划法》，于 1980 年 12 月报国务院审查。国务院多次征求有关部门和地方的意见，1983 年 11 月，经国务院常务会议讨论，决定以《城市规划条例》形式颁发实施。1984 年 1 月，国务院正式颁发了《城市规划条例》。条例共分 7 章、55 条，分别对城市规划的任务、方针、政策，城市规划的编制、审批、旧城区改建、土地使用规划管理、建设规划管理等方面，作了明确规定。这是新中国城市规划和建设管理方面的第一部法规。

城乡建设环境保护部成立以后，由部起草经国务院批准颁发的行政法规还有 10 项，其中主要的有：《城镇个人建造住宅管理办法》（1983 年 5 月颁发）、《城市私有房屋管理条例》（1982 年 12 月颁发）、《国务院关于严格控制城镇住宅标准的规定》（1983 年 12 月颁发）、《关于外国私有房屋管理的若干规定》（1984 年 8 月颁布）、《风景名胜区管理暂行条例》（1985 年 6 月颁发）等。由部制订或与有关部门共同制定颁发的部门规章有 25 项，其中主要的有：《市政工程设施管理条例》（1982 年 5 月颁发）、《城市园林绿化管理暂行条例》（1982 年 12 月颁发）、《城市市容环境卫生管理条例（试行）》（1982 年 12 月颁发）、《城镇个人建造住宅管理办法》（1983 年 6 月颁发）、《关于加强县镇规划工作的意见》（1983 年 7 月颁发）、《工业用水量定额（试行）》（1984 年 8 月颁发）、《城市建设各行业编制定员试行标准》（1985 年 1 月颁发）等。

根据国家城市建设有关法规，各省、自治区、直辖市以及一些城市也制订了地方性的城市建设法规。如北京市共颁发了城市规划、建设和管理方面的法规10多项。尤其是1983年以后，加快了步伐，陆续制订颁发的法规有《北京市城市建设管理暂行办法》《北京市道路交通管理暂行规则》《北京市市容环境卫生管理办法》《北京市城市绿化管理暂行办法》《北京市建设拆迁安置办法》《北京市区建筑高度控制方案》等。各地城市建设管理部门认真执行法规，基本上扭转了长期以来城市的乱占乱建的混乱状况。北京市认真依法查处违章占地、违章建设，自1984年至1986年，全市共查出违章占地292起，约3963万平方米，查出违章建设8259起，约100万平方米，均已妥善处理。温州市因商品经济发展快，小企业猛增，第三产业迅速发展，农民纷纷进城经商，各类房屋大量兴建，经过制订实施《温州市规划管理规定》《温州市个人建房规定》等10多项法规，既有利于商品经济的发展，又保证了城市按照规划进行建设和管理。武汉市在房地产管理方面制订实施《武汉市私有房屋管理实施细则》《武汉市房产交易管理实施细则》等法规，依法对房屋买卖租赁等交易活动进行审查签证，配合税务、物价等部门共同管理房产市场，做到了管而不死，活而不乱。

1977年以后，尤其是中共十一届三中全会以后，中国城市建设工作进入了一个新的发展阶段。随着改革、开放和城乡经济的迅速发展，城镇数量大幅度增加，开始进入依照城市规划进行建设的科学轨道。城市建设出现了新中国成立以后从未有过的好形势，城市面貌有了较大改善。但是，由于长期积累的欠账太多，城市建设还远远不能适应改革、开放形势发展的要求。全国有40多个城市严重缺水。排水和污水处理设施严重不足，污水直接排入江河、渗入地下，使水源受到污染，更加剧了缺水的矛盾。大中城市交通拥挤阻塞，影响生产、生活。燃气和集中供热普及率低，垃圾粪便无处消纳，城市环境质量日趋下降。住房问题虽有一定改善，但无房户和拥挤户仍然量大面广。城市规划、建设和管理的体制上还存在着城乡分割、条块分割、分散建设的现象，这些都有待进一步解决。

第二编
当代中国城市建设各行业的发展

第六章
城市规划

城市规划是城市社会、经济发展的战略部署和空间布局，是城市建设和发展的依据。城市规划作为一项建设事业，由各级政府负责制订、审批和实施管理，以保证城市经济、社会和生态环境有秩序地、协调地发展。

第一节　城市规划发展概况

一、历史悠久的城市规划

中国建设城市已有4000多年的历史，在长期的建设实践中积累了丰富的经验，并形成了独特的城市规划。《周礼·考工记》就曾比较完整地记述了西周都城以爵位分等级的规划制度。其中有关经纬途道路系统的记载，较之公元前5世纪古希腊希波丹姆创立的方格网道路系统要早500多年。中国古代另一文献《管子》关于城市区位的选择、城市人口的分布也有很多论述。这些古籍是世界上关于城市规划最早的历史文献。

从秦、汉到明、清，在漫长的岁月里，历代王朝规划建设了许多宏伟壮丽的城市。诸如咸阳、长安、邺城、洛阳、金陵、汴梁、北京等都城，平江、成都、太原、济南等地方首邑，广州、泉州、扬州等沿海沿江的贸易城市。这些城市都各以其独特的地理环境，丰富的城市面貌，高超的规划结构著称于世。其影响甚至远及邻国。日本历史名都——平安京就是仿照唐长安城规划布局的。

元大都城（今北京）是自唐长安城以后建设的规模最大的都城。其规划继承和发展了唐宋以来中国古代城市规划的优良传统，运用三套方城、宫城居中、中轴对称的布局手法，显示了皇朝至高无上的权威；采取宫苑结合形式，将不规则的河湖水面和规整的宫城结合在一起，取得了高度的艺术效果。

明、清北京城是在元大都城的基础上扩建的。明王朝对大都城北部作了收缩，在元都大内旧址上营建了宫城（紫禁城），宫城外又建皇城，保持了三套方城的传统格局，并于1550年又在南部加筑外城，使全城面积达62平方公里。从外城正南门——永定门向北通过内城正南门——正阳门，经天安门，穿越位于全城中央的紫禁城，跨过景山，再出地安门，直至清初修建的钟鼓楼，形成了一条长达8公里的中轴线。这条中轴线，两侧对称，布置了宫殿、坛庙、城阙、牌坊等多组建筑，使结构严整、布局宏伟、宫殿巍峨、街衢宽阔的都城气势更加突出。建筑布置结合湖面、山丘，形成了碧水绿树、红墙黄瓦、蓝天白云丰富多彩的空间面貌。明、清北京的布局结构，吸取了历代都城规划的精华，是中国古代城市规划杰出的代表作。

但是，中国在长期封建制度的束缚下，尤其在17世纪以后，社会、经济停滞不前，城市规划和建设也趋于衰落。

19世纪后期，随着帝国主义的侵略，西方城市规划的某些手法，先后在上海、天津、青岛等城市的部分地区采用。日本侵占东北、华北时期，在长春、沈阳、北京、石家庄等城市也作过不同范围的城市规划。德国占领的青岛、日本占领的长春等城市，规划作得比较规范，城市用地和道路系统比较完整，基础设施和车站、港口的功能比较齐全，主要街道、广场、建筑的布局比较协调，对这些城市的发展产生了明显的影响。至于有多国租界地的城市，一般是按照各个国家当时的规定，分别建设了街道和广场，形成各自的风格。例如，上海外滩、天津西开等地，建设了一批高层办公楼、花园洋房和教堂等。各国租界当局各自为政，各搞一套，形成了畸形混乱的城市布局。

全面抗战前后，国民党政府在南京、上海等地也曾制订过城市规划，并于1939年颁布了《都市计划法》。但是这些规划和立法基本上没有认真执行。

二、新中国的城市规划工作

中华人民共和国成立之后，城市规划工作在配合重点工程的建设中得到了发展。“一五”计划时期，城市规划的编制原则、技术经济分析的方法、构图的手法，以至编制的程序，基本上是照搬苏联的做法。在苏联援建的156个重点建设项目确定厂址以后，国外设计所需技术资料，包括建设区位，有关自然、经济、社会和工程技术资料等，要由城市规划部门提供。因此，城市规划被国家提上了重要的工作日程。1953年3月，建工部城市建设局设立了城市规划处，从沿海大城市和大专院校的毕业生中调集规划技术人员，同时聘请苏联城市规划专家来华指导。随后，北京和全国省会一级的城市也逐步建立和加强了城市规划机构，参照重点城市的做法开展了城市规划工作。城市规划的编制已从配合重点建设走向普遍开展。“一五”末期，全国从事城市规划的工作人员达到5000多人。

由于对大规模的经济建设和城市发展缺乏经验，城市规划在选用建设用地和住房面积标准上，搬用了苏联的“高定额”标准，与中国的国情不相适应。但是，此后采用以政治运动方式降低建设标准的做法，对城市的建设和发展，产生了不良的后果。

1960年11月，全国计划会议宣布了“三年不搞城市规划”，结果使各方面对城市规划的认识产生了混乱，各级城市规划的机构被精减，规划队伍大为削弱。

“文化大革命”后期，城市建设在周恩来总理的关怀下出现了转机。1972年年底，国家建委成立了城市建设局。1973年9月，城市建设局在安徽省合肥市召开了城市规划座谈会。会上，提出了《关于加强城市规划工作的意见》，讨论了《城市规划编制审批意见》和《城市规划定额指标》的草稿，为重新开展城市规划工作议定了原则和方法。但这时，全国处在城市规划工作岗位上的职工仅有700人左右，而且不断遭到极“左”思想的干扰，很难正常地开展工作。

1978年3月，国务院召开第三次全国城市工作会议。1980年10月，国家建委召开全国城市规划工作会议。这两次会议对城市规划的方针政策、组织机构、人才培训、专业干部的调集都做了明确的规定，对推动全国城市规划工作的开展起了决定性的作用。各省、市、自治区随之建立了城市规划的设计和管理机构。到1986年年底，全国城市规划队伍已发展到1.5万人。在全国353个设市城市中，有339个完成了总体规划的编制，并有282个经过了审批；1980个县城中，有1695个完成了总体规划的编制，其中1293个经过了审批。全国城市规划的编制、审批、科研、立法和管理工作进入了一个新的发展时期。

第二节　城市规划的编制

城市规划的编制，是整个城市规划工作的一个重要组成部分。编制城市规划一般按总体规划和详细规划两个阶段进行。

一、总体规划的编制

总体规划是研究解决城市中具有全局性、整体性和宏观问题的规划。其内容是：

1. 论证城市社会、经济发展战略和城市发展的技术经济依据，确定城市性质，估算城市发展的人口规模，选定总体规划的各项技术经济指标。

2. 选择城市用地，确定规划区范围，划分城市用地功能，安排城市主要用地项目。

3. 布置城市干道、交通系统、绿地、河湖系统、市区中心、街道广场、车站、港口和机场等城市设施。

4. 提出城市供水、排水、防洪、动力供应、交通设施、通信设施等规划方案。

5. 协调城市人防、防灾、环境保护等设施的规划方案。

6. 制订改造旧市区、保护历史文化遗存的规划方案。

7. 对城市郊区用地进行划分，布置城镇居民点和风景区。

8. 确定城市规划的分期实施步骤，提出近期建设范围及主要建设项目，估算和评价近期建设投资和效果。

完成上述规划内容，必须进行城市经济、社会和科学技术等许多方面广泛的调查研究，取得必要的基础资料，运用多种学科的知识，组织多种专业的协作，通过多种方案比较论证，才能取得优良的规划方案。

“一五”计划时期，重点城市的规划，一般由国家和地方城市规划设计部门组成工作组，在苏联专家指导下进行编制。

编制总体规划以国家计划部门提供的建设项目作为城市发展的基础，同时由省、市提出相应的配套项目，通过国家计划部门的综合平衡，确定下来后就成为制订城市规划的依据。当时因受规划力量和基础资料的局限，采取了以初步规划代替总体规划的变通办法，就是对基础资料、图纸数量和内容的要求比总体规划有所简化。例如，编制规划的地形图，比例尺并不一律限定万分之一，而是按城市可能取得地形图的实际情况灵活选用。也不要求提出十多种规划图纸①，而是简化为现状图、初步规划总平面图、主要工程综合平面示意图、近期建设计划图和郊区规划示意图五种图纸。

“一五”计划时期，国家五年计划比较落实，重大建设项目的选址，大都经过联合选厂，基本符合厂址选择要求和城市规划原则。尤其是重点建设城市，由国家计划和建设部门直接参与，城市经济依据和重点工程项目的确定比较可靠，因此关于城市性质、发展方向和人口规模的分析比较确切，对城市空间的组织安排也比较落实。实践证明，“一五”计划时期重点城市规划的质量和效果都是比较好的。

西安市在“一五”计划时期布置了一大批机械、轻纺、能源工业、大专院校和科研机构。城市规划布局，以旧城为基础，保留了汉长安城故址和唐大明宫遗址。规划新区向东、西、南三个方向发展。在布局结构上，保留了明代城墙，结合城门和原有干道，运用了传统的方格网和外来的放射路形式，较好地处理了工业发展与保护历史名城的关系，保证了这一重点城市的顺利建设。

兰州市位于黄河谷地，是内地通向河西走廊的咽喉，原有城市基础很差，“一五”计划期间确定了石油加工、化工、机械制造等重点工业项目。这些重

① 总体规划规定的图纸包括有规划方案性的 13 种，资料性的 3 种，共 16 种。

点项目沿着黄河河谷几块阶地分布，从旧城向西到七里河、西固，延长40多公里，组成了一个带状的分散组团结构。城市布局和交通干线的布置，都发挥了因地制宜的特点。在旧城中心区的布置上，运用了三向放射的手法。

位于滨洲铁路与嫩江交叉处的富拉尔基，“一五”计划时期是一个只有6000人的小车站，现为黑龙江省齐齐哈尔市的一个区，人口已超过20万，是“一五”计划时期重点建设而兴起的小城市。它的布局更多地仿照了苏联新城市的布局手法。

这些城市的布局结构，用地划分，内部和外部的联系，自然环境的结合和利用等方面，都达到了较好的水平。但是规划布局一般在形式和应变能力方面，都有明显的不足之处。

“大跃进”期间，到处掀起了大办工业的浪潮。按照城市规划为工业生产服务的原则，各省、市、自治区城市规划主管部门，纷纷组织规划小组，分赴各地帮助制订工业区和工业城镇规划。主要工作是布置工业，组织用地分区，防止工业乱建。因为时间要求很急，在一无城市发展依据，二无基础资料的条件下，规划人员只能靠现场调查，运用规划知识，做出粗线条的规划示意方案。人们称这种规划为“快速规划”。其实，这只是一种规划意图，很难达到防止乱建的目的。

从1960年宣布“三年不搞城市规划”开始，到1976年，只有两个城市制订了较系统的总体规划。一个是1964年至1965年做的攀枝花钢铁基地的总体规划。这个规划是在国家计委副主任程子华领导下，组织中央有关部委和四川、云南两省有关部门共同进行的。国家经委城市规划局和四川、云南两省的规划人员参加了编制工作。这是一次从选择厂址到完成总体规划的综合规划。攀枝花坐落在四川、云南交界处金沙江两岸的深山峡谷之中，缺少适宜建设城市的用地。大型钢铁厂不得不布置在平均7%的坡地上，一般城市用地超过30%的坡度。在这样的用地上建设重工业城市，世界上是少有的。规划从实际出发，因地制宜，沿金沙江两岸，按产业性质，分组分片，组成了6片全长33公里的带状组团。在高山深谷之中，成功地规划了一座以大型钢铁工业为主的新兴城市。

另一个是唐山市的城市总体规划。1976 年 7 月 28 日的大地震，把唐山这个拥有 80 万人口的工业城市夷为废墟。在极端困难的条件下，国家建委从上海、沈阳两市调集规划人员编制了重建新唐山总体规划。城市规划人员在研究地震地质条件、煤田分布状况和震后现状后，采取了分 3 片建设的组合结构，以干道和铁路将老市区、东矿区和丰润新区 3 片联结成一个整体。

经实践检验，攀枝花和唐山这两个城市的规划都是比较成功的。但从全国来说，城市规划的编制工作基本上处于停顿状态。

进入 80 年代，全国城市依照 1980 年国家建委颁发的《城市规划编制审批暂行办法》，普遍重新编制城市规划，结束了长期缺乏规划指导的乱建局面，满足了各项建设的迫切需要。大中城市自行编制城市规划；一些新建城市和中小城市，则由国家和省的规划机构协助编制。这个时期编制的城市规划具有较好的水平，在理论和实践方面进行了有益的探索，并取得明显的进展。

在城市布局结构方面，大城市布局较普遍地采用多点组群结构，不仅反映了规划人员对布局结构观念的变化，对以多层次、多功能的大都市区替代封闭的、单一中心、层层外延的大城市概念有了比较肯定的认识，而且也是对过去分散乱建后果的相应调整。例如，重新编制的上海城市总体规划，以旧市区即“中心城”为主体，以金山、宝山为两翼，组成了中心城、近郊工业区和远郊卫星城多层次组合式的大都市区。打通环路和南北干线，建立了明确的干道交通系统；规划了地下有轨交通系统和黄浦江越江工程，以改善浦东的发展环境；调整了铁路、机场、港口等交通枢纽的功能；提出了改造城市水源、整治污染和建立排污系统方案；还提出了开辟经济开发区、兴建新住宅区等一系列重大措施。总体规划还对涉及布局结构的重大工程作了比较深入的可行性论证，具有较好水平。1986 年 10 月，国务院批准了上海的城市总体规划。

在对城市发展和产业结构、人口结构的分析方面，适应了计划体制的变化。城市规划接受了缺乏长远计划的现实，重视了区域经济分析和经济发展战略的研究，认识到规划依据的多变性和不稳定性。带形城市和沿轴线组团式发展结构形态，得到广泛的运用。同时运用布局结构的灵活性，以适应发展依据的变化。例如，深圳经济特区是1980年8月国家批准建立的。特区规划考虑到城市发展的多变性和可用地沿海岸呈带状分布的特点，总体布局采取了沿东西干线成组团带状发展的结构，自东向西划分为罗湖、上埗、南头、蛇口等组团，以适应不同时期、不同建设项目和投资者多种选择的需要，并使城市保持时间、空间相对独立发展的灵活性，也符合自然特点。在总体规划制订的同时，也制订了详细规划和工程设计，满足了特区建设发展的需要。

在城市环境方面，重视了生态环境对城市的长远影响，重视环境保护和绿地、空地的保护与利用，重视了自然风景和历史文化遗存的保护，增强了城市生态系统观念。重新修订的合肥市总体规划，在原有规划的基础上，沿南淝河和大蜀山水库，保留了宽阔的楔形绿地，并与环城绿地组成绿化系统，使市区与广大郊区自然环境融为一体。城市布局沿干道轴线向北、东、南三方向发展。苏州是著名的历史文化名城，经过“大跃进”和“文化大革命”，原有的前街后河、粉墙黛瓦的传统风貌受到很大的破坏。古城内插进了许多工厂，占用了多处园林，严重损害了古城风貌。1986年制订的总体规划，采取了划定保护范围，搬迁改造有损古城面貌的建筑物，在古城西部运河两岸开辟新城，从根本上解决了保护古城和发展经济的矛盾。

二、详细规划的编制

详细规划是总体规划的深化和具体化，是规划管理、划分用地的依据。其主要任务是解决城市建设中局部性、近期性和具体的建设布置问题，其内容是对近期建设范围内的工厂、住宅、市政工程、公用事业、园林绿化、文教卫生、商业网点和其他公用设施作具体布置，并确定道路“红线”、断面和控制点坐标、标高、选定技术经济指标，提出布置形式和要求。

“一五”计划期间，城市规划配合重点建设进行，建设项目比较具体，建设期限比较集中，建设投资比较落实，详细规划与总体规划往往交叉进行。工厂范围内的详细规划由工厂设计部门统一进行，工厂范围外的详细规划由城市规划部门负责协调，并统一各项工程的坐标、标高，称为“厂外工程综合”。城市居住区范围是详细规划的主体，其主要内容是对居住区用地的再划分。“一五”计划初期，居住楼房多为两三层，居住区详细规划把若干房屋组成街坊，内设小学和日常商业点，成为街坊。“一五”计划后期，建设规模和占地范围不断扩大，详细规划采取组织若干街坊配以相应的服务设施，成为小区，或组织若干小区成为居住区，形成了“街坊—小区—居住区”的布局结构。例如，上海的曹杨新村、北京的百万庄等，占地面积较大，有较齐全的学校、托幼、商店、粮油店等文教、商业设施；注重区内绿化、憩息场地和景观，居住环境较好。50年代末期，由于城市建设用地日趋紧张，开始推行四层以上的多层住宅。洛阳市在总体规划审定后，由北京、上海、武汉等地规划人员支援，随即开展了详细规划，在涧西区17个街坊安排了住宅、公共建筑，确定了道路坐标网、道路断面，通过竖向规划，确定了道路标高和土方工程量。沈阳市规划建设了铁西、陵北和黎明3个工人村。西安在东、西、南部都开辟了大片新居住区。

“二五”计划初期，有的城市为了改变城市面貌和景观要求，并从居民传统的生活习惯出发，规划建造了若干公共建筑与住房相结合的商业街，把主要的公共建筑集中于主要街道，当时称为“一条街”规划。上海市在闵行、张庙等地最早采用了这种形式，许多城市相继效仿。这种做法也具有详细规划的性质。“大跃进”开始后，住宅、市政公用设施、配套建设的投资体制被打乱，详细规划的编制便进展不大了。

70年代后期，大量兴建居民住房，有的城市开展了以住宅布置为主的详细规划。多数城市不搞详细规划，而是在旧城区见缝插针，加剧了城市建设的混乱。

中共十一届三中全会以后，城镇住房建设大幅度增加，各城市都加强了住宅区的详细规划工作，注重成片成区地规划开发住宅区，出现了多种多样的形式。由于大规模的住房建设普遍采用了综合开发的方式，详细规划成为综合开发的前期工作和重要步骤。有的城市还把详细规划和修建结合起来，这对实现城市规划是一个发展。这一时期，许多城市还开展了居住区或居住小区规划方案的征集、竞赛活动，以集思广益，提高规划水平。常州市在居住区建设中，较早采用了设计竞赛的方式。他们规划建设的花园小区、清潭小区，讲求功能，注意面貌，并结合自然条件，植树绿化，布置住宅和公共建筑，组织交通，保证居民方便和安宁。由于规划建设比较完善，在全国评比中得了奖。上海市的上南新村一、二街坊，无锡市的清扬新村，苏州市的彩香新村，先后获得国家优质工程项目银质奖。唐山、天津等城市在震后重建中，认真编制了详细规划，也开展了广泛的规划设计竞赛，都取得了较好的效果。

合肥市以综合开发方式进行旧城改造，通过详细规划设计，改见缝插针为成街成坊建设。在资金安排上，不单纯靠国家投资，而是通过经营方式吸引社会资金。先后改造了长江路西段、金寨路北段、安庆路西段和城隍庙、七桂塘、团结巷 6 大片。同时，在旧城外新建了 3 个新村，改善了人民居住条件和城市环境。

第三节　城市规划的审批

城市规划方案的确定，不仅关系城市全局的利益，而且关系社会集团和居民个人的切身利益，规划的制订和执行需要有关部门和广大居民的支持与合作，使规划具有一定的权威性。因此，必须以立法的形式进行审批，经过审批后的城市规划即具备法律赋予的效力。

一、“一五”时期城市规划的审批

1954 年 9 月，国家计委颁发了《关于新工业城市规划审查工作的几项暂行规定》，明确了新城市的初步规划由国家计委批准。

“一五”计划时期的城市规划以配合重点建设为主要任务，审批的重点是有关建设项目间的协调、衔接和落实问题。审批之前，有关部门先就有关问题进行协商，达成协议。例如，建设一个大型工厂，需要铁路、供电、供热、供水、道路、地方建筑材料和生活设施的配合，建设部门就要事先与上述有关部门就选址、建设标准、建设期限等分别达成协议。重大技术问题还要事先通过专家鉴定，再上报主管部门审批。

审批采取会议的形式，由国家计委主持，邀请国务院有关部委、地方、军队有关单位参加，由市领导向会议提出报告。通过讨论，把已经协议的问题予以确认，对有争议的问题，由会议研究做出决定。最后由国家计委（建委）发布批文。整个“一五”计划期间共完成150个城市的初步规划，由国家计委（建委）审批过的只有建设要求最迫切的西安、兰州等15个城市的总体规划。

二、“大跃进”时期城市规划的审批

“大跃进”时期，城市规划的编制和审批程序全被打乱。不少城市虽然也编制了总体规划方案，但都是由地方领导人拍板定案的。将近20年的时期没有能够按照规定的程序进行审批。攀枝花和唐山的总体规划是在特殊情况下制订的规划，是由主管部门和地方政府直接报国家审批的。其他建设项目（包括“三线”）的建设管理十分混乱。为此，1972年5月国务院发文，对城市规划的审批作了规定：“城市的新建和改建，要作好规划，经过批准，纳入国家计划。”但在当时的条件下，这一重要规定没有得到贯彻执行。

三、新时期城市规划的审批

中共十一届三中全会以后，把城市规划的审批作为建立法制的一个重要步骤，所以在制订新的《城市规划编制审批暂行办法》和《城市规划条例》中，都把城市规划的审批作为单独的章节列入法规，并把审批的权限提到国家和省、自治区两级。1980年颁发的《城市规划编制审批暂行办法》中规定：“城市的总体规划实行分级审批，直辖市、省会、自治区首府和百万人口以上的大城市的总体规划由所在省、市报国务院审批，其他城市、镇、县城的总体规划由所在省、市、自治区人民政府审批。”同时还规定：“审批前，要组织专家进行技术鉴定，以确保城市规划的可行性；并提请同级人民代表

大会或其常委会审议通过。”为防止对批准以后的城市规划任意改变，还规定了“重大修改必须报请原审批机关的同意”，详细规划由城市人民政府审批。这些规定是从多年的经验教训中总结出来的。

根据《城市规划编制审批暂行办法》，对属于国家审批范围的城市总体规划，先经过省人大或人大常委会审查同意，再由省政府上报国务院。国务院批交城乡建设环境保护部会同国家计委负责做具体审查工作，最后再经国务院批准。北京、上海的总体规划还经中共中央书记处开会讨论。作为规划业务主管部门的城乡建设环境保护部，在规划编制过程中，与省、市规划部门密切联系，经常就重大问题交换意见，把问题解决于规划方案上报审批之前。截至1986年年底，应由国务院审批的38个重要城市，已全部审批完毕（见表6）。

国务院审批城市名单

表6

城　市	批准时间	城　市	批准时间
唐山市[1]	1977.5.14	西安市	1983.11.8
兰州市	1979.10.29	鞍山市	1983.12.26
呼和浩特市	1979.10.29	青岛市	1984.1.5
长沙市	1981.5.29	昆明市	1984.1.10
沈阳市	1981.6.13	郑州市	1984.1.11
武汉市	1982.6.5	成都市	1984.1.11
合肥市	1982.6.5	福州市	1984.9.18
南宁市	1982.6.5	广州市	1984.9.18
西宁市	1983.4.9	长春市	1985.5.4
拉萨市	1983.4.13	大连市	1985.5.4
杭州市	1983.5.16	南昌市	1985.6.22
太原市	1983.5.19	乌鲁木齐市	1985.10.16
重庆市	1983.6.6	桂林市	1985.10.23
济南市	1983.6.10	苏州市	1986.6.13
石家庄市	1983.6.10	天津市	1986.8.4
北京市[2]	1983.7.14	上海市	1986.10.13
抚顺市	1983.10.24	贵阳市	1986.11.10
银川市	1983.10.24	宁波市	1986.11.10
南京市	1983.11.8	哈尔滨市	1986.12.20

注：1、2. 唐山市和北京市的城市总体规划由中共中央和国务院共同批准。

各省、市、自治区对城市规划的审批工作都很重视。不少省如江苏、贵州等都以省政府名义聘请专家、学者和主管负责人组成专门的城市规划审批鉴定委员会，作为省政府的参谋机构，负责对送审的总体规划，提出审查意见，再报请省政府批准。到1986年年底，全国设市城市属省一级审批的城市总体规划，已审批了80%，县城编完总体规划的，已审批了65.3%。

城市规划经过法定程序的审批，对城市来说是一件大事，各城市都在规划批准之后，召开大会进行遵守规划、执行规划的宣传。有的还将城市规划文件在全市公开展览，使广大群众了解规划的内容，增加了透明度，提高了各方面和广大群众对城市规划重要性的认识。有了上级批准的城市总体规划作为依据，广大群众就可以对违反规划的行为进行抵制和控告，这对那些惯于以言代法、不尊重规划的当权者是一个很大的制约。例如，杭州市不顾总体规划限制在西湖沿岸建设高层建筑的规定，在距湖滨不远的市区建设了多座高层旅馆和办公楼，严重影响了西湖风光，群众意见很大，不断投书反对，终于得到一定的纠正。又如，不顾城市规划拟在桂林漓江伏龙洲建设的30层旅游宾馆，也因群众反对，甚至有人上万言书“为伏龙洲请命”，最后还是终止了协议，维护了桂林的风景名胜。这些都是以往难以做到的。80年代以后，许多城市按照规划开展重大的新建和改建工程，如天津建设中环路、沈阳修建南运河公园等，都得到人民的支持。兰州规划的滨河路多年没能开通，规划批准后，通过宣传规划的意义，得到各部门支持，只用一年即收到成效。这说明规划一经批准，具有了法律效力，就提高了指导建设的作用。

第四节　城市规划管理

城市规划管理主要有两个方面：一是城市规划组织管理。即各级政府为了开展城市规划工作所做的组织领导工作，包括制定政策、建立法制、健全机构、培养人才、改进工作方法等，属于一般性行政管理范畴。二是城市规划的实施管理。就是对批准的城市规划，在实施过程中所采取的保证措施。它是城市规划的继续，是城市规划管理部门的基本职能。此外，城市在其运营过程中，还有许多工程设施，虽不涉及重大的结构变化，却也涉及城市的空间组织和环境面貌，如临时建筑、临时占地、临时市场、街道商亭、广告招牌和街道雕塑小品等设施的管理，称为市容管理，一般由市容管理部门负责。

一、城市规划的法制建设

法制建设是城市规划在组织管理方面的重要内容和主要手段。50 年代初期，城市规划的管理机构刚刚建立，城市规划的规章制度没有制订，城市规划的方法步骤、定额指标主要照搬苏联的做法。1952 年 9 月，建工部根据苏联专家提供的材料，曾提出《中华人民共和国编制城市规划设计与修建设计程序》草稿，虽未正式颁行，却是“一五”计划初期编制城市规划的主要依据。

中国第一个关于城市规划的技术性法规，是 1956 年国家建委发布的《城市规划编制暂行办法》。这个《办法》是以当时苏联《城市规划编制办法》为蓝本提出的。所不同的是，在总体规划和详细规划两阶段的规划程序之外，可以根据基础资料和设计力量不足的情况，先作初步规划和城市规划示意图。1957 年反“四过”以后，这个文件没有认真执行。从 1958 年到 1976 年的近 20 年间，城市规划管理濒临废弛的境地。

中共十一届三中全会以后，国家建委于 1980 年发布了《城市规划编制审批暂行办法》和《城市规划定额指标暂行规定》两个技术性文件。同时，着手起草《城市规划法》。《城市规划法》经过多次讨论修改，于 1984 年 1 月改为《城市规划条例》，由国务院正式颁发。至此，中国城市规划和管理才有了初步的法规系列。

1980 年颁发的《城市规划编制审批暂行办法》，同 1956 年制订的《城市规划编制暂行办法》相比，在城市规划的理论和方法上都有很大变化，反映了中国城市规划和管理工作的发展。第一，对城市规划的概念有所发展，总体规划已不被认为是固定不变的设计蓝图，而是城市发展的指导原则；第二，将城市政府制订规划的责任，以及市政府和规划设计部门的关系作了明确规定；第三，强调了城市规划审批的重要性，提高了审批的层次，还规定了送审之前要征求有关部门和人民群众的意见；第四，强调了城市环境问题的重要性，加强了对环境质量的调查分析和保护；第五，在处理有关部门的关系方面，强调了政府协调的作用，放弃了50年代签订协议文件的做法。

1980年发布的《城市规划定额指标暂行规定》，是由城市规划设计研究所在广泛调查研究的基础上提出的。它的主要应用范围，是新建工业城市和城市的新建区的生活居住区。它对详细规划需要的各项用地、人口和公共建筑面积的定额，以及总体规划所需的城市分类、不同类型城市的人口的构成比例、城市生活居住用地主要项目的指标、城市干道的分类等，都作了规定，为规划的制订提供了规范性依据。

1984年1月，国务院颁发的《城市规划条例》是中国城市规划法规中的基本文件。《条例》从城市分类标准，到城市规划的任务、方针、政策，从城市规划的编制和审批程序，到实施管理与有关部门的责任和义务，都做出了较详细的规定。还授权各省、市、自治区制订各自的法规和实施办法。条例颁布以后，许多省、市、自治区相继制订和颁发了相应的条例、细则和办法。例如，北京市发布了《北京市城市建设规划管理暂行办法》、天津市发布了《城市建设规划管理暂行办法》、湖北省颁发了《湖北省城市建设管理条例(试行)》、湖北省沙市市发布了《沙市市城市规划管理实施细则》等。这些法规文件的制订，使城市规划的法制管理进一步形成系列，开始走向健康发展的道路。

二、城市规划实施管理

城市规划实施管理，是对经过批准的城市规划在实施过程中的管理。主要内容包括：用地管理、建设管理和违章检查处理。

(一) 城市用地管理。

城市用地管理是对建设项目占用城市用地所进行的管理，以保证建设项目用地符合城市规划的要求。

“一五”计划时期，农民支持国家建设的热情很高，国家建设征用耕地时，只付予农民相当于3年产值的补偿费。因为土地属于公有，都是无偿使用，所以一些重点建设征用土地，基本上是按照建设部门的要求一次划拨，由建设单位和地方政府统一办理补偿手续。没有重点建设项目的城市，则通过各市原有的城市管理部门办理用地手续，做法也比较简单。总之，对建设用地的要求，一般都容易满足。因之在一些建设单位中曾出现了圈大院、多征少用、早征晚用和征而不用等浪费土地的现象。1956年1月，国务院发出《关于纠正及防止国家建设征用土地中浪费现象的通知》，各城市对征用的土地进行了清理，把多占而未用的土地退还给农民。

在60年代初期，国务院专门发文规定了省、市、县各级政府对批准建设用地的权限，规定一般农田3亩以上、菜田1亩以上必须报省人民政府批准。到“文化大革命”时期，一方面由于规划管理废弛、乱占乱用土地，另一方面又片面节省用地，在旧城改造中出现了见缝插针的现象，造成了城市布局上的极大混乱。

中共十一届三中全会后，恢复城市规划管理，建立城市规划法制，城市用地管理才逐步走上轨道。《城市规划条例》规定：“在城市规划区内进行建设，需要使用土地的，必须服从城市规划和规划管理。”建设单位使用土地时，“都必须持经国家规定程序批准的建设计划、设计任务书或者其他有关证明文件，向城市规划主管部门提出建设用地申请。”“经城市规划主管部门审查批准其用地位置，用地面积和范围，并划拨土地，发给建设用地许可证，方可使用土地。”关于征用土地和补偿手续，按国家建设征用土地的有关规定办理。

（二）城市建设管理。

建设部门取得建设用地许可证后，即可组织勘察设计。在设计进行中，建设部门和设计单位要与城市规划管理部门保持联系，就建筑物和工程构筑物设计的具体内容，包括平面、立面、坐标、高程、外形和与环境有关问题进行协商。设计审查被通过后，发给开工许可证（施工执照）即可正式动工。这一阶段称为建设管理或建筑管理。

“一五”计划时期，重点建设工程大多集中在新建区，一般采取集中统建办法，由有关部门组成专门的规划建设管理机构，统一负责建设管理。一般的建设项目则由城市规划部门对具体建筑物进行逐个审查。这种做法一直延续到“文化大革命”以前。

“文化大革命”期间，城市规划管理机构被撤销后，城市建设处于无人管理的状态，建设项目失去正常管理，大多以当权者的意志作决定，因而出现了许多问题。例如，北京市白塔寺山门的位置上建设了一座“方盒子”式的副食商店，把这一著名的古建筑封在了后面。威海市把市中心一块舒展开阔的绿地废掉，变成了码头堆场。长春市挤占南湖公园，建设了文化宫。山东曲阜在孔庙孔府的附近建设了现代式的电影院。江西贵溪县在中心地区、旧城上风向建设了大型火力发电厂等。到70年代中期，随着各省、市、自治区城市规划管理机构的陆续恢复，城市建设管理也在加强，虽能按照有关规定管理建设，但未纳入正常轨道。这种状况一直延续到80年代中期。在城市规划条例和各省、市、自治区相继制订的规划管理规章颁布以后，才基本好转。

（三）违章建筑的检查处理。

凡不符合规划管理要求的建设行为，均称违章行为。城市规划管理部门负有对施工现场和工程进展进行定期或临时检查的责任。80年代以前，城市规划缺乏严格的规章系列，对违章行为虽然进行检查制止，但处理起来比较困难。《城市规划条例》颁发以后，各省、市、自治区都制订了规划管理规章制度，处理违章有了法律依据。不少城市对违章占地、违章建设行为进行检查处理，取得了较好效果。

北京市从1984年起，每年都进行违章建筑检查。据1984年至1987年的多次检查，共查出违章占地831起，占地面积3715亩；违章建筑7804起，建筑面积110.5万平方米。经处理退出违章占地300余亩，拆除违章建筑13.5万平方米；罚款616.7万元。某单位在来广营乡违章占地40亩，在规划的五环路和铁路立交的匝道上建招待所7000平方米。经检查发现后，已依法将全部土地没收，将部分房屋拆除。

1985年8月，武汉市汽车研究所违反规定，私自与汉阳区永丰乡磨山村签订协议，未经城市规划部门批准，在该村私建厂房等建筑物，面积达2700

多平方米，不符合规划用地规定。规划部门多次通知令其停建，但建设单位置之不理，继续施工。1986 年 4 月 5 日，市规划管理部门依照有关法规，做出处理决定。建设单位不服，向法院起诉，经法院审理判决，对建设单位罚款 21.24 万元，并限期拆除违章建筑，退出违章占地，维护了规划管理法规的严肃性。

第七章
城市房地产

房地产业是从事房地产开发和经营的行业。新中国成立以后，人民政府对城市房地产进行了管理，基本上停止了城市房地产的市场经营活动。80年代后，随着城市经济体制改革的深入，重新开展了城市房地产的市场经营。

第一节　概　述

旧中国的城市房地产业，主要操纵在少数官僚、买办、地主、资本家和外国房地产商手中。他们互相勾结，互相竞争，经营房地产成为他们追逐超额利润、投机发财的重要手段。

在上海、天津、广州等市的外国租界，殖民主义者任意圈占、征用中国平民百姓的房地产。他们拉拢中国官僚、买办等，采取高压手段，低价收买，高价出售、出租，发行债券、股票，倒卖土地、房产等办法，大肆搜刮中国人民的财产。外国人还在租界内开征房地产税，仅上海一地，每年征收房地产税高达15万两白银。据不完全统计，新中国成立前夕在中国做房地产投机生意的外国房地产商来自34个国家。英国人沙逊以其卖鸦片所得，在上海南京路、外滩，靠10亩地起家，到全面抗战前夕，便拥有房产60多万平方米，地产55万平方米，年租金收入超过300多万两白银。

旧中国的封建官僚、军阀、政客和买办阶级，也垄断了许多城市房地产。汉口的“地皮大王”刘歆生，几乎控制了全市的地产业；军阀鲍贵卿经营的“天津仁义地产公司”，大发横财。许多房地产商巧立名目，利用地痞、流氓对房客明抢暗夺，平民百姓叫苦连天。

新中国成立后，城市房地产事业的发展经历了四个阶段。

1949 年至 1955 年，主要是建立新的各级房产管理机构；制订有关政策、规定；接管敌伪产业；清理外国人和宗教社团的房地产；代管无主房地产；进行房地产登记，澄清产权归属，更换契证；督修危房；打击房地产投机和各种非法活动；平抑房地产市场价格；等等。

1956 年至 1965 年，主要工作是对资本主义性质的私人房屋以及相连的地产进行社会主义改造。从 1956 年起，在全国设市的城市和 1/3 以上的县、镇陆续进行这项工作。除少数大城市对私营房产公司和一些大房主以公私合营形式进行改造外，绝大多数采取国家经租的形式进行改造，使房屋及其基地的所有权、经营权和使用权发生了根本变化，城市房产从私有制为主转变到公有制为主。

1966 年至 1978 年，因十年动乱和极“左”思潮影响，房地产管理机构和各项政策、规章制度遭到严重破坏，公有房产的建、修、管受到严重影响，私有房产被挤占，城市土地处于无人管理状态。

1979 年以后，房地产管理机构得到恢复和健全，各项政策逐步调整、完善，公房管理、维修和城市土地管理不断加强，私房政策逐步落实。随着城市经济体制的改革，房地产综合开发和经营迅速发展，住房制度改革由试点转入全面展开，住宅商品化为房地产业发展创造了有利的条件。

50 年代初期，全国城镇共有房屋面积 8 亿平方米，经过 30 多年的建设，到 1985 年年底，全国 324 个城市、5273 个县城、建制镇和工矿区，共有房屋面积 46. 76 亿平方米。其中，新中国成立后新建的房屋占总面积的 90% 多。到 1987 年年底，全国共有 7000 多个从事房地产开发、经营、维修、服务和管理的企业和单位，职工约 240 万人，房屋建筑总面积多达 50 亿平方米。

第二节　城市公有房产管理

城市公有房产（以下简称公房）是城市房地产管理和经营的主要内容。新中国成立 30 多年来，各城市加强了对公有房屋的管理和维修保养，发挥了公房为人民群众居住生活和社会主义建设服务的作用。

一、城市公房管理政策

早在1948年，中共中央就做出了《关于城市中公共房产问题的决定》，要求解放了的城市，建立公房管理委员会，设立公共房产管理处，统一管理与分配公房，严格禁止一切霸占、争夺、移走、拆毁公共房屋、家具、设备的行为。并要求各市人民政府颁布公房租用章程，以及管理人员的职责与职权等。1950年，中央人民政府内务部提出“统一管理，以租养房”的公房管理方针。1957年，主管房产管理的城市服务部明确指出：“公房，原则上应该统一管理，但是，为了利于实施，可按照房屋不同使用性质，分别采取直接管理和间接管理两种办法。”这就是：有些公房，如机关、团体等用房，由政府的房地产管理部门直接管理，称之为直管公房；有些公房，如企业、部队等用房，分别由各部门自行管理，称之为自管公房。自管公房的保养修缮、租金标准等，接受政府房管部门的指导和监督。这种集中与分散相结合的公房管理体制，一直沿用。1962年、1963年和1978年召开的第一、第二、第三次全国城市工作会议，都提出加强城市公房管理的问题。1980年7月，国家城市建设总局颁发的《关于加强城市公房管理工作的意见》，提出建立健全房产管理机构，坚持统一管理的方针；贯彻“以租养房”的原则；加强房屋维修；合理分配房屋等方面的政策规定。

二、主要工作与成绩

新中国成立以后，在城市公房管理方面做了大量工作，取得了显著成绩。据1985年统计，全国设市城市的公房面积达25.39亿平方米。

（一）对直管公房实行统一管理和经营。

从20世纪50年代起，直管公房由各城镇房地产管理部门统一分配和调剂，统一租金标准，统一维修和管理。在公共房产较多的城市中，均设置公共房产管理委员会，下设公共房产管理处，统一管理与分配城市中的一切公共房屋。“文化大革命”期间，不少城市的房地产管理部门被撤销，各项管理制度废弛，公房管理工作处于瘫痪状态。1979 年以后，城市直管公房的管理工作得到加强。据 1985 年底统计，全国 323 个城市的直管公房面积为 3.25 亿平方米，占公房总面积的 12.8%。对直管公房的经营管理搞得较好的是上海市。从 20 世纪 50 年代起，上海就对全市的公房实行统一调剂和分配，对直管公房规定统一租金标准，并逐步建立了直管公房产权、租赁、建筑、设备、庭园绿化等管理条例和办法。在管理中，建立了一套以专业为主的管理方法，建立了市、区、街道三级房屋管理体制。各街道房管所下，又按居民委员会范围配备房屋管理员和养护工人，设立房屋管理养护段，负责所管地段房屋的管理和维修工作。到 80 年代，全市公房中有房管部门统一经营管理的住宅达 90% 以上，办公用房和商业用房达 70% 左右，成为城市中公房统管面最大的城市之一。

（二）对自管单位房产管理进行业务指导和监督。

50 年代，各地城市房地产管理部门，对各单位自管房屋，主要是在注册登记、保养修缮、租金标准和合理使用等方面进行指导和监督。

60 年代，城市房管部门大力开展对单位自管房屋的管理工作，有的组织力量，清理核实房屋产权，核发使用证件；有的召开会议，宣传有关房产管理的方针、政策，协助确定单位自管房屋管理办法和住房分配标准；有的积极采取措施，处理和制止非法出售房产的违法行为；有的还督促自管单位执行地方统一的租金标准，纠正自行降低房租的错误做法。1964 年，上海市人民政府颁发了《上海市各系统单位自管公有房屋管理暂行办法》，要求各自管单位，根据管房数量，设置相应的房屋管理机构或专职人员，配备必要的维修力量。60 年代，武汉市房管局先后总结推广武汉锅炉厂和水利部长江流域规划办公室调整宿舍，解决职工无房、缺房问题的经验，促进了这项工作的开展。

80 年代初期，各城市在建立单位自管房管理机构、清理核实房屋产权、核发使用证件、制订自管房屋管理办法和住房分配标准、处理和制止非法出售房地产的违法行为、纠正自行降低房租等方面，做了大量工作。1982 年 10 月，城乡建设环境保护部城市住宅局召开了城镇单位自管房管理工作座谈会，总结和推广了各地的经验和做法。1983 年 5 月，天津市房地产管理局成立房产信托公司，开展委托经营各单位自管房产业务，当年就接受 35 家单位委托，代管和经营房产 15.5 万平方米。到 1987 年，又扩大到 200 万平方米。这种办法，已得到不少城镇的重视和采纳。

（三）依据"以租养房"的方针，调整公房租金。

新中国成立不久，中共中央就明确提出，公房管理使用的方针是"统一管理，以租养房"，并指出："公房租金标准，要从两方面考虑：（1）照顾住房者的生活水平；（2）照顾'以租养房'。二者结合，不宜偏废。"根据"以租养房"的方针，50 年代初期，城市公房租金大体平均为每平方米使用面积月租 0.30 元，基本做到"以租养房"，有的还能用折旧费新建一部分房屋。

1955 年，中央国家机关工作人员住用公共宿舍的租金，规定为每平方米月租 0.11 元左右。之后，各地各单位都参照执行，有的地方和单位还把房租降低到这个标准以下，所收房租，除去房地产税、管理费、保险费等开支外，还不够修缮所用。

1957 年，周恩来总理在中共八届三中全会上作的《关于劳动工资和劳保福利的报告》中指出，必须适当提高职工住公房的收费标准，租金一般应当包括折旧、维护、管理 3 项费用，房租一般应占职工收入的 6%—10%，平均 8% 左右。并且还提出了调整公房房租的办法。但由于"大跃进""共产风"的影响，上述意见没能得到贯彻。

1965 年 4 月，国务院批转了国家房产管理局《关于制止降低公有住宅租金标准问题的报告》。由于十年浩劫，这一决定也未能付诸实施。相反，不少城市将已经很低的房租一降再降，致使"以租养房"名存实亡。在以租不能养房的情况下，由于资金严重不足，各类房屋失修状况日趋严重，房屋非正常淘汰率上升。

1979 年 6 月和 1980 年 7 月，国家城建总局在《关于重申制止降低公有住宅租金标准的通知》和《关于加强城市公房管理工作的意见》中，重申了"以租养房"方针，并建议各地采取以下过渡办法：

（1）要在不降低房租总收入的前提下，制定统一的租金标准；

（2）文教、卫生和行政机关用房要按折旧、维修、管理3项因素计租；

（3）商业、服务行业生产、营业用房，原则上要按折旧、维修、管理、税金和利息5项因素即成本租金计租。

1982年后，不少城市在调查、测算的基础上，不同程度地调整了现有房屋租金。为贯彻“以租养房”方针，各城市将生产、营业等非住宅用房租金的调整作为突破口，并列为城市经济体制改革的重点之一。主要做法有：一是调整公房租金，最低要求是，能做到维持非住宅用房的简单再生产。上海市的房租调整办法是，确定目标，一次到位，对亏损、微利单位给予一定时期的减免。上海市公有非居住房屋，1987年以前，每平方米建筑面积月租平均为0.42元，1987年4月起，营业性用房租金调到平均3.24元；广州市的做法是，全面测算，定出目标，逐步提高。1981年，将140万平方米直管工商业用房的租金，从平均每平方米月租0.46元提高到1.14元，达到准成本租金。自1987年1月起，又调到2.40元。二是按照使用单位的性质分类计租。生产、营业用房的租金，要高于行政机关、事业单位办公用房的租金。广州市工商业用房平均月租为3.56元，机关、事业单位用房平均月租为0.75元，影剧院平均月租为1.14元。三是按照房屋所处的不同地段及不同建筑结构，收取不同租金。上海将营业用房分为8等6类，最低月租为1元，最高为7元。各地在调整租金的同时，加强了租赁管理，以契约形式规定双方权利、义务和责任，调解和仲裁租赁双方的矛盾、纠纷。随着非住宅用房租金的调整，房屋失修失养状况开始缓解，租赁管理得到了加强，房屋供求关系得到了改善。

（四）进行住房分配。

新中国成立以来，国家十分重视住房分配问题。1957年，周恩来总理在中共八届三中全会上指出：必须制订严格的房屋分配制度和管理制度。1964年7月，国家房产管理局《关于加强全民所有制房产管理工作的报告》中，要求各地“加强现有房屋的调配，合理用房，节约用房。”国家城市建设总局于1979年10月发出通知指出：“合理分配住宅，切实解决当前最急需、最困难的无房户、严重拥挤户的住房问题，对于改善群众生活，密切党群关系，促进安定团结，都有着重要作用。”“在国家颁发住宅分配标准之前，各城市房管部门可制订适合本地情况的标准，经市人民政府批准执行。”1980 年 12 月，国家城市建设总局颁发了《关于认真做好住房分配工作的通知》。1981 年 2 月，中华全国总工会、国家城市建设总局发出了《关于做好厂矿企业职工住房分配工作的通知》。在这些通知中，对住房分配的原则、办法、对象等，作了明确规定。根据上述通知和规定，各城市、各工矿企业都分别确定了住房分配原则、标准和分配办法。

1981 年年初，杭州市委作出《关于搞好住宅分配的决定》，开展了民主评议分配住房的试点工作。根据“先讲困难，顺序排队，民主讨论，按序分房”的原则，1981 年 5 月将 1800 套住房分配给了居住最困难户，并通过腾出的旧房串换，共解决了 3500 户的住房问题。使全市人均 2 平方米以下的严重困难户多数得到了解决，女 28 岁或男 30 岁以上的晚婚无房户也初步得到安排，做到了“雪中送炭”，受到群众称赞。许多地方和单位大多采用了评分排队的方法，即按照职工居住状况、工龄、家庭人口构成、贡献大小及工作职务等因素计分，按分值高低进行排队，然后张榜公布，征求群众意见，最后发给住房证。

但在住房分配中，仍存在着通过走后门、拉关系，行贿受贿，多占住房等不正之风。

（五）开展住房互换、调剂。

60 年代，国家房产管理局总结推广了上海、北京、武汉、重庆、哈尔滨等城市进行公房调配，支援中小学和工业建设、城市建设，解决职工无房、缺房、上班路远等困难的经验。并提出，要加强现有房屋的调配，合理用房，节约用房，采取互换、调剂、分配三结合的办法，以少量的房屋解决更多住户的困难。1962 年至 1964 年，北京市合理调整房屋达 41 万平方米。1958 年至 1964 年，上海市合理调整房屋 279 万平方米，解决了 12.5 万职工无房、缺房问题，249 家工厂得到了急需的生产用房，148 个单位的办公和业务用房也得到了解决，中小学增设了 1000 多个教室和其他用房，收到了很好的效果。

1979 年以后，加强了房屋调配工作，换房业务的内容和形式也不断得到充实和丰富。不少城市人民政府把住房互换工作列为给全市人民办实事、做好事的项目。有些城市还同时开展商品房出售、单位房托修、私房交易、房屋咨询服务项目，形成了综合性的房屋交易、服务市场。上海、天津、北京等几十个城市陆续采用了电脑换房，大大加快了换房信息的提供和查询，使换房效率成倍提高。在调配工作中，涌现了一批像北京的李国英、天津的徐凤英、上海的黄建民等换房“状元”和劳动模范。北京市房管局换房员李国英，从 1978 年到 1986 年间，共接待来访住户 17.28 万人次，给住户发信 1.72 万封，换成住房 6623 户，面积达 11.7 万平方米。

1984 年 8 月，北京、上海等 17 个城市在哈尔滨召开换房工作经验交流会，成立了 17 个城市换房工作指导中心，作为国家主管部门指导下的全国性社会服务组织。从 1985 年到 1986 年上半年，该组织所属 50 个大中城市共为 38 万户居民调换了房屋，解决了 100 多万人居住不便的问题。

（六）加强房屋维修保养。

50 年代初期，国家在经济十分困难的情况下，拨出资金，整修大批倒塌危险和破漏的房屋，保证了生产和居住的安全。1964 年，国家房产管理局在《关于加强全民所有制房产管理工作的报告》中指出：“加强修缮和经常养护，保证住户的安全，恢复或保持房屋和设备的功能，延长使用年限，适当改善居住条件；并且实行修、养、管并举，把房屋的修缮、养护同开展群众性的爱房运动结合起来。”国家城市建设总局于 1980 年提出，应将每年租金收入的 70% 作为房屋维修费。并要求房屋维修费（不包括管理费）每万平方米平均每年为 2.1 万元，房管部门直管公房的房租收入不敷支出者，不足部分按规定，由城市维护费拨付。据 1979 年至 1985 年统计，全国城市补贴用于房屋维修的城市维护费，平均每年 3 亿多元，相当于房管部门房租收入的 65%。

到 80 年代初，各城市都建立了专门的房屋维修队伍，根据房屋的使用年限，合理组织房屋的大修、中修和小修，并形成了管养结合的房屋养护服务网络。在维修方式上，已由分散零星的维修，发展到成街成片的有计划的轮修，并结合改造危房进行旧城改造。北京、上海、南京、杭州、丹东、苏州、襄樊等城市，根据住户要求，签订合同，进行有计划的轮修。在城市规划允许的前提下，对旧房采取增设排水管道、加宽通道、垫高地坪、增开窗门、加建阳台等措施，改善了群众的居住条件和居住环境。北京市房管局仅 1980 年至 1981 年间，结合维修，增加居住面积 13 万平方米，解决了 1.4 万户居民的住房困难。

1983 年以后，城乡建设环境保护部先后颁发了《房屋修缮范围和标准》《房屋修缮工程质量检验评定标准》等规章制度和技术标准。与此同时，各城市加强了房屋维修新技术、新工艺、新材料的研究和开发，取得了不少成果。江苏省研制成功了微膨胀水泥和聚氯乙烯胶泥。长春市房科所研制的“811”防水涂料，对屋面防水和屋面维修有较好的效果。天津、北京、西安等市旧居住区改建的研究工作，也取得了初步成果。房屋维修机具的改革，城市居民供暖锅炉的改造等，都取得了不同程度的进展。为了防止白蚁对房屋的危害，1983 年成立了中国白蚁防治科技协作中心，在蚁害严重的城市，建立了白蚁防治所（站），使房屋蚁害在多数城市基本得到了控制。

（七）开展房屋普查。

1984 年 7 月，经国务院批准，城乡建设环境保护部和国家统计局联合组织开展第一次全国城镇房屋普查工作。这次普查历时 2 年，全国 28 个省、自治区（西藏暂缓）、直辖市对 323 个城市、5273 个县城、建制镇和工矿区 1.5 亿人口的住房进行了调查登记。普查项目包括：建筑面积、住宅套数、房屋结构、房屋层数、房屋用途、建成年份、完好程度、产权性质、使用土地面积、居住状况等。投入普查人员 73 万多人。经过对房屋和住户的逐幢逐户测绘、丈量和登记，按照标准时间（1985 年 12 月 31 日）校正，共获得各种原始数据 15.5 亿个；市辖区、县以上各级汇总统计数据 840 万个。这次普查，查清了城镇房屋状况和居民的居住水平，为国家制订国民经济和社会发展计划，为城镇规划、住宅建设和住房制度改革，提供了可靠的依据。同时，也推动了房产管理工作的开展。

在首次房屋普查的基础上，城乡建设环境保护部组织全国城镇房地产管理部门，从 1987 年起，开展了房屋所有权登记和颁发产权证书的工作。

第三节　城市私房管理

城市的私人房产（以下简称私房）在城市中占有一定的比例。中华人民共和国建立以后，各地房地产管理部门对私房的保护和管理做了许多工作。

一、城市私房政策的演变

50 年代初期，人民政府对城市私房采取的政策是：承认、保护私人房产的所有权、使用权，允许产权所有人进行正当的合法经营，禁止任何机关、团体或个人任意占用私人房屋。根据这一原则，各地对城市私房和房租等问题进行了整顿，取缔非法经营活动，建立了正常的租赁关系。据 1955 年调查，城市中私房占 30%—40% 的有青岛、沈阳、哈尔滨等市；占 50%—60% 的有北京、天津等市；占 60%—70% 的有上海、南京等市；占 80% 的有无锡市。从 20 世纪 50 年代中期开始，全国对私人出租房屋逐步进行了社会主义改造（以下简称私改）。第一步是限制剥削，禁止投机，建立正常的租赁关系。主要措施是：制止在房屋买卖、租赁上的中间剥削、操纵把持及非法勒索；开展房产托管业务，许多房产主将房屋委托给国营房产公司代为经租管理等。第二步是实行赎买政策。这就是在一定时期内，用国家经租、公私合营的方式，给城市房产占有者以固定的租金，逐步改造其所有制形式。改造起点，大城市一般是出租房屋建筑面积 150 平方米以上，中小城市一般为 50—100 平方米。到 1964 年，全国城市和 1/3 的镇都进行了私房改造，纳入私改的房屋约 1 亿平方米，占私有出租房屋的 70% 左右。1966 年 9 月，国家决定将公私合营企业改为国营企业，资本家的定息一律取消。至此，国家经租和公私合营的房产也取消了租息，成为国有财产。在私改中，有些地方扩大了改造面，遗留了不少问题。后来，由于受“左”的思想影响，特别是“文化大革命”期间国家法制遭到破坏、城镇中大量的私人房屋被挤占和没收，城镇私人建造住宅受到限制。中共十一届三中全会后，城市私有房产的管理逐步得到了恢复和加强。1982 年制定的《中华人民共和国宪法》明确规定，国家保护公民的房屋所有权。1983 年 12 月，国务院发布了《城市私有房屋管理条例》。1984 年 8 月，经国务院批准，城乡建设环境保护部发布了《关于外国人私有房屋管理的若干规定》。许多城市根据《条例》和《规定》，结合当地实际情况，制定了实施细则，开展了对城市私有房屋的所有权、买卖、租赁、继承、赠予、修缮等方面的管理工作。

1. 进行私房产权的清查登记工作。

2. 推动和加强私房交易工作。到 1987 年年底，全国已有 167 个城市建立了房地产交易机构，有的还建立了固定的市场，恢复私房买卖业务。

3. 加强私房租赁管理，协调租赁关系。实行统一租赁合同和租约，规定合理的租价范围，允许租赁双方在此范围内协议房租，以经济手段与行政干预相结合的办法保持合理的租赁。

4. 推动私房修缮工作，督促房主养护房屋，帮助进行私房查勘，解决维修材料供应和资金不足等问题。

二、落实城市私房政策

为了切实保护城市房屋所有者和使用者的合法权益，中共十一届三中全会后，国家和地方的房地产管理部门，花了很大力量，认真落实私房政策。

（一）落实私房政策。

据统计，在“文化大革命”中，全国城镇被挤占、没收的私房达 3242 万平方米，占城镇私房总数的 4.4%。1980 年 11 月，中共中央办公厅转发《落实私房政策的通知》时指出：党的政策必须落实，国家的宪法必须遵守。十年动乱中被挤占、没收的私房，必须在今后三五年之内，根据不同情况，分期分批予以发还。各地根据中央的要求，把落实私房政策的工作放到重要的议事日程上，并制订了相应的实施细则。对属于高级知识分子、高级民主人士、知名人士、华侨、侨眷被挤占、没收的私房，予以优先发还。至 1986 年年底，全国城镇已发还私房 3063 万平方米，占被挤占、没收私房总数的 95%。

（二）妥善处理私改遗留问题。

在房屋私改中，全国错改私房面积达 2399 万平方米。1979 年以后，根据国务院有关私房改造的政策规定，以及 1982 年城乡建设环境保护部《关于进一步落实私房政策的通知》，各省、市、自治区分别制订了处理办法，认真落实私房政策，妥善解决私房改造中的遗留问题。到 1986 年，已落实 1059 万多平方米，占错改房屋总数的 44%。

（三）认真处理代管房产。

全国各城镇根据 1951 年 2 月政务院《关于没收战犯、汉奸、官僚资本家及反革命分子财产的指示》精神，对一部分城镇房产，经行政机关和司法部门确定后，实行了代管。后来，各级人民政府和法院根据有关法令和规定，对原代管房产陆续进行了复查清理。有的撤销了代管，有的依照法令收归公有，有的接管没收。中共十一届三中全会以后，随着各项政策的落实，原房产所有人（包括合法继承人、代管人）向政府要求发还代管房产的日益增多。为了妥善处理这些代管房产，1983 年，国务院批转了城乡建设环境保护部《关于对国民党军政人员出走弃留的代管房产的处理意见》。各地根据文件的精神，对这部分代管房产进行了全面清理。

（四）落实宗教房产政策。

需要落实政策的宗教团体产业有两个方面，一是“文化大革命”之前，有些宗教团体的出租房屋，已参照私人出租房屋的私改办法，纳入改造，按月支取固定租金。1966 年 9 月以后，停发定租定息，影响了宗教活动的经费收入。二是宗教团体自用的教堂和办公房，在“文化大革命”中被挤占、没收，影响了宗教活动。1980 年 7 月，国务院要求各城市把宗教房产的产权退还给宗教团体。经过协商，多数城市房管部门接受宗教团体委托，继续经营管理宗教团体的出租房屋，定期给宗教团体一定比例的租金；少数城市，由宗教团体直接出租房屋，收取租金。对“文化大革命”中改建或拆除的宗教房屋，分别由改建或拆建房屋的单位给予宗教团体价款补偿。

（五）落实华侨房产政策。

1984 年 12 月，中共中央办公厅、国务院办公厅转发了《关于加快落实华侨私房政策的意见》。到 1986 年，有关城市积极落实华侨政策，工作进展较快，受到了华侨的欢迎。

第四节　城市地产管理

城市土地是十分重要的生产要素和十分宝贵的资源。地产管理是城市土地管理和使用不可缺少的工作。30多年来，地产管理为保证城市各项建设事业的发展，提高土地利用率，起到了积极作用。

一、城市的地产所有权

中华人民共和国成立初期，人民政府接管或接收旧政权和外国资本家占有的大批地产，归为国家所有。1955年，在全国城市中普遍没收了战犯、汉奸、官僚资本家及反革命分子占有的土地，归国家所有。这时，城市土地仍有许多为私人占有。1956年，国家对私营企业的厂房、仓库、商店、办公用房以及职工宿舍所占土地，结合资本主义工商业的社会主义改造，用赎买的方式收归国有，使城市公有土地越来越多。随着国家经济建设的发展，一方面在城区征用了大量的土地，另一方面通过征用农田的方式，将集体所有制的土地变为国家所有。经过30多年的接收、改造和征用之后，城市的大部分土地已属于国家所有，但还有少量的土地还属于集体和个人所有。1982年12月，经五届全国人大五次会议通过的《中华人民共和国宪法》第十条规定："城市的土地属于国家所有"。根据这个规定，1983年以后，各城市已陆续对集体和个人所有的土地进行了清理、登记和接管。城市土地国有化，对加强土地管理，提高土地使用效益和实施城市规划，创造了有利条件。

二、开展地籍管理

50年代初期，各城市地政部门接管了旧政府的地籍资料，重新进行了清查、登记和审查核实，对公有土地，发给国有土地证；对私有土地，发给土地所有权状及地形图。经过土地登记，清查出来的大量无主土地，由各地人民政府代管。但从50年代后期起，由于受"左"的指导思想的影响，放松了地籍管理工作。“文化大革命”中，地籍管理处于瘫痪状态。1979 年以后，重新得到加强。1982 年 3 月，国家城市建设总局发出《关于加强城市（镇）房地产产权产籍管理工作的通知》，指出：“城市房地产管理机关，要依照法规的规定，确认产权，区别各种不同的土地所有权及使用权状况，进行土地普查登记，并建立产籍资料及各项管理制度。”之后，很多城市都认真进行了这方面的工作。

三、城市地产管理法规的制定

1953 年，中央人民政府政务院颁发了《国家建设征用土地办法》。为了节约用地，合理用地，1958 年，国务院对上述《办法》进行修订，并经全国人大常务委员会批准后公布实行。修订后的《办法》严格规定，必须贯彻节约用地的原则，防止多征、早征，杜绝浪费土地，尽量利用荒地、劣地、空地，尽可能不征或少征耕地良田，不拆或少拆房屋。1982 年，国务院公布了《国家建设征用土地条例》。《条例》规定：国家进行经济、文化、国防建设以及兴办社会公共事业，需要征用集体所有制的土地时，必须按照条例办理。禁止任何单位直接向农村社队购地、租地或变相购地、租地、征用的土地，所有权属于国家，用地单位只有使用权。一切建设工程，都必须遵循经济合理的原则，提高土地利用率。《条例》还对征地程序、审批权限、补偿标准、违章处理等作了明确规定。1986 年正式颁发了《中华人民共和国土地管理法》，为管好用地提供了法律依据。各城镇认真贯彻实施土地管理法，使城镇地产管理，纳入了依法管理的轨道。

四、开展城市地产的经营管理

50 年代初期，城市土地所有者向政府交纳地产税，使用国有土地的单位交纳土地使用费。1956 年后，城市中的国营单位基本上无偿使用城市土地。

1980 年以后，有些城市实行了城市土地有偿使用。

（一）开征土地使用费。

抚顺、重庆等城市确定并执行了全国开征城市土地使用费的办法，规定除市政公用、名胜古迹等用地可免交土地使用费外，其他凡在城市规划区范围内使用国有土地的国营单位、集体单位和个人，都应交纳土地使用费。抚顺市将市区划分为3类，确定7个收费等级标准，每平方米用地年计费为0.2—0.6元。从1984年到1986年的3年中，共收费3000万元，其中70%用于城市建设和维护。

（二）涉外企业用地管理。

1980年7月，国务院发布了《关于中外合营企业建设用地的暂行规定》；1983年9月，国务院又发布了《中外合资经营企业法实施条例》，对涉外企业用地管理做出了具体规定。对吸引外资，合理利用土地，创造投资环境，起到了积极作用。

第五节　房地产开发与经营

30多年来，中国长期实行城市住房的低租金制以及土地的无偿使用。城市房地产工作一直以房地产管理为主，主要采用行政管理的手段，基本上没有开展房地产业的经营。中共十一届三中全会以后，首先在经济特区和沿海开放城市，以后逐步推及全国，普遍进行了房地产开发和经营。随着城市经济体制改革的逐步深入，房地产业有了较快的发展，已初步形成一个新兴的重要产业。

一、房地产综合开发

中国房地产业的迅速发展，是由城市建设综合开发的发展所推动的。综合开发的内容，包括勘测、规划、设计、征地、拆迁、安置、土地平整和所需的道路、供水、排水、供电、供热、通信等工程建设，以及建成后出售建筑物，并按土地面积和设施水平向使用单位收取开发费。1980年，北京市成立了全国第一家房地产开发公司——北京市城市建设开发总公司。1984年后，城市房地产开发进入一个大发展阶段，各地纷纷建立房地产开发公司。据统计，1986年全国城镇在中国人民建设银行开户的各种房地产开发公司达2200

多家，综合开发住宅竣工面积达2849万平方米，占当年全国城镇住宅总竣工面积的17.62%。通过房地产开发，能够节约城市用地，提高经济效益，促进城市规划的实施。

二、拓展房地产经营业务

全国房地产部门在开展房地产经营业务的要求和推动下，改革开放，拓展业务，为搞活房地产经营，做了大量工作，并取得显著成效。

（一）扩大房地产经营业务。

1984年以后，大部分城市充分利用房地产优势，已从单一的收租、养房、维修、管理逐步向经营、开发转变。有的为急需用房的企业单位扩建生产经营用房，或集资改造居住危房，有的开展房产托管经营，实行有偿服务。

（二）开辟第三产业用房。

许多城市将沿街民房改造为工商用房，租赁给企业或个体户，或与之联合举办工商服务业，从提高营业用房的租金收入或收取改修补偿费中增收。例如，辽宁省营口市房地产部门，通过开辟第三产业用房等多项经营业务，结束了30年吃国家补贴的局面，每年还向政府上交100多万元。房管部门收入增多，房屋维修资金有了增加，使房屋的完好率不断提高。

（三）调整房租，减少国家财政补贴。

从1982年开始，部分省、市进行了房租调整。到1987年，已有9个省（市）以及其他40多个市、县调整了非住宅出租房屋的租金。有的按房屋的折旧、管理、维修、房产税、投资利息5项因素计租收取，有的按8项因素（上述5项加上地租、利润、保险费）计租收取。上海市自1987年4月起调租后，当年增收近1亿元，大体上可以弥补以往的亏损。

（四）引进外资，搞活房地产经营。

1979年以后，房地产业资金的筹集，特别是在经济特区和沿海开放城市，既集内资，也引外资。深圳特区房地产公司在1980年成立后的5年多时间里，共引进房地产项目39项，外资直接用于房地产投资达1.56亿美元，占特区全部引进外资的25.2%；已开发土地3平方公里，提供商品房屋60万平方米，上交国家税利 1.7 亿元人民币和 1.5 亿元港币。该公司已成为既搞房地产开发经营，又从事建筑、安装、设计、装修、商业贸易、宾馆旅游、综合服务、产品制造的企业集团。

第八章
城市住房

新中国成立后，中国共产党和人民政府十分重视城市住房问题，尤其是1979年之后，新建和改造了大量的住房，使城市住房状况有了明显的改善。

第一节　城市住房发展概况

旧中国城市住房的所有权，大多数集中在官僚、军阀、买办、地主、资本家和房地产商等人的手中，他们拥有花园别墅、府邸宅第、公寓洋房和大批出租房。杭州市占总人口3%的商贾、官僚，拥有50%以上的房屋。苏州市占总人口3.3%的官僚、地主、资本家及大小房地产商，拥有全市私房总数的46.8%，占出租住房面积的83.1%。1947年，哈尔滨市占全市总人口3.3%的俄、美、英等26国外籍人拥有全市住房面积的22.2%。日本人在青岛的房产，曾一度占全市房屋面积的86%。

形成鲜明对照的是，各城市都有大片的棚户区，居住着最贫苦的中国劳动人民。据1949年的不完全统计，西安市棚屋草房有116处，30万平方米；重庆捆绑结构的房屋达195万平方米，全市30%的居民就居住在这种破旧阴暗的房屋中；上海市全市棚户区320处，17万间，住着100多万人，占当时全市人口的1/5。棚户区内由于缺少最起码的市政和消防设施，瘟疫、火灾、塌房伤人事故迭起；广州市在珠江上居住着4.7万水上居民，他们过着“世世水为乡，年年艇作家，浮沉波浪里，生活海天涯”的浮家泛宅、风雨飘摇的生活。

新中国成立后，城市住房建设有了较大的发展，居住状况有了明显改善。

50年代初期，许多城市成立了房产交易所，通过开展房产托管业务，建立了城市住房的正常租赁关系。与此同时，人民政府对一些城市的棚户、危房区进行了改造或修缮，新建了一部分住房。进入“一五”计划时期，随同重点工业项目的建设，由国家投资，在城市建造了一大批住房。但由于工业迅速发展，城市人口增长，住房建设仍赶不上客观需要，许多城市的居民住房质量有了提高，但人均居住面积却有所下降。

1960年至1978年，由于国民经济发展比例失调，城市住房建设规模随之下降。1962年，城市住宅建筑面积仅竣工768万平方米，为新中国建立后的最低水平。经过国民经济三年调整，住房建设状况有所好转。“文化大革命”中，在“左”的思想影响下，城市住房建设重新陷入停滞不前的困难境地，加之城市人口增长很快，城市住房形成很大的缺口，成为一个严重的社会问题。

1978年全国住宅建设会议提出加快城市住宅建设，迅速解决职工住房紧张的问题，城市住房建设进入了一个新的发展阶段。年竣工面积由1978年的3752万平方米，增加到1985年的15322万平方米。1981年至1985年的“六五”计划期间，全国城镇住房建设资金达1007亿元，为1950年至1978年这29年来住房建设资金369.8亿元的2.72倍。“六五”计划期间，国家基本建设资金中的住房建设资金占基建资金总额的21%。1979年至1987年的9年里，全国城镇共建成住房11.06亿平方米，占新中国成立后38年住房建设总面积16.38亿平方米的67.5%。各城市一手抓新建，一手抓管理、维修和改造，使许多破旧住房逐步得到了改造，人均居住面积逐年增加，住房质量有较大的提高，居住环境也有很大的改善。

第二节 多渠道投资，建设城市住房

1978年，中共中央副主席邓小平指示，要求到1985年城市职工住房人均居住面积达到5平方米的水平。为了实现这一目标，加快住房建设，国家建委于1978年9月召开了城市住宅建设会议，提出了改变单纯依靠国家投资的办法，发挥中央、地方、企业、个人几方面的积极性，多渠道筹集住房建设资金。城镇住房建设资金构成发生了变化。

一、企业自筹资金建造住房

1978 年 9 月，国家建委等部门联合发出的《关于自筹资金建设职工住房的通知》规定：“现有的全民所有制企业职工住房建设资金应在企业基金中优先安排，也可以用企业提取的一部分职工宿舍的更新改造资金建设职工住房，不足部分由企业主管部门列入基建计划解决。集体所有制企业职工住房建设资金从‘税后积累’中解决。”从 1979 年起，国家每年给企业自筹资金建造住房专项补助钢材为 5 万吨。1981 年在压缩全国基本建设规模和严格控制自筹指标情况下，国家还两次增拨住房建设的自筹资金指标，并允许企业完成认购国库券和财政借款任务后，如还有资金、材料，可以多建一些住房。1985 年，国家又规定老企业用自有资金建设职工住房，国家不控制建设规模，不纳入基本建设计划，只报国家计委备案。国家采取的这些措施，有力地调动和发挥了企业建房的积极性。1979 年以后，全国企业自筹资金建设住房约占城镇住房建设总资金的 60%，成为住房建设的主要资金渠道。企业自筹资金建造住房的主要方式是：

1. 集资统建。由各地房地产管理部门将企业的资金材料集中起来统一建设，这种方式较适合于资金少、材料缺、自建难的中小企业。

2. 企业联建。由市政府统一征用土地后，组织若干企事业单位，按住宅区规划要求，联合建设住宅区。房屋造价、征地拆迁费、基础设施及生活配套设施的费用和所需材料，由各建设单位合理分摊。

3. 企业自建。一些拥有资金、材料和用地的大企业、事业单位，经批准后，自行进行住房建设。

4. 综合开发，建房出售。这是在集资统建基础上发展起来的。城市建设综合开发公司或房地产开发公司，通过预收建房资金或向银行贷款等办法，筹措建房资金，按照城市规划的要求，统一建设住房。住房建成后，再出售给各单位。

二、个人建造住房

38 年来，城镇居民个人建房经历了曲折的过程。50 年代初期，国家鼓励城镇和工矿区职工、居民个人建房。50 年代中期，为解决职工住房供需矛盾，采取“自建公助”等方式建造住房。据铁道、煤炭、纺织等部门 1957 年的统计，几年间就动员和组织职工修建了 230 多万平方米住房。1957 年 7 月，城市服务部将鼓励私人建设自住房屋作为当时房产管理工作的一项重要方针。后来，由于受到“左”思想影响，城镇居民个人建房的积极性受到挫折，大多数城市的个人建房数量很少，甚至城镇私房被挤占。许多地方下达了不准在城市建造私人住房的禁令，使城镇居民个人建房处于停滞状态。

1980 年 3 月，全国城市房产住宅工作会议明确指出：要结合落实城市私房政策，鼓励私人建房。同年 4 月，邓小平在《关于建筑业和住宅问题的谈话》中明确提出：“建房还可以鼓励公私合营或民建公助，也可以私人自己想办法。”同年 8 月，中华全国总工会和国家城市建设总局在批转全总生活部《关于“公建民助”、“民建公助”建设住宅情况的调查报告》中指出：“今后除由国家、地方、企业投资建设住宅外，各省、市、自治区的城建、房产部门还要大力组织和调动个人建房的积极性。各级工会组织应密切配合城建、房产部门作好这一工作。”同年 11 月，国家城建总局、中华全国总工会在福州市联合召开了组织城镇职工、居民建造住宅和国家向私人出售住宅经验交流会。1981 年 4 月，国务院办公厅在转发会议情况报告时指出：“望各地加强领导，因地制宜地推广组织城镇私人建造、购买住宅的经验。”1983 年 5 月，国务院颁发了《城镇个人建造住宅管理办法》，进一步明确规定：“凡在城镇有正式户口，住房确有困难的居民和职工，都可以申请建造住宅；每人建筑面积一般不得超过 20 平方米。”同年 6 月，城乡建设环境保护部又在河南省南阳市召开全国市镇组织个人建造住宅现场经验交流会，总结交流了南阳市、乌兰浩特市、温州市和江苏省武进县等地的经验。据统计，1980 年，全国开展个人建房的城市有 110 个，1983 年已发展到 210 多个，占城市总数的 83%。1985 年，全国城镇个人建房资金达 25.5 亿元，占当年住房总投资的 8.8%，建筑面积达2840万平方米，占当年住房竣工总面积的18.5%。

三、侨汇购建住房和引进外资建住房

鼓励华侨、侨眷用侨汇购买和建造住房，是国家的一项政策。早在1954年，广州就鼓励华侨投资建设了占地15万平方米的环市路华侨新村。1980年3月，国务院专门发文要求“各省、市、自治区要加强领导，积极创造条件，推动侨汇建房工作的开展。”并指出：“组织侨汇建房要坚决贯彻一视同仁，不得歧视，根据特点，适当照顾”的政策，造价、售价要定得合适。

1980年以后，侨汇建房工作在广东、福建等侨眷集中的城、镇，得到了较大发展。北京、上海、青岛、杭州等大城市也陆续开展。广东省江门市成立了由侨务办公室、房管局、城建局、银行等部门组成的侨汇建房小组，组织侨汇建房工作。福建省漳州市房地产管理局在开展华侨建房工作中，注意根据侨眷的经济收入和爱好，进行设计和建造，建筑造型美观，富有闽南特色。据广州市1982年统计，全市新旧华侨房屋共达150多万平方米，占全市私房总数的20%以上。

经济特区和对外开放的城市，逐步开展了引进外资建造住房的工作。广州市于1979年，引进外资建造了建筑面积为5万多平方米的东湖新村。1980年后，又引进外资建造了挹翠花园、员村昌乐园、晓港新村等住宅区，建筑面积共12万平方米。引进外资建造的住房大多出售给居住在当地的侨属或港澳同胞和台湾同胞的家属。

第三节　改进住宅设计，提高建造质量

新中国成立后，各城市从实际出发，认真改进和做好住房设计和建造，使人民的居住条件和居住环境得到改善。

一、住宅设计的改进

新中国成立以后，中国城市住宅设计的手法、标准和质量，都有很大的

发展和提高。

在国民经济恢复时期，工矿区和小城镇建造的住宅以平房为主，大中城市多为3层以下楼房，设计标准较低。厕所、厨房的合用率较高。“一五”计划期间，受苏联设计理论和方法的影响，以远期标准人均居住面积9平方米的大面积户型进行设计，有的居室达20平方米，厨房7—8平方米。由于标准偏高，分配时不得不几家合住，当时称为“合理设计，不合理使用”。

1959年，建工部在上海召开住宅标准座谈会，提出了分等分区、远近结合（近期为主、适当照顾远期）的原则，居住面积分别采用人均4—6平方米，开始了小面积住宅设计的试点。许多住宅设计在吸收中国民居建筑传统优点的基础上有所创新：有适合炎热地区的突厨式，有较明显节约用地效果的大进深、内楼梯式和内天井式，结合地形的错层式等多种类型的住宅。但也有片面追求降低住宅造价指标，忽视使用和建筑质量的现象，特别是从1965年开始在住宅设计上贯彻“干打垒”精神以后，住宅标准一降再降，有的住宅取消了楼板面层、室内粉刷等必不可少的装修，不但影响使用，而且造成了隐患。

中共十一届三中全会后，为了提高住宅设计水平，1978年国家建委在南宁市召开了住宅建筑工业化经验交流会，强调了要在标准化的基础上，走住宅设计多样化的道路。1979年又组织了全国性的城市住宅设计竞赛，注意了居住功能方面的多种要求和经济、合理性，注意采用新材料、新结构。1983年12月国务院颁发了《关于严格控制城镇住宅标准的规定》，指出：“从我国经济能力和严重缺房的实际情况出发，在近期内，我国城镇住房只能是低标准的。全国城镇和各工矿区住宅均应以中小型户（一至二居室一套）为主，平均每套建筑面积应控制在50平方米以内。”同时规定：“今后衡量住宅建设量，既要以建筑面积为计量单位，又要以住宅套数为计量单位。”1987年，国家编制并颁布了《住宅建筑设计规范》（国家标准）。

80年代住宅设计水平普遍有较大提高。

第一，重视了住宅单体与环境设计的多样化，许多城市设计了Y型、宝塔型、蝴蝶型以及台阶式、锯齿式、点式、庭院式等平面各异、立面丰富的住宅类型。同时在空间变化、建筑色彩、局部装饰、阳台式样、入口处理、围墙花格等方面不断有所创新。在一些大城市，还设计建造了不少12层以上的高层住宅，高层住宅比例最大的是北京市。高层住宅具有节约用地、改变城市景观等优点，但建设投资较多，技术要求较高。

第二，依据“住得下，分得开，住得稳”的指导思想，认真改进平面布局。在标准化基础上，设计出可以适应不同家庭结构、不同职业爱好、不同规划布局的住宅。在规定的面积标准内，广东省等南方地区采用了“大厅小卧室”的平面布局，北方一些省市，大多采用“小厅大卧室”的平面布局。

第三，住宅设备有较大提高。许多新建的住宅楼，卫生间备有坐便器、盥洗盆及洗澡设备，厨房增设了碗柜、吊柜、灶台、切菜台及排烟设施。高层住宅设有公共电视天线，有些住宅还安装了太阳能热水器，体现了住宅面积要小些，质量要好些的特点。

第四，降低层高，增加建筑面积。北京地区已将层高2.9米降到2.7米，降低层高节约下来的投资，用于增加建筑面积，平均每户可增加3平方米，相应节约用地9.1%。

二、住房建筑工业化的发展

早在20世纪50年代，国家就对逐步实现建筑工业化提出了要求。建筑工业化内容包括：设计标准化，构件生产工业化和施工机械化。60年代，将标准化作为推行住房建筑工业化的基础，逐步向组合小单元定型及构件定型发展，使构配件向通用化、标准化、工厂化前进了一大步，在一定程度上解决了住房工业化生产与多样化的矛盾。1978年，国家建委提出了以“三化一改”（建筑设计标准化、构件生产工厂化、施工机械化和墙体改革）为重点，发展建筑工业化的要求；同时开始在常州、南宁等地进行试点，摸索经验。住房建筑工业开始向体系定型发展。80年代，采用较多的工业化住房建筑体系有：装配式大板、大模板、内浇外板、内浇外砌、砌块住房、框架轻板等，并出现了从设计、施工工艺、施工机具、结构体系相配套的建筑工业化住宅群。常州市花园新村是较早采用工业化方法进行综合开发的小区之一，建筑面积10多万平方米，设计标准化达90%，工业化体系建筑占70%。在建设过程中，实行专业化施工，充分发挥工业化施工的优点，大大加快了住宅区的建设速度，仅用十个月的时间，就建成交付使用，获得了较好的社会、经济效益。

第四节　改造旧住房和旧住宅区

一、充分利用，逐步改造

新中国成立以后，各城市都有一批旧社会遗留下来的棚户区，如上海的蕃瓜弄、北京的龙须沟、天津的“三级跳坑”、西安的豫民巷、哈尔滨的十八拐等。这些旧住宅区的建筑密度高，人口密度大，住房条件极差，居住环境恶劣。对这一批危险破陋的房屋，主要采取了“充分利用，逐步改造，加强维修”的方针，开始改造劳动人民集中居住的棚户区。例如，南京市300多处棚户区，在新中国成立后的最初几年里，多数得到了不同程度的改善。房屋破烂不堪，雨天泥浆成潭的汉府棚户区，只用了52天，就填平了污水沟，新埋了下水道，翻建了路面，将其中100多户破草房翻建成瓦房，并建了15处绿地。总之，中共十一届三中全会以前，对旧住宅和旧住宅区的改造工作，步伐比较缓慢。

二、加快速度，成片改造

进入80年代后，各地加快了对旧住宅区的改造，改造旧住宅的方法也有了明显变化。

一是全面规划，分批改造。许多大、中城市，都制订了分期分批成片改建旧住房的规划。上海市坚持对棚户、简屋、危房统一规划，分期分批拆除重建。每年以15万—20万平方米的建设速度，实施重建计划。许多城市对旧住宅区改造，一般采用旧房全部拆除，新建多层、高层住宅楼的办法。拆建比（指同一地区拆除住房与新建住房的建筑面积之比）一般为1∶4左右，旧区拆建的人口密度和容积率通常也高于征地新建。

二是加强立法，实行综合开发。许多城市，制订了拆迁安置规定、配套办法、管理办法等，使旧住房改造有法可依有章可循，保证实施。有的城市，还采取统一规划、综合开发的办法改造旧住宅区。合肥市在旧城改造中，实行统一规划，综合开发，用经营的方式吸引社会资金，由综合开发部门一片一片地开发，一条街一条街地改造。哪一个单位只要有资金，有材料指标，一年左右就可住上新房，省力、省时、省心。旧住宅区居民可就近回迁，并规定谁先搬走，谁先搬回，在分配新房的层次上予以照顾，加快了改造速度。

三是多渠道集资。为了发挥各方面的积极性，在互利的基础上，采取集资联建、合建、自建和商品房等多种形式，如烟台、沈阳、大连等城市的房管部门，与企业合资改造危房，企业可净得一半左右的住房。抚顺市吸引社会资金改造旧住房，1982 年至 1984 年，共翻建旧住房 53 栋，面积达 18 万平方米，解决了 4000 多户职工的住房问题。南昌市提倡企业帮助职工改造自住旧房，四年改造了 48 万平方米，相当于同期省、市建造住房资金的 65%。上海市采取联建公助方式改造旧住宅区，也取得了较好的效果。

四是注意了旧住房的整治和修缮。不少城市，对可利用的旧住房进行整治和修缮。上海市结合旧住房的大修中修进行局部改造。1983 年，对蓬莱路 303 弄旧式里弄住房进行局部改造，在不拆除旧房的前提下，经过改造平面，升高屋面，不仅使原住户增加了面积和厨房、卫生间，还为一些新住户提供了住房。

据不完全统计，1981 年至 1984 年间，全国共改造旧住房 3375 万平方米，比 1977 年至 1980 年改造的旧住房 1409 万平方米多 1 倍多。南京市从 1984 年起，仅用一年多的时间，就改造了 34 片旧住宅区，用地面积 120 万平方米，新建住房 240 万平方米。天津市改造旧住宅区 400 多处，其中包括 20 多片居住环境最差的“三级跳坑”。

第五节 改革住房制度

城市住房问题，是亿万人民普遍关心的一件大事。1950 年至 1987 年，城镇居民建房共用资金 2185 多亿元，建成 16.4 亿多平方米，但城镇住房供需矛盾仍很突出。长期以来实行的城镇住房实物分配及低房租制度，弊端甚多，刺激和扩大了住房需求，国家负担越来越重，诱发了分房中的不正之风，不利于住房问题的解决。为了较好地解决住房问题，必须改革城镇住房分配制度。

一、住房制度改革的研究和准备

1980 年 4 月，邓小平对城镇建设住宅、分配房屋作出重要指示。城乡建设环境保护部遵照中共中央和国务院的指示，自 1983 年起，多次召开会议，讨论研究住房改革问题，并组织人员开展调研、测算、论证，为改革进行准备。

（一）对住房低租金作局部调整。

城镇住房中的 80% 是通过租赁形式提供给城镇居民的。据 1984 年统计，每平方米住房使用面积月租金为 0.15 元，每平方米住房的年租金为住房本身建筑造价的 0.75%。一些城市陆续对低租金进行调整，潍坊等城市确定了住房分配标准，对超过标准部分的住房实行累进计租的办法。四平、阜阳、北海等城市推行新房新租。对新建住房，以及经过翻建、改造过的住房，实行新的租金标准。也有的地方，将部分房租“暗贴”变为“明贴”。云南大学将校有公房每平方米月租提高到平均 0.60 元，同时按一定的标准给教职工发放房贴，初步抑制了过多占用住房的现象。有的城市，对新建造的专供青年夫妇居住的青年公寓，实行成本计租。最早开展这项工作的是上海，1983 年年初建成的第一幢“鸳鸯楼”，每户有 1 间 12 平方米的居室和独用的卫生间、小灶间，大部分户室还有 1 个小阳台。租金按房屋折旧、维修费、管理费加服务费计收，每平方米居住面积平均月租为 1.10 元，全部由住户支付。

（二）新建公有住房向个人出售。

1979 年开始在西安、南宁、柳州等城市进行试点，1980 年全国城市房产住宅工作会议后，建房出售给个人的试点工作陆续发展到 50 多个城市，售价一般都在每平方米 100 元左右。1982 年 6 月，常州、郑州、沙市、四平 4 个城市试行公有住房向个人补贴出售。规定凡个人购买住房，一般要支付售价的1/3，其余2/3，由建设单位给予补贴。到1985年年底，全国已有27个省、市、自治区的160多个城市、300多个县、镇开展了住房出售工作。1985年，出售了249万平方米，回收资金622亿元。广东省东莞市出售10.9万平方米，占当年住房竣工总面积的54.6%；汕头市出售15.85万平方米，占当年住房竣工总面积31.9%；温州、桂林、椒江、漳州、泉州、石河子等市出售住房也较多。个人支付的价款，各城镇情况不同。有的基本按住房建筑本身的造价全价出售，每平方米为120—150元，有的则由政府或企业补贴出售。补贴办法，有的按“三、三、四”出售（即政府和单位各补贴售价的30%，个人支付售价的40%），有的补贴售价的1/2。由于实行补贴出售，售价较低，各地出现了购房热和出售房供不应求的局面。

城镇公房补贴出售试点，为推行住房商品化积累了经验。但在试点中也出现了补贴偏多，售价较低，以及企业单位因为不能再提取已出售公房的折旧资金，而没有买房的积极性等问题。

（三）出售旧住房。

1980年，吉林省通榆县进行出售旧公房试点。1983年，吉林省决定在全省各城镇进行旧房出售试点，对旧房出售的范围、对象、价格、优惠待遇与付款方式等，作了详细规定。1984年，吉林省各城镇共出售旧住房37.4万平方米，收回资金559万元，有9500多户居民购买了住房。

1985年，全国有23个省、市、自治区出售旧公房，当年出售房屋总面积达231万平方米，收回资金8500万元。出售较多的，有黑龙江、吉林、辽宁、广东、内蒙古等省、自治区。将旧公有住房出售给个人，有利于居民住房条件的改善，价格便宜，得到群众的欢迎。同时，也在一定程度上减轻了国家负担。但是，也存在着售价过低，或出售了不适宜出售的旧房等问题。

二、改革住房制度的试点

住房制度改革是一个比较复杂的问题。1986年年初在原住房租金改革领导小组的基础上，重新组成了国务院住房制度改革领导小组。领导小组下设办公室，由城乡建设环境保护部、国家体制改革委员会等部门抽调人员，具体负责组织城市住房制度改革试点工作和指导全国房改工作。

1987 年 7 月，国务院住房制度改革领导小组召开城镇住房制度改革试点工作座谈会，国务院办公厅印发了《座谈会纪要》。《纪要》指出，“城镇住房制度改革的目标是：按照社会主义有计划的商品经济的要求，实现住房商品化，即将现在的实物分配逐步转变为货币分配，由住户通过商品交换购买或租用住房，使住房这个大商品进入消费品市场；实现住房资金投入产出的良性循环，从而走出一条具有中国特色的解决城镇住房问题的新路子。”随即，国务院批准烟台市城镇住房制度改革试行方案，据此，烟台市进行了住房改革。烟台市住房改革的特点是“提租发券，空转起步”，将每平方米住房使用面积月租从原来的 0. 10 元左右，提高到平均 1. 17 元，与此同时，按职工工资基数 23. 5% 的比例，给每个职工发放房租补贴。起步时，改革范围限定在租住公房的职工，随着改革的深入，再逐步扩大到全体职工。为保证房改工作的顺利进行，烟台还专门设了住房储蓄银行，并对建立住房基金制度作了规定。

同年 10 月，国务院又批准蚌埠市住房改革方案进行试点。

经过 30 多年来的发展，中国城镇居住条件已有了较大改善。1985 年年底，全国城镇共有住房建筑面积 22. 9 亿平方米（包括 1. 72 亿平方米集体宿舍），人均使用面积达 10 平方米（人均居住面积为 6. 36 平方米，其中，城市人均 6. 1 平方米，县镇人均 6. 46 平方米）。但是，城市住房还存在着占房不均，困难户多（占城市总户数的 28. 8%），住房成套率低（城市中设施成套的住房面积只占住房总面积的 36. 3%），发展不平衡等问题，大城市尤为突出。

第九章
城市道路

城市道路设施包括：道路、桥梁、隧道、广场、步行街、公共停车场和道路照明等。它为城市经济和社会活动提供交通保障条件，城市道路系统是城市布局的基本骨架，是埋设工程设施加供水排水、燃气供热、电力电讯等各种管线的通道。

新中国成立后，城市道路建设事业发展很快，已初步形成了各种设施比较完善的道路网络。

第一节　城市道路建设概述

中国古代城市道路的规划与建设，具有较高的水平。但是，由于中国长期停滞在封建社会，城市道路的建设发展缓慢。

鸦片战争以后，资本主义列强侵略的城市，如青岛、哈尔滨、大连、上海、天津、汉口等城市，由于现代交通工具、工商业的发展，出现了现代道路建设，铺装了高级或次高级路面。但这类城市中的外国人居住区和中国人居住区的各类设施标准，相差极其悬殊。有些老城市，由于现代工业和新的交通工具的出现，也进行了一些现代的道路建设。例如，北京市在民国初年，打通了紫禁城东西两侧的南北池子和南北长街。1912 年拆除长安左右门，打通了东西长安街。1914 年拆去正阳门瓮城，又在正阳门左右各开两个门洞，以利车马通行；南京市于 1927 年规划了城市干道系统，开始拓宽路面，1928 年开辟中山路，次年通车，是该市第一条沥青道路。而内地的城市，则多是封建社会遗留下来的狭窄街道，路况极差，不能适应现代交通工具的需要。

到 1949 年，全国城市仅有道路长度 1. 1 万公里，面积 0. 84 亿平方米。国民党政府首都南京市，1949 年城市道路总长度也仅 241 公里，面积 189 万平方米。北京市 1949 年有城市道路 215 公里，从东单到西单的东西长安街最宽处也不过 11 米，长 3. 8 公里，面积 140 万平方米。连接城区和近郊的 14 条道路中，仅有 6 条有铺装路面，其余都是低洼的大车道。在重庆市的 236 公里道路中，仅有泼油式沥青表面处治的路面 5. 7 公里，全市共有路灯 1008 盏，平均 4 公里一盏，亮度又低，市民称之为“鬼点灯”。

新中国成立后，城市道路建设迅速发展。在国民经济恢复时期，全国城市新建了 1164 公里的有铺装道路，整修了大量的胡同土路。

“一五”计划时期，为了配合 156 项重点建设工程，开始了大规模的城市道路建设。洛阳、成都、太原、兰州、大同、包头、西安、武汉等重点建设城市，都是按照城市总体规划进行道路建设的。原有城市，也在城市总体规划的指导下，调整城市道路系统，对原有道路进行拓宽、改建。北京市“一五”计划期间，配合天安门广场的扩建，打通、拓宽了东西长安街，共新建、扩建道路 11 条。上海市新建、改建道路 604 公里，面积 262 万平方米。天津市新增道路 191 公里，面积 142 万平方米。到 1957 年年底，全国城市道路长度和面积，分别比 1949 年增加 64% 和 71%。高级、次高级路面铺装率达 28. 7%。“一五”计划期间，城市道路网的建设规划，比较多地注意了干道、广场艺术效果的形成。而对道路交通功能考虑不够。以致在交通量增长后，许多城市出现了交通拥挤、堵塞的现象，暴露了道路规划的缺点。

从 1958 年到 1976 年的 18 年间，中国城市道路的建设资金比例下降，致使建设发展比较缓慢。“二五”计划期间，全国城市道路面积年平均增长率仅为 2. 1%，而“一五”计划期间城市道路面积年平均增长率为 9. 9%。城市道路普遍失修失养，道路建设几乎处于停滞状态。据统计，1976 年城市道路失修率达 30% 左右，占用道路搭建仓库、堆放物料等现象相当普遍。据上海、南京、成都等城市调查，“文化大革命”期间，非法占用道路面积约占城市道路总面积的 30% 左右，严重影响了城市交通运输。从 1962 年至 1977 年，城市道路面积年平均增长率仅为 2%，而同期城市机动车保有量的年平均增长率为6%—10%。城市人口也在不断增加，因而城市交通越来越拥挤，交通事故不断发生，机动车平均速度由50年代的每小时30公里，下降到70年代的20公里，运输效率显著下降。当然，由于城市经济和社会发展的迫切需要，这期间，一些城市的道路标准有所提高，例如，北京市干道宽度由7—9米，提高到14—21米；路面结构，由级配碎石改为沥青混凝土；道路横断面首次出现了“三块板”的形式，实行快慢车分流，适应了自60年代起自行车交通迅速发展的需要。

中共十一届三中全会以后，中国城市道路的建设进入了新的发展时期。从1978年到1980年，城市道路建设主要是针对十年动乱造成的道路失修失养和“欠账”严重的问题，集中主要财力物力，进行养护维修。同时，加强重点工程项目的建设，尤其是打通道路的卡口、堵头，展宽交通拥挤的干道。并且制订了城市道路设施管理的有关规章，加强城市道路设施的管理，对各种违章建筑进行清理，以提高道路的通行能力。经过3年的努力，城市道路严重失修失养的状况迅速得到改善，道路设施完好率大约从1978年的60%提高到1980年的80%；道路的高级、次高级路面铺装率，由1976年的56.2%提高到1980年的72.3%；全国城市道路总面积，由1976年的2.3亿平方米增加到1980年的2.53亿平方米；长度由2.6万公里增加到2.95万公里。中国城市的第一条在主要交叉口设置立体交叉的城市干道——北京市二环路，于1980年年底全线建成通车，平均车速达到每小时44.6公里。这条路的建成，大大改善了首都的交通状况。

随着中国城市经济的迅速发展和城市化进程的加快，城市道路交通流量持续上升。1983年，全国城市机动车保有量近200万辆，比1977年几乎翻了一番，城市自行车保有量达4000万辆。为了适应城市交通需求的急剧增长，从80年代开始，城市道路建设加快了步伐。这个阶段，城市道路建设的主要特点，一是应用交通工程的理论指导城市道路建设。在开展城市交通调查、摸清城市交通生成与发展规律的基础上，科学合理地制订道路建设计划。上海、北京、天津、广州等城市，在80年代初期进行了城市货运交通流向、流量调查和居民出行调查，初步掌握了城市交通生成与发展的规律，对城市道路建设的科学决策提供了依据。二是调整城市干道建设在路网建设中的比重。“六五”计划期间，城市道路建设的重点是城市干道，建成了一大批重点干道工程，有效地提高了城市道路通行能力。例如，天津市仅用10个月就建成了全长34.49公里，路面宽50米的中环路，沿线建设立交桥9座，桥梁7座，设计车速达每小时60公里。北京市建成了全长48公里的三环路。成都市建成了全长8.65公里、宽度50米的东西干道。郑州市建成了全长28公里的内环路，并在主要交叉口设置了立体交叉。三是高架路开始在部分大城市中出现。例如，广州市建成了人民路高架路总长6.4公里，平均高7米，宽11米。大连市也建设了高架路。

“六五”计划期间，全国城市道路建设总资金达30.79亿元，新增道路长度8797公里，面积1.06亿平方米。到1986年年底，全国城市拥有城市道路37157公里，总面积36297万平方米，路灯90多万盏。

城市立体交叉工程建设也在不断发展。70年代以前，城市道路立交工程大多数是为了解决道路与铁路交叉而建的。第一座道路与道路的立交工程，是1955年在武汉建造的江汉一桥，是一座半苜蓿叶形立交。1964年，广州市建成了大北立交。1978年以后，城市道路立交作为改善城市交通的基本措施之一，得到了较快的发展。到1986年年底，全国城市已建成250余座城市道路立交工程，还建成了100余座人行过街天桥或地道。比较有代表性的立交工程有：1983年建成的广州区庄立交，占地3.2公顷，为4层双环形立交，工程总造价837万元。1984年，天津建成的中山门蝶式立交，该工程由3座桥，8条匝道及相应道路组成，占地6.8公顷。北京建成的三元立交，由长条形苜蓿叶形和部分苜蓿叶形两部分立体交叉组成，占地26公顷，工程造价3890万元。

随着城市道路建设的发展，道路照明也在不断提高。道路照明的光源，50年代采用的是白炽灯，60年代装备了高压汞灯；70年代开始装备高压钠灯；80年代，高压钠灯已在全国城市道路照明中普遍使用。道路照明的灯具，也从单一的搪瓷灯伞，发展到适合不同需要的各具特色的灯具，规格多种多样。全国多数城市的主次干道已广泛采用了配光合理、效率高、重量轻、外形美观的铝质灯具，大大提高了路面照度。高杆灯、组合灯已在城市广场、交通枢纽中出现。北京三元立交桥采用 14 米高的高杆照明灯具，造型简洁，照明度适宜。

第二节　城市桥梁建设

一、新中国成立前的城市桥梁建设

中国古代的桥梁建设技术，具有很高技术水平。据史料记载，早在距今 3000 余年的周朝，就在渭河之上架设过大型浮桥。世界上现存最长的石梁桥，是中国福建泉州的万安桥，该桥始建于 1053 年，建成于 1059 年，全桥共 47 孔石梁，每孔跨径 20 米，总长 1100 米。该桥用海生动物牡蛎，养殖在筏形的条石桥墩基础上，以胶固桥基，历经千年，桥基仍然保持良好。

到了近代，随着西方技术和文化的输入，在一些城市中，主要由外商承包，也修建了一些使用近代建筑材料的桥梁。1909 年，兰州建成了中国城市第一座道路钢桥——兰州黄河大桥。该桥为简支桁架梁，全桥共分 5 孔，每孔跨径 45. 9 米。1920 年，南京市建成了钢筋混凝土结构的惠民桥。1933 年，广州建成了海珠桥，该桥为 3 孔钢桁架桥，全长 183 米，边孔每孔 67. 1 米，中孔 48. 8 米。

二、新中国的城市桥梁建设

旧中国建设的城市桥梁绝大多数是非永久性的，直到 1959 年，非永久性桥梁仍占城市桥梁总数的 95% 以上。随着交通事业的发展，一方面需要新建城市桥梁，另一方面对旧中国遗留下来的非永久性桥梁和少数新建的桥梁，因荷载能力、桥梁宽度或自然损坏等原因，需要加固、改造。60 年代初，着重进行了对原有桥梁的改造。到 1965 年，城市永久性桥梁所占比例，已由 1959 年的 5% 上升到 65. 8% 。

60 年代中期以后，进行了梁桥、悬索桥、刚架桥和斜拉桥等多种桥型的设计和建造。例如，1964 年，在南宁建成了全长达 394 米的邕江大桥，为钢筋混凝土箱形薄壁梁桥，主跨为55米。1965年，建成了主跨80米的天津新港悬索桥。1966年，建成了重庆牛角沱嘉陵江大桥，全长582米，跨径达88米，为双悬臂带挂孔钢桁架梁式桥。1967年，建成了柳州市柳江大桥，主桥全长608米，最大跨径124米，桥宽20米，上部结构为T型刚构加吊桥型式。1969年，建成了全长232米、主跨达186米的重庆朝阳嘉陵江大桥，为双链式组合箱梁桥。

70年代，城市桥梁建设也有一定的发展。1972年建成通车的长沙湘江大桥，全长1250米，桥面总宽20米，最大跨径达76米，是一座大型连续多跨双曲拱桥。1973年，建成了全长533米、主跨100米的宜宾岷江大桥，这是一座箱形双曲拱桥。1974至1975年，广州市进行了海珠桥的加固改造，在原桥东西两侧各加建一座预应力混凝土五孔静定桥，使桥面宽度由原来的18米增加到33米。1975年，在苏州建成了主跨达60米的钢筋混凝土桁架拱桥。1976年，建成了主跨为73.8米的江门市蓬江大桥。1978年，建成了武汉江汉二桥，为预应力钢筋混凝土T型刚构桥，主桥长566米，最大跨径达135米。1979年，建成了全长307米、主跨为70米的兰州黄河大桥，这是一座预应力钢筋混凝土的连续梁桥。70年代末，城市永久性桥梁所占比例，达到81%左右。

80年代以后，新建了许多大型桥梁。1980年，建成了重庆长江大桥，这是一座预应力钢筋混凝土T型刚构桥，全长1121米，最大跨径达174米，是中国同期同类桥梁中跨径最大的桥梁。1982年，建成了主跨200米的上海柳港斜拉桥，同年还建成了主跨220米的济南黄河斜拉桥。1985年，开工建设重庆嘉陵江石门大桥，该桥主跨达430米，为单塔预应力箱梁斜拉桥，是中国跨径最大的桥梁。这标志着中国斜拉桥跨越能力，已达到世界先进水平。

经过30多年的建设，到1986年年底，全国共有城市桥梁8005座，其中永久性桥梁的比例，已由1978年的81%上升到95%以上。在长江、黄河、珠江、松花江、嘉陵江、汉江等大江大河上，架起了数十座大型城市桥，把昔日被江河分割的市区联成了一体，促进了城市经济和社会的发展。

三、城市隧道的建设

新中国成立30多年，全国城市共新建了数十座城市隧道。主要有两大类：一是穿山隧道，二是水底隧道。1970年在上海建成的黄浦江打浦路隧道，是中国第一条水底隧道，包括引道在内，全长2761米，建有通风、照明、通信、供排水等附属设施，采用网格式挤压盾构及全闭胸挤压盾构施工。1982年，上海又开工建设全长2.3公里的黄浦江延安东路隧道。重庆向阳隧道，是城市道路隧道建设中的大型项目之一，该隧道建成于1967年，总长达555米，并于1984年对该隧道进行了全面技术改造。重庆市于1977年，还建成总长706米的歌乐山隧道。

第三节　道路设计及施工技术

经过广大科技人员和职工的探索与实践，城市道路设计、施工技术水平不断提高，并取得了较好的成果。

一、设计水平的提高

（一）设计理论的提高。

中国道路设计方法，经历了逐步完善的过程。50年代，主要是参考苏联的道路设计理论，对其中的参数，结合中国国情进行修改和补充，于1958年由交通部制定了中国第一部公路设计规范。60年代，提出了符合中国国情的参数，研究了双层和多层体系连续积分法等一系列新的道路设计基本公式。从60年代后期起，全国各省市进行了大量的调查研究和试验测定工作，为柔性路面设计理论和方法的形成奠定了基础。1978年，开始试行新的公路设计规范。以后，城市道路设计一直是沿用公路的设计规范。由于城市道路和公路的功能不尽相同，1980年，国家城市建设总局下达了编制中国第一部城市道路设计规范的任务。并成立了由22个单位组成的编写组，北京市市政设计院为主编单位，天津市市政设计院、同济大学、上海市政设计院为副主编单位。经过6年的努力，完成了《城市道路设计规范（报批稿）》。1986年12月，通过了《城市道路设计规范》部级审查。这个规范，总结了30多年的道路建设经验，采用了道路和公路方面有关科研成果，并吸收了国外先进经验，同时还考虑了应用电子计算机等先进计算方法的需要。

（二）采用适合中国国情的结构。

50年代，各城市因地制宜，就地取材，修建了大量经济美观的石拱桥。60年代，推出了许多新型拱桥，节省了大量钢材和建设资金，使桥梁建设达到一个新的水平。1964年创建了双曲拱桥，这是一种用料省、造价低、施工简便、外形美观的桥型，在全国得到迅速推广。70年代，预应力技术在中国城市桥梁建设中得到广泛应用，除了大型城市桥梁应用预应力技术外，对中小型桥梁也成功地推广了预应力标准设计。装配式预应力混凝土简支梁桥的标准设计，跨径已达40米，形成了系列化的标准设计。1986年，全国跨径达100米以上的双曲拱桥已有20余座，最大跨径的达160米。各城市根据本地情况，还发展了相应的拱式结构。其中江苏、浙江省的城市，发展了适应于软土地基的钢筋混凝土桁架拱桥和刚架拱桥。此外，河南省的双曲扁拱，山西、甘肃省的扁壳拱，广东省的悬砌拱，广西壮族自治区的薄壳石拱，湖南省的石砌、肋板拱等等，也都各具特色。

道路方面，各市根据当地的自然条件、筑路材料等情况，逐步形成了各自的典型路面结构。城市道路柔性路面，约有40%采用沥青混凝土基层，60%左右采用石灰类半刚性基层；刚性路面均采用等厚式，厚度一般达到18—22厘米，其路基结构多为石灰类和块石、碎石类。

二、施工技术的发展

在桥梁工程方面，大量采用了无支架、悬拼、悬浇、顶推、架梁、横移等施工新方法。柳州二桥是9孔60米一联的预应力钢筋混凝土箱形连续梁桥，采用顶推法施工，顶推最大距离为660米。在重庆长江大桥的施工中，根据施工要求，分别采用液压滑模、主模分段现浇、滑模滑升施工，以及斜拉挂篮、悬臂浇注法等新工艺。泸州长江大桥采用双滑施工工艺。在地道桥的施工中，采用了对顶、顶墩拉梁、气垫法等先进施工工艺。隧道施工应用了锚喷混凝土、新型衬砌等新技术。

经过 30 多年的努力，机械化施工水平已大大提高。1982 年，全国城市道路工程施工队伍的机械装备率已达人均 8 马力，拥有约百万马力的大、中、小型各类专用施工机械，其中大、中型设备如压路机、载重汽车、起重机、挖土机、推土机、沥青洒布机、混凝土搅拌机等 1 万余台，每年能完成 20 亿元以上的工作量。道路工程施工，从路基土方、翻挖旧路、基层施工、碎石铺筑、喷洒沥青或铺筑混凝土及养生、碾压等工序，基本实现了机械化。不少城市，沥青混凝土的拌和也实现了工厂化和自动化。1983 年，南京市市政部门研制成功了微机自动控制的沥青拌和机，实现了连续供料、连续生产。

在施工组织管理方面，1978 年以后，有的大城市运用系统工程、控制论、运筹学、网络技术等现代化管理科学知识，对施工组织进行科学化管理，缩短了工期，降低了造价。北京市市政工程局利用微机编制施工预算，用网络技术编制市政工程计划，把生产、技术、供应、经济核算等作为一个整体，统筹考虑，提高了计划的质量，收到了较好的效果。道桥工程在质量控制方面，运用了全面质量管理方法，还研制了不少质量检测仪器，从而保证了测量的精度和效率。北京市政工程研究所研制成功 CP－1 型路面测平仪，经城乡建设环境保护部鉴定，既能比较全面反映路面平整度，又能节省时间，提高效率，效果很好。在测试分析方面，也广泛采用了新技术。上海同济大学等单位对上海泖港大桥和天津永和大桥的动力及风洞实验，河北工学院、天津市政工程研究所等对天津解放桥进行的上部结构桁架及墩台基础的动力测验，在梁节点及基础上安放振动传感器，用磁带收录信号，并由信号处理机进行多点动力响应和谱向分析等，均取得了较好的成绩。

三、新材料的应用

建材工业的发展，给城市道路设施的建设创造了良好条件。为了适合道路建设的要求，对国产材料进行了大量的改性研究。如国产沥青的改性研究，采取了多种措施，使含蜡量高的沥青适用于道路。阳离子乳化沥青也研制成功，并已投入使用。在水泥混凝土中加入各种外渗剂，如 NNO、FDN 等，提高了路面的早期强度。还大量利用钢渣、煤渣、粉煤灰等工业废料筑路。1979 年以后，仅粉煤灰一项，全国城市每年就用了上百万吨来筑路。上海市利用粉煤灰筑路，用灰量已占总灰量的 20%，既解决了筑路材料的料源，又减轻了城市污染。1978 年之后，乳化沥青筑路在全国部分城市中推广运用，至 1984 年，全国城市已铺筑 5 万平方米的乳化沥青路面。

第四节　城市道路的管理与效益

一、城市道路的管理

城市道路设施，是供全社会使用的公共设施。为了更好地发挥道路设施的作用，市政部门逐步加强了对城市道路的管理。50 年代，为了配合国家大规模经济建设的开展，在新建道路设施的同时，对城市原有旧街小巷进行了维修养护。至 50 年代末，全国城市市政建设的专业队伍发展到 10 余万人。60 年代，主要是加强了城市道路建设资金的管理。1962 年和 1963 年的两次城市工作会议，决定把有关市政设施方面的投资，拨交所在城市，实行统一建设、统一管理。"文化大革命"中，城市道路管理处于无政府状态。

80 年代以后，城市道路管理工作，无论在规章制度的制订上，还是在资金与队伍建设上，都得到了加强。1982 年，城乡建设环境保护部颁发了《市政设施管理条例》，各城市也相继颁布了有关规章，使在道路上乱堆物、乱搭建、乱停放车辆的混乱状态得到了改善，道路的通行能力有了提高。同时，许多城市还开始进行道路管理体制的改革。例如，对城市道路建设项目实行招标投标制；在企业内部实行百元产值工资含量包干；实行合同制的用工制度；建立独立的质量监督管理机构，根据国家颁布的质量标准，对工程进行检查验收等。在部分城市，实行了养路费分成。天津市自 1980 年开始，以市区道路占全市（包括郊区）道路面积的 22% 为依据，每年从全市的养路费收入中提取 22%，给市政部门用于城市道路的维修与建设。有些城市，还实行了过桥收费的办法。例如，广州市 1984 年建设的珠江三桥总投资达 6500 万元，其中，向建设银行贷款3000多万元。按合同规定，在三桥通车一年后开始还款，为还清贷款，经省、市政府批准，颁发了《广州市跨江桥征收过桥费办法（草案）》。从1985年5月实行以后，2个月就收过桥费200余万元。市政设施的有偿使用，促进了市政工程建设的发展。

1986年年底，全国市政建设专业队伍发展到30多万人。大、中城市一般由市政工程局或城市建设局，小城市一般由建委或城建局负责城市道路的建设及管理。

二、城市道路的效益

新中国成立以后，城市道路在社会主义建设中发挥了重要作用。随着道路管理工作的加强，城市道路网络不断改善，运输效率不断提高，给社会带来显著的经济效益。80年代以后，其效益更加显著。北京市二环路是北京市交通流量最大的道路，由于提高了运输效率，1981年仅货运一项，就为国家节约燃料600万升，节省运费700万元。重庆长江大桥，建成于1980年，总投资6468万元。1982年，通过大桥的货运量达200多万吨，客运量1700多万人次，年客货运量均以8%左右的速率递增，每年约为国家增收节支1300余万元，不到5年即可收回全部建桥资金。据对重庆长江大桥受益厂矿的抽样调查，因为大桥的建成，市商业储运公司、重庆水泥厂、柴油机厂等9个企业的货运成本每吨节约3.69元，1982年共节约398.2万元。兰州黄河大桥，建成于1979年，总造价1109万元。按1983年实际过桥交通量计，节省绕道行驶费130多万元，还可多创造台班产值551万元，仅按这2项计算，不到2年即可全部收回建桥投资。天津市中环路修通后，西半环路段通行能力平均提高1.7—2.8倍，饱和度由原来的0.82下降到0.43，东半环机动车平均小时交通量由过去的500多辆增加到1000多辆，阻车现象已基本消除，全线运行平均速度达每小时35公里。按1985年的车流量测算，每年可为国家增收节支1.5亿元，3年内即可收回全部工程投资。据1985年统计，全国城市道路共担负货运量10亿吨，公共交通客运量250亿人次。

城市道路建设资金回收期，一般在3—5年之间，与收益多而快的轻工业的投资回收期（2—5 年）基本相当。但因为城市道路是免费供全社会使用的，它所创造的价值不能以税收、利润等形式直接反映出来，因而它的经济效益往往被忽视。

城市道路建设的发展，还促进了城市新区的发展。山城重庆为长江、嘉陵江两条大江所分隔，交通十分不便。建桥前渡一次长江需要两三个小时，建桥后乘车仅需两三分钟就可过江。建桥前的市中心区，土地面积不到 9 平方公里，却居住着 45 万人，每平方公里人口密度高达 5 万人。而长江对岸的南坪，有着良好的城市用地条件，人口仅 0.5 万人，因无桥沟通两岸，长期不能开发利用。重庆长江大桥通车以后，南坪迅速发展，不到两年，人口就翻了三番，给企事业单位带来了巨大的经济效益。

新中国成立 30 多年，城市道路建设虽然取得很大成绩，但是城市道路的建设与城市经济和社会发展不相适应的矛盾，尚未根本解决。“行路难”，还是城市中的一个突出问题。因此，加快城市道路建设，仍是城市建设中的一项繁重的任务。

第十章
城市公共交通

城市公共交通是供广大居民共用的、经济方便的各种交通设施。城市公共交通工具主要是：公共汽车、无轨电车、有轨电车、地下铁道、轮渡、索道和出租汽车。城市居民出行，除了骑自行车和步行外，主要靠公共交通。所以，城市公共交通同居民的工作、学习、娱乐等活动密切相关，对保证城市功能的正常运转，起着十分重要的作用。

第一节　城市公共交通发展概况

一、中国城市公共交通的兴起

20 世纪初叶，在旧中国的一些城市中，出现了以机动车为工具的公共交通。1903 年，沙俄资本家在哈尔滨市设立了出租汽车运营部。1906 年，比利时资本家在天津开设了有轨电车专用线。继之，日本、德国、法国等国资本家，也先后在青岛、上海、奉天（今沈阳）等城市，建立起各种形式的公司，经营有轨电车、出租汽车、公共汽车等业务。到了 20 年代中期，奉天的市政公署率先成立了奉天汽车厂，承担客运业务。随后，北京、南京、上海等十几个大城市也相继建起了由中国政府或工商业者经营的公共交通设施。

1937 年至 1945 年，在抗击日本侵略者的 8 年战争中，原来公共交通基础较好的北京、天津、上海等城市，由于相继沦陷，车辆、线路锐减，又由于汽油及各种原材料供应紧张，车辆损坏严重，利用率很低，城市公共交通濒于瘫痪的局面。

1945 年抗战胜利后，国民党政府交通部设立了专门机构，统一管理城市公共交通。由于三年内战的影响，城市公共交通状况并无明显改善。到解放前夕，全国只有26个城市共2292辆破旧的公共汽车、电车，主要集中在上海、天津、南京、广州等沿海城市。人力三轮车、人力车、畜力车仍是城市的主要交通工具。即使在公共交通比较发达的上海，1949年营运的人力车、人力三轮车仍多达30229辆，客运量占全市的42.9%。

二、新中国城市公共交通的发展

随着人民解放战争的胜利，城市回到了人民手中。城市公共交通职工带着胜利的喜悦，积极整修车辆，着手恢复运营。天津市解放的第五天，就使原有的9条线路全部恢复了运营，通车里程达37公里。北京电车公司职工在恢复生产的过程中，接连两次开展“修复百辆车”运动，到1949年年底，共修复有轨电车103辆，比刚解放时的49辆增加了1倍多。哈尔滨等城市的公共交通部门也都积极行动起来，努力工作，早日通车。公共交通的顺利恢复，对整顿城市社会秩序和复业、复工，起了积极作用。

在“一五”计划时期，为了保证工业建设顺利进行，国家对沈阳、长春、哈尔滨等城市的有轨电车设施，进行了改造。1957年年底，这3个城市中的有轨电车，占城市公共交通车辆总数的50%，客流量占57%。

由于公共汽车机动性强、维护方便，无须高架线网和轨道，在渡过解放初期燃料奇缺的难关之后，公共汽车得到了迅速发展。据北京市统计，1956年年底，公共汽车的客运量比1949年增长了205倍，线路长度增长了9.4倍。“一五”计划期间，北京、天津、沈阳等城市建设了无轨电车工程。各地公共交通部门还兴建了一批车辆保养修理厂和停车场等后方设施。

随着公共交通行业的发展，职工队伍不断增加。为提高全体职工的素质，使城市公共交通企业更好地贯彻为生产、为人民生活服务的方针，城建部在1956年，召开全国城市公共交通工作经验交流会，提出了“全面提高服务质量，树立良好的服务态度，做到安全、节约、正点，提高运营效率，使乘客满意”的服务方针。

“二五”计划期间，国家对公共交通的发展增加了资金。由于有了国产的解放牌汽车，又陆续从国外进口了几批公共汽车，从而保证了车辆的使用周转率。1960年年底，在南京、武汉、广州、西安、重庆、太原、青岛、齐齐哈尔等城市，建成第二期无轨电车工程，北京、天津、上海、沈阳等市，完成了无轨电车扩建工程。武汉市积极发挥水上交通优势，先后开辟了汉口—武昌、汉口—青山等9条轮渡航线。1965年年底，全国城市公共交通的客运量达到3700多万人次。与此同时，担负客运的马车、人力车、人力三轮车逐步被电车、汽车所取代。1966年年底，北京市的人力客运三轮车从1949年年底的21500辆，减少到了1434辆。

60年代中期，城市公共交通的车辆制造，已由新中国成立初期只能进行简单的车辆拆装，发展到具有自行设计、装配、生产公共汽车、电车的能力。

十年动乱期间，城市公共交通行业受到严重破坏，发展缓慢。不少城市，经营管理出现严重混乱，“造反派”随意调动车辆，打乱了行车计划，交通事故上升，车辆损坏严重。随着城市人口的增长，客流量急剧上升，乘车难的状况十分严重。

粉碎“四人帮”后，国家建委城市建设局于1978年在沈阳召开全国城市公共交通会议，提出了《关于加强城市公共交通工作的若干规定》，对城市公共交通的发展方针、企业性质、安全服务、车辆保养修理，以及科学研究等方面，都做出明确规定和要求。《规定》中提出，根据当前的经济情况，城市公共交通车种的选择，坚持汽车、电车并举的发展方针。从此，无轨电车从长期徘徊甚至萎缩的状况下，又开始了新的发展。

随着对外开放、对内搞活经济政策的实施，许多城市，特别是上海、天津、北京、广州等城市，客流量猛增，各市采取了增加公共交通资金、增加车辆、开辟线路等一系列措施。天津市从1977年至1983年，用于公共汽车的资金达6515万元，其中用于车辆的资金4201万元，是1960年至1966年总和的3.7倍。1983年与1977年相比，全国城市公共汽车、电车的车辆和线路，分别增长了71%和75.2%。

为进一步解决运力与运量之间的矛盾，各地公共交通部门在抓紧增加车辆、开辟新线和改进运营的同时，还千方百计调动社会各界的积极因素，进行综合治理。一些城市，在市人民政府的统一安排下，实行错时上下班的办法，以缓和公共交通客流集中的矛盾。1983年，北京市对三环路以内的50个市级机关和387个工厂实行冬季错时上下班，每天减少高峰客流量近13万人，节约的运力相当于1700辆客车的运量。同时，还加强了交通管理，对公共交通车辆优先放行；打通主干道上的卡口，拓宽交通量大的平交路口，建设必要的立交桥；对市区人流密度大的繁华街道，建设人行天桥或地道，提高通行能力。

哈尔滨市人民政府从1980年11月开始，组织社会车辆，接送本单位职工通勤，并利用车辆空驶时间，参加公共交通高峰时间的捎脚运输，分散客流。1985年，通勤捎脚汽车已发展到540辆，开辟4条线路，完成客运量达3855万人次。

1985年4月，国务院批转了城乡建设环境保护部《关于改革城市公共交通工作的报告》。《报告》总结了新中国成立以来城市公共交通发展情况和存在问题，明确了今后发展方向。

据1986年统计，全国有320个城市有了公共交通设施，共有公共汽车、电车45474辆，比1949年增长20倍；运营线路长度106189公里，比1949年增长90倍；年运客人数256亿人次，比1949年增长68倍。

第二节　城市公共交通工具

一、公共汽车

新中国成立初期，各地公共交通部门所修复的车辆，绝大多数都是旧汽车。为了迅速恢复和发展首都的公共交通事业，1949年年底，政务院决定将南京的88辆美制道奇公共汽车调往北京投入运营。1951年起，北京、天津等市又陆续从苏联、捷克、匈牙利进口了一批吉斯、布拉格、依卡洛斯、斯柯达牌公共汽车。

在50年代，由于美国对中国实行石油禁运，汽油供应十分紧张，给公共汽车的运营带来极大困难。在这种情况下，上海市公共交通公司张德庆工程师首创了用于公共汽车上的白煤煤气炉，以煤气代替汽油。北京市公共交通部门的职工，将公共汽车改烧木炭，并试制了木炭炉。由于木炭来源困难，成本高，消耗量大，后又进一步试制了煤气炉。1950 年，北京市公共汽车修理厂设计的以煤气为动力的公共汽车获得成功，并得到推广。在此基础上，北京公共汽车公司工程师李丹于 1951 年 6 月又设计出了公共汽车上用的小煤气炉，经装车试验，效果良好，并对全部车辆逐步进行了改装，解决了当时缺油的难题。

1957 年，北京、天津、上海相继制造出公共汽车。1959 年，这三个城市又制造出铰接式公共汽车，使载客量由 80 人增加到 140 人左右。同时，南京等城市也出现了铰接式公共汽车。1974 年之后，铰接式公共汽车大批投入了运行。1983 年，沈阳市研制成功第一台 SY－690 型双铰接超大型公共汽车，可载客 280 人，已在沈阳的三条线路上投入运行。到 1986 年年底，全国城市公共汽车总数已达 40679 辆。

二、有轨电车

有轨电车于 1906 年首先出现在天津。其后，法国商办电车公司在上海法国租界内修建电网，铺设轨道，并从法国运来一辆有轨电车开始运营。到 1949 年，全国有轨电车总数为 866 辆，占当时全国城市公交车辆的 37.7%，线路总长度 337 公里。北京、沈阳等地的电车公司，是当时这些城市中有数的大企业之一。

由于有轨电车载容量较大，又不需汽油等燃料，并且在国内几个大城市有较好的基础，因此，在经济恢复时期得到了较快发展。例如，北京 1956 年年底有轨电车的运营车辆发展到 240 辆，比 1949 年增长了 1.4 倍；营业线路发展到 9 条，线路长度近 85 公里，比 1949 年增长了 1 倍；在内外城的主要干道上，基本形成了互相连接的有轨电车网；有轨电车客运量达到 14795 万人次，比 1949 年增长了 4.3 倍。这对解决首都的公共交通问题发挥了很大作用。在这一时期，沈阳、长春、哈尔滨等城市，还对有轨电车设施，进行了改造和扩建。

但是，从50年代末开始，不少拥有有轨电车交通的城市认为，这种交通工具存在着噪音大、影响城市道路建设等缺点，着手拆除这种交通设施。到1986年年底，全国仅剩哈尔滨、大连、长春、鞍山4个城市的有轨电车，线路长度48公里，营运车辆296台。

三、无轨电车

中国最早于1914年在上海铺设了第一条无轨电车线路，由外商经营，全线共7辆车，终点站设置一个很大的木转盘，用人力将车推上转盘，再调头转向。新中国成立前，只有上海有为数很少的无轨电车在运行。

1950年年底，天津电车公司的工程技术人员和工人紧密配合，在杜乃权工程师的领导下，试制成功第一台中国自行设计的无轨电车。1952年，上海改制了一批无轨电车，并投入运营。1956年，北京试制出第一辆无轨电车样车。1957年，北京、沈阳、大连等城市都出现了无轨电车。

50年代末，北京、上海等城市，实行以无轨代替有轨的发展方针。后来由于苏联停止向中国出口石油，更促进了无轨电车的发展。北京市从1958年到1966年，有轨电车线路全部拆除，无轨电车线路发展到16条，运营长度达173公里，车辆发展到440辆，年客流量达到33700万人次，相当于1956年有轨电车客运量的1.3倍。

70年代，无轨电车在技术上有了新的发展，出现了可控硅斩波调速车辆。这种新型车辆，与旧式电阻调速车辆相比，具有操作简便、改善车辆的加速性能、提高乘坐舒适性以及明显的节电效果。1978年，上海制造的TGC－Ⅰ型可控硅斩波调速无轨电车，通过了国家建委的技术鉴定。1986年年底，全国城市共有无轨电车4499辆，其中可控硅斩波调速无轨电车近2000辆。无轨电车已成为公共交通系统中最主要的交通工具之一。

四、出租汽车

新中国成立前，出租汽车的发展缓慢，到1949年，全国只有十几个大城市有少量的出租汽车。50年代和60年代，由于车况差、乘客少，出租汽车的业务十分清淡。70 年代后期，出租汽车行业开始有了较快发展，出租车的车辆和经营出租汽车的公司都有所增加。

80 年代，随着对外开放、对内搞活政策的执行，出租汽车行业出现了国营、集体、个体一起上的局面。1986 年，全国的城市出租汽车已增至 6.4 万辆，从业人员达 15 万人。1987 年，有 20 多个城市相继成立了出租汽车的管理机构。

五、地下铁道

地下铁道是一种高速、安全、准时、大容量的交通工具。北京是全国第一个发展地铁交通的城市。第一期工程于 1965 年 7 月 1 日破土动工，1971 年开始运营。线路东起北京站，西至苹果园，全长 23.6 公里，有营业站 17 个。当年客运量为 828 万人次，1986 年客运量达 1.58 亿人次。第二期工程（简称环线），于 1984 年 9 月正式运行。线路从建国门至复兴门，全线长 16.1 公里，设站 12 个。为使环线充分发挥效益，1987 年建成地铁复兴门折返线，使环线与第一期工程连接，方便了乘客在两条线路间的换乘。

天津市地铁于 1983 年建成通车，全线长 7.4 公里，设有 8 个车站，1986 年客运量为 634.9 万人次。

六、轮渡、索道和缆车

轮渡是沿江、河、湖、海城市中的水上交通设施，1986 年，全国有轮渡的城市有 22 个，共有船只 333 艘，运送乘客 4.6 亿人次。

索道和缆车，是在特殊地形条件下设置的城市公共交通工具。山城重庆市，由于长江和嘉陵江流经市区，被江水分隔成三部分，居民往返过江的客流量很大，原有的轮渡已不敷需要。1981 年年底，重庆市在嘉陵江上空架设了第一条单跨往复式索道。1981 年以前乘坐轮渡，一个单向需 45—50 分钟的时间，而利用索道过江，只需两分半钟。这条索道，每天平均运载乘客 1 万余人次。第二条架设在长江上空的客运索道，于 1987 年 10 月正式运营。这条索道是中国自行设计、制造的单跨往复式双承载双牵引的大型索道，跨度长、载客多。重庆市还根据山城特点，为解决群众爬坡上坎的困难，在凯旋路建成高 43 米的井筒式直流高速电梯。在朝天门码头建设了缆车，方便群众通行。

第三节 车辆制造与装配

中国的城市公共电车、汽车装配行业始于 50 年代，由修理、改装到装配，进而发展到制造汽车专用底盘，从而促进了城市公共交通事业的发展。

一、电车制造

1951 年，大连交通公司电车工厂试制成功了 1000 型有轨电车。次年，北京电车公司修配厂的职工，在厂长黄伯金工程师带领下，用 7 个月时间成功地制造出了 10 辆 52 式有轨八轮电车。在制造过程中，由于最关键的主电机铸钢外壳没有来源，他们采用了球墨铸铁代替铸钢的新工艺。这种新型电车，将司机站着开车改为坐着开车，由手动刹车改为气动刹车，减轻了司机的劳动强度，提高了制动性能。

1956 年 11 月，北京试制的无轨电车样车，采用了全金属承载式结构，具有整体性好，寿命长的优点。1958 年 10 月，上海公交公司电车修配厂用国产解放牌汽车底盘，成功地改制出三辆铰接大容量 4000 型无轨电车。该车有 4 扇门供旅客同时上下，可缩短车辆的停站时间。1959 年，上海电车修配厂与客车厂又联合制造了大容量 5000 型无轨电车，载客量达 92 人。1964 年，上海开始大量使用新型的三门铰接式无轨电车。

70 年代末期，由于电子、机加工及材料技术的发展，无轨电车的制造出现了新的局面。无轨电车有了专用底盘，使整车的负载能力明显提高。新造的无轨电车，已用可控硅斩波调速控制代替了旧式电阻起动控制，车身结构采用了异型钢管，集电杆改进为可拉到地面换滑块的先进结构，还使用了寿命长、效能高的碱性蓄电池。

1982 年，大连交通公司电车工厂试制了 DL－621 型大型铰接式有轨电车，还组装了 10 辆 7000 型新型有轨电车。

二、公共汽车的装配与制造

50 年代初，一些城市开始将国外进口的货车改装成客车。1954 年，杭州市公共交通公司保养厂，将从苏联进口的吉斯 150 型货车底盘，改装成为杭州市第一批新装客车，投入了运营。1957 年，北京、上海、天津等城市，采用长春第一汽车制造厂生产的 CA10 解放牌卡车底盘装配公共汽车，并于 1958 年投入批量生产。从此，中国有了自己生产的公共汽车。1960 年，北京、上海设计制造了铰接式公共汽车，定员 120 人。1964 年，上海客车厂采用解放牌、黄河牌汽车底盘，制成了大客车、游览大客车和团体大客车。

随着公交行业的不断发展，对客车的要求也更提高了，不仅要考虑车体的坚固耐用，而且还要考虑车型外貌的美观大方。1972 年，北京试制成功了用北京 130 汽车底盘装配的 BK630 旅行车。1976 年，又试制成功了 BK670 型大型铰接式公共汽车。这种汽车采用了 180 马力大功率柴油发动机，骨架采用强度高的异型钢结构，窗框全部采用推拉结构的铝框，车型新颖大方。1980 年，常州客车厂经反复试验，设计成功长江牌客车专用底盘，并通过国家鉴定，正式投产。这种新型的客车底盘速比合理，零部件承载好，通用性强，底架设计合理，符合整车稳定性要求。除了装配城市公共汽车和普通团体车外，还可配空调设备，装配高级团体客车。

到 1983 年，中国城市公共电车、汽车的装配已形成专业化生产，全国已有专业装配厂 24 个，年装配能力 1 万多辆。从 1958 年到 1983 年，共装配公共汽车 4.5 万辆、无轨电车 3500 辆。在此期间，中国的公共交通车辆制造技术也有了长足进步，不仅可以自行设计、制造各种车辆，而且还向世界上十几个国家出口客车。

第四节　企业的经营管理

一、业务管理体制

中国的城市公共交通属地方企业，由城市人民政府城建（公用）部门管理。各城市一般均按公共汽车、电车、地铁、出租汽车、轮渡等系统，划分为几个公司。大城市实行公司、场（厂）、车队（车场）三级管理，中、小城市实行公司、车队两级管理或一级管理。

全国城市公共交通的业务管理由城乡建设环境保护部归口，具体业务由部属城市建设管理局负责。其职责是：按照国家和部制订的公共交通发展方针、政策及各项法规，提出公共交通行业的业务、技术政策，编制行业中、长期发展规划，制订行业规范、条例和规章制度，组织各地公共交通企业的经验交流。

各城市的城建局或公用局（公交总公司）负责贯彻实施国家制定的一系列公共交通方面的方针、政策，制订本市公共交通的发展规划，并进行业务管理。各城市公共交通企业负责直接经营管理，如线网布局、站场设置、车辆运营调度、安全服务、车辆和设备的保养和修理、职工队伍的培训与教育等。1986 年公交系统的职工共有 514895 人。

二、运营管理

（一）客流调查。

为了避免公共交通组织工作的盲目性，掌握城市客流变化规律，为车辆调度提供依据，北京市公共交通部门于 50 年代根据苏联专家的建议，开始着手进行客流调查工作。1955 年 5 月 25 日和 29 日两天，市规划委员会动员了四五千人，采取随车记录上、下车人数的方法，在全市所有公共电车、汽车线路上进行了大规模的客流调查。通过这次调查，摸清了当时全市电车、汽车线路的客流情况，积累了宝贵的数据和资料。后来，在 1962 年、1972 年和 1978 年，北京市又采取同样的办法，先后进行了 3 次客流调查。

这种调查方法，存在所需人力较多、客流方向资料不够完整、乘客转换车不能正确反映等缺点。因此，各城市公共交通部门又结合实际情况，采用了各种适应不同需要的客流调查法，如驻站观测法、问讯调查法、票据调查法等。1984 年 8 月，北京市公共交通研究所和航天部七〇一所，研制成功 KJ－84A 乘客流量自动记录仪，为改善运营管理提供了可靠的数据资料。

为了更全面地了解城市客流动态，北京、上海、天津等城市还进行了居民出行调查。这项调查把城市分成若干交通小区，按照小区的人口密度和人口构成，摸清小区不同人口职业类别和出行系数，求出不同出行目的交通流量，然后加以汇总、分析，找出交通流量最佳路线。北京市于1986年6月，共动员5000多人，发出调查表26万张，进行了这项调查。通过居民出行调查，对城市客运交通现状进行综合评价，为公共交通线网合理布局，改进公共交通的营运管理提供了依据。

（二）车辆调度。

车辆调度是城市公共交通部门组织运营的重要手段。科学的调度计划，是完成运营计划和各项经济技术指标的基础，各公共交通企业，都建立了在经理、场长直接领导下的车辆调度机构，并采用以下一些方法，合理调度车辆：调频法，做到客多车密、客少车稀；调程法，用以弥补高断面的运能不足；调站法，用以解决沿途某些站转运乘客过多的问题，做到均匀载客；调能法，用增加或减少运行车辆数的方法，使运能的变化与运量相适应。通过这些方法，保证了运营调度有计划进行。

新中国成立以后，公共电车、汽车的调度，基本上都是利用有线调度电话，进行线路现场调度。进入80年代后，一些大城市开始用有线调度电话网和无线通讯网调度车辆，提高了效率。1983年，重庆市公交公司还试制成功了微型电子计算机车辆运行监测器。这种监测器能自动地按编排的运行时刻表给出发车信号，并通过电视机图像，对线路运行车辆情况进行监测，对运行的准点情况进行检查。监测器的打印机能自动将每台车辆运行情况打成表格。在雾天或客流量大时，管理人员通过它，可以及时调整车辆，疏散客流，提高公交车辆的运行效率和服务质量。

三、技术与安全管理

各大、中城市公共交通企业，先后根据全面质量管理的要求，完善技术管理机构，建立了以总工程师为首的技术工作体系，建立了车、船、设备保养、修理制度和技术档案制度，规定了相应的作业项目、工艺规程及质量标准，使车、船和设备的技术状况不断提高和改善，保证了运营的需要。为了加强技术管理工作，进一步提高车、船和设备的质量，国家城市建设总局于1982年颁布了《城市公共交通企业技术管理制度（公共汽车部分）(试行)》。

安全管理是城市公共交通企业经营管理的重要内容，是保证企业全面完成运营任务的重要环节。各地公交部门十分重视这项工作，建立健全安全管理机构，配备专职人员，依靠群众做好防范工作，加强职工安全教育，整顿司乘人员队伍，定期检查安全生产情况，抓典型，表彰先进，总结安全行车经验，加强车辆、船只、设备的维修保养，保证车辆、船只、设备的完好状态。为了推动安全工作的深入开展，国家城市建设总局于1979年组织北京、天津、上海3个城市开展了安全优质竞赛活动，并于1981年6月，颁发了《城市公共交通安全管理工作暂行规定》。

四、优质服务活动

城市公共交通是城市的一个“窗口”，反映一个城市的精神文明状态。城乡建设环境保护部与共青团中央、中国建筑工会，于1983年开始，在全国城市公共交通行业开展了优质服务竞赛活动。1983年和1984年两年，共评选优秀乘务员、司机、调度员2356人，优质乘务组、保修班组、线路2018个(条)，先进单位3个。1985年，评选出部级劳动模范70人，先进单位30个，先进企业10个。北京市无轨电车103路青年乘务员王桂荣、上海市公共汽车65路乘务员蒋以敏、太原公交公司司机李淑惠是这些劳动模范和先进分子中做出突出贡献的代表人物。1985年12月，城乡建设环境保护部和中国建筑工会在北京召开了城市公共交通系统先进企业、先进集体、劳动模范代表会议。国家领导人接见了到会的全体代表。

为了使优质服务规范化、制度化和经常化，1983年5月，城乡建设环境保护部与团中央制订了《城市公共交通行业职业道德规范》。1985年3月，城乡建设环境保护部城市建设局颁发了《城市公共交通企业司机、乘务员、调度员作业规程（试行)》。

五、经济承包责任制

1983 年以后，各城市先后采取了适合公共交通企业特点的多种承包形式。如单车（车组）承包，百元运营收入（或载客行驶公里）工资含量包干，工资总额与营运收入、行车公里双挂钩，以及租赁制等等。这些尝试，把经营好坏和劳动态度好坏作为考核依据，逐步向岗位、职务和浮动工资制过渡，调动了职工的积极性，增强了企业的活力。

1985 年 4 月，国务院批转了城乡建设环境保护部《关于改革城市公共交通工作的报告》，肯定了要在公交企业中实行多种形式的经营承包责任制，并指出："要改变城市公共交通独家经营的体制，实行多家经营，统一管理，以国营为主，发展集体和个人经营。"各城市围绕着如何搞活公共交通这一新课题，对改革运营结构进行探索，创造了一些好的经验和做法。一是实行多种经营。如广州市第一汽车公司，在保证经营好原有营运线路的前提下，采取灵活措施，向银行贷款，添置 96 辆新型公共汽车，组建了集体专线车队，新辟 10 条市区专线，实行优质优价，跨线联营。北京、上海、西安等城市，都开设了小公共汽车专线，实行招手停车、就近下车。二是利用外资。广州市利用外资，以补偿贸易方式购买了小轿车，办起了白云、穗兴、五羊 3 个出租汽车公司。三是合资经营。厦门市厦盛小公共汽车公司与香港昌盛国际贸易公司合作，兴办了一个中外合资的公交企业，引进设备优良的小公共汽车，开辟了专线。

第十一章
城市供水

城市供水俗称“自来水”。它是供应城市人民生活、工业生产和环境卫生、消防等用水的一项公用事业。城市供水系统通常由取水设施提取地表水或地下水作为水源，经输水管把原水送到净水厂净化，达到生活饮用水卫生标准后，再经水泵加压，通过配水管网送到各用水户。

第一节　城市供水发展概况

中国早在4000多年前，就开始掘井和凿井取水。秦、汉时期，采用凿打深井技术，提取地下水，供生活饮用。在2400年前已采用陶质管道引水。明朝《天工开物》一书，记载了采用澄清水质的方法。中国近代的城市供水，是从19世纪后期开始的。1879年，在旅顺建成龙引泉引水工程，供给当地驻军和居民用水。1883年，英国几家洋行在上海组织自来水公司，建成了杨树浦水厂，这是在中国出现的第一座利用地表水作水源的水厂。到1911年年底，全国有11个城市建了城市供水设施。中华民国建立后，从1912年到全面抗战前夕，先后有焦作、昆明、个旧、本溪、鞍山、厦门等20个城市建设了自来水厂。1937年后，相继有芜湖、九江、南昌、石家庄、太原、阳泉、安庆等27个城市建设了自来水厂。从1879年到1949年的70年中，旧中国有供水设施的72个城镇，日供水能力共240万立方米。这些水厂大都集中在上海、天津、广州等沿海城市，以及华北、东北、华东、中南的部分城市。西南地区只有少数几个城市有供水设施。西北地区则一个也没有。旧中国的城市供水，除个别比较大的城市少量供工业生产用水外，绝大部分是为官僚、资本家生活享用。广大劳动人民只有从街头“水铺”买水，或从江、河、湖、塘和土井中挑水饮用。当时，厦门市报纸就以“米珠”“薪桂”“水血”和“担水斤米”等语言来形容用水的困难和水价的昂贵。

中华人民共和国成立，供水行业便回到人民的手中。在国民经济恢复时期，城市供水部门职工以主人翁的精神，对原有供水设施进行全面检修，有的还进行技术改造，提高了水质，增加了供水能力。武汉市在三年恢复期间，售水量平均每年递增9.4%。但在这一时期，百废待兴，国家还不可能以更大的财力投入城市供水建设。至1952年年底，全国城市的日供水量为266万立方米，比1949年提高约10%。

随着“一五”计划的开始，为了配合重点城市和重点工业项目的建设，进行了较大规模的城市供水工程的建设。在重点工业城市太原市，为了配合北郊工业区的发展，于1953年动工建设兰村水源地工程，这是当时全国利用地下水的最大城市供水工程，设计日供水量为18.5万立方米。同时相应建设了十里铺、菜园村、三给村3个水厂。除太原等8个重点城市新建了供水工程外，株洲、郑州、保定等一批工业发展较快的城市，也新建了城市供水工程。到1957年年底，全国城市的日供水量已达450万立方米，比1949年翻了近一番，基本适应了工业生产发展的需要，同时也改善了一些城市居民的用水条件和用水水质。例如，西安市居民长期依靠土浅井取水饮用，水的硬度极高，又苦又涩。“一五”计划期间，西安市的供水建设逐步发展，日供水能力达到5.16万立方米，广大群众吃上了“甜水”，结束了长期喝“苦水”的历史。

在“二五”计划及三年调整时期，由于城市供水工程的投资、设备、材料不足，城市建设部门采取集中力量，先保重点工程，后安排一般工程的办法进行建设。同时加强技术改造，充分发挥原有供水设施的潜力。例如，天津的芥园水厂、武汉的宗关水厂、广州的西村水厂等，都经过多次挖潜改造和适当扩建，使供水能力有了明显的提高。

在加速建造水厂，提高供水能力的同时，许多城市为了尽快解决广大居民用水的问题，采取先普及后提高的办法，先建售水站，安装公共水栓，然后逐步做到水管进院、进户，改善居民的用水条件。沈阳市从1949年到1958年，在全市共设售水站46处，居民人挑、车运，到售水站取水。为了方便群众，先后陆续取消了售水站，装配了5899个公共水栓，居民可就近到公共水栓取水。1977年开始实行水管进院、进户。北京市从50年代初到60年代，在街头先后建成了2300多处水站，为使群众担水方便，水站越建越多，服务半径从200米缩减到50米。从70年代开始，逐步取消了水站，将水管和水表装进了居民院、户。从此，居民不出家门就可以用上自来水了。

70年代，国家计委拨专款补助城市供水工程建设，重点解决了北京、天津、大连等13个城市供水严重不足的问题。为了缓解大连市供水能力不足的状况，国家计委于1975年批准修建碧流河引水工程。大连市从180多个单位抽调的干部、工人与民工，组成万人大军，经过8年艰苦努力，建成了库容为9.3亿立方米的碧流河水库。同时，还修建了160多公里的输水工程，建设了一座日供水能力15万立方米的净水厂。全部工程于1984年建成，使大连城市供水能力不足的局面有了很大程度的缓和。

到80年代，城市人口不断增多，工业生产迅速发展，人民生活水平逐步提高，城市所需的用水量急剧增长，为保证城市工业生产和人民生活的需要，在一些城市又先后建设了一批大型的城市供水工程。其中以天津引滦入津工程最为著名。1981年5月，中共中央、国务院为了解决天津市工业生产和人民生活用水增长的需要，决定把滦河水作为天津市的城市供水水源。这项跨流域调水工程，横跨滦河、海河两个流域，穿越燕山，总长234公里。同时扩建两座日供水能力各50万立方米的芥园、凌庄水厂，新建一座日供水能力50万立方米的新开河水厂。全部水源引水工程只用了一年零四个月，就把滦河水引到天津市，基本上解决了天津市多年来水源缺乏和供水能力不足的问题。

经过70年代后期以来的建设，全国城市供水能力有了较大发展，各城市基本上都有了供水设施（见表7）。到1986年年底，有供水设施的城市333

个，有水厂862座，年供水总量达到133.6亿立方米，其中54%为工业用水，46%为生活用水。城市用水人口达到10095万人，为1949年的10.5倍；全国城市人口生活用水普及率达到86.6%（许多大中城市达到100%）；全国人均每日用水量达到161.9升（见表8）。城市输配水管道长度达7.25万公里，为1949年的11倍。县、镇供水也有很大发展，到1986年年底，全国有2500多个县、镇有了供水设施，每日供水能力达到965万立方米，用水人口4100多万人。

全国城市供水能力表

表7

年　份	水厂个数	供水管道长度（公里）		供水能力（万立方米/日）	
		合　计	其中：干管	合　计	其中：地下水
1949	—	6589	—	240.6	—
1952	—	8132	—	266.6	—
1957	—	12749	—	450.2	—
1960	326	15896	—	1020.8	—
1962	—	17545	—	—	—
1965	—	19028	—	1077.3	—
1973	497	27026	—	1775	—
1978	512	35984	10938	2530	750
1979	531	39406	—	2714	823
1980	554	42859	12318	2979	894
1981	616	46966	13059	3258	969
1982	640	51485	14729	3425	995
1983	660	56852	17434	3539	1034
1984	735	62892	19807	3906	1111.4
1985	770	67356	20282	4019.7	1137.4
1986	862	72557	—	4162.1	—

全国城市供水普及率及人均生活用水量表

表8

年　份	设有城市供水的城市（个）	用水人口（万人）		城市供水普及率（%）	人均生活用水量（升/人·日）
		合　计	其中：公共水站		
1952	82	1799	—	42.0	38
1957	120	3399	—	56.6	44
1960	171	4729	—	60.2	57
1962	197	4630	—	60.0	65

续表

年　份	设有城市供水的城市（个）	用水人口（万人）		城市供水普及率（%）	人均生活用水量（升/人·日）
		合　计	其中：公共水站		
1965	151	5243	—	74.0	54
1977	—	5995	1498	78.7	119
1978	82	6267	1479	81.0	121
1979	200	6951	1542	84.6	122
1980	213	7278	1405	81.4	128
1981	221	7729	1337	85.2	130
1982	234	8102	1271	85.1	132
1983	253	8371	1156	83.2	138
1984	278	8902	902	81.3	143
1985	304	9424	858	82.0	151
1986	333	10095		86.6	161.9

第二节　城市供水技术的进步

旧中国的城市供水，技术落后，净化构筑物简陋。水质净化技术最初靠自然沉淀和慢滤，逐步发展到采用混凝沉淀、快滤和加氯消毒。净化构筑物多采用人工排泥的平流沉淀池和普通快滤池。所需机泵全靠外国供应，有英、美、德、日等国产品，机型杂乱。有的提水设备采用蒸汽机或煤气机作动力。

新中国成立后，随着城市供水事业的发展，原来的技术已适应不了建设发展的需要。特别是70年代之后，由于水体污染严重，取水流量的增加和供水规模的扩大，对供水的科学技术提出了新的要求。经过广大科技工作者的不断努力，城市供水技术取得了很大进步，有的技术已达到国际先进水平，主要反映在地表水水质净化技术和地下水特殊水质净化技术方面。

一、地表水水质净化技术

尽管地表水的种类不一，如河水、湖水、水库水，但水质净化工艺通常包括：取水、加药混合反应、沉淀、过滤和消毒灭菌，最后经泵提升送入配水管网，供用户使用。

（一）取水技术。

平原河段，水量变化小，水位相对稳定，一般采用江心式或岸边式取水构筑物，通过虹吸方式或自流方式进水。上海自来水公司杨树浦水厂就是采用这种形式。山区河段，为了适应水位落差大的特点，有的采用浮船式或缆车式取水构筑物。在河水水位变化更大的河段，有的采用湿式深井泵站取水。1958 年兴建的重庆高家花园水厂，取嘉陵江的水，水位涨落幅度在 30 米以上，安装了深井泵，单泵流量为 1450 立方米/小时，它具有结构紧凑、占地小、操作方便的特点。黄河水系的浊度在世界上是罕见的。为了防止泥砂过多地进入净水构筑物，1955 年建成的兰州西固水厂，采用双向斗槽取水构筑物。它具有既可取水、防止冰凌、又能沉淀粗粒泥砂等多种功能。1971 年建成投产的西宁西川水厂，采用低坝和预沉渠道相结合的取水构筑物，解决了湟水中游河段河水浊度高、河面宽、河道游荡、河水浅、流量变化大等问题。同时也解决了冬季冰情严重的问题。松花江水系地处东北，冬季江面封冻，大多采用岸边式取水构筑物，分层设进水窗口。1976 年投产的哈尔滨三棵树水厂，采用岸边式，上下两层进水，各开 6 个窗口，进水窗口设有格栅，考虑防冰，还设有蒸汽格栅。

（二）混合反应技术。

除通常用泵前投药、水泵混合，以及隔板式或回流隔板式反应池外，也有用机械混合和机械反应池的。1963 年建成投产的天津凌庄水厂就是采用泵前投药、泵叶轮混合、平流隔板反应池进行凝聚反应。1970 年建成投产的广州江村水厂，采用回流式隔板反应池。1980 年建成投产的杭州赤山埠水厂，采用管道混合、机械搅拌和隔板反应相结合的组合型反应池，具有适应能力强，反应效果较好的优点。1983 年，武汉市采用了网格反应，在反应技术上接近国际先进水平。

（三）沉淀池技术。

平流式沉淀池使用得最早，由于它对水量变化的适应能力强，直到 80 年代，应用仍很普遍。60 年代开始，广泛采用澄清池。它是把混凝和澄清合为一起的净水构筑物，最大特点是把沉淀部分的沉渣活性得到充分利用，从而提高固液分离的效果。一般有机械加速澄清池、脉冲澄清池、水力循环澄清池和斜板、斜管沉淀池。

1. 机械加速澄清池。它是依靠机械的提升力，使沉淀的泥渣得到回流，在同样出水的条件下，可比平流式沉淀池省药剂 50%。

2. 脉冲澄清池。按脉冲发生的型式可分为真空脉冲澄清池、钟罩式脉冲澄清池和切门式脉冲澄清池等。其中，钟罩式脉冲澄清池系中国独创。1972 年 9 月首先用于广州西村二水厂平流式沉淀池改建，改建后产水量提高 1 倍多。1973 年，吉林一水厂的 4 座立式沉淀池，全部改为钟罩式脉冲澄清池，单池产水量从 2400 立方米/日提高到 9000 立方米/日。

3. 水力循环澄清池。它是依靠水力提升作用，回流泥渣。60 年代，浙江省嘉兴水厂首次投入使用。

4. 斜板、斜管沉淀池。按水流和泥渣的流动方向，可分为异向流、同向流和侧向流。1972 年 9 月，武汉汉阳水厂首先投入使用，当时采用直径 36 毫米的纸蜂窝斜管。随后在上海、北京、天津、福州、南京、哈尔滨、西宁等地水厂普遍使用。1974 年，北京水源六厂在加速澄清池的挖潜中，使用异向流斜管沉淀池，产水量从原来的 1320 立方米/时・座，提高到 2720 立方米/时・座，发挥了很大的经济效益。

（四）过滤技术。

1883 年建成投产的上海杨树浦水厂、1903 年建成的天津芥园水厂、1908 年建成的广州西村一水厂都是慢滤池，已先后被改造成为不同类型的快速砂滤池。到 80 年代，除普遍采用的石英砂滤料普通快滤池外，还广泛采用虹吸滤池、无阀滤池和新型的移动冲洗罩滤池等。

（五）混凝药剂逐步向高分子化发展。

为使水中胶体和微粒失去稳定而产生凝聚，形成矾花（絮凝体），便于沉淀过滤和消毒，必须投加混凝药剂。常规的混凝药剂有硫酸铝、三氯化铁。新型药剂已应用聚合氯化铝、聚丙烯酰胺。助凝剂有骨胶和水玻璃。聚合氯化铝是无机高分子混凝剂。在 60 年代研究的基础上，1972 年 8 月在成都开始成批生产，并在成都自来水公司中应用。净水成本可比三氯化铁低 40%。

1973 年主要以铝灰为原料，80 年代以铝土矿、氢氧化铝等做原料，生产纯度较高的聚合氯化铝产品。

聚丙烯酰胺属有机高分子混凝剂，是一种化工产品。1967 年，兰州自来水公司以作净化黄河高浊度水的助凝剂用于生产中。它不但投药量低，而且效果极佳，一般可节约药剂费用 20%—78%，在黄河水系水质净化中发挥了巨大作用。

二、地下水源的特殊水质净化技术

地下水是一种水质好又安全的供水水源。由于水在流经地层时，水中溶解有许多矿物质和杂质，最常见的不利元素有铁和锰。对于超过水质标准所要求的矿物质和杂质，应加以去除。去除的主要方法有氧化法，或氯氧化法。根据充氧方式的不同，除跌水曝气氧化法外，还有水—气射流泵曝气氧化法、人造“锈砂”除铁法，以及地层回灌充氧水除铁法。

1. 水—气射流泵充氧法。它是利用射流带气的原理，往水中充氧。主要优点是，不占建筑面积，造价低，设备少，安装方便，不用人工管理。1969 年在佳木斯自来水公司得到应用。

2. 人造“锈砂”除铁法。它具有机械强度高，制作费用低等优点。铁锈在除铁过程中起着催化作用，是一种接触催化除铁新技术。于 1975 年试验成功，用于大庆地区除铁滤罐中。

3. 地层回灌充氧水除铁法。它实际上是一种接触催化除铁新技术，具有机械强度高、制作费用低等优点。1975 年试验成功，在大庆地区取得了成熟的运行经验。

4. 氯氧化除铁法。它的除铁和锰的效果好，同时可与消毒相结合。这种方法，在上海地区用得比较成功。

第三节　合理利用水资源，节约用水

中国的水资源很不富足，人均占有量仅为全世界人均占有量的 1/4，而且在地域和季节分布上又极不均衡。为了保证城市供水，城市建设部门加强了水资源的管理，广泛开展了节约用水工作。

一、合理利用水资源

中国的城市水资源，在五六十年代，甚至到70年代，一直是处于自由开发状态。工业自备水源主要取自地下水，城郊农田的灌溉也大量抽取地下水。临河的城市，则修闸蓄水。随着工农业生产的发展，城市规模的扩大和人民生活水平的提高，用水量迅速增加，用水矛盾也随之尖锐起来。以地表水为水源的一些北方城市，有的因上游截流蓄水而影响正常供水。以地下水为水源的一些城市，因过量抽取地下水，破坏了地下水的采补平衡，造成地下水位大幅度下降，地面下沉，既严重影响了自来水供应，还危及基础设施的安全。例如，山东济南市曾被称誉为“家家泉水，户户垂杨”的泉城，由于过量开采水资源，使得地下水位持续下降，到1982年，已群泉干涸，供水告急，而不得不投巨资实行“引黄保泉”的措施。北京市也是由于地下水被超量开采，地下水源短缺，而被迫兴建水源第九厂。

城市有限的水资源还日益受到城市污水的威胁。大量的工业废水和生活污水排入水体，污染着江、河、湖和地下水系。据80年代初对169个城市水源的调查，有50%受到不同程度的污染。有的城市，因水源污染严重，造成水厂停产或报废。如成都第四水厂、杭州北区水厂、苏州胥江水厂等，都因水源污染而被迫搬迁取水口。以黄浦江为水源的上海市，因江水污染严重，不得不投资10亿元改善水源，从黄浦江上游修建长距离的引水工程。城市水源的污染，进一步加剧了水资源短缺的矛盾。

为了保护城市水资源，城市建设部门从1980年起，从控制开采量和保护水质两个方面加强了管理工作。据1987年统计，全国已有100多个城市颁布了《城市地下水管理办法》。这些《管理办法》中规定：凡在城市开采地下水的单位，都需经过城建部门审批，纳入城市供水计划，都要装水表计量，按量开采，并交纳水资源费。通过采取计量开采的办法，上海、郑州、沈阳、哈尔滨等城市的地下水开采量已基本得到了控制，地下水位的下降速度减缓了。在保护水质方面，很多城市注重了保护取水水源。如上海市人民政府颁发了《上海市黄浦江水源保护条例》，天津市、河北省和城乡建设环境保护部共同组成引滦水资源保护领导小组，以加强对水资源的保护。

二、城市节约用水

五六十年代，城市的水消费量还不很大，供需之间未出现明显矛盾。但是，由于供水发展的速度赶不上城市和工业发展的速度，加上一些地区干旱少雨，有的城市出现了水源紧缺，供水不足的问题，影响了工业生产和城市人民生活。1973 年，国家建委第一次向各地颁发了《关于加强节约城市用水的意见》。1980 年，国家经委、国家计委、国家建委、财政部、国家城建总局联合发出《关于节约用水的通知》。1981 年 9 月，国家经委、国家计委、城建总局又联合发出《关于加强节约用水管理的通知》。同年 11 月、12 月，国家建委、国家城市建设总局先后在大连、合肥联合召开了北方 15 个城市和南方 10 个城市用水会议，进一步推动城市节约用水。各地城市建设部门根据上述精神，狠抓了节约用水工作，成立了节约用水管理机构，颁布了节约用水管理办法。通过报纸、电台、电视台等各种宣传媒介，广泛深入宣传节约用水的意义，表扬节约，批评浪费。北京、大连、青岛、长春等城市，对工业企业用水单位实行按定额计划用水，超计划用水累进加价收费的办法；而且重点抓了工业冷却水循环利用、一水多用和改革落后的生产工艺、更新陈旧设备等节约用水措施。同时取消生活用水“包费制”，实行装表入户，按量收费。为了进一步推动节水工作深入开展，1983 年 10 月，国家经委、中华全国总工会、城乡建设环境保护部在北京召开了全国城市节约用水工作会议，分析了城市供水形势，研究了节约用水工作的目标和促进节约用水的政策、措施，总结交流了各地开展节约用水工作的经验，表彰了 63 个节约用水先进单位和 28 个节约用水先进个人。在节约用水会议召开的同时，还举办了北京、天津、上海、沈阳、大连、青岛、西安 7 城市节约用水成果展览，介绍节约用水的措施和效益。1984 年，国务院又发出《关于大力开展城市节约用水的通知》，规定了要以经济手段促进用水单位节约用水，减少污水排放量，实行排水设施有偿使用。1986 年 5 月，在武汉召开了第二次全国城市节约用水会议，把城市节约用水工作推向南方城市。同时由城乡建设环境保护部、国家经委、财政部共同颁发了《城市节约用水奖励暂行办法》，进一步落实了节奖超罚的经济政策。为了加强城市节约用水工作的领导，1986 年，城乡建设环境保护部成立了城市节约用水办公室，统一管理全国城市节约用水工作。据不完全统计，到 1987 年年底，全国有 27 个省、自治区、直辖市和 200 多个城市设立了城市节约用水管理机构。从 1980 年到 1987 年的 7 年中，全国共节约用水 39 亿立方米，平均每年节水量 5. 6 立方米，相当于每年新建一座日产水量 150 万立方米的大型水厂，相应地每年节约用电 1. 6 亿多度。全国城市工业用水重复利用率，从 1980 年的 10% ，提高到 1987 年的 30% 以上。开展节约用水，已经取得了明显的经济效益和社会效益。

第四节　城市供水经营管理

城市供水是一项公用事业，具有地方性强的特点。城市供水事业都是由各级政府的城市建设部门管理的，它负责制订城市供水事业的发展规划、技术政策，以及管理法规等。各城市供水企业（自来水公司）是负责城市供水的生产、供应、销售和建设、维修、管理的基层单位。据 1986 年底统计，全国城市供水企业共有职工人数 14. 4 万人，其中各种专业技术人员 5140 人，是一支具有一定业务和技术素质的城市供水经营管理队伍。

为了加强城市供水企业的经营管理，1962 年，建工部城市建设局在总结各城市供水企业经营管理经验的基础上，制订了《关于城市公用事业企业经营管理工作若干规定》，1962 年 2 月，建工部、卫生部联合发出《关于加强城市自来水水质管理工作的通知》。这两个文件，对城市自来水的水质管理、水源保护、净化工艺设备管理、设备维修养护、档案资料管理，以及加强对用户的服务等，都作了规定。各城市自来水公司根据上述要求，结合各自的具体条件，为保证安全、正常地供水，普遍建立健全了规章制度。其中有《自来水公司供水章程》、不同岗位的《操作规程》《检修规程》等。由于加强了企业的经营管理，搞好经济核算和供水调度，加强机电设备和输配水管的维护，大多数企业减少了消耗，降低了成本。

1980年以来，根据城市供水事业的发展需要，国家城建总局先后颁发了《城市供水工作暂行规定》《城市供水水质管理规定》《城市供水工人技术等级标准》《城市自来水企业劳动定员标准》等文件。1983年，城乡建设环境保护部根据中共中央、国务院《关于国营工业企业进行全面整顿的决定》精神，结合城市公用事业的具体情况，制订了《城市公用事业企业整顿验收标准》。各城市供水企业都在当地政府和主管部门的领导下，开展了企业整顿工作。经过整顿，企业普遍加强了经营管理、建立健全了各级岗位责任制、安全责任制、计划管理、质量管理和经济核算制度；加强了劳动纪律，严格了奖惩制度；健全了财务会计制度；整顿了劳动组织，基本做到按定员定额组织生产；整顿了领导班子，加强了对职工的思想政治工作。在全国城市供水行业出现了一批“六好”企业。

根据中共中央、国务院关于经济体制改革的精神，一些城市的供水企业，从本企业的实际出发，积极进行改革的探索。例如，广州市自来水公司推行的“以水养水”，效果明显，加快了企业扩大再生产的能力，提高了社会效益，使广州市用水难的问题，基本上得到缓和。有些城市，对供水企业工资改革进行试点，实行“千吨售水工资含量包干办法”。这项改革，调动了职工的积极性，增加了企业活力，促进企业加强管理，提高社会效益和经济效益。到1987年，已有25个城市供水企业实行这一改革。有些供水企业还进行经理负责制的尝试。例如，沈阳自来水公司实行经理负责制，已取得初步成效。由于统一管理，决策快，指挥灵，避免了过去集体讨论议而不决、拖延时间的弊病。有的供水企业，推行各种形式的承包经营责任制，改善了企业经营管理的形式。

第十二章
城市排水

城市排水是指城市生活污水、工业废水、大气降水（含雨、雪水）径流和其他弃水的收集、输送、净化、利用和排放。含污染物的生活污水和工业废水，通称城市污水。城市污水，一般通过城市排水管网输送到城市污水处理厂进行净化，达到规定的水质标准后，再加以利用或排入水体。城市排水设施，是保证城市地面水排除，防治城市水污染，并使城市水资源保护得以良性循环的必不可少的基础设施。由于城市排水设施的功能和特性，使其工程规模大，投资额大，施工难度大，工期长，在运行中消耗大量能源和资源。在社会经济尚未得到充分发展前，城市往往不易做到具有完善的排水设施和良好的水环境。多数是过分利用自然净化能力，造成水环境的污染。城市排水是一项发展比较缓慢的事业。

第一节　概　述

中国城市排水工程建设，有着悠久的历史。唐长安、宋汴梁、元大都，都修建了比较完整的明渠和暗渠相结合的排水系统。据考古发掘，唐长安城朱雀街两侧水沟，上口宽 3.3 米、底宽 2.34 米、深 1.7—2.11 米，可以排洪防涝，是真正的城市排水工程。又如北京城内，明、清两代修建的矩形排水沟，有的至今仍在使用。

在旧中国，城市排水主要靠明沟以及河流，有下水道设施的城市很少。到新中国成立前夕，全国城市中下水道总长度只有 6034 公里。北京市 1949 年城区仅有雨水、污水合流的砖沟 221 公里，大部分已经淤塞，能正常使用的只有22公里。多数大城市都无完整的排水系统，而又多是合流制下水道，污水就近排入水体，而明沟、排洪沟、湖塘更是成为污水汇集、垃圾堆积的场所。上海市的旧市区均为合流制管道，由于管径小，每逢大雨，不少地区渍水为患，中心地区的锦江饭店门前水深达1米。古城西安市，居住区内全无排水设施，污水全靠渗井下渗，而渗井常被堵塞，暴雨之后，洼地积水为患。城市污水处理几乎是空白。截止到1949年，全国只有上海、南京两市的为高官富商聚居区服务而修的4座小型污水处理厂，每日处理能力约4万立方米。工业废水极少处理，几乎全部就近排入水体。

新中国成立后，在三年经济恢复时期，人民政府用“以工代赈”的办法，结合开展爱国卫生运动，组织城市居民清理积存的垃圾、废物，治水修塘，既解决了部分地区的排水问题，又改善了城市居住环境，深受广大居民拥护。例如，北京市城内共有大小明沟15条，除了治理龙须沟之外，还疏浚西北护城河，其余的明沟也多改为下水道。广州市政府拨款230万元，整治广州市老城区的护城河——玉带濠，新建、改建了43公里的下水道。天津市于1950年整修了南门外大干沟，填平了脏臭的赤龙河；1952年又修建了南开五马路的大型马蹄型管道，填平了常年散发臭气的四方坑，既解决了排水问题，又改善了周围的环境卫生。在恢复时期的3年里，全国城市的下水道增加了1037公里。

城市的排水问题不可能单纯依靠天然沟河来解决。因此，在“一五”计划时期，国家以2.17亿元的投资，在重点城市和新兴工业城市中开始进行排水工程的建设。这些建设是按城市规划方案进行的，新区多采用分流制排水系统，为当时及其后一段时期的城市发展，打下了基础。到1957年，全国城市下水道总长度已达10108公里，比1952年增长了43.8%。“二五”计划时期，城市排水设施建设的投资有所下降，但还是有一定的发展。排水管道总长度由10108公里，发展到12313公里，比“一五”计划时期增长21.8%。由于有不少城市新建的排水系统还没有建成，原有设施又很陈旧，致使排水不畅，雨后渍水成灾。天津市由于37%的地区没有污水管网，71%的地区没有雨水管网。1962年一次降雨183毫米，全市就有40多个严重渍水区，一般渍水30—70厘米，仓库被淹，有些工厂全部或部分停工。齐齐哈尔市1959年的一场大雨，使27%的市区面积被淹，严重渍水区有60多处，倒塌房屋600间。哈尔滨、武汉和南京等不少城市，渍水也很严重。这个时期，有些工业发展较快城市的河浜水体，由于排入未经妥善处理的有机污水量日益增加，超过了水体自净能力，造成了水体的污染。因此，这些城市大多抓紧了水体整治和排水工程的建设。如上海市，为改善劳动人民的居住环境，于1957年至1960年发动群众填浜埋管，解决臭水浜的污染问题，先后在沪西的法华浜、沪东的周塘滨等敷设下水道，填浜建成新街区和绿化带，受益人口达200万人。

为解决老城区合流制排水系统对受纳水体污染的问题，一些城市沿受纳水体建造截留管，晴日将污水引至下游郊区的污水处理厂处理，或直接排放水体；雨期超过截留倍数的雨水污水仍就近排入水体，以减轻对受纳水体的污染。天津市的海河清浊分流工程，就是这样的例子。海河是天津城市用水的水源，又是宣泄城市污水、雨水和农田弃水的退路，1957年已出现变黑变臭的现象，造成了严重污染。为了改变这种状况，天津市于1958年至1960年投资5443.8万元，将向海河排泄污水的674个下水道口截流改道，成为5个出水口，并将污水引到郊区，进行农田灌溉。多余的污水经南、北排污河直接入海，不再排入海河，从而改善了海河水质。其主要工程包括新建污水管道185公里，排水提升泵站23座，排污河道126公里，排水支渠146公里。建桥涵和扬水站闸179座。海河清浊分流后，河水水质明显好转（见表9）。

海河清浊分流工程前后水质对照表

表9　　单位：毫克/升

时　间	耗氧量	氨　氮	氯化物	细菌总数（个/毫升）
分流前	212.0	12.0	7150	1400000
分流后	2.5—5.0	0.02—0.4	30—5000	200—3000

70年代，城市扩展较快，污水量也不断增长。城市建筑密度越来越大，地表的径流系数日益增大，城市原有的一些汇集雨水的坑、塘多被填平，因

而一到雨季，不少城市积水严重，有的内涝成灾，造成很大损失。由于十年动乱时期，城市排水设施严重“欠账”，不少城市又出现了新的“龙须沟”，污染着环境，影响着居民的生活。

中共十一届三中全会之后，为了适应工业生产的发展，以及综合整治环境的要求，人们对城市排水问题普遍引起了重视，城市的排水工程建设，有了较快的发展。上海市1983年完成了南区污水输送干线工程，将19公里明渠改为暗管，使设计输送能力从4.5立方米/秒提高到6.4立方米/秒，增加提升泵站6座，改建工程投资6700万元。自1979年以来，全国城市排水管渠平均每年增加1800多公里，年递增率达8.9%左右。据1986年底统计，在全国353个城市中，已有339个城市建有排水系统，下水道总长度达34352公里，为1949年的5.7倍，其服务面积为5000多平方公里，占城市建成区面积的54%，城市污水处理污水能力为新中国成立时的44.2倍（见表10）。

城市下水道长度及污水处理能力

表10

年　度	城市下水道总长度（公里）	城市污水处理厂数量（座）	污水处理能力（万立方米/日）		
			合　计	机械处理	生化处理
1949	6035	4	4		
1978	19556	37	58.1	51.7	6.4
1980	21860	35	69.9	59.4	10.5
1986	34352	59	176.7	104.2	72.5

在沿江、河的城市，还建设了相当规模的雨水排渍泵站，并拓宽疏浚了大量河道，为城市雨水、污水排泄创造了较好的条件。武汉市进行了黄孝河整治。武汉市汉口区地面标高较洪水水位低6—8米，流经汉口中间洼地的黄孝河，汇水面积86.4平方公里，占汉口城区面积的75%，接纳116万人的生活污水和411家工厂的废水，有30多条城市下水管、渠排入，是一条排污、排渍、无清水源头的河。由于汉口地区多暴雨，黄孝河自然坡降不到1/10000，老市区排水管径普遍偏小、标准偏低，新市区排水系统又不完善，还有20%的地段无排水系统，因而经常造成小雨小渍，大雨大淹，暴雨成灾。仅1982年6月和1983年7月的两次大雨，全市直接、间接经济损失就达5亿

元。武汉市对黄孝河进行整治的第一期分流工程，于1984年完工，约占黄孝河流量1/3的污、雨水分流，经抽排能力为50立方米/秒的常青泵站入江。张公堤内机场河改为暗渠，上为林荫干道，既方便了交通，又美化了市容。第二期工程已于1985年完工，黄孝河流域的排水能力达到了210立方米/秒，渍水情况明显改变。

第二节　城市污水的处理

城市污水最终排放出路一般多是水体。但水体受纳污水是有条件的，若污水中的污染物质过多，超过了水体自净能力时，水体就不再能保持原有的形态和功能，将会降低水体的水质等级，甚至逐渐形成低劣的水环境，污染水源、土壤、作物、水生物，影响工业产品质量和危害人体健康。为此，城市污水在排入水体之前，一般都需要采用人工强化手段净化——进行污水处理。

新中国成立前，中国城市的污水处理基本上是空白。“一五”和“二五”计划时期，在一些重点城市和新兴工业城市，新建设了一批城市污水处理厂。上海新建的东昌、曹杨、彭浦3座污水处理厂，日处理污水能力共2.9万立方米。北京市酒仙桥、高碑店，太原市北郊，包头市北郊，兰州市七里河，西安市邓家村6座污水处理厂，日处理污水能力共30万立方米。此外，还建设了吉林市八家子、洛阳市、鞍山市污水处理厂。50年代建设的污水处理厂多为一级处理，净化效果差，运行几年后，随着污水量的增长、污水浓度的增加，以及环境需求日趋严格，更难以适应。1958年修建的北京市高碑店污水处理厂，日处理污水能力为20万立方米。虽然污水经沉淀后，外排灌溉农田，但是由于污泥未经消化处理，又和处理后的出水一起送入农田，造成灌区居民肠道疾病发病率高，土壤和农作物中有害物质含量超标，严重污染水环境。

由于城市污水处理厂建设规模远远落后于城市污水量的增长，使越来越多的城市污水无法按要求得以净化。为此，从1958年开始，已有一些省、市通过试验，引用城市污水灌溉农田或养鱼等。为了解决城市污水的出路，建工部先后于1959年至1963年，召开过三次现场经验交流会和学术讨论会，曾提出城市污水要变有害为无害、充分利用的要求。生活污水经过处理后，用于灌溉农田，能节约农业用水。1962年建工部还提出，要求北京、天津等15个城市，应利用每日165万立方米城市污水灌溉农田，以支援农业。如天津市，利用海河清浊分流工程，在污水流经的郊区修建污水灌溉支渠。这些支渠横跨东郊、西郊和南郊，沿途进行污水灌溉农田0.87万亩，清污混灌农田27.21万亩，间歇污灌农田4.55万亩，合计灌溉农田面积达32.63万亩，占这3个郊区总耕地面积的37.1%。对工业废水则采取“就地回收、因地制宜、适当处理、充分利用”的处理办法。

利用城市污水灌溉农田，既可满足农作物的用水，又可提高地温（水田为水温），提供农作物生长所需的氮、钾肥，并通过作物吸收、分解、土壤渗透和土壤微生物降解，减轻污水对环境的污染。但是，随着化工、农药、印染等行业生产的发展，城市污水中有毒、有害物质逐渐增多，未经适当净化的工业废水和生活污水直接用于农灌，又造成了污染危害。有些城市，由于盲目扩大污灌面积，而污灌区又大多没有检测污水水质及净化污水的手段，污染危害日益严重。

为解决城市污水的净化处理问题，另有一些城市利用郊区的坑塘洼地、废河道、沼泽地等，稍加整修或围堤筑坝，建成氧化塘，对城市污水进行净化处理。氧化塘一般分为：好气塘、兼性塘、厌氧塘、深度处理塘、好气性曝气氧化塘和兼性曝气氧化塘6种。实践表明，设计合理、管理完善的氧化塘，其净化污水效果较好，且具有电耗低、运行成本低、管理方便和设计简单等优点。利用适宜地形建塘，土方量小，可不征或少征地，投资省、工期快。但是氧化塘也有占地多、处理效果受气候、季节影响较大、易污染地下水、污泥不易排除和处理等缺点。据调查，1984年，全国已建成投入使用的各种类型的氧化塘有38座，分布在17个省、自治区、市；日处理城市污水量172.7万立方米，其中城市生活污水占一半，其余包括石油、化工、造纸等多种工业废水。齐齐哈尔市于1970年修建的污水湖，就取得了净化污水的效果。早在60年代，该市每到冬季，常因制糖、造纸等工业废水排入冰封的嫩江中，污水的有机物在自然净化过程中，大量消耗江水中的氧气，致使在缺氧的江底产生大量黄粘絮状物（菌落），鱼类窒息死亡，造成水产资源的严重损失。1970年，齐齐哈尔市把嫩江左岸洼地和农田堤坝略加整修，建成占地达800公顷的平原污水湖。在灌溉季节，由泵站从污水湖中提水，灌溉水稻和蔬菜近2万亩；冬季及非灌溉季节将污水蓄存湖内，待下年嫩江冰融时逐渐排泄入江。由于污水经长时间的沉淀和“厌氧—兼氧—好氧”的净化过程，水质有所改善，再经桃花汛时大量江水稀释，开江搅动充氧，对嫩江污染有明显减轻。八九月份，净水效果较好时，在湖出口段，可检测出20多种类别的水生物，其中有浮游植物、浮游动物，还有浮萍、菱角、鲫鱼等，并可放养鸭群。

1973年全国第一次环境保护工作会议后，城市污水处理问题受到了重视，特别是1978年以后，相继兴建了一批城市污水处理厂。1986年底，全国在33个城市建有59个污水处理厂，其中一级处理厂28个、二级处理厂31个，每日污水处理能力177万立方米。天津、上海、唐山、西安、无锡、苏州、长沙、桂林、深圳、克拉玛依等城市的污水处理厂都先后建成。其中规模较大的，有1984年建成的天津市纪庄子污水处理厂，设计能力为日处理污水量26万立方米，采用二级污水处理工艺。该厂污水来源于全市6大排污系统之一，所处理的污水中工业废水约占2/3，成分复杂，水质变化大，其余为医院污水和生活污水。污水经过处理后，5日生化需氧量（BOD_5）去除率为90.45%，悬浮物（SS）去除率为91.2%，化学耗氧量（COD）去除率为86.7%，处理后的水质完全符合农业灌溉水质标准，已有70%用于农业灌溉。

有的城市在新建居住区内建设了小型污水处理厂。常州清潭和北环污水处理厂就是两个新建的小型污水处理厂，前者为二级处理，后者为一级处理，日处理能力分别为5000立方米和3000立方米。据常州市计算，建设日处理能力为3000立方米的一级污水处理厂的投资额，与分散建造化粪池的投资额相近，建设日处理能力为5000立方米的一级处理厂比建设相同规模的化粪池投资额还低。这种做法，不仅有利于居住环境的保护，而且从经济效益上看也是合算的。

不少工厂企业也自建了污水处理厂，或建设了工业废水的处理装置。这些都有利于改善城市地区的水环境，有利于城市污水处理厂减轻污染负荷。例如，北京东方红炼油厂建设了炼油污水处理厂，对生产废水进行二级处理后，回收利用或外排入牛口峪污水库，再经自然净化。其他一些独立工矿区，如湖南长岭炼油厂、上海金山石化总厂、辽阳化纤厂和已建成投产多年的吉林化学工业公司、大庆油田、首都钢铁公司、武汉钢铁公司等，对工业废水也都陆续建设了处理装置。1985 年年底，全国工矿企业共建成水污染治理设施 21969 套，基本建设总投资额 43. 76 亿元，全年实际处理废水量 70. 1 亿立方米，全年直接运营费 5. 8 亿元。

第三节　城市排水技术

随着城市排水工程建设的发展，在城市排水专业的技术方面，也有了不少进步。

在城市排水工程的设计方面，旧中国没有专门的城市排水设计、科研机构，从业人员极少。新中国成立后，随着城市排水事业的发展，到 1983 年，已有城乡建设环境保护部直属的 5 个地区市政设计院，以及北京、上海、天津等市的市政设计院，担负城市排水工程的科研和设计任务。据统计，这 8 个设计院，在 1954 年至 1983 年的 30 年期间，完成了排水管、渠 8316 公里、污水处理厂 373 座的设计任务。其中，包括直径 2. 2 米的钢筋混凝土管道；双孔 7. 0 米 ×4. 4 米的大型钢筋混凝土暗渠；提升能力为 9 立方米/秒的污水泵站和提升能力为 44 立方米/秒的雨水泵站，以及日处理能力为 26 万立方米的污水处理厂的设计；还完成了部分石油化工、化纤、农药、炸药、肉类加工和机械制造等 30 多种工业废水处理厂的设计。在设计中，已广泛采用新的技术和科研成果，如曝气沉砂、斜板沉淀，完全混合曝气（表面加速曝气），射流、微孔、旋流曝气器，深层、富氧、纯氧曝气，生物接触氧化、生物转盘、氧化沟、厌氧生物处理，厌氧—兼氧—好氧生化处理，活性炭吸附、污泥处置、沼气发电，城市污水的脱磷、脱氮、砂滤、脱盐、灭菌等，以及发展高效率、低消耗、能量回收和净化污水再用的污水处理技术等。

在施工方面，采用了顶管、盾构和激光导向管道施工技术，井点降水技术，以及泵站沉井施工法等。制管工艺已从过去采用的振动法和离心法，普遍改用挤压辊压法。管材已普遍使用自应力和预应力钢筋混凝土管。

在养护维修和管理方面，已逐步向机械化、自动化过渡。研制并采用了自动遥测、摄像的下水道电视检查仪。钻杆通沟机、高压射水车、蟹斗捞泥车、真空吸泥车等，已在部分城市中应用。以“抓、冲、吸”的新方法清通排水管道，正逐步代替“竹片、大勺、绞车”的老方式。污水泵站格栅耙渣机、沉淀池机械刮泥吸泥机，以及污水处理厂的控制仪表、工业电视和电子计算机等，也开始应用。

在城市排水事业的各个部门中，已形成了一支有较高技术水平的职工队伍，在教育、科研、设计和施工方面取得了很大的进展。城市供排水专家顾康乐、过祖源、陶葆楷等在教学、科研、设计等方面，为中国的供排水事业做出了重要的贡献。

第四节　城市排水管理

为了更好地发挥城市排水设施的效益，国家城市建设总局于1979年召开了全国市政工程工作会议，提出了《关于加强市政工程工作的意见》，强调要特别加强城市排水、污水处理工程的建设，要求各地加强排水设施的养护维修工作，逐步设立市政工程公司（处）和市政工程管理处（所、站）。市政工程公司属于企业单位，市政工程管理处属于事业单位，要加强经济核算，按定员标准，充实市政工程建设和维修力量。1981年，国家城市建设总局为了加强对城市污水处理厂的维护管理，颁发了《关于加强城市污水处理厂管理工作的暂行规定》。1982年，城乡建设环境保护部颁发的《市政工程设施管理条例》，又进一步强调了对城市排水设施的管理。

为防治水污染，第六届全国人民代表大会常务委员会第五次会议，于

1984 年 5 月 11 日通过并公布了《中华人民共和国水污染防治法》。要求建设、完善城市排水管网和污水处理设施，并对水环境质量，结合中国经济、技术条件，规定了全国各地的污染物排放标准，明确了工业建设项目的环境影响评价及报告书制度及排污收费制度。到 1987 年年底，全国共有 100 多个城市开征排污费，专款专用于城市排水设施的维修养护、运行和建设。实施这一办法，可以促进城市排水事业的发展。

鉴于全国工业企业分散建设的废水处理设施开工率仅 68%，而且有近 50% 是在没有水质监测的条件下运行，处理后的污水达标率仅为 63%。一些工业企业自行处理后的废水，又就近排入城市排水管网，造成不必要的重复处理，并占用管道排水容量。根据《中华人民共和国水污染防治法》《关于防治水污染技术政策的规定》《水污染防治法实施细则》等文件中的规定，除少数大型企业或远离城镇的企业，仍需单独治理外，其他能排入城市排水管网的，应由以企业单独治理为主逐步过渡到以城市汇水区为单元的区域综合治理为主。企业应对重金属和难生化降解的有毒污染物单独处理，一般不排入城市排水管网；其余符合城市排水管网排放标准的工业废水，可排入城市排水管网，由城市综合污水处理厂集中处理。企业应按所排放的水质和水量，承担应分摊的基本建设资金。新建企业则按“三同时”投资比例，将污水处理的基本建设投资缴城市主管部门集中使用于水污染综合治理工程。

在城市排水设施的维护养护和管理队伍中，有一批长年奋战在第一线的老工人，他们“舍得一身脏，换来万人净”。哈尔滨市排水事业管理处的维修工人张全维，辛勤劳动近 40 年，被誉为“排水愚公”，受到广大人民群众的尊重和称赞。广州市海珠区“三八”清疏班，27 年如一日，潜心疏通城市下水道，维护了城市环境的清洁，受到广大群众的赞誉和人民政府的表扬。

第十三章
城市燃气与集中供热

第一节　城市燃气

城市燃气，是城市能源的一个重要组成部分。发展城市燃气事业，有利于节约能源，保护环境，改善人民生活，促进工业生产。新中国成立30多年来，城市燃气行业有了较大的发展，使城市居民的燃料结构由燃煤逐步转变为燃气，为城市现代化建设做出了贡献。

一、城市燃气的发展概况

1862年，英商开始在上海筹建煤气公司，并于1864年在上海市西藏路建厂，日供气150立方米，主要用作街市照明。尔后，逐步扩建，提高日供气能力，向租界住户提供生活用气。1907年开始，日本人在东北地区相继开办了8个煤气公司。新中国成立前，全国有上海、大连、沈阳、长春、丹东、锦州、鞍山、抚顺、哈尔滨9个城市建有城市燃气设施，年供气量3972万立方米，用气人口26万人，占当时全国城市人口的0.67%。

新中国城市燃气事业的发展，经历了三个阶段。

第一阶段是1949年至1957年。这一时期，主要是对原有煤制气设施进行恢复、改造，增加燃气供应量。上海吴淞煤气厂修复了20门焦炉，对市区用户供气，并于1951年对老焦炉进行两次翻修，恢复最高供气量。东北几个城市的煤气厂也经过修复，达到了原来的供气水平。到1953年，全国城市燃气年销售量达到1.19亿立方米，用气人口增到59.6万人。

第二阶段是1958年至1978年。在冶金、石油、煤炭工业发展的带动下，促进了城市燃气事业的发展。“二五”计划期间，上海建成吴泾焦化厂，日供燃气40万立方米；北京建成北京焦化厂，共有4座58型65孔焦炉，日供气能力为80万立方米，燃气输配与供应由北京市煤气公司经营；大连建成全国第一个预应力钢筋混凝土湿式气柜，容量为2.2万立方米；上海吴淞煤气厂于1961年自行设计建成61型焦炉3组72孔，日供燃气13.5万立方米。1959年至1962年，随着石油工业的兴起，华北、东北、四川的天然气得到开采，自贡、泸州、成都、重庆、鞍山、盘山、天津等城市，相继取得一定数量的天然气供城市民用。天然气的使用，使城市燃气事业增加了一种经济、优质、高效的能源。1959年至1962年，中国石油工业发展迅速，原油加工提炼量逐年增加，重油和液化石油气产量也随着递增。北京、上海、沈阳、大连和长春都兴建了重油制气设施，成为城市燃气的优质气源和重要调峰手段。1965年，在周恩来总理的关怀下，民用液化石油气的研制工作取得成果，并在北京、天津、沈阳和哈尔滨等地得到推广、应用。北京西郊灌装厂于当年投产，向北京市居民供应瓶装液化石油气。1969年，北京建成液化石油气专用输送管线，表明中国已全面掌握液化石油气的输送、贮存、灌装和应用技术，为国内其他城市的液化石油气供应提供了有益的经验。

随着煤气事业的发展，城市中原有煤气公司得到不同程度的扩建和改造，新的城市煤气公司陆续组建和壮大。国家建委城市建设局于1973年10月在长春市召开城市煤气工作座谈会，讨论了城市煤气的发展方向。当时，全国有28个城市建有燃气设施，城市气源已由单一的煤制气发展为天然气、重油制气、液化石油气等多种气源。据统计，1974年供人工煤气（包括重油制气）13.5亿立方米，液化石油气4.65万吨，天然气5亿立方米（大部分供工业用户，民用仅50万立方米），用气人口为572万人。

第三阶段是中共十一届三中全会以后。国家在综合考虑经济政策中的能源问题和环境保护问题时，把发展城市燃气列为一项重大的技术政策，明确了城市要逐步实现燃气化的目标，从而使城市燃气事业进入了新的发展阶段。国家计委在节能资金中列入了城市燃气项目，确定了利用工矿企业余气与新建城市气源厂并重，同时抓好现有煤气厂的挖潜改造的方针。从1980年至

1984年年底，国家批准建设的城市燃气项目有60项，总投资达8.2亿元（其中，国家节能资金拨款和贷款补助共3.3亿元），日供气规模为540万立方米，可以发展170万户（民用户）和部分公共用户及工业用户。

1984年12月，城乡建设环境保护部在北京召开全国城市煤气工作会议，总结了30多年来城市燃气事业发展的经验和教训，研究并制定了《城市煤气工作若干规定》《城市煤气发展技术政策》《“七五”期间城市煤气发展规划》等文件。据1986年统计，全国有146个城市煤气公司，年供燃气总规模为82.46亿立方米（按标准热值每立方米3500千卡折算），其中人工煤气24.75亿立方米，液化石油气53.7万吨，天然气15亿立方米，矿井气0.6亿立方米，城市用气人口达3068万人，用气普及率25%（见表11）。与烧煤相比，全年为国家节约标准煤350多万吨。

城市燃气发展情况统计表

表11

		单　位	1949年	1960年	1974年	1980年	1983年	1986年	备　注
年供总量		亿立方米	0.397	4.744	28.82	69.63	69.27	82.46	标准热值3500千卡/立方米
气源分类	人工煤气	亿立方米/年	0.397	4.744	13.43	19.45	22.20	24.75	包括煤、重油制气
	液化石油气	万吨/年	/	/	4.65	29.0	41.0	53.7	
	天然气	亿立方米/年	/	/	5.0	15.83	12.8	15.0	主要为工业用量
用气人口		万人	26.8	153.2	571.8	1638	2100	3068	
管道长度		公里	967	2075	3309	5879	7424	10761	
燃气企业数		个	9	/	50	70	98	146	

在“六五”计划期间，唐山、太原、昆明、天津、上海、南京、青岛等地，相继进行了煤气厂的建设。1985年至1987年，这些厂先后建成投产，向城市居民提供优质燃气。全国最大的北京北郊液化石油气灌装厂建有3条机械化灌装线，均属国内工序最全、技术先进的设施，年最大灌装能力为10万吨。上海市煤气公司继1986年年底敷设贯穿黄浦江底的煤气输送管成功后，

1987年又敷设第二条，并投入运行，使上海浦东、浦西地区的煤气管道环通相联，管道煤气用户数近百万，居全国各城市之首。1987年2月，北京市居民用气户数达153万户（其中液化石油气用户为124万户），用气户数占全市居民户的87%。1987年6月，天津市有煤气设施的住户达到105.9万户，占全市居民户的93.7%。“七五”计划期间，又有兰州、哈尔滨、阜新、武汉、长沙、杭州、烟台、宁波、福州、蚌埠等城市被批准建设煤气工程。城市燃气事业呈现一派兴旺发展的大好形势。

二、城市燃气的气源

中国城市燃气的气源，是由单一的煤制气开始的。从60年代起，伴随资源的开发、工业生产的发展、燃气技术的进步，以及节能方针的贯彻，逐步扩展到重油制气、天然气、液化石油气、油田伴生气、矿井气和工矿企业生产过程中产生的各种可燃气，形成因地制宜、多种气源并举的局面。

（一）煤制气。

中国煤炭资源丰富，因而发展煤制气是推进城市燃气事业的一个重要途径。传统的煤制气炉为干馏型制气炉、发生炉、水煤气发生炉。中国常用的干馏型制气炉有焦炉、直立式炭化炉，以及已经淘汰的水平炉、立箱炉等。焦炉系高温干馏炉，冶金焦和燃气是主产品，它对煤种要求严格，备煤系统比较复杂，机械设备比较多，生产操作调节幅度小，但是经济效果较好。生产比较稳定，燃气质量能满足规范要求，常压操作输配较易管理。所以，不少城市建设了各种规模的炼焦制气厂，并且从80年代开始，逐步以大型、复热式焦炉，如80型大容积焦炉、58－Ⅱ型焦炉等具有先进水平的焦炉，取代小型、单热式焦炉。直立式炭化炉以生产燃气为主产品，是城市燃气行业在原有炉型基础上发展起来的。它对煤种要求不如焦炉严格，可以采用单一煤种（如气煤）进行生产。备煤系统比较简单，有一定的调节幅度。经过30多年的努力，已通过调整炉体结构、增大容积和改变火道的型式和方向，取得了提高炭化炉的单炉产气量、燃烧效率和降低能耗、成本的效果，并发展了具有特色的一套设计、制造、使用、管理技术。上海、大连、长春的炭化炉经过多次技术改造，为城市供气和新工程建设提供了有益的经验和技术培训。天津、南京、青岛等地，相继建设了82英寸新型炭化炉，还有些城市，已在建设103英寸的直立式炭化炉。

为利用中国丰富的褐煤资源，80年代初，阜新市引进了国外两段式完全气化炉技术和设备，建设了示范厂。东北煤气化设计研究所进行了褐煤在纯氧及蒸汽气化剂的压力作用下生产燃气的中间试验，为合理利用劣质煤资源开辟了一条新的途径。

（二）重油制气。

60年代，上海市煤气公司等单位研究完成重油蓄热催化裂解生产燃气的工艺。这项成果，除制气工艺外，还包括电子液压自动控制系统，以氧化镁为主担体的镍系催化剂，以及制气炉炉内气流分布的研究等。上海、大连、沈阳、北京等城市先后采用了这项技术，作为一种重要的增供气源和调峰手段。

（三）天然气。

天然气是理想的城市燃气资源，它热值高、净化处理工艺简单、输配成本低、投资少。但是由于中国天然气开采量有限，在1980年前，长期作为生产化肥的原料气和工业燃料，很少供应城市民用。“六五”计划期间，国家调整了天然气使用方向，增加了城市使用天然气数量。据1984年统计，天津、鞍山、成都、重庆、泸州、自贡、涪陵等城市的天然气供应量，均有所增加。北京、沈阳、郑州、开封、洛阳等市，也开始使用附近油气田输来的天然气。

（四）液化石油气。

液化石油气是炼油厂的产品，1986年全国年产量120多万吨。有效、合理地利用这一资源，逐步减少用于工业燃料，改供城市民用，是加快城市燃气事业发展的重要环节。液化石油气供民用，投资最少，见效最快，而且发展用户方便，节能效果显著。80年代以后，全国以每年增加4万—5万吨的速度发展。1986年年底，已有70多个城市建有液化石油气贮存、灌装、供应设施，液化石油气用户约占全国燃气用户数的一半。

（五）低热值可燃气。

为了解决热值低于每立方米3500千卡可燃气的利用，从80年代初开始，中国科学院大连物理化学研究所、化工部临潼化肥研究所及东北煤气化设计研究所，在有关单位和化肥厂协助下，开展部分甲烷化工作，降低煤气中一氧化碳含量和提高燃气热值的研究，已经取得成果。当以水煤气为燃气时，经过中国自行研制的催化剂反应后，一氧化碳含量降低到10%以下，煤气热值可达每立方米3500千卡左右。从而为充分利用中国现有小化肥厂联产城市燃气，开辟了一条投资少、见效快的途径。上海青浦县和瓦房店市两个示范项目，已列入国家计划，已在积极开展工程建设。

三、城市燃气的输配

中国的燃气事业在提高输配技术水平，开发储存、输配的新设备、新产品，增加运行安全可靠性方面做了大量工作。

城市燃气管网是由各种压力级制的管道组成。在中国，以人工煤气为主的城市一般采用低、中压两级管网；以天然气为主的城市一般采用低、中、高压三级管网。低、中、高压力的分级标准分别是每平方厘米≤0.05公斤、0.05—1.5公斤和1.5—8公斤。

在管网中，调压器（室）是调节和稳定管道压力的设施。在50年代，中国城市燃气管网单一采用雷诺式调压器。70年代中期，发展为直接式和间接式两种调压器。80年代以后，又开发了箱式调压器。箱式调压器具有投资省和金属消耗少的特点，因而在全国推广使用。

在输配系统中，储气设备是调度和平衡输气负荷的设备。随着燃气事业的发展，储气设备由小型湿式储气柜逐步发展为大型湿式储气柜和干式储气柜。1976年，上海市煤气公司建设的15万立方米与20万立方米双壁沉井地下水槽煤气柜，具有不发生沉降、节约钢材、降低高度、有利于维修等特点。1984年，大连市煤气公司建设的一座容积2万立方米的干式储气柜，具有使用寿命长、便于维修，以及安全运行、压力稳定的长处，可以改善低压管网的压力工作状况。此后，沈阳、大连等地又建造了技术更先进的干式储气柜，最大容积为10万立方米。

输送城市燃气的管材一般为钢管和铸铁管。从80年代开始，又增加了球墨铸铁管和塑料管。此外，在 80 年代初期，中国市政工程华北设计院、上海市煤气公司还研制成功机械和柔性管道接口，采用橡胶密封圈，使管道耐压试验合格率大大提高，并可提高燃气管道施工质量，减轻劳动强度和维修工作量，减少运行中发生漏泄事故。

在燃烧装置方面，1978 年，重庆建工学院经过理论研究、冷态试验、中间大气热态试验和半生产性热态试验，研制成功天然气低压平焰燃烧装置。这是一种热效率高、性能好、污染低的新燃烧技术。研制出的 6 种系列产品已为工业生产所采用。据实测，可节约燃气 25%—50%。天津市煤气公司用具厂研制的鼎牌燃气灶及北京市煤气用具厂研制的烤箱灶，都达到了国内燃气灶的先进水平。

四、城市燃气的效益和管理

城市燃气事业的发展，对改善城市环境和提高工业产品质量有重大作用。用煤或重油制取燃气，与燃煤相比，可节约煤炭 30%—50%。1986 年，安徽省马鞍山市煤气公司利用马钢焦炉煤气，日供 9.6 万立方米，发展民用户 5 万多户，年节煤约 6 万吨，同时，每年减少城市飞灰量 1800 多吨，二氧化碳 1000 多吨，炉渣 3700 多吨，使城市环境大为改善。广西柳州市建设管道煤气工程后，每年节煤约 8000 吨，市内人口密集区和非密集区的大气中二氧化硫浓度，分别由每立方米 0.188 毫克和 0.072 毫克降至 0.062 毫克和 0.046 毫克。

1986 年，城市燃气中约有一半人工煤气和相当数量的天然气供轻纺、电子、玻璃制品、食品工业等要求少氧化或无氧化加热，以及对产品色泽要求高的工业作能源。据工业较发达城市的测算，每供 1 立方米燃气，工厂可为国家增加税利 0.88 元。济南市煤气公司在保证居民生活用气的同时，积极发展工业用户，使 6 个工厂用上煤气。据测算，年节约标准煤约 1.5 万吨、油 2400 吨，而且产品质量高，劳动条件改善，减轻环境污染，经济社会效益十分显著。1986 年，上海市煤气公司的吴淞、杨树浦、浦东 3 个气源，年供气 14.38 亿立方米，其中工业用户 1211 户，公共用户 12.8 万户，用气量约占总量的 1/2。据上海对有关行业使用燃气后的情况进行分析，服务业中饮食、理发、旅馆节能20%，食品加工中糖果、糕点厂节能50%左右。上海纺织局所属的7家重点厂，煤气公司增供燃气5万立方米后，使这些厂的产品达到出口要求，年创汇6700万美元。

城市燃气企业既是对能源进行转化的燃气生产单位，又是供应、销售燃料的服务性企业，担负着为人民生活和工业生产提供优质燃料的任务，需要连续、稳定地进行生产，保证24小时供应。它的生产和输配系统，都要求有较大的备用系数，设备利用率低，固定资产占用多，服务供应面广。根据城市燃气企业的这些特性，城市燃气企业一般实行经理责任制和总工程师技术负责制。企业特别重视安全生产和运行管理，实行安全管理制度化、标准化，特别重视对职工的安全教育，落实各级安全责任制，严格事故处理。对管道煤气，强调气源厂和输配系统的防泄漏、防腐蚀工作。对液化石油气，强调重视压力容器（包括钢瓶）的检测、维修和判废，杜绝超装瓶出站和加强对用户的安全教育。

第二节　城市集中供热

城市集中供热系统由热源、热力管网和热用户三部分组成。热源厂生产的热能，以热水或蒸气为热媒，通过热力管网输送到住宅、公用建筑和工厂企业，供应生活和生产用热。在中国，一个热源厂供10万平方米以上建筑物用热，称为集中供热。发展集中供热是节约能源，保护环境，提高人民生活水平，促进工业生产和社会经济发展，实现城市现代化的重要措施之一。

一、城市集中供热的发展概况

中国的城市集中供热事业，是在新中国成立之后才开始的。“一五”计划期间，配合156项重点建设项目，在北方一些城市，如北京、保定、石家庄、郑州、洛阳、西安、兰州、太原、包头、长春、吉林、哈尔滨、富拉尔基等市，新建了一批热电厂，集中向工厂、住宅区供应生产和生活用热。这些热电厂的建设，初步奠定了城市集中供热事业发展的基础。

1958年至1980年的20多年间，由于国家财力所限，以及其他原因，城市集中供热事业发展缓慢。到1980年年底，全国供热装机容量只有400万千瓦，仅占全国火电装机容量的11.3%。全国热电厂的总供热量为7348百万千卡，其中工业用热量占85%，采暖用热量占15%。

1981年以后，有了一个较大的发展。1981年8月，赵紫阳总理在关于发展城市集中供热、热电联产的建议上批示："六五"计划的技术改造、设备更新，要有重点，改造锅炉、集中供热就应作为重点之一，此事应考虑列入"六五"中的重大措施，组织专门班子研究、规划。1981年，国务院《关于在国民经济调整时期加强环境保护工作的决定》中指出：在城市规划和建设中，要积极推广集中供热和联片供热，特别是新建的工业区、住宅区和卫星城镇，今后不要再搞那种一个单位一个锅炉房的分散落后的供热方式。为适应国民经济发展的需要，解决能源不足的矛盾，国家把实行集中供热，作为节约能源的一项重要措施，纳入国民经济与社会发展计划。经过各有关方面的共同努力，城市集中供热出现了新中国成立以来最好的形势。1986年2月，国务院批转了城乡建设环境保护部、国家计委《关于加强城市集中供热管理工作的报告》。报告提出，要因地制宜，广开热源，根据工业用热和生活用热的需要，采取热、电联产，建设集中供热锅炉房，充分利用工业余热和开发地热等多种方式，发展城市集中供热；采取多种渠道，解决建设资金，并对城市集中供热采取优惠政策和合理的价格政策；加强城市集中供热的管理。国务院在批转此报告时批示："城市集中供热设施是现代化城市的基础设施之一。在城市经济体制改革中，各地要加强对这项工作的组织领导和管理，不断地摸索和总结经验，推动城市集中供热工作的开展。"1986年6月，城乡建设环境保护部、国家计委召开全国城市供热工作会议，总结交流城市集中供热的建设和管理经验，讨论了《城市集中供热"七五"建设规划及二〇〇〇年发展设想》，并修改了《城市集中供热技术政策要点》《城市集中供热工作暂行条例》。

至1986年底，北方地区有集中供热设施的城市已达54个建成供热管道2000公里，供热面积7100万平方米，并兼供部分工业蒸气（见表12）。集中供热规模较大的城市有：北京、长春、唐山、鞍山、沈阳等。

1986 年供热情况

表 12

供热能力		供热总量		供热面积（万平方米）					普及率（%）	管道长度（km）	职工总数（人）	
工业蒸气（吨/小时）	民用供热（百万千卡/小时）	工业蒸气（万吨/年）	民用供热（百万千卡/年）	合计	热电合产	集中锅炉房	工业余热	地热			合计	其中技术人员
8635	3726	2313	3500	7103	4644	1718	686	55	5.7	2000	18434	1267

为了发展横向联系，促进专业化协作，推动技术进步，一些城市的供热企业，早在 1982 年就成立了城市供热企业技术协作组。1987 年 3 月，经国家经委批准，在协作组的基础上，成立了中国城镇供热协会，加强了企业与政府主管部门之间的联系，加强了行业的管理，促进城市集中供热事业进一步发展。

二、热源的发展

（一）热电厂供热。

热电厂是集中供热的主要热源之一。热、电联产供热方式，主要是新建热电厂供热，也有将中、低压凝汽机组改造为供热机组进行集中供热的。到 1986 年年底，在全国有集中供热设施的 54 个城市中，用热电厂作为主要热源的有北京、吉林、唐山、抚顺、齐齐哈尔、长春、沈阳、哈尔滨、阜新、大连、包头、兰州等 30 多个城市，供热面积为 4643.75 万平方米，占集中供热总面积的 65.38%。

（二）区域锅炉房供热。

区域锅炉房是集中供热的另一种主要热源。到 1986 年年底，采用集中锅炉房供热的城市有：北京、长春、齐齐哈尔、沈阳、大连、鞍山等 20 多个城市，供热面积达 1717.51 万平方米，占集中供热总面积的 24.18%。北京左家庄集中供热锅炉房，设有单台每小时供 25 百万千卡热水锅炉 8 台，单台每小时供35吨中压蒸气锅炉2台，功率3000千瓦背压发电机组2台，设计每小时最大供热能力为250百万千卡，供热面积为400万平方米。第一期工程于1985年秋投产，在1987年采暖季，已对202万平方米建筑物进行供热。

风景旅游名城承德市，是大气污染比较严重的城市。为解决大气污染问题，1986年城乡建设环境保护部和国家计划委员会批准承德建供热厂实现集中供热。第一期工程设每小时供25百万千卡热水锅炉3台，供热面积100万平方米，占城市总建筑面积2/3，总投资2820万元，1990年可建成投产。

（三）余热供热。

回收流失的工业企业余热向城市供应，是节约能源的一项重要措施。到1986年年底，利用工业余热供热的面积为685.96万平方米，占集中供热总面积的9.66%。鞍山市从1970年起，先后用鞍山钢铁公司的煤气初冷器余热水、电厂低真空冷凝余热水和高炉冲渣余热水，发展城市集中供热。到1985年年底，供热面积达307万平方米，占城市房屋建筑面积的15.4%。工业余热成了鞍山市实现城市集中供热的主要热源。从70年代起，本溪市在本溪钢铁公司的配合下，每小时回收本钢余热40百万千卡，向84.5万平方米的建筑供热。北京首都钢铁公司从1978年开始，回收利用余热，到1985年底，供热面积达51万平方米，取消了44座采暖炉，每个采暖期节煤2万多吨，节约采暖费95万元。

（四）地热供热。

中国地热资源丰富，遍及全国。高温地热资源主要分布在西藏、云南、四川西部等地。温泉地热主要分布在福建、广东、湖南、湖北、山东、辽宁等省。北京市地下热水较为丰富，有地下热水井70口。北京空军招待所等15个单位，利用地热采暖，供热面积达20多万平方米，每年可节约标准煤3300吨。福州市已将地下热水应用于医疗、科研、水产养殖、旅游服务和居民生活等方面，1985年供热水330万吨，节约标准煤2.5万吨，占福州市总能耗的2.4%。

（五）核能供热。

核能供热还处于开发阶段。1983年11月，清华大学核能研究所将原来的池式试验反应堆改装为低温供热式试验堆，采用三回路系统，向所内三幢实验楼1.62万平方米建筑物供热，试验运行效果良好，无放射性污染。为了取得可靠设计参数与运行维护经验，经国家批准，清华大学核能研究所于1985年12月开工，兴建一座5000千瓦微沸腾壳式低温供热堆。1986年，国家科委又把“低温核供热堆技术开发”列为“七五”计划重点攻关项目，并确定在哈尔滨市建立第一个示范供热堆。

三、热网的发展

（一）热网敷设。

地沟敷设是热网敷设的主要方式。1978年，北京市首先建成了最大管径Dg1000毫米、供热能力为每小时220百万千卡的供热管道。

为改进热力管道敷设方式，北京市煤气热力设计院、北京市热力公司和北京市第四市政工程公司从1974年起，对热力管道直埋敷设的设计理论、保温材料性能及有关数据，进行了研究试验，研制出以沥青膨胀珍珠岩为保温材料的无补偿直埋敷设方法。经过5年多时间的试验，于1980年9月通过了技术鉴定，正式推广使用。应用这种方法可降低基建投资30%，缩短施工周期50%。实现直埋敷设，是城市集中供热技术发展方面的重要突破。辽宁省阜新市，在总长度为116公里的供热管线中，有112.9公里采用直埋敷设，占总长度的97%。1984年以后，哈尔滨、天津、鸡西、兴城等地敷设引进的预制保温直埋管道，使用效果良好。1985年天津从瑞典、丹麦引进预制保温直埋管道生产线，已在兴建中。

（二）热网运行管理。

热网的运行管理，是保证正常供热的重要措施。在1986年以前，一般都是由工人对热力站进行巡视。通过电话向调度室汇报，调度室经过分析，再指示各热力站调节。这种管理方式，采用的供热参数准确性低，反馈不及时，调度滞后，需要人员多。1985年，唐山市热力公司与中国科学院遥感应用研究所、北京航空学院电子工程系协作，共同研究在城市集中供热系统采用微机进行遥测遥控，并于1986年3月通过部级鉴定。

四、城市集中供热的效益

（一）节约经济效益。

实行集中供热，可节约能源消耗，使有限的能源得到合理利用，收到较好的经济效益。集中供热与分散锅炉房供热相比，热效率可提高 20%—30%；热电厂供热，每供 100 万千卡的热量，比分散小锅炉可节约标准煤 90 公斤左右；集中锅炉房供热，每供 100 万千卡热量，可节约标准煤 60 公斤左右。1986 年测算，中国北方地区已经实行集中供热的城市，每年可节约的标准煤达 100 余万吨。沈阳市改造电厂后，利用循环水供热，电厂的热能利用率由 36% 提高到 87%，电厂煤耗，由每度电 460 克下降到 330 克，降低 28. 3%，平均每年节约标准煤 7 万吨。

（二）环境效益。

实行集中供热后，减少了城市大气污染。热电厂或集中锅炉房的烟气，经过除尘净化后排放到大气中，减少了大量污染物。据测算，1986 年与 1978 年相比，中国北方集中供热地区大气中的二氧化碳含量已减少 4. 9 万吨，烟尘减少 7. 2 万吨。据监测，沈阳市铁西区工人新村实现集中供热后，大气中二氧化碳含量由每立方米 0. 154 毫克下降到 0. 049 毫克，降低 71%；烟尘含量由每立方米 1. 431 毫克下降到 0. 49 毫克，降低 65%。辽宁省阜新市 1981 年集中供热 96. 5 万平方米后，每年减少烟尘 8000 吨，二氧化硫等有害物 800 吨；大气中烟尘含量由每立方米 0. 52 毫克下降为 0. 42 毫克；二氧化硫含量由每立方米的 0. 12 毫克下降到 0. 086 毫克。

（三）社会效益。

实现集中供热，可大量减少小锅炉、小煤炉，减少煤炭、灰渣的运输量，节省劳动力。第一，“六五”计划期间，辽宁省部分城市实现集中供热后，停用分散锅炉房 1480 座，取代或停用小锅炉 3270 台，节省锅炉房占地 24. 8 万平方米，减少锅炉工人 5000 余人。阜新市从 1981 年实行集中供热后，共停用锅炉房 250 座，减少各种低效锅炉 321 台，节省人力 1700 多人，减少汽车运煤、运灰渣 1 万个台班，节省工资及运费等 140 万元。第二，实现集中供热后，使人们由从事一家一户的小煤炉的劳动中解放出来，从而可以有较多的时间用于工作、学习和文化活动。第三，实现集中供热后，提高了采暖质量，保证了安全。一家一户的小煤炉采暖，温度不均匀，室内不卫生，稍有不慎，就容易发生煤气中毒事故，甚至造成死亡，或者酿成火灾。分散锅炉房一般采用间歇式供热方式，室内温度较低。集中供热，室内采暖度可保持在 18 摄氏度左右。

第十四章 城市园林绿化

城市园林绿化，包括公园、动物园、植物园，以及街道、居住区、庭院绿化等。树木花草对于调节气候，净化空气，改善城市的生态条件，提高环境质量，起着重要的作用。园林绿地又是供群众进行参观、游览、休息的场所，对于美化城市，丰富文化生活，增进精神文明建设，有着重要的意义。

第一节 城市园林绿化发展概况

中国园林，溯源到殷周时代的“囿”，已有3000多年的历史。历代遗留下来的古典园林，具有很高的艺术水平和独特的民族风格。明代著名的造园家计成写的《园冶》一书，于崇祯七年（1634年）刻板印行，这是中国第一本关于造园理论的专著。中国园林，在世界园林史上独树一帜。丰富的花木资源，也为世界园林增添了色彩。

但是，在新中国成立前，许多名园历经兵燹战火，屡遭焚掠，如号称“万园之园”的北京圆明园，就被英、法联军侵略者付之一炬。1868年，外国商人组织的“娱乐事业基金会”在上海外滩修建的“公花园”（俗称外滩公园），是中国城市中除古典园林外最早出现的一个公园。但这个在中国土地上建设的公园，竟挂上“华人与狗，不得入内”的禁牌，不对中国人开放。从那时起，至1949年的80年内，在上海市修建公园14处，总面积为66公顷。这些公园，多数在租界内，是供帝国主义及官僚买办阶级享受的花园。北京著名的皇家园林颐和园，于1914年由逊清皇室售票开放，1924年逊清皇室迁出后成为公园。至1949年，北京全市共有公园7处，小绿地5处，总面积为772公顷。在广州、南京、汉口、沈阳、厦门等城市也陆续辟建了少数园林绿地。据1949年统计，全国有城市公园、绿地112处，面积2961公顷。

中华人民共和国成立后，城市园林绿化成了为广大人民群众服务的事业。各城市建立了园林绿化管理部门，把原来仅供少数人享用的场所，改变为供广大人民群众游览、休息和活动的园地。上海把跑马厅改建成人民公园，把原来的高尔夫球场扩建为西郊公园。北京对香山、碧云寺、卧佛寺、八大处、潭柘寺、戒台寺等寺庙园林进行了整修。随着第一个五年计划的开始，城市园林绿化也进入有计划、有步骤的发展阶段。在这一时期，许多城市开辟了一批公园，同时开展街道绿化，加强苗圃建设，并开始进行工厂、机关、学校等单位以及居住区的绿化，使城市面貌发生了较大变化。例如，天津市先后恢复和新辟公园26处，连同接收原租界的公园6处，总面积达332公顷，比新中国成立前增加了3.2倍。长春客车厂的厂区绿化，与厂房统一规划布局，厂房建设与厂区绿化一起进行，收到了很好的效果。

1958年2月，城建部召开了第一次全国城市绿化会议，提出城市绿化的重点不是先修大公园，而是首先要发展苗圃，普遍植树，增加城市的绿色。会议还提出了城市绿化必须和生产相结合的方针。随后，为迎接国庆十周年，一些城市搞了园林绿化重点建设工程。例如，北京市的园林部门集中力量，完成了天安门广场、美术馆、农业展览馆、军事博物馆、国宾馆和首都机场干道等处的绿化工程，移栽了近千株40多年生的大油松，1000多株10年生的落叶乔木，铺草坪9万多平方米，种花26万株。1959年年底，全国城市园林绿地的总面积已发展到128212公顷，其中公园509个，面积16581公顷，园林苗圃面积9182公顷。

1960年之后，国民经济出现了困难，园林绿化的建设资金急剧减少。在园林绿化建设方针上，由于片面强调“园林结合生产”“以园养园”，也使园林绿化的发展受到了不小影响。从此，城市园林绿化建设出现了下降趋势，如上海苗圃减少了2/3，原计划逐步建成风景区的淀山湖苗圃的100公顷土地，交给了农民。有的城市，砍掉冠大荫浓的行道树，改种果树；有的公园，圈起了封闭式的果园，减少了游人的活动面积；有些花坛种上了蔬菜；有些苗圃变成了生产粮食的大田。当国民经济开始好转时，建工部为了加强城市园林绿化的管理，于 1963 年颁发了《城市园林绿化工作的若干规定（草案)》，园林绿化建设又开始出现转机。但不久，灾难性的“文化大革命”就到来了。

十年动乱期间，园林绿化被当作“封、资、修”批判，说什么“桃红柳绿毒害人”“公园是资产阶级遗老遗少的乐园”，城市园林绿化建设遭到惨重的破坏。例如，上海市郊区 173 公顷花卉、树苗全部被毁，人民公园内的假山被拆掉，湖面被填平，各种观赏花卉，观赏鸟、鱼惨遭洗劫，大量绿地被侵占。据不完全统计，十年动乱期间全国城市园林绿地被侵占的总面积达 1.1 万公顷。1975 年，全国城市园林绿地总面积已下降至 62015 公顷，比 1959 年减少了一半，园林苗圃面积下降至 6943 公顷，相当于 1959 年的 2/3。

粉碎“四人帮”之后，经过拨乱反正，城市园林绿化恢复了其应有的地位。1978 年年底，国家建委城建局在山东济南召开了全国城市园林绿化工作会议，提出了《关于加强城市园林绿化工作的意见》。特别是中共十一届三中全会后，使在十年动乱中横遭歪曲、批判的园林绿化事业，得以正本清源，走上正常的轨道，开始进入蓬勃发展的新时期。

1981 年 12 月，全国五届人大四次会议做出了《关于开展全民义务植树运动的决议》，随后，各城市都成立了绿化委员会，把城市园林绿化工作摆上重要议事日程，作为城市两个文明建设的重要组成部分。各城市采取多种方式，广泛宣传植树绿化的意义，深入发动、组织广大群众，参加绿化活动。有的城市，组织各单位集资，进行园林绿化建设。各行各业广大群众的参加，是推动城市园林绿化事业发展的巨大力量。

1982 年国家城建总局召开的全国城市绿化工作会议，继续强调要把普遍绿化作为城市园林部门工作的重点。针对城市绿地面积少、绿化覆盖率低的状况，许多城市在绿化工作中努力加强城市的普遍绿化，大力植树，积极种草、种花，栽植各种地被植物，增加绿色植物的覆盖面积。由于加强了街道、广场和工厂、机关、学校以及居住小区的绿化，城市裸露地面大大减少，城市环境有所改善。1982 年 12 月，城乡建设环境保护部颁发了《城市园林绿化管理暂行条例》，使园林绿化的管理工作得到了加强。据 1986 年底统计，全国共有各式园林 1091 个；全国城市园林绿地总面积已上升到 164772 公顷，比 1975 年增长 1 倍多；园林苗圃面积上升到 12024 公顷，比 1975 年增长 73%。

第二节　城市园林

城市园林是城市文明、城市景观的组成要素之一，同时也是城市居民观赏、游憩、传播科学知识的园地。中国的城市园林有古典园林、新型公园，还有动物园、园林植物园等。

一、古典园林

中国的古典园林是中国历史、文化的宝贵遗产。古典园林包括封建帝王的皇家园林和达官贵人的邸宅园林两大类型。皇家园林集中于中国北方，规模比较大，基本上是在自然山水的基础上，加以整理改造，再结合房屋、花木的布置，构成各种景观。这些园林，雍容华贵，宏伟浑厚。北京的颐和园、北海以及承德的避暑山庄等，是皇家园林的代表作。邸宅园林多分布在中国南方，亦称江南园林。它的面积较小，多数是在平地上开池堆山，种植花木，常以小空间内的短距离欣赏为主，运用建筑、山石、水池、花木，构成幽邃精巧的景致。在布局上，运用对比、衬托，层次、对景、借景等手法，使园林景观在有限的空间范围内，获得小中见大、以少胜多的效果。由于设计精巧，给人以景色丰富，秀丽典雅的感受。苏州的沧浪亭、拙政园、留园、环秀山庄，扬州的个园、何园，无锡的寄畅园，南京的瞻园等，都是邸宅园林的优秀实例。

广东、广西、闽南等地区的岭南园林，亦属邸宅园林的范畴。在总体布局、空间组织、花木配置等方面，有其独特的风格。岭南园林规模不大，多与住宅结合为一体，通常形成以建筑空间为主的庭院，分为平庭、水庭、水石庭及山庭等类型。庭院中喜欢用水点缀山石花木，以静态观赏为主。建筑物的组合方式灵活，体量较小，开放通透，装饰上喜用精细的木雕、砖雕。有些园林建筑，还受外来形式的某些影响。广东的可园、余荫山房等，都是岭南园林有代表性的作品。园林专家汪菊渊教授，经过若干年的整理和研究，撰写了《中国古代园林史》一书，勾勒了一幅中国古代园林发展的轮廓。

连年的社会动乱，加之战争频仍，到1949年时，多数古典园林破损严重，甚至有的已残垣断石、草蔽湖塞。这批历经劫难，幸存下来的古典园林受到了人民政府的高度重视。尽管50年代初期经济还相当困难，国家也陆续拨出专款整修古典园林。1951年，北京市开始修缮北海公园、中山公园，并对颐和园的佛香阁、排云殿建筑群、石舫和八方亭进行了整修，在后湖修建了益寿堂桥，对古建筑进行了油饰彩画。对于享有盛名的苏州园林，经过维修，开放了拙政园、留园、网师园等7座名园。此外，扬州、无锡、南京等市，对遗存下来的古典园林，也都做了大量的维修及保护工作。1961年和1982年，国务院先后公布了两批全国重点文物保护单位，其中包括有颐和园、北海及团城、天坛、避暑山庄、拙政园、恭王府花园、网师园、留园和豫园。

中国园林艺术在世界上享有盛誉。进入80年代，一些国家请中国的园林部门为其建造中国式的园林，在国际上引起了很大反响。1980年，在美国纽约大都会博物馆仿建的明轩，是苏州园林专家和工程技术人员以苏州网师园中的“殿春簃”为蓝本建造的，反映了苏州古典园林艺术。1983年在联邦德国慕尼黑举办的国际园艺展览会上，广州市园林局设计、建造了一座具有岭南风格的芳华园。该园被授予德意志联邦共和国大金奖。1984年，中国园林建设公司北京分公司建造一座燕秀园，参加英国利物浦国际园林节。园中的两座古典园林建筑，是仿照北京北海公园静心斋中的沁泉廊和枕峦亭建造的，具有中国北方皇家园林的特色。经过评比，燕秀园获得大金奖、最佳亭子奖。

二、新型公园

在保护和维修古典园林的同时，各城市开始进行新型公园的建设。50年代初期，新型公园的建设主要是兴建规模较大的、综合性的文化休息公园。除了国家投资外，主要是靠组织人民群众义务劳动，挖湖堆山，种树栽花。

这一阶段的公园建设，花钱不多，但成效很大。在造园艺术上，仍继承传统的造园手法，保持具有民族特色的艺术风格。坐落在风景秀丽的西湖边的杭州花港公园，是1952年开始在花港原址基础上加以扩建的，逐步形成了面积为21公顷的公园。全园分为金鱼园、雪松大草坪、牡丹园、花港和密林区5部分。其中，牡丹园沿用了中国假山园的传统艺术手法，将矮小的乔木与牡丹融合成一幅中国花鸟画，意境新颖。1953年开始建设的北京紫竹院公园，总面积58公顷，以葱郁的树木、自然的水景和精巧的园林建筑为其主要特点。公园中心是湖面，东部两个湖植有荷花，西部湖面较大，以划船为主。中心岛上的揽翠亭，可供远眺。亭下植紫竹与花卉，春夏之际，竹林泛翠，鲜花丛丛，意趣盎然。始建于1958年的广州流花湖公园，全园面积54公顷，遍植常绿乔灌花木和棕榈科植物，景色秀丽，气氛恬静，再配置轻巧通透的园林建筑，形成优雅的亚热带风光。公园东区的勐苑，呈现一派芦韵笛音缭绕的傣乡风貌；中区的浮丘，以幽静、自然朴实的手法体现棕榈林立、溪水长流的景色；西区的西苑，又称盆景之家，集岭南盆景之精华，是游人必去之处。上海长风公园原址是一片低洼地，垃圾成堆。经市人民政府决定，1957年开始辟建，1959年国庆开放。公园因高堆山，就低凿水，以山水为主体，全园地形起伏，山水环抱，形成了较为丰富的园林景色。在国民经济调整时期，公园建设处于停顿状态。60到70年代，由于“文化大革命”，大量的公园被挤占、被破坏。1978年之后，特别是开展全民义务植树运动以后，公园建设迅速发展。1980年至1986年，全国新建公园370个，占公园总数的36%。在这一阶段中，所兴建的大多数是中、小型的公园，以及为数众多的小游园。一些城市，还结合环境综合整治，辟建了滨河公园。此外，各地还建设了不少具有地方特色的专类园：如南京药用植物花园、无锡杜鹃园、桂林盆景园，还有北京市与日本合建的双秀公园等。据1986年年底统计，全国城市公园达1043个，面积共计24887公顷，年游人量为8.7亿人次。

在一些公园的建设过程中，也曾出现过分追求园林建筑，忽视园林植物的应用，建筑占地比重过大，绿化面积比例过小的现象，影响到园林绿地在生态环境方面功能的发挥。针对这个问题，城乡建设环境保护部城建局在

1986年提出，今后要坚持以植物造景为主进行园林建设；在规划公园中的用地时，绿化面积应不少于公园陆地总面积的70%，建筑物的占地面积，不得超过公园陆地总面积的1%—3%。

三、动物园

动物园既能供人们观赏，也是向人们普及动物学知识的场所，同时还是研究、保护、繁殖珍贵动物的基地。动物园在规划、建设、管理上，技术要求较高，投资也大。

中国的动物资源十分丰富，有420多种兽类和1160多种鸟类。其中国家一类保护动物46种，二类保护动物64种，三类保护动物34种。1906年兴建的万牲园（北京动物园的前身），是中国的第一个动物园，占地1.5公顷，仅饲养700多只动物。新中国成立前夕，园景荒芜，杂草丛生，只剩下十几只猴子，两只鹦鹉，一只瞎了眼的鸸鹋。50年代，新建了上海、广州、哈尔滨等动物园，扩建了北京动物园。60年代，基本没有再新建。70年代，建设了成都、长沙、杭州等动物园。80年代，建设了天津、石家庄、武汉、郑州、济南、青岛等动物园。到1986年，北京动物园的面积已扩大到90公顷，共饲养动物600种，3500多只。上海动物园的绿化配置符合动物的生态习性，杭州动物园、重庆动物园等在规划布局、兽舍设计、植物配置方面也都有自己的特色。据1986年底统计，全国共有动物园48个，总面积967公顷。各省会城市基本都有一座规模不等的动物园。此外，在各城市的公园中，还有100多个动物展区。

动物园还繁殖了大量珍贵动物。1963年，大熊猫首次在北京动物园繁殖成功。此后，自然交配繁殖了10胎，成活7仔。1978年，用人工授精方法繁殖，又获得成功。到1986年，北京、成都、上海、重庆等动物园共繁殖成活大熊猫27只。成都、广州等城市动物园饲养的金丝猴，由于饲养管理得当，都保持一定数量的种群，繁殖了后代。西宁动物园的雪豹、荒漠猫，在动物园的技术人员和职工的精心饲养下，成功地进行了繁殖。世界上第一只人工孵化的黑颈鹤，也于1985年在西宁动物园出生。

随着动物园事业的发展，有的地方也出现了贪大求全的偏向，盲目追求动物种类的齐全。为了解决这个问题，城乡建设环境保护部城建局于 1985 年 5 月在四川成都召开的动物园工作座谈会上强调指出，动物园要在提高动物饲养管理水平上下功夫，在引进动物时要考虑自己的饲养、管理和医疗条件，防止盲目追求增加动物种类和数量，条件不具备者，不得饲养国家一类保护动物。动物园要立足本地，注意多发展乡土动物，扩大种群，形成地方特色。

四、园林植物园

园林植物园具有多种功能，供人游览，向游人传播植物学知识，还是重要的园林植物科研基地。新中国成立后，园林植物园日益受到重视，从无到有，逐步得到发展。

早在新中国成立前，一些植物学家就抱有在杭州建立一座植物园的心愿，但没有实现。1950 年，杭州市人民政府将这一愿望付诸实现，由浙江省与北京、南京、上海等地专家组成了杭州植物园筹备委员会，研究制订总体规划。1956 年基本建成开放，面积 230 公顷，展出植物 3450 种。根据功能，划分为展览区、试验区和禁伐区 3 个区。杭州植物园建园以后，引入国外树种达 379 种，引种驯化可供城市绿化的野生乔灌木 400 种，竹类 70 种。他们通过多年试验摸索，掌握了一套水杉扦插繁殖技术，在浙江省迅速推广。50 年代，还建设了北京、武汉植物园。1974 年在原龙华苗圃基础上建设的上海植物园，经过 4 年筹建，于 1978 年开放，全园面积 80 公顷，收集 4000 多个植物品种，植物进化区占地 30 公顷，包括松柏园、牡丹园、杜鹃园、蔷薇园、槭树园、桂花园和竹园，另设有环境保护区，草药园和展览温室。在具有江南园林风格的盆景园中，陈列着上千盆盆景，颇为壮观，是该园的精华。1980 年以后，成都、济南、洛阳、厦门等植物园陆续动工兴建。北京植物园经过扩建和充实后，增加了木兰园、丁香碧桃园、宿根花卉园、竹园、牡丹园等几个具有自然野趣的专类园，园内的樱桃沟，树木繁茂，环境幽美，为科研和教学实习提供了良好条件。它与香山、卧佛寺相连，成为西郊重要的风景区。位于狮虎山万石岩的厦门植物园，在 400 公顷的土地上，引种了 4000 多种热带、亚热带观赏植物，加上园内万石垒垒，雄奇壮观，一派南国风光，游人无不流连忘返。坐落在武汉东湖的磨山植物园，三面环水，一面靠山，又是别有一番景致。该园重点搜集了梅、荷、桂、紫薇、水杉等观赏植物。其中，梅园收集了梅花品种 70 多个，梅花开时，香雪成海，踏雪赏梅者络绎不绝。在水生植物区内，约有荷花 40 个品种，荷花、睡莲争奇斗艳，一派水乡景象。

第三节　城市绿化

一、全民义务植树

广泛发动群众，进行城市绿化是城市建设的一个优良传统。50 年代，很多城市新建的公园和环境绿化工程，主要是靠发动和组织群众义务劳动来完成的。

1981 年 12 月，全国第五届人大四次会议通过的《关于开展全民义务植树运动的决议》，要求年满 11 岁的公民，除老弱病残者外，每人每年义务植树 3—5 株，或者完成相应劳动量的育苗、管护和其他绿化任务。之后，义务植树成效显著，全国城市每年植树量都在 1 亿株以上，成活率也大大提高。

有些城市集中力量，搞了一些重点绿化工程。天津市在 1983 年，集中力量建设海河公园，取得了很好的效果。这个公园在海河两岸，绵延 19. 8 公里，面积 22. 9 公顷。虽然当时的搬迁、清理工程量很大，但由于发动广大干部和群众义务劳动，经过一年的努力，公园就基本建成。江苏省无锡市在绿化惠山头茅峰的过程中，全市军民齐心协力，1982 年就有 37 万人次上山，在山顶建成 4 个蓄水池，把京杭大运河的水引上山顶，种植了 3. 7 万棵高 1 米以上的树苗，成活率达到 92. 4%。北京石景山路两侧过去搭满了工棚、仓库等违章建筑，区政府发动群众，很快就拆掉了违章建筑，清运渣土 11 万立方米，腾出绿化用地 14 万平方米。开展义务植树 4 年后，北京市就新增加了绿地面积 500 多公顷，草坪面积从 1978 年的 35 万平方米发展到 1985 年的 630 万平方米。兰州市南北两山植被条件很差，水土流失严重。由于坡度陡，雨量少，绿化十分困难，到 1980 年，两山朝城面的 12 万亩山地，只绿化了 1. 3

万亩。兰州市政府成立两山绿化指挥部后，发动各单位集资，修建盘山公路和引水上山工程，仅 1983 年，就植树 2.4 万亩。济南市为了重振泉城风貌，从 1984 年开始，彻底治理护城河，发动群众和部队指战员义务劳动，清除淤泥，加深、拓宽河床，修复泉池，沿河绿化，建设起一个绿树成荫、泉水喷涌、环境幽雅的环城公园。沈阳市南运河，全长 14.5 公里，原来河道淤积，河水断流，河岸乱建乱占，环境状况很差。1984 年，沈阳市人大做出关于动员全市人民治理南运河，建设带状公园的决议，经过一年零五个月的努力，带状公园即基本建成，成为一条蔚为壮观的绿色长廊。

1986 年，全国已有 80 多个城市评选了市花、市树。这些群众性的评选活动，对城市绿化的发展，也起了很好的促进作用。

二、街道绿化

街道绿化是城市绿化的重要组成部分，它把城市中分散的各类绿地连结成一个有机整体，又是构成城市景观的重要因素。中国城市的街道绿化水平逐年提高。

新中国成立以后，各城市人民政府十分重视街道绿化。五六十年代，限于经济条件和认识水平，主要在路旁栽种速生型乔木，品种较少，但遮阴效果很好。从 70 年代开始，各城市的街道绿化水平提高，结合新建、扩建道路进行绿化；重视树种选择，增加慢生树和地方乡土树种；不仅种乔木，还种植花色丰富的灌木；街道种植带尽量铺草皮。到 80 年代，各城市都有自己的高水平的街道绿化带。

南京市经过不断植树，街道绿化取得了显著的成绩。例如，中山东路已成为一条宽阔的林荫大道。栽植有 4—6 行的高大乔木，树种有悬铃木、薄壳山核桃、雪松、桧柏、海桐、大叶黄杨等。街道绿荫如盖，夏季可降温 3.6 摄氏度，减弱噪声 6 分贝。

北京市的三里河路，是一条快慢车分隔的林荫大道。分车带宽 5 米，以高大的常绿树油松为主调，中间点缀贴梗海棠、连翘、丁香等花灌木，还有花开百日的紫薇，芬芳馥郁的玫瑰，一年三季有花开放。人行道外侧栽有银杏，树下满铺草皮，简洁美观。

长春市的斯大林大街，是一条三板四带式的林荫大道。这条大街的绿化特点是：绿带宽阔，郁闭期早，护荫力强，管理方便。树种选用四排枝干挺拔、叶幕浓密的小青杨、垂柳、糖槭等乔木。大街的主要路口设有花坛，选用一串红、翠菊、石竹、五色草等近20个品种、10万余株的草花，树池全部铺草。这条葱郁的绿色长廊，具有东北地方特色。

南宁市江南路绿化带上的扁桃、竹子、蒲葵，呈现出一派亚热带城市的美丽风光。郑州市的街道绿化，不轻易更换树种，使栽植了二三十年的树木，冠大荫浓，发挥了很好的效果。太原市的迎泽大街，绿树成荫，鲜花似锦，两侧机关大院的砖石围墙已改为栏杆，院内绿化与街道绿化互相渗透，使街景更为美观。

许多城市的街道，还开辟了不少街头绿地，设有花坛、花架、座凳、园灯等简易设施，为居民增加了就近游览休息的场地，美化了环境。

三、单位及居住区绿化

（一）单位庭院绿化。

单位庭院绿化是城市绿化的重要部分。五六十年代，国家建设的重点企业、院校都有相应的绿化规划，同步进行绿化配套建设。但一般中、小企业的绿化没有得到应有的重视。进入80年代后，随着全民义务植树运动的开展，全国涌现出一批绿化先进单位。首都钢铁公司从1978年开始抓绿化工作，8年的时间种树150万株，铺草坪30多万平方米，主厂区的绿化面积，从19万平方米增加到100多万平方米，绿化覆盖率从7%增加到27%，仅花坛就有3000多个，全厂形成了花繁树茂的景色；上海石油化工总厂是一座现代化工厂，在工厂建设的同时，绿化工作也列入统一规划，同步建设，使绿化用地、经费、人员和日常养护管理得到落实。1984年全厂已建成各类绿地170公顷，占全厂总面积的17.5%；南京晨光机器厂的北厂区，是新中国成立前建的老厂，除了房屋外，几乎全部是铺装地面，绿化难度很大。1980年以后，他们打掉水泥地5000多平方米，打开直径1米的水泥洞800多个，每洞栽一树，扩大绿地面积3倍多，基本上达到绿树成荫，四季有花；四川省自贡硬质合金厂，被誉为“西南一枝花”。该厂从1976年开始大搞绿化，八年内增加绿地面积11倍，建成了绿树环绕、鲜花常开的“花园工厂”。1984年全厂有乔、灌木24万多株，厂区绿化覆盖率33%；长春市客车厂，是一个有职工7000多人的工厂，占地150公顷。自1958年开始，植栽黑松等各类树木，到1983年年底，全厂共植树18万株，栽绿篱4万米，绿化面积达90公顷，占厂区总面积的60%，被评为全国绿化先进单位。

（二）居住区绿化。

居住区绿化与城市居民的日常生活休戚相关。但在五六十年代，居住区的绿化没有得到重视，发展很缓慢。进入80年代后，居住区的绿化工作才得到迅速发展。天津市从1983年起，每年都抓一批重点小区的绿化配套工程，到1985年上半年，已建设了质量较高的居住区绿化工程79片，新辟绿地62公顷，有的小区，绿化覆盖率达47%。上海市的杨树浦四平街道新村、北京市的古城居住小区和光明居住小区，经过发动群众，坚持植树绿化，环境面貌也有了很大改观。这些居住区在绿化中所以能收到较好的效果，通常都是由于街道办事处、居民委员会、房管所、园林部门配合密切，做到了种得好、养得细、管得严。

四、苗圃

苗圃是城市绿化的后勤供应基地。50年代初期，园林苗圃的生产相当落后，全都是靠手工劳动，出圃苗木的品种比较单调。三年经济困难时期，不少苗圃改种粮食作物。全民义务植树运动开始时，苗木供应严重缺乏。针对这种状况，国家城市建设总局1982年3月向各地城建园林部门发出了《关于加强城市园林苗圃建设的意见》，要求各地重视城市园林苗圃的建设，按城市绿化任务的大小、土地状况和气候条件等因素，合理确定所需苗圃的面积。并且提出，城市的园林苗圃面积应大体相当于建成区面积的2%—3%。苗圃用地要合理区划，提高土地利用率，生产用地应不少于苗圃总面积的80%。由于各地的重视，城市园林苗圃建设有了较大的发展，至1986年年底，全国园林苗圃的总面积已达 12024 公顷。

为了加快育苗速度、发展苗木品种，各地采用新技术、新工艺育苗。北方城市采用自控电热温床新工艺，解决了繁殖常绿树幼苗越冬的问题，比露天育苗缩短了 8 个月，质量也较好。有些苗圃，应用生根激素，使用塑料棚、温室及容器育苗，大大加快了育苗速度。还有些苗圃，应用全光照喷雾扦插繁殖苗木，生根率一般超过 90%。广州在繁殖大叶榕时，把传统的高压和长枝扦插改为短枝扦插，操作方便，成活率高，生长快，树干通直，苗木质量比较高。不少城市因地制宜，试验制造了温室自动控制温度、湿度和光照的设备。有的苗圃采用组织培养技术，繁殖珍贵苗木。各城市的草圃、花圃，也有比较大的发展，为园林绿化提供了草皮和花卉。为了丰富苗木品种，各地积极开展引种育种研究，北京林业大学陈俊愉教授将中国梅花品种进行系统整理，编写出《中国梅花品种图志》一书。武汉园林科研所收集、培育了许多荷花品种。洛阳牡丹研究所在牡丹育种上也有进展。

五、盆景艺术

中国的盆景艺术，历史悠久。据考证，早在东汉的墓道壁画中，就有盆栽及几架使用。至唐朝，又有了树、石盆景。新中国成立前夕，盆景艺术奄奄一息，新中国成立后绝处逢生，得到进一步发展。1956 年广州市成立了盆景研究会，在西苑设立了“盆景之家”。著名作家周瘦鹃，亲自制作、养护了不少风韵高雅的盆景，并写了《盆景趣味》一书。但在十年动乱期间，盆景艺术遭到了毁灭的厄运。1979 年 9 月，国家城市建设总局园林局在北京举办首届全国盆景艺术展览，有 13 个省、市、自治区的 54 个单位参展，展出各类盆景 1100 多盆，观众达 10 万余人。此后，各地盆景艺术有了很快的发展。

中国盆景，基本上可分为树桩盆景和山水盆景两大类。它讲究景、盆、几架三者融为一体，具有鲜明的民族特色和优美的地方风格，成为庭院布置、室内陈设的珍品，被称为“无声的诗、立体的画”。许多盆景艺人，如苏州的朱子安、广州的孔泰初、扬州的万觐棠、成都的李忠玉、上海的殷子敏等，为发展各种流派的盆景艺术，传授制作技艺，都有突出的贡献。

中国的盆景艺术，在国际展览中多次获奖。1979 年 10 月，在联邦德国第十五届园艺展览会上，中国第一次在国外展出了 500 盆盆景，深受欢迎，共获金牌 8 枚。苏州的《倚空石壁》，是按照明代文人文徵明诗意创作的斧劈石水石盆景，被美国太平洋博物馆收藏。1980 年，中国盆景参加比利时根特举行的第二十八届国际园艺博览会和英国皇家园艺协会举办的花展中，分别获“例外品种一等奖”和“银质镀金奖”。1982 年，上海盆景在南斯拉夫国际园艺展览会上，获得最佳水晶花奖；同年，又在荷兰举办的世界规模最大的国际园艺展览会上得到大金奖。1986 年 4 月，中国盆景参加在意大利热那亚举办的第五届国际花卉展览会上，又一举夺得 4 枚金质奖和 3 枚银质奖。

六、古树名木保护

中国的古树名木很多，尤其是那些生长在一些历史名城和风景名胜区内的古树名木，是大自然留给人类的宝贵财富。它们饱经沧桑，是历史的见证，活的文物，对于文化、科学研究和开展旅游事业，都有重要意义。为了加强对古树名木的保护，国家城市建设总局于 1982 年 3 月，提出了《关于加强城市和风景名胜区古树名木保护管理的意见》。并且确定，古树一般是指树龄在百年以上的大树，名木是指树种稀有、名贵或具有历史价值和纪念意义的树木。对待古树名木，要像保护文物一样，加强管理，严禁砍伐、移植，严防人为的和自然的损害。从此之后，各城市的城建、园林部门及风景名胜区管理机构，组织力量对本地区的古树名木进行调查、鉴定，建立档案。其中，树龄在 300 年以上，特别珍贵稀有或具有重要历史价值和纪念意义的古树名木，定为一级；其余定为二级。北京市经过普查得知，全市共有古树名木 2. 4 万多株，其中树龄在 300 年以上的有 4200 多株，包括树龄已达 900 年以上、干径达 244 厘米的大银杏，以及一批古柏、古松等。成都市有古树名木 1961 株。福州市的古树名木有 700 多株。生长在城市和风景名胜区内的古树名木，由园林部门和风景名胜区管理机构负责保护管理，散生于各单位范围内的，由各单位负责保护管理，园林部门负责监督和技术指导。

新中国成立后，特别是中共十一届三中全会以后，城市的园林绿化建设，取得了很大成绩。但总的来说，城市园林绿化的水平还不高，突出表现为城市绿化面积少，绿化覆盖率低。至 1986 年年底，一般城市的绿化覆盖率只有 16% 左右，全国城市按人口平均的公共绿地面积只有 3 平方米左右。这与提高城市环境质量，满足广大人民群众生活水平提高的要求，有着较大的差距。

第十五章
风景名胜区

风景名胜区，是指具有观赏、文化或科学价值的自然景物、人文景物比较集中的地区，并有一定规模和范围，可供人们游览、休息或进行科学、文化活动的。

中国历史悠久，山河壮丽，风景名胜之奇特、文物古迹之丰富，为世界所瞩目。为了加强对风景游览胜地的保护，1979 年国家对此设置专门机构，加强对风景名胜区保护管理。建设和管理好风景名胜区，对于维护生态环境、国土风貌和自然、文化遗产资源，建设社会主义物质文明和精神文明，满足人民物质、文化生活的需要，具有重要意义。

第一节　风景名胜区的恢复与创建

在中国幅员辽阔的国土上，丰富多彩的地貌、多种类形的气候条件和悠久的文明、56 个民族各具特色的文化，造就了众多的自然景观和人文景观。这些景观是中国人民引为自豪的世代相传的宝贵财富，为妥善保护、利用这些遗产，新中国建立后做了很多恢复与保护工作。

一、中国的风景名胜资源

风景名胜的渊源，可回溯至蒙昧时期，古代人受山川形象和巨大的自然力威慑，怀着神秘的崇拜，将自然物奉为神明。古代帝王出于军事、政治的需要，巡狩名山大川，封禅顶礼，借助于自然，提高自己的威仪。秦始皇于公元前 219 年登岱顶封泰山，下山禅梁父，刻石纪功。汉武帝为显示其“尊天重民”及“文治武功”，更于公元前106年封禅五岳。峻极于天的五岳被历代帝王尊奉为神山、圣山，无不具有雄奇幽秀的自然景色和丰沛精深的历史文化内涵。

汉朝以后，佛教传入，道教兴起，宗教信仰的寄托和向往将优美的自然环境崇奉为仙居神祇。寺、庙、宫、观莫不选择名山大川、深幽清奇之处建设，逐渐形成五台山、峨眉山、普陀山、九华山四大佛教名山；龙虎山、齐云山、青城山、武当山、崂山等道教名山；敦煌、龙门、云岗、麦积山、大足等石窟寺。

中国神奇的自然山川培养了人们倾慕自然，游赏山水的传统习俗。中国历代的许多旅行家、史学家、教育家、地理学家、文学家、诗人、画家、书法家，钟情山水，啸傲林泉。他们对美好河山的遨游、考察、评点、吟诵、描绘、装点，为中国风景名胜的开辟、传扬做出了贡献，使得景借文以显、文凭景以传。雄奇的黄山、文化名山匡庐、秀丽的杭州西湖、烟波浩渺的洞庭湖和太湖、甲天下的桂林山水、雄险天下绝的长江三峡、碧水丹山的武夷山，都是通过这些文人墨客的颂扬而知名天下。欣赏自然、热爱生活的传统使人们总要把自己的故乡和生活环境凝练出精粹的代表景观，作为保护和欣赏的美学征象，遂总结出“燕京八景”“西湖十景”“渝州十二景”等。苏州虎丘、南通狼山、绍兴会稽山、镇江三山、济南千佛山、长沙岳麓山、福州鼓山、昆明西山、兰州五泉山、云南大理蝴蝶泉等邑郊风景名胜，成为广大人民群众在清明游春踏青、端午龙舟竞渡、仲秋赏月寻桂、九九重阳登高、新春庙会观灯等活动的场所。重大历史事件和历史人物的遗迹，历代皇家都城、宫殿、园囿、陵墓，先人经济、技术、文化艺术的成就和创作，如万里长城、灌县都江堰、京杭大运河、兴安灵渠、秦始皇陵、明十三陵、承德避暑山庄、剑门蜀道、奉节白帝城、合川钓鱼城和革命圣地井冈山、延安等均是重要的名胜之地，为后人趋而凭吊、纪念和观赏。悠久的历史，灿烂的文化，使中国的名山大川伴有大量人文遗迹，它们同大自然相协调，融合成为不可分离的整体。

中国的风景名胜资源丰富多彩，价值珍贵。但从清末以后，国家经济凋敝，人民涂炭，许多珍贵古迹被盗劫，历史上许多繁盛一时的风景名胜区被破坏，古建筑、园林被焚毁。

二、风景名胜的恢复与建设

新中国成立初期，虽然国家财政困难，人民政府仍在可能的条件下拨出资金，对一些著名的游览胜地进行保护和维修。杭州刚解放时，西湖的湖床淤积，平均水深只有半米，沿湖均是童山秃岭，名胜建筑颓圮失修。从50年代初开始，杭州军民进行了湖周山地封山育林和营造环湖风景林带，共植树5000万株，30多平方公里的荒山得到改造，使湖山披上绿装，疏浚湖区共挖出淤泥720万立方米，使湖水平均浚深达到1.8米，修砌湖岸30公里。同时，维修灵隐寺、六和塔等名胜，开辟公园、植物园、苗圃、花圃等，改变了新中国成立前的衰败景象。1958年后，恢复开辟了柳浪闻莺、玉泉、吴山等景点。在杭州西湖风景名胜区的恢复建设中，园林专家余森文做出了重要贡献。

桂林在新中国成立前，市区景点可供游览的面积不足10公顷。经过恢复建设，开拓整修景点和溶洞，清理桂林至阳朔的漓江航道，到1966年，各景点的游览面积扩大到198.20公顷，恢复了“桂林山水甲天下”的美誉。

盛名遐迩的万里长城，经过历史上多次战火破坏，许多区段已残破坍塌。北京八达岭长城经过维护和整修，并拓宽了通往市区的公路，已成为来华国际友人必游之处。

为了修复泰山风景区，国家曾拔出了上千万元的资金，用于文物古迹的整修，并修复登山道路，开辟公路和各项安全、服务设施，营林85平方公里，使泰山更加雄伟壮观。

黄山风景区从1955年起，对登山游路、桥梁、房屋进行维修，并兴建了宾馆、疗养院、礼堂、温泉游泳池，开设邮局、安装电话，方便了游人。

三、经济建设促进风景名胜区发展

在社会主义建设中，有些建设项目从积极的方面促进了风景名胜区的发展，一些表现中国人民智慧和才能的建设工程，本身即具有观赏和游览的价值，为创建新的风景名胜区提供了条件。

（一）休疗养区的建设，促进了风景名胜区的发展。

国家卫生部门、工会系统，以至各产业部门和部队，在各个风景优美、气候良好的地区，修建许多休养所、疗养院，形成了一些著名的休疗养区，如杭州环西湖和九溪区、太湖无锡鼋头渚周围地区、青岛海滨地区、广东从化温泉区、临潼华清池温泉区、黑龙江五大连池，以及秦皇岛北戴河、江西庐山、河南鸡公山、浙江莫干山等原有的避暑地。休疗养区的建设带动了道路交通设施及公用、服务设施的建设，促进了风景名胜区的建设发展。但由于缺乏合理规划，有些休疗养院，选在风景名胜区的精华地段进行建设，损害了原有自然风貌，有的影响了广大游人的游览活动。

（二）绿化建设增添了风景名胜区的风采。

北京西山经过多年封山育林，使京郊形成绿色屏障，改善了北京的自然条件和景观。许多名胜古迹星罗棋布于葱翠的岗峦中，成为吸引人们游览的胜地，使“神京灵秀，基于西山”的美誉得以恢复；南京的钟山在苍莽林海的掩映下，更显得风光绮丽；广州白云山风景名胜区，森林植被基本上是新中国成立后恢复建设起来的，给人口密集的城市提供了宜人的自然游览环境。

（三）兴修水利工程形成新的风景名胜区。

广东肇庆星湖风景名胜区，就是为了疏浚肇庆市北长年淤积的沥湖，容纳北岭山的泄水，减少对市区的水害威胁，在 1955 年通过挖湖筑堤，扩大水面而形成的。6 个大小不一、水位不等的湖塘和散若北斗的 7 座峰笋，结合原有的古迹，巧妙组合成了七星岩景区，以山青、水碧、石秀、洞奇著称；1960 年，在新安江铜官峡建成拦河坝，形成了一个 575 平方公里的千岛湖风景区；其他如北京密云水库、信阳南湾水库、抚顺大伙房水库、贵阳红枫湖、福建泰宁金湖、安徽太平湖，以及一些堤坝、运河、水利枢纽工程等，都形成了新的风景名胜区。

（四）考古发掘丰富了名胜古迹。

1959 年在发掘的地下宫殿的基础上建成的北京定陵博物馆，成了明十三陵风景名胜区的重要参观内容。1974 年至 1978 年，对临潼秦始皇陵的探查中，发掘出的一号兵马俑坑，由6000多件实物大小的兵马俑组成阵列，被称为世界奇观。在临潼骊山风景名胜区内，有1972年发现的姜寨新石器时代仰韶文化原始聚落遗址。遗址保存完整，布局有序，具有很高的研究价值。考古发掘丰富了风景名胜区的历史文化内涵，提高了观赏价值。

（五）新发现和新开发的风景名胜区。

随着交通的发展，国土资源普查的深入，不断发现许多新的风景资源。这些风景资源的自然条件优越，规模宏大，景观新奇。如黑龙江省的五大连池，那里有14座从260年到30万年前的新老期火山，5个相连的火山堰塞湖和医疗价值很高的矿泉，已开发成游览和疗养胜地。江西井冈山山区，自然景观壮丽，并同光荣的革命业绩相联系，成为一个新的风景名胜区。另外，还先后发现并开发了有高山森林、湖泊、瀑布群的九寨沟和雪山、露天岩溶彩池的黄龙寺。

第二节　风景名胜区的大发展

1978年以后，随着国家经济、文化建设的发展，以及旅游事业的兴起，中国的风景名胜区才得到长足发展，出现了一个新局面。

一、采取措施制止对风景名胜区的污染和破坏

各界人士对一些风景名胜资源被污染、破坏的现象早已感到痛心，呼吁搞好风景名胜的保护和开发，要求政府采取必要的措施。

1978年，国务院召开的第三次城市工作会议指出，要加强名胜、古迹和风景区的管理，被非法侵占的，要一律限期退出，对破坏文物、古迹的，要追究责任，严肃处理，要保持名胜古迹原貌。在重点保护的风景名胜周围，要划出必要的保护区，禁止修建其他新建筑。1978年年底，国家建委城建局召开了全国城市园林绿化工作会议，进一步提出了建立全国风景名胜区体系，分级进行管理的设想，要求风景名胜区内要实行统一规划、统一管理，禁止

损害风景名胜面貌和损害环境的建设活动。1979 年春，国家建委城建局在杭州召开了风景区工作座谈会，研究了重点风景名胜区的保护和规划工作。1980 年 5 月以后，在全国舆论的督促下，桂林市关停了一部分污染环境的工厂，搬迁了一部分侵占风景点和公园的单位。经过 3 年努力，市区内的游览面积基本上恢复到了 1967 年的水平，漓江的水质，也大有好转。鞍山千山风景名胜区将进占景区的 12 个危害最大的单位搬迁了出去，并维修了大批古建筑。1980 年以后，江苏省政府连续发出文件，制止在太湖风景名胜区内围湖造田，停止了对风景名胜影响较大的 20 处采石点，对景观影响大的墓地，予以迁移。峨眉山风景名胜区，停耕还林 266 公顷，植树造林 282 公顷，封山育林 2000 多公顷，栽植单株常绿树 65000 株，还开辟花圃，驯化珍贵野生花木，恢复了“峨眉天下秀”的自然景色。普陀山停耕还林 13.8 公顷，主要景区内的耕地已全部还林，植树 86 万多株，全岛共有乔灌木 600 万株。武夷山风景名胜区，采取给当地居民以燃料补助的办法，制止上山砍柴，也收到很好的效果。通过采取以上措施，在全国范围内，基本上制止住了对风景名胜区的大规模侵占和破坏。

二、风景名胜区的管理措施

1979 年 3 月，国务院在国家城市建设总局的职责范围中规定，风景名胜区的维护与建设，由城市建设部门归口管理，从此明确了风景名胜区的管理体制。1985 年 6 月，国务院进一步明确规定：“城乡建设环境保护部主管全国风景名胜区工作。地方各级人民政府城乡建设部门主管本地区的风景名胜区工作。”

1981 年 3 月，国务院批转了国家城市建设总局、国务院环境保护领导小组、国家文物局和国家旅游总局《关于加强风景名胜保护管理工作的报告》。报告提出，要对全国风景名胜资源进行调查和评价，确定风景名胜区的等级和范围，建立、健全风景名胜区的管理体制和机构，实行统一的规划和管理，明确管理责任，落实保护措施，风景名胜区应按规划要求，统筹兼顾，有计划地开发建设。为了更好地贯彻这一文件的有关规定，国家城市建设总局在

1981年编发了《风景名胜资源调查提纲》《风景名胜区规划内容及审批办法》《申请列为国家重点风景名胜区的有关事项》，1982年，还编发了《关于加强城市和风景名胜区古树名木保护管理的意见》等文件，对全国风景名胜区管理工作起了很大推动作用。

各省、市人民代表大会和政府也制订了相应的法规。如江苏、辽宁等省人民政府颁发了《风景名胜保护管理暂行条例》；浙江省人大常委会颁布了《杭州西湖风景名胜区保护管理条例》；江西省人民政府发布了《关于维护庐山风景名胜区的布告》；安徽省人民政府发布了《关于加强黄山风景区保护管理的布告》等。几乎所有重点风景名胜区所在的省或市、县人民政府，都根据当地情况，发布了布告或通知，对风景名胜区的保护、管理及有关事项作了规定。

国务院于1985年6月7日发布了《风景名胜区管理暂行条例》。该《条例》规定了风景名胜区的性质、价值和建立风景名胜区体系，加强保护、规划、建设的管理，促进开发利用等方面的规范性措施。

三、开展资源调查，建立风景名胜区体系

1981年至1984年，全国各地陆续对300余处风景名胜区进行了资源调查和评价工作。这是风景名胜区保护和管理的基础。

（一）风景名胜资源的调查和评价。

1981年至1982年，各省、市、自治区组织城乡建设、环境保护、文物保护管理、旅游等部门，对各自的重点风景名胜区展开调查、评价工作。如四川省，集中力量对省内10处风景名胜区作了调查。江西省在同济大学的协助下，对庐山及周围风景名胜资源，进行了全面调查评价，汇编了资料，取得了很有价值的成果。太湖、天柱山、武夷山、井冈山、大理、恒山、五大连池、嵩山等风景名胜区也都做了资源调查工作。浙江省在1983年，组织了有园林、建筑、城市规划、园艺、植物、地理、文物、旅游、环保、宗教、航海、美学、未来学、气象、公路、水利、昆虫等学科50多位专家参加的对普陀山的综合考察。

（二）审定国家重点风景名胜区。

1982年年初，22个省、市、自治区人民政府，在资源调查评定的基础上，向国务院推荐了55处风景名胜区。经过全国政协城建组、文化组的研究和城乡建设环境保护部组织园林、建筑、城市规划、地理、美学、文物、旅游、环保、经济等方面的专家进行评议后，国务院于1982年11月审查批准了第一批44处国家级的重点风景名胜区：

1. 八达岭——十三陵风景名胜区
2. 承德避暑山庄外八庙风景名胜区
3. 秦皇岛北戴河风景名胜区
4. 五台山风景名胜区
5. 恒山风景名胜区
6. 鞍山千山风景名胜区
7. 镜泊湖风景名胜区
8. 五大连池风景名胜区
9. 太湖风景名胜区
10. 南京钟山风景名胜区
11. 杭州西湖风景名胜区
12. 富春江——新安江风景名胜区
13. 雁荡山风景名胜区
14. 普陀山风景名胜区
15. 黄山风景名胜区
16. 九华山风景名胜区
17. 天柱山风景名胜区
18. 武夷山风景名胜区
19. 庐山风景名胜区
20. 井冈山风景名胜区
21. 泰山风景名胜区
22. 青岛崂山风景名胜区

23. 鸡公山风景名胜区

24. 洛阳龙门风景名胜区

25. 嵩山风景名胜区

26. 武汉东湖风景名胜区

27. 武当山风景名胜区

28. 衡山风景名胜区

29. 肇庆星湖风景名胜区

30. 桂林漓江风景名胜区

31. 峨眉山风景名胜区

32. 长江三峡风景名胜区

33. 黄龙寺——九寨沟风景名胜区

34. 重庆缙云山风景名胜区

35. 青城山——都江堰风景名胜区

36. 剑门蜀道风景名胜区

37. 黄果树风景名胜区

38. 路南石林风景名胜区

39. 大理风景名胜区

40. 西双版纳风景名胜区

41. 华山风景名胜区

42. 临潼骊山风景名胜区

43. 麦积山风景名胜区

44. 天山天池风景名胜区

这些风景名胜区，集中了中国风景名胜的精华，包括了山岳、峡谷、江河、湖泊、瀑布、溶洞、冰川、火山、海滨、岛屿、森林、草原、珍贵动植物、历史古迹、革命圣地、社会主义建设业绩和民俗风情等各种类型的代表性景观，总面积约 1 万平方公里，约占全国国土面积的 0.1%，一年可接待 1 亿人次游览。

审定国家重点风景名胜区后，各省、市、自治区随之开展了保护和开发工作，进行了以热爱祖国大好河山为内容的爱国主义宣传。

（三）建立、健全全国风景名胜区体系。

根据《风景名胜区管理暂行条例》的规定，风景名胜区按其景物的观赏、文化、科学价值和环境质量、规模大小、游览条件等，划分为国家重点、省、市（县）三级。一些省、市、自治区在第一批国家重点风景名胜区审定之后也抓紧了省级风景名胜区的审定工作。到 1987 年年底，江苏省已审定 8 处，辽宁省审定 3 处，甘肃省审定 1 处，江西省审定 2 处，浙江省审定 18 处，山东省审定 5 处，贵州省审定 10 处，安徽省审定 21 处，福建省审定 10 处，吉林省审定 1 处，四川省审定 12 处，山西省审定 6 处，湖北省审定 4 处，湖南省审定 6 处，共计 107 处。一些市（县）也在调查当地的风景名胜资源，审定市（县）级风景名胜区。全国风景名胜区体系已逐步形成。

四、风景名胜区的规划、建设

风景名胜区的开发要适应游人日益增长的需要，又要保护具有珍贵价值的自然景观和历史文化遗产，使其不受损害。因此，风景名胜区要有一个科学合理的规划，作为保护和建设的依据。

编制规划一般是在当地人民政府领导下，由主管部门和风景名胜区管理机构组织进行。规划内容包括：确定风景名胜区的性质、范围、保护地带、容量、总体布局，进行保护和开发；统筹安排公用、服务及其他设施；估算投资和效益等。规划编制完成后，需经相应的人民政府审批，使规划的各项措施得以承认，并逐步安排实施。四川省在 1979 年，组成有 32 个单位、70 多名技术人员参加的规划组，编制出峨眉山风景名胜区总体规划，并请知名专家进行了评议。太湖风景名胜区地跨 2 个市 5 个县，江苏省人民政府统一协调政策和要求，分区编制，再由专家集中汇总，成功地将这一大型风景名胜区规划编制完成。至 1985 年年底，大部分国家重点风景区的规划都已编制完成。1986 年经国务院同意，城乡建设环境保护部首先审批了武夷山和太湖风景名胜区规划。

为了解决游人数量激增与游览、交通、服务、安全设施不足的矛盾，

1980年以后，各风景名胜区进行了大量新景点的开发。建设了游览步行路、导游标志、停车场、公路等交通设施，食宿、环卫、购物等生活服务设施和供水、排水、防洪、防火、供电、通信等公用设施；开发了庐山的锦绣谷，杭州西湖的曲院风荷、阮公墩，武夷山的九曲溪，井冈山的龙潭，富春江——新安江风景区的严子陵钓台、瑶琳仙境、灵栖洞、千岛湖，天柱山的神秘谷，长江三峡的大宁河小三峡，九寨沟的树正、诺日朗、珍珠滩、长海，剑门蜀道的翠云廊，合川的钓鱼城，路南石林的黑松林新石林，贵州的龙宫，五大连池的老黑山，镜泊湖火山口森林等新景区；增建了恒山、千山、衡山、峨眉山等风景区内的公路；新建了泰山、黄山等登山索道；开辟了天柱山、普陀山、雁荡山、嵩山、武当山、黄龙寺——九寨沟、天山天池等地的对外交通；整修了黄山、峨眉山、天柱山、九华山、嵩山、黄龙寺、剑门蜀道、华山等的游路；建设了武夷山、黄龙寺——九寨沟、天柱山、富春江——新安江等风景区的生活服务区。

从1979年至1983年，国家重点风景名胜区的维护建设，共用资金1亿元左右。1984年以后，全国风景名胜区的维护建设资金，每年都达到1亿元上下。其中80%为地方投资或自筹资金，这些资金多用于紧急的维护和安全设施的设立，急需的公用、交通、服务设施和重要景点的建设上。

五、风景名胜区的管理

（一）建立风景名胜区的管理机构。

在国家重点风景名胜区中，黄山、五大连池和井冈山，建立了市建制，设立了市人民政府；衡山、雁荡山、普陀山等，设立了区人民政府；其他风景名胜区大都设立了统一的管理机构。城市范围内的风景名胜区，一般由所在市人民政府直接领导，由城市园林部门实施管理，如杭州西湖、桂林漓江、青岛崂山等。有些跨行政区域的风景名胜区，由上级人民政府组成管理委员会，实行统一的规划和领导。分区由所在人民政府实施管理，如太湖、富春江——新安江、剑门蜀道等。鞍山千山风景名胜区，自1979年成立风景区管理处后，在鞍山市政府领导下，对全区实行统一领导、统一管理和经营，在维护、建设、绿化、防火、落实宗教政策、管理商业服务设施、制止乱建等方面，都做出突出成绩。

1983 年 9 月，城乡建设环境保护部在鞍山召开全国风景名胜区工作座谈会，介绍了千山风景名胜区的经验，推动了全国风景名胜区的管理工作。

（二）开展宣传工作。

通过报纸、杂志、广播、电视，介绍风景名胜区的景观特色；出版科普读物、诗词、石刻，普及有关知识；举办陈列、展览或现场讲解，制作游路指示和景点、景物说明标牌，对游人进行游览指导，不仅方便了游客，而且使游客在游览中获得各种科学、历史、文化知识。

（三）加强景点、景物的维护管理，防止“破坏性建设”。

各风景名胜区对重要景点和景物，落实了管理责任。许多亭、塔、摩崖、碑刻都得到了妥善的维护。对传统的木结构建筑，也进行了维修保养，加设防火、避雷设施。对古树名木如黄山的迎客松，登封嵩阳书院的大将军、二将军柏，天柱山天柱松，九华山的凤凰松，剑门蜀道的剑阁柏，普陀山的鹅耳枥，庐山的“三宝树”，西双版纳的“独树成林”“茶王树”，阳朔的古榕等，都作了编号、挂牌、造册，并落实了保护、管理、复壮的措施。风景名胜区的开发建设上，管理部门注意了控制建设规模，以及建设项目在布局、高度、体量、造型、色彩等方面与周围环境的协调，并使之具有地方特色，防止风景名胜区形成“人工化”和“城市化”的倾向。

（四）按合理容量组织游览。

在旅游高峰时节，风景区内往往人满为患，给景区造成污染和破坏，甚至危及人身安全。各风景名胜区在规划过程中，进行实地调查和反复测算、研究，分别确定了合理游人量，以有计划地组织游览。部分风景名胜区在核心部分，建立门票制度，以控制游人数量。一些风景名胜区，除在游览高峰季节加强现场管理，做好疏导工作外，还开始采用游人预约登记或者同交通部门相配合，实行有控制地向风景名胜区输送游人等办法。

（五）加强商业、服务业、环境卫生和治安管理。

各风景名胜区的商业服务，由工商行政管理部门发照经营，规划摊点位置，落实承包制；加强旅游纪念品的生产和销售；改进服务态度，提高服务质量。各风景名胜区还注意了环境卫生设施的建设，组成环卫队伍，及时进行保洁清扫，使风景名胜区卫生状况得到改善。多数风景名胜区已设立了公安局或公安派出所，建立治安和游览安全制度，设立安全设施，加强了风景名胜的治安管理。

第十六章
城市环境

城市环境是人类赖以生存的各种自然和人工因素的综合体，既有大气污染、水污染、垃圾粪便污染、废弃物污染、噪声污染等环境污染问题，又有洪水、地震、土地沙化、水土流失、植被覆盖率降低、自然景观破坏等生态破坏问题。新中国成立后，为改善城市居民的生活环境和生态环境做了大量工作。

第一节　城市环境保护

旧中国，城市环境十分恶劣，传染病蔓延。新中国成立以后，中国共产党和人民政府采取一系列措施，提高了城市的环境质量，使很多城市的面貌发生了很大变化，城市居民的生产、生活环境得到了改善。

一、城市环境保护事业的发展历程

（一）创建时期——1949 年到 1978 年。

从发展生产、保障人民健康出发，人民政府对原有老城市都进行了程度不同的改造，新建了一些市政公用设施，初步改善了城市居民的居住和公共卫生条件。1956 年，国家建委和卫生部联合颁布了《工业企业设计暂行卫生标准（试行）》。在“一五”计划期间建设的重点工程，注意了合理布局和合理选址，在一定程度上减轻了城市环境负荷的压力。在工厂设计时，考虑了风向，重视水源等环境因素，并设置了部分治理污染措施。同时，全国开展了群众性的爱国卫生运动，基本上消灭和控制了严重危害人民健康的鼠疫、斑疹伤寒等传染病，居民的健康水平有了很大提高。

但是，由于大规模地发展工业生产，特别是化工、钢铁、电力、石油等工业迅速发展，排出大量工业废水、废气、废渣（简称“三废”，下同），加上城市人口急剧增长，许多城市出现了环境污染问题。针对这一问题，人民政府着手解决现代工业发展对环境带来的不良影响：把一些排放有毒有害物质、严重威胁居民健康的工厂迁出城区；有关工业主管部门和一些大中城市相继成立工业“三废”利用办公室。从1971年开始，开展了对主要城市污染的监测，调查。但由于种种原因，一些重大决策未能得到全面的贯彻执行。

为了解决日益严重的工业污染问题，还在“文化大革命”的动乱时期，周恩来总理就亲自过问环境保护工作，反复告诫，中国是社会主义国家，是为人民服务的，在搞工业建设的同时，就应该抓紧解决污染问题，绝对不能做损害于子孙后代的事。他还亲自视察北京燕山石油化工总厂的污染治理；检查北京市的消烟除尘工作。在他的倡议下，1973年，在北京召开了第一次全国环境保护会议。会议检查了全国环境保护工作的情况，通过了《关于保护和改善环境的若干规定》，确定了“全面规划，合理布局，综合利用，化害为利，发动群众，大家动手，保护环境，造福人民”的方针。会后，国务院成立了环境保护领导小组及其办公室，负责全国环境保护的组织管理工作。各省、市、自治区和国务院各有关部门，也相应设立了环境保护机构。全国许多城市和各工矿企业，逐步开展了治理“三废”和综合利用工作，但效果并不明显。直到1978年年初，城市环境总的情况仍然是老污染源没有得到有效治理，新污染源在不断增加，城市环境质量恶化。

（二）开拓新局面的时期。

中共十一届三中全会以后，为了加快环境保护事业的发展，中共中央于1978年12月批转了国务院环境保护领导小组《环境保护工作汇报要点》。1979年9月，第五届全国人民代表大会常务委员会第十一次会议批准颁布了《中华人民共和国环境保护法（试行）》。1983年12月，国务院召开第二次全国环境保护会议，要求做到“经济建设、城乡建设和环境建设要同步进行，同步实施，同步发展，做到经济效益、社会效益、环境效益的统一”。1985年

10 月，在河南省洛阳市召开的全国城市环境保护工作会议，通过了《关于加强城市环境综合整治的决定》草案。从此，中国城市环境保护工作纳入正常轨道，进入了新的发展时期。

二、城市环境保护工作的成绩

（一）治理工业污染同工业技术改造、加强企业管理相结合。

有相当一部分工业企业，由于工艺落后，设备陈旧，管理不善，资源和能源浪费严重，污染物排放量大。因此，环保部门与各工业企业在消除污染时，首先是从生产过程着手，把治理污染同生产的挖潜改造、综合利用及加强企业管理结合起来，做到既保护环境，又提高生产技术水平，促进生产的发展。冶金工业部门通过大力开发资源和能源的综合利用，使许多一向污染环境的废弃物变成了综合利用的原料。每年从烧结、炼铁、炼钢中回收铁泥 250 多万吨，相当于一座中型铁矿的年生产能力；利用钢、铁渣 120 吨，其中掺用铁渣生产的水泥，占全国水泥总产量的一半以上；从高炉、焦炉、氧气顶吹转炉中回收的可燃气体，达 530 多亿立方米，折合标准煤达 1000 万吨。1983 年，全国重点钢铁企业综合利用产品已达 2.04 亿元，比 1980 年增加 40%。

石油工业部门积极推广污水回注新工艺，到 1983 年年底，全国油田已建成污水处理站 112 座，综合处理率达到 96%，污水回注率达到 76.4%。大庆油田的采油污水全部得到处理，并代替清水全部用于回注，既防止了环境污染，控制地下水位的下降，又有利于采油生产。

轻工业部门的造纸行业，积极开展木浆碱回收，推广白水回用等新工艺。江苏省苏州市华盛造纸厂，地处名胜寒山寺附近，对环境的污染严重，被列为国家第一批限期治理的单位。该厂结合技术改造和加强企业管理，奋战 3 年，先后建成 8 套环保和综合利用设施，形成了一个比较完整的浆水封闭循环系统和草浆黑液碱回收设施，有效地控制了污染物的排放。与 1978 年前比较，该厂废水排放量，由每天 3.5 万立方米下降到 1.2 万立方米，减少 65.7%；有机污染物排放量，由每天 120 立方米下降到 11.5 立方米，减少

90%；还节约和回收了大量资源和能源，增加了利润。

（二）调整不合理的工业布局。

中国中小型工业企业多，其中不少工厂分散在城镇居民区内，对居民干扰很大。有的排放有害污染物的工厂，设在水源上游或城市上风向，对城市环境造成严重污染。1979 年以后，各地结合经济调整与改组，对 1 万多个耗电高、原料浪费大、污染严重的工业企业，实行“关、停、并、转、迁”。各地还把电镀、热处理、铸造、锻造等分散的厂点、车间，进行撤点并厂，组织专业化生产，既利于提高生产效率，又利于治理污染。重庆市撤销小型铸造、锻造、热处理和电镀厂点 207 个，分片成立了 44 个协作中心；上海市仪表工业、手工业和第一机械工业局系统，将分散在居民稠密区和黄浦江边的近 70 家电镀厂点，集中到彭浦工业区，组建了 3 个电镀中心，每年减少排放废水 10 多万立方米。不少城市还把位于水源上游或居民区上风向的化工厂，进行搬迁或转产，减轻了污染危害。

（三）对新建工业项目，坚持污染防治设施与主体工程同时设计、同时施工、同时投产。

1972 年，提出了对建设项目实行污染防治设施与主体工程同时设计、同时施工、同时投产（简称“三同时”，下同）的原则。1981 年，在总结过去经验的基础上，又采取了执行“三同时”的具体办法，加强了环境管理。1976 年，大中型建设项目执行“三同时”的只占 18%；1981 年提高到 60%；1982 年达到 75%。北京、山东、江苏、湖南等省、市的建设项目，基本上已做到“三同时”。1980 年以后，对重点工程实行了环境影响报告书审批制度，规定新建工业项目在选择厂址时，要对环境影响做出评价，并作为可行性研究的一个组成部分。这样就能够在建设之前，预防该工程对环境可能造成的不良影响，做到防患于未然。

（四）国家环境保护重点城市的环境质量有了一定改善。

中共十一届三中全会后，环保部门对国家环境保护重点城市集中力量进行综合治理，取得了可喜的成绩。首都北京在城市规划的指导下，结合工业调整，采取治、改、并、迁、停等办法，解决了市区内的 900 个污染源，撤销了500多个电镀厂点、45个铸锻点和66个热处理点，既调整了不合理的工业布局，又消除了工业污染。在综合防治大气污染方面，重点抓了消烟除尘，到1984年年底，全市的1.4万多个锅炉，已改造了75%；100多台工业窑炉，改造了60%；城区内的锅炉已全部改造完毕，并建成两个无黑烟区。同时，扩大了城市煤气建设和地热、余热利用，1985年年底，居民炊事气化率已达到70%；集中供热和联片供热面积达1400多万平方米。在水源保护方面，重点治理了官厅水库。该水库是北京市的主要水源之一，由于在上游地段建设了许多工矿企业，大量未经处理的工业废水流入水库，使水质恶化。1971年，北京市会同有关省、市和部门，对官厅水库的污染源进行了全面调查，制订了治理规划，确定治理项目77个，其中重点治理项目54个。经过10多年的治理，水库的水质明显好转，酚、氰、镉、砷、铬等有毒物的含量都明显下降，达到了国家规定的饮用水水质标准，库内鱼类及其他水生生物生长情况良好。1985年，还对城区的北护城河、亮马河、什刹海等河湖进行了全面整治，河道全部衬砌、清淤，修建了污水截流管，两岸植树绿化，进一步美化了城市。在控制交通噪声方面，全市机动车辆基本上都换上了低噪声喇叭，东西长安街等17条主要街道禁止鸣喇叭，交通噪声降到69分贝以下，已符合国家标准。在单项污染源治理的基础上，1985年，对什刹海、北海周围的9个居住小区进行综合整治试点。在这些地区内，集中力量治理工业废水、废气和噪声，完善了污水截流管；锅炉、茶炉和蒸煮大灶全部实现无黑烟；实现了垃圾收运容器化；进行了整个区域的绿化和美化。

最大的工业城市上海在中共十一届三中全会以后，本着分别轻重缓急、标本兼治的精神，制订了近期环境治理规划及实施方案，发动和组织各企业、各单位共同努力，初步扭转了环境保护长期以来徘徊不前的局面。从1980年到1982年，全市用于治理污染、保护环境的资金共达3.58亿元，已建成治理项目6821个，废水处理率由1980年的13.8%提高到23.4%；大气中飘尘含量，1982年比1979年降低20%，降尘量降低24%；工业废渣基本上得到了清理，综合利用率达到68.0%，治理污染取得了一定进展。

为了保护杭州西湖风景区，市人民政府对西湖周围环境进行了整理。

1979年至1983年，共整砌湖岸20多公里，铺设环湖截污管道18公里，建造污水泵房8座，疏浚泥沙6万多立方米，把湖上的柴油机游艇全部改造成电动游艇。同时，对风景区内的工厂，限期治理和搬迁。中、东河的改造和引钱塘江水入西湖工程的竣工，大大改善了市区的环境，使西湖由死水变成活水。

著名的历史文化名城苏州，由于在经济建设中没有注意保护风景园林，市区内办起了400多家工厂，工业废水、生活污水直接排入河道，使市内河水受到了严重污染。中共十一届三中全会以后，苏州市人民政府结合工业布局的调整，搬迁了严重污染城市环境的47个厂点，撤并了30家电镀、热处理、锻造、铸造等厂点，初步改变了不合理的工业布局。

1980年，国务院对保护桂林漓江风景区专门作了指示，并拨出专款进行治理。桂林市人民政府将一些污染难以治理的小型钢铁厂、电厂、印染厂等停产或转产；对有的工厂限期治理。经过几年的努力，漓江水质已有改善，水中悬浮物减少80%，水体透明度显著提高。

三、城市环境保护的规划

城市的布局是否合理，功能分区是否恰当，在很大程度上取决于城市的环境保护规划。“一五”计划期间，在城市规划中有关城市环境的问题是作为城市布局和工程设施的内容来考虑的，没有编制专门的环境保护规划。1974年，国务院环境保护领导小组成立后，虽然把制订环境保护长远规划和年度计划确定为城市环境保护机构的一项任务，但事实上，在“文化大革命”动乱期间，是不可能实施的。

1979年颁布的《中华人民共和国环境保护法（试行）》规定：“在老城市改造和新城市建设中，应当根据气象、地理、水文、生态等条件，对工业区、居民区、公用设施、绿化地带等做出环境影响评价，全面规划，合理布局，防治污染和其他公害，有计划地建设成为现代化的清洁城市，”对制订城市环境保护规划，以法律形式给予了保障。

1979年，苏州市和沈阳市首先制订城市环境保护规划。沈阳市在组织55

个有关单位、400 多名科技人员，进行了三年环境质量评价的基础上，制定了《一九八〇——九八五年环境保护规划》，把控制大气污染作为环境保护的重要目标，对全市环境污染进行综合防治。

到 1983 年年底，全国有 190 多个城市，在所编制的城市总体规划中，都包括了环境保护内容。很多城市，以城市规划为依据，结合城市的改造和建设，调整了一些不合理的工业结构和工业布局，建设了一批环境保护设施，加强了污染治理、城市绿化和交通噪声控制，城市环境质量有了一定程度的改善。

第二节　城市环境卫生

城市环境卫生工作主要包括：城市道路的清扫、垃圾的收集和运输、粪便的清运、生活废弃物的处理等。城市环境卫生直接关系到居民的身体健康，关系到城市社会生活的正常进行，也是反映城市文明程度的标志之一。搞好城市环境卫生，是城市建设管理的一项重要内容。

一、城市环境卫生发展概述

城市环境卫生事业，是随着城市规模的不断扩大而逐渐发展起来的。在旧中国，城市街道的清扫和垃圾的清运一般由官府或工商户及居民集资雇工来承担。至近代，逐步建立起隶属于警察部门的清洁队，打扫街道。城市的粪便，则由农民运到农村作肥料。以后，又逐步改由粪商雇工人清运，将粪肥运往农村销售。从事这些作业的工人，在旧社会备受歧视，被称为清道夫和粪工。他们从事繁重的体力劳动，过着衣不遮体、食不果腹的悲惨生活，受到极为残酷的政治压迫和经济剥削。

新中国成立后不久，人民政府提出了“动员起来，讲究卫生，减少疾病，提高健康水平”的号召，从多方面采取措施，促进环境卫生事业的发展。许多城市，通过义务劳动、以工代赈等方式，对旧社会遗留下来的脏乱不堪的地段，进行了环境整治，清除多年积存的垃圾，疏通排水沟渠，初步改变了这些地区的居住环境。同时，全国各城市相继成立环境卫生局（处、所）。当时，各城市的清洁队分别由公安或卫生部门领导。随着不久，将隶属公安部门的清洁队完全划归卫生系统。十年动乱期间，环境卫生部门受到严重冲击，管理机构被撤销，只保留了少数最基层的清扫队。1979 年 3 月，城市环境卫生事业划归城市建设部门统一管理，各城市先后设立了环境卫生局（处、所）等专业管理部门，环境卫生工作从此进入一个新的发展时期。国家用于环境卫生事业的经费，由 1979 年的 26540 万元，上升到 1986 年的 107719 万元，增加了 3 倍。环境卫生专用车辆、公共厕所、垃圾台、垃圾处理场等环境卫生设施的数量，都有明显增加。环境卫生科研、教育从无到有，发展较快。

二、城市环境卫生设施体系

（一）城市道路的清扫。

50 年代初期，城市清扫全靠人工手拿扫把、肩背簸箕进行，只是一些大城市在主次干道用洒水车洒水。70 年代，利用国产汽车底盘改装成道路冲洗车和大中型道路清扫车，开始由人工清扫向机械清扫过渡。既提高了路面清扫质量，又大大减轻了劳动强度。到 1985 年底，全国设市城市拥有大、中型道路清扫车 394 辆，道路冲洗车 946 辆。据 1986 年底统计，全国设市城市环境卫生专业队伍，每天清扫街道面积达 44507 万平方米。

（二）生活垃圾的收集和运输。

1952 年以前，城市垃圾的收集清运工作，基本上都是由清洁工人用人力手推车沿街摇铃收集，运到设在城内的垃圾待运场，然后再用马车或汽车向城外转运、消纳。1953 年，开始实行汽车直接收集，撤销市区的垃圾待运场，减少了二次装运，避免了二次污染。到 70 年代后期，为实现生活垃圾机械化收集运输的要求，采取了以下措施：在新建高层或多层建筑物中附设垃圾道和垃圾容器存放间，并铺装清运车辆的通道；在民用建筑物中无垃圾道的地区，集中设置垃圾站，摆放金属容器；为便于清运，节省运输费用，适当设置垃圾转运站（包括水运码头）；在城市主次干道、繁华闹市、交通港站等地，普遍设置废物箱，便于行人投放废弃物。1982 年以后，各城市广泛采用自动装卸密闭式垃圾运输车、集装箱式自卸垃圾运输车、顶开厢式自卸垃圾运输车和配套专用叉车等，进一步使装卸运输实现机械化作业。通用汽车已逐步被专用车辆所取代。据1985年底统计，全国设市城市环境卫生专业部门全年清运生活垃圾达44773万吨，拥有大、中型垃圾运输车9352辆，垃圾台站10901座。

（三）居民和公共厕所的粪便清运。

解放初期，北京市对城市公厕进行改造，拆除了一部分破烂不堪的公厕，新建了一批较正规的公共厕所。并逐步把居民大院中的旱厕，改造成为水冲式厕所，敷设了下水管道。不少城市还逐步兴建公共厕所，替代居民院落内的厕所，以便于粪便清运。到1986年年底，全国设市城市共拥有公厕82746座，其中新建的大部分都是水冲式厕所，早期建成的旱厕被逐步改造。城市流动人口集中的地区，有的建成了一些附属式公共厕所。公共厕所的建筑标准和卫生标准逐步提高，其中一部分已经做到外形与周围环境协调，通风排臭良好，内外设备完善，符合卫生要求。1985年以后，还在一些风景旅游城市建成一批高标准的收费厕所。到1985年年底，全国设市城市拥有大中型真空吸粪车2410辆。全国设市城市环境卫生专业队伍清运的粪便，1979年为2156万吨，1985年已降到1748万吨，5年内减少18.9%。城市人口逐年上升，而粪便清运量不断下降，粪便排放管道化已经取得明显进展。

（四）生活废弃物处理。

新中国成立初期，城市垃圾基本采取简易填埋方法，不做任何卫生处理。50年代后期，由于农业生产的发展，农肥不足，农民用生活垃圾作为堆肥原料。根据中国城市垃圾煤灰多（占全部垃圾量的75%左右），有机垃圾较少（15%—20%）的特点，国家对城市垃圾处理，确定了卫生填埋和高温堆肥为主的技术政策。1985年，城乡建设环境保护部组织同济大学和无锡市，就利用高温堆肥技术处理城市垃圾的技术进行综合攻关，年底通过了工艺鉴定，并建成一座日处理20吨的静态高温堆肥装置。同年，上海市建成一座日处理300吨垃圾的堆肥厂。天津、武汉、包头、吉安、北海等城市，也在建设利用堆肥方式处理城市垃圾的工厂。投资省、见效快的卫生填埋技术与应用的研究，在许多城市中进行。深圳特区根据当地垃圾构成有机成分多、发热量高的特点，引进日本一套日处理300吨垃圾的固定床式焚烧装置，效果良好。

城市粪便处理，在许多城市均采用三格化粪池的形式进行。1982年，山东省青岛市建起了厌氧消化城市粪便处理厂，生产沼气并处理粪便；同年，四川省宜宾市采取沼气池与城市公厕结合，建起了沼气公厕。1986年，广州市与丹麦合作建起了一座日处理400吨粪便的综合处理厂。据1986年底统计，全国已建成生活废弃物处理场23座，年处理生活废弃物69.9万吨。

（五）环境卫生专用车辆维修保养场。

1986年，全国城市共有大、中型环境卫生专用车辆19832辆，比1979年增长了近3倍。北京、天津、太原、沈阳、大连、哈尔滨、上海、南京、杭州、厦门、武汉、广州、长沙、西安、成都等城市的环境卫生部门，已经建成规模较大和设备较全的车辆维修保养场。

由上述各项组成的环境卫生设施体系，在一部分大、中城市中已初具规模，有效地保证了废弃物的收集、运输、处理工作有条不紊地进行。

三、城市环境卫生队伍

新中国成立以后，环卫职工以国家主人翁的姿态，肩负着美化城市、改善环境、服务当代、造福子孙的光荣任务。他们的辛勤劳动，得到广大人民群众的尊重，受到国家的关怀和表彰。著名的劳动模范时传祥，就是环境卫生战线的杰出代表。1959年10月26日，在人民大会堂召开的全国群英会上，国家主席刘少奇在湖南厅单独接见了他，亲切地和他握手交谈。在十年动乱中，时传祥受到残酷迫害致死。他在停止呼吸之前，还嘱咐他的儿子干好环境卫生工作。时传祥的事迹，已作为一种时代精神代代相传。

北京市的环境卫生工人牟萍，是继时传祥之后的又一模范人物。1978年，她高中毕业后，主动报名到环境卫生部门工作。她抱着“把一生献给环境卫生事业”的理想，不怕劳苦，努力工作。1985年12月5日，牟萍在马家堡立交桥下清除冰块时，不幸因车祸牺牲，为首都的环境卫生事业献出了年轻的生命。1986年，共青团北京市委授予她模范共青团员的称号，中共北京市委追认她为中共党员。城乡建设环境保护部发出通知，要求全国环境卫生系统开展“向牟萍同志学习”的活动。

广州市卫生处理厂，是广州市环境卫生局下属的一个处理死牲畜的工厂，全厂共有职工52人，他们常年工作在高温恶劣的环境中，工作极端艰苦，但他们用自己的艰苦劳动，为人民创造优美的生活环境，获得了很高荣誉。1986年，被全国总工会授予五一劳动奖状；该厂厂长刘长发，被授予五一劳动奖章。辽宁省营口市环境卫生管理处清扫一队女青年五班，也是一个先进集体。自1978年建班以来，他们不怕苦，不怕脏，不怕累，平均每人担负7366平方米的清扫面积，超过定额1倍多，为改善营口市的环境卫生面貌做出了贡献。

在全国许多地方的各级人民代表大会和政治协商会议中，都有环境卫生职工的代表。1983年3月。城乡建设环境保护部和中国建筑工会联合召开了全国城市环境卫生、园林绿化先进集体、先进个人代表大会。大会表彰了城市环境卫生先进集体15个，劳动模范47名。

新中国成立时，环境卫生工人识字的不多。自50年代开始，国家陆续分配初中、高中、中专毕业生到环境卫生部门工作。原有的环卫职工经过扫盲教育和文化补课，文化程度有了不同程度的提高。据1983年底在138个城市中普查：在环境卫生职工中，大专毕业生占0.6%，高中和中专毕业生占10.7%，初中毕业生占41.2%，与本行业的历史状况相比，有了很大变化。环境卫生职工文化程度的不断提高，为掌握管理和技术知识，实现作业机械化打下了良好基础。为适应城市环境卫生事业发展的需要，1985年在武汉城市建设学院设置了第一个环境卫生工程大专班；上海市环境卫生局受城乡建设环境保护部委托办起了全国第一所环境卫生中专学校；一些大、中城市的城建或环境卫生部门，根据各自的条件，也相继办起了环境卫生职工学校和各种短期培训班。到1986年年底，全国已有各类环境卫生学校10多所。全国353个设市城市，环境卫生专业队伍达24万多人，加上由街道办事处组织的民办公助人员15万多人，共计近40万人，占城市总人口的0.2%。

四、城市环境卫生管理

中国城市环境卫生管理机构的设置，有几种形式：一是，设立环境卫生管理局，隶属建设委员会、市政管理委员会或市容管理委员会。北京、天津、上海、广州、郑州、太原等特大城市和省会城市，就是这种形式。二是，在城建局下设环境卫生管理处，300 多个中小城市多数都是属于这种形式。三是，少数城市在城建局的城管科下面，设环境卫生所或环境卫生站，这种形式不能适应工作发展要求，难以协调全市的环境卫生工作。

为加强城市环境卫生的管理，1983 年，城乡建设环境保护部颁发了《城市市容环境卫生管理条例（试行)》。各省、市、自治区也相继制订了有关法规。到 1986 年年底，全国已有约 80% 的城市制定了环境卫生管理法规和实施细则，以及一些单项的管理办法。同时组建了一定数量的执法队伍，名叫环境卫生监察员或环境卫生管理员，还有一批由一些离休、退休干部和老工人组成的业余管理员。专业队伍由各市统一着装，业余管理员佩戴袖标或胸标执勤。北京市的《关于禁止随地吐痰的规定》和《关于禁止随地乱扔乱倒废弃物的规定》，就是在环境卫生监察员的监督下贯彻落实的。

1986 年，国务院办公厅转发了城乡建设环境保护部和中央爱国卫生运动委员会《关于处理城市垃圾改善环境卫生面貌的报告》。根据文件精神，环境卫生部门在经营管理中实行了经济承包，变无偿服务为有偿服务。1986 年和 1987 年两年，在实行有偿服务的基础上，不断扩大服务面，各种专业服务公司应运而生。这类专业服务公司，实行企业管理，独立核算，自负盈亏。1986 年，深圳市的环境卫生服务公司已发展至 14 家，有偿服务收入达 450 万元，其中外汇收入折合人民币 162 万元，从事有偿服务的职工近 1160 人。这不仅调动了工人的积极性，还减轻了国家财政负担。

第三节　市容管理

市容是城市物质环境和社会环境的总体表现，直接反映着城市景观和环境质量，同城市生产、生活和人民群众的身心健康密切相关。市容管理主要是管理人工化的环境，把构成城市环境的各个侧面视为一个整体，实行统一管理。

一、市容管理工作的发展

新中国成立以后，全国还没有统一的市容管理机构，只是在一些城市局部开展了这方面工作。1958 年，哈尔滨市政府建立了整顿市容指挥部，设立了办事机构，固定了人员编制。1962 年，北京市成立环境卫生处，仅有 2 人做市容管理工作。1978 年，北京市建立环卫局，设市容管理处。1981 年 6 月，天津市成立市容管理办公室，1984 年 1 月，天津市在市容办公室的基础上，扩大组建市容管理委员会，作为天津市政府管理市容的职能部门。

全国性的市容管理机构，是 1982 年 1 月建立的。当时，在城乡建设环境保护部内设立市容园林局，负责归口管理全国市容工作。1985 年 5 月，市容园林局和市政公用局合并为城市建设管理局，市容管理工作并入了城建局的工作范围。

1982 年，城乡建设环境保护部颁发了《城市市容和环境卫生管理条例（试行）》。1985 年，城乡建设环境保护部市容园林局召开全国部分城市市容管理工作座谈会，探讨了市容管理工作的任务和职责范围。1986 年，又颁发了《城市容貌标准》。

随着城市建设的发展，人们对生活和工作环境提出了更高的要求，市容管理工作越来越受到重视。各地都加强了这方面的工作，制订了有关市容管理的地方性法规。同时，还配备了一支 2 万多人的执法队伍。至此，全国城市的市容管理工作得到稳步发展。

二、重点城市市容环境的综合治理

1979 年以后，全国重点城市在市容管理部门的统筹安排和统一协调下，与城市规划、市政公用、房产、工商管理、公安交通等部门共同协作，对市容环境进行综合治理的工作，取得了不少成绩。

辽宁省抚顺市，先后开展了整顿环境卫生、整顿市场、整顿交通秩序等综合整治活动。从1985年6月至9月的4个月中，清除了街道和住宅区的棚、栏、围墙5.2万多处，填平乱挖的菜窖5700多处，清除垃圾残土2.1万多吨，清理整顿了1400多条街道，打通了一些被挤占堵塞的交通消防道路，整修小街小巷和街坊内的沥青道路51条，修下水道10条，清理住宅区的违章建筑达90%以上，煤都抚顺彻底改变了脏、乱、差的面貌。

北京市过去不少渣土都积存在街巷中，刮风时尘土飞扬，下雨天道路泥泞，一直是老大难问题。1978年以后，市容管理部门采取加倍收取运费或处罚违章清运渣土等办法，加强管理，使问题基本上得到了解决。在瓜果、大白菜等上市季节，由于加强了管理，对全市每日8000—9000吨垃圾，能做到日产日清。1982年，重点整顿了50多条大街，10个重点地区。1983年，整顿了155条大街，20个重点地区。1984年，全市有31条大街（地区）被评为市、区两级文明卫生街或环境优美街。1986年，城区和近郊8个区共纠正随地吐痰、乱扔乱倒脏物、垃圾、乱摆摊设点等违章210多万人次，处罚11.7万多人次，罚款约100万元。8个区实行“门前三包”（包卫生、包绿化、包秩序）责任制的单位，1986年已达到18900个。

上海市在十年动乱期间，规章制度废弛，城市面貌不佳，出现“五马闹市”（马路仓库、马路垃圾、马路工厂、马路搭建、马路停车）的严重状况。粉碎“四人帮”以后，仅一年时间，就清除马路积土、垃圾达150万吨，各种物资70万吨，拆除影响交通市容的违章建筑3000多间，恢复和扩大绿化面积3.8万多平方米，疏通下水道840公里，修补路面140万平方米，使市区230条干道得以畅通。

这一时期，天津、广州、哈尔滨等重点城市经过综合治理，效果十分显著，恢复了这些城市的美丽的景观与舒适的环境。

三、广告标志和商业橱窗的管理

广告标志和商业橱窗，能对市容起画龙点睛的作用。1980年以前，广告标志和橱窗管理没有列入市容管理范围。很多城市，广告不按规划设置，路名牌、胡同巷牌、楼房门牌和交通标志等横七竖八，严重影响市容。例如，北京市的甘家口商场至建筑部礼堂岔口处，原来大大小小各种指路标志有14块之多，规格不一，形状各异，十分难看。1980年，经过海淀区市容办公室和有关部门协商后，把路标统一写在一块大牌子上，不但起到了指示标志的作用，同时也和周围环境相协调。四川省自贡市，从1982年起，在4区2县共装饰门面1312户，整饰吊灯、匾额840处，增设和整修广告张贴栏99个、画廊62个，对个体摊贩的晴雨篷伞提出了统一要求。1980年以后，天津市对一些繁华地区和商业街，不仅强调建筑外貌风格协调，还要求内部陈设富有艺术性。1980年起，哈尔滨市粉刷了临街建筑物，油饰和更新了牌匾，整修了橱窗旗幌，建立了一批广告描字牌，在主要街道的商业网点设置了霓虹灯。

各城市的市容管理，虽然做了一些工作，取得了不少成绩，但总的来说，这项工作还刚刚起步。在商品经济不断发展的形势下，也出现了新的情况，如城市流动人口迅速增加，农贸市场、个体摊点到处皆是，很容易给市容造成混乱。如何使之管而不死，活而不乱，是市容管理工作面临的一个新问题。

第十七章
城市防灾

城市可能经受的灾害多种多样，主要有水灾、火灾、震灾、风灾等。有效地预防、消除这些灾害，才能保障人民生命财产的安全，保障城市建设的正常进行与发展。

第一节　城市防洪

一、中国是个多水患的国家

中国的大小河川总长度大约 42 万公里，其中流域面积在 1000 平方公里以上的大中河流有 1500 多条。历史上，中国常遭洪水的侵害。新中国成立前的 2000 年中，黄河堤坊决口达 1500 次，重大改道 20 次，北侵海河，南犯江淮，古都开封 6 次被淹。长江从唐朝到清末的 1350 年间，洪水灾害 233 次，其中特大洪水 4 次，沿江城市多次遭到洪水侵害。1931 年长江大水，使沙市以下的诸城市遭受水淹。武汉三镇被淹后，受灾市民 78 万，死亡 3 万人，直接损失 13.4 亿银圆。1935 年，长江、汉江大水，湖南、湖北 2 省 31 个县城镇被淹。1933 年松花江大水，哈尔滨堤防决口 20 余处，道里、道外一片汪洋，全市 38 万人口中有 24 万人受灾。新中国成立前的 360 年间，天津市遭受 40 次洪水灾害，其中 3 次洪水洗劫全市。1917 年海河大水，天津街道可以行舟，1939 年大水，全市被淹达两个月之久。1915 年，珠江大水，广州成为泽国。

几千年来，各族人民为了生存，同洪水进行了不屈不挠的斗争。秦朝李冰父子修建了举世闻名的都江堰，并总结出岁修要“深淘滩，低作堰”的六字诀及建渠中的“遇弯截角，逢正抽心”八字格言。宋朝贾让、王景在治理黄河中提出了分疏说、滞洪说、疏水攻砂说、改道说、筑堤说等。这些防洪理论和实践，在治理洪水中起了很大作用，为城市防洪提供了宝贵的经验。但至新中国成立前夕，许多城市由于连年战争，江堤、河堤甚至被当作防御工事，破坏得残缺不全。解放前的南京，江堤顶宽只有2.5米，不少处堤岸已倒塌，御洪能力极低。

二、城市防洪

新中国成立后，人民政府对水利建设十分关心。1950年，南京市人民政府组织了修堤委员会，在华东水利部门的统一领导下，两年中动员7万多人，用100多万工日，完成土方量近200万立方米，修复堤防100多公里，使江堤顶宽达到3—5米，堤高超过历史最高水位1米，为抗洪打下了基础。1951年，毛泽东发出“一定要把淮河修好”的号召。许多城市，发动群众，以工代赈，疏通城市河道，恢复和加固堤防，提高了防洪能力。

1952年9月，在政务院财政经济委员会召开的城市建设座谈会上，正式把“防洪排水”列入城市建设计划项目。从此，城市的防洪得到了较快的发展。“一五”计划期间，城市防洪总投资12188万元，占城市公用事业基本建设投资的8.54%。到1959年，全国城市防洪堤增至1781.3公里，防洪堤的质量也在逐步提高，增强了抗御洪水的能力。但在国民经济调整时期，以及十年动乱期间，城市的防洪建设，没有什么发展。

中共十一届三中全会后，城市防洪建设有了新的发展。水利部和国家城市建设总局对城市防洪工作进行了多次的调查研究，于1981年召开了城市防洪工作座谈会。1981年，国务院专门发出文件，对城市防洪工作的管理和建设，作了明确指示。各城市按照国务院的指示，对城市防洪设施，加强管理和维修；组织清理河道内的行洪障碍物，加大河道行洪能力；建立健全管理机构；检查堤防等防洪设施，排除险工险段和隐患。北京、上海、武汉、南京、长沙、宜昌、十堰、衡阳、九江、南昌、南宁、广州、本溪、丹东、合肥等城市，均按照国家批准的城市总体规划和江河流域规划，编制了城市防洪工程规划，建设城市防洪工程设施。在城市防洪设施建设中，大多数城市在修筑防洪堤的同时，还修建了排渍泵站、涵闸，疏浚了河道，把建设江河堤防和城市道路建设、园林绿化结合起来。

在积极采取工程措施的同时，各城市在防洪工作中还采用了非工程措施。一是加强城市河道和城市海岸的管理，建立健全城市防洪设施管理机构。在人民政府领导下，设立防汛指挥部及办事机构，负责日常的城市防洪工程建设和河道、海岸以及其他防洪设施的管理工作，组织清理河道的阻水障碍物，组织防汛抢救及防汛物资的筹集工作。二是把生物工程和建筑工程结合起来，把治理山洪和环境综合治理、保持生态平衡结合起来，大量植树种草，保持水土，防止山洪或泥石流等发生。辽宁省本溪市在修建太子河堤、清理河中行洪障碍物和治理 14 条山洪沟的同时，还规定 20 度坡度以上的山地、丘陵全部封山造林，减少山洪对城市的威胁。三是加强雨情、水情的预报和报警工作。有的城市防汛指挥部门，在加强同气象、水文部门密切联系的同时，还建立了雨情、水情专用通信设施和报警系统。

据 1982 年对 18 个省、市、自治区的 97 个城市调查，城市河道堤防抗御百年一遇以上洪水能力的有 15 个，50 年一遇的有 26 个，40 年一遇的有 3 个，30 年一遇的有 6 个，20 年一遇的有 20 个。到 1985 年年底，在全国设市城市中，设有防洪工程的城市 230 个，已建防洪堤总长 5998 公里，比 1959 年增长了 2. 36 倍。

30 多年来，城市防洪建设虽然取得了不少成绩，但一些城市防御洪水、排除内涝的能力还是比较低的，遇到较大洪水或较大降雨就往往成灾。

三、几个城市战胜特大洪水的事迹

（一）武汉市战胜 1954 年长江特大洪峰。

1954 年五六月份，气候反常，雨量特多。武汉市 1931 年长江大水的最高水位是 28. 28 米。1954 年 6 月 23 日，当武汉的长江水位接近 25. 31 米时，中共中央即发出指示，要求各有关部门与地区必须密切注视，迅速采取紧急措施，竭尽全力来抢救危关。6 月 25 日，当水位突破 26. 30 米时，市政府进行紧急动员。几天之内，就组织了 5000 多名干部、将近 10 万人的防汛大军，开上了堤防前线。大批的土方、石方，各种防汛物资器材，交通运输、通信、排水、发电等工具及各种装备，也由各个地方陆续地集中起来。7 月 10 日，市府进一步动员，加强组织，把全市人民的力量组织到了防汛工作的各个方面去。

7 月 18 日，洪水突破了 1931 年的最高水位 28. 28 米。7 月 27 日到 29 日，全市受到 6—7 级大风的袭击，堤防全线吃紧，很多堤段已失去了抵挡狂风袭击的能力。8 月 3 日，水位突破 29 米，18 日涨到 29. 73 米。此时，长江洪水已高出市区地面 3—6 米，全市堤防已全部靠子堤挡水，险情更加扩大。

中共武汉市委和市人民政府坚定地领导全市人民与洪水和各种困难进行了英勇顽强的斗争。中共湖北省委第一书记、武汉防汛总指挥王任重，以及张平化、宋侃夫副总指挥和总工程师陶述曾等与防洪大军一起，夜以继日地工作。在短短的时间内，全市的防汛力量，由 10 万人增加到近 30 万人。部队指战员、工人、农民、学生、街道居民、机关单位工作人员、工程技术人员都参加了防洪斗争，出现了许多英勇事迹。在防汛抢险斗争中，有 1. 5 万多人被评选为功臣。罗光田、乐金元、贾明武、韩友梅等，就是防洪抢险功臣中的代表人物。

历时三个月的奋战，武汉人民战胜了有水文记录以来的最大洪水。工人们一边防洪，一边坚持着生产，商店照常营业。武汉的抗洪斗争，得到了各省、市人民的大力支援。武汉抗洪斗争的胜利，是全体人民英勇奋斗的凯歌。

（二）南京市战胜 1954 年长江特大洪水。

1954 年夏，南京市也出现了长江特大洪水。6 月初，长江水势开始上涨。为了抗御洪水对城市的侵袭，南京成立了市、区两级防汛指挥机构，并进行了防汛动员和布置。6 月 18 日，南京市长江水位超过了警戒水位，到达 8. 57 米。7 月 13 日，突破历史最高水位即 1931 年的 9. 29 米，而且还在不断增高。同时因连降暴雨，山洪急速下泄，内涝加重，堤防受到内外夹攻，局势严重。22 日，大校场飞机场堤防决口，南京化工厂围堤溃决。中共南京市委紧急动员，要求江河堤防子堰再加高 50 厘米。自 8 月 8 日起，长江水位迅速升高，11 日突破 10 米大关。14 日又有台风警报。这时，全市防洪斗争进入了最紧张的关头。市防汛指挥部决定全市人民总动员，组织一切力量，要在 16 日以前，将全线从 11.20 米的基础上再加高 60 厘米，达到 11.80 米。8 月 15 日，各级投入防汛抢险的工人达 6.3 万人。8 月 17 日 12 时 55 分，长江南京水位涨至 10.22 米，这是南京自有水文记载以来的最高水位，它高出市区大部地面 1.22— 4.22 米。

南京全市工人、农民、学生、干部和人民解放军指战员，以英勇顽强的姿态，万众一心，投入紧张的抢险战斗。长时间被洪水浸泡的大堤，在连续几次大风大浪的冲击下，下关、浦口等地堤防普遍被风浪刷空和打坏，出现漏洞，情况十分危急。南京市建筑公司的工人和解放军某部二连战士立即跳入水中，结成一道人墙，护住缺口和空洞，争取时间，抢修堤防。为了减轻洪水对堤防的威胁，保卫工业建设，保卫铁路运输线，农民不惜以牺牲自己的房屋和庄稼，决堤分洪。为了抢救重要堤防，中国人民解放军的 16 位战士，光荣地献出了年轻的生命。

10 月 8 日江水退却到警戒水位。10 月 25 日退回到 8 米。这一天，全市召开了庆功大会，宣告南京人民 1954 年的防汛斗争胜利结束。在这 112 天中，将 212 公里长的江河防线加高了 2 米，新筑了两道防线 30 余公里，动用土方 75 万多立方米，石方 4.5 万立方米。直接参加防汛斗争人员达 24.9 万余人。在这场防汛斗争中，全市受奖的模范单位有中国人民解放军驻宁部队等 14 个；受表扬的单位有南京市人民政府工务局等 9 个；立集体功的 227 个单位，个人立功的 1290 名（部队功臣未计在内）。

（三）哈尔滨市战胜松花江洪水。

1956 年 7 月，吉林、黑龙江两省连降暴雨，松花江水位急速上涨。8 月 1 日 20 时，哈尔滨地区松花江水位突破了 118.50 米的警戒水位线。8 月 1 日至 2 日，一夜间就超过了 1953 年最高水位 119.30 米的标记。8 月 6 日，哈尔滨出现了第一个洪峰，水位高达 119.64 米。全市 129 公里的长堤，除小部分外，大部分是高程不够，断面不足，坡度太陡，险工隐患较多，经不起洪水的长期浸泡。

面对汹涌的洪水，中共哈尔滨市委和市人民政府于 8 月 1 日发出通知，号召全市人民积极行动起来，战胜洪水。动员一切可以动员起来的力量，积极参加和支援防汛斗争。同时，组成了全市防汛斗争指挥部。8 月 3 日，防汛指挥部决定，在 8 月 8 日前完成一期堤防加固工程，把堤防各段分别加高 0.5—1 米。

在防汛指挥部的领导和组织下，10 万防汛大军在百里长堤上摆开了战场。8 月 5 日，解放军指战员连夜开上了堤防前线，一直战斗在最险要的堤段，成为防汛大军中的骨干力量。年轻的学生们，组成了数以百计的青年突击队，生龙活虎地投入防汛斗争。在哈尔滨的苏联等国的国际友人也主动参加筑堤劳动，并且捐款救济灾民。

8 月 12 日，黑龙江省防汛指挥部发出了第二个洪峰即将逼来的预报。8 月 15 日，第二个洪峰到达，峰顶水位高达 120.06 米。浪头溅上了江畔公园的扶栏，洪水涌进江上俱乐部。在第二个洪峰到达前夕，堤防的标高普遍达到 121 米，堤坝保持最低高出水面 1 米，并加厚加固了堤身。

大堤在英雄的防汛大军守卫下，挡住了汹涌的洪水。8 月 16 日，松花江特大的洪水退却了。哈尔滨人民抗洪抢险斗争取得了胜利。在 20 余天的紧张斗争中，全市涌现出模范单位 332 个，防汛模范 16484 名。矗立在松花江畔的防洪抢险胜利纪念塔，记载着哈尔滨市人民在共产党和人民政府领导下，团结一致，不怕牺牲，与洪水英勇搏斗的革命英雄主义、爱国主义精神和光荣业绩。

（四）天津市战胜百年不遇的特大洪水。

1963 年 8 月 1 日至 10 日，河北地区暴雨倾泻，降雨范围集中在南运、子牙、大清 3 条河系的中、上游地区。一旬总降水量达 577 亿立方米，为 1939 年天津大水时的 1.92 倍，形成的径流量为 302 亿立方米，相当于 1939 年该三河系径流总量的 2 倍多。

由于暴雨量大、面广，南起南运河，北到大清河北支的各路洪水，淹没铁路，直逼天津。在此危急关头，中共天津市委、市政府先后于 8 月 7 日和

13 日发出了《关于做好防汛工作的紧急通知》和《关于防汛抗洪斗争的紧急指示》。在中共中央和中共河北省委的领导下，天津市组织了百万人的抗洪大军，不分昼夜地投入与洪水的斗争。

为了减轻洪水对天津的压力，除充分利用西淀、东淀滞洪外，先后向文安洼、贾口洼、团泊洼、唐家洼和北大港等洼淀放水，起到了错峰、滞洪和缓解作用。8 月 17 日，洪水进入贾口洼，高峰流量为每秒 1 万立方米，形势十分严峻。在此情况下，为分导这股洪水，防汛指挥部于 8 月 20 日爆破南运河右堤，引洪水沿津浦铁路二十五孔桥向团泊洼分洪。由于洪水量大、势猛，团泊洼、文安洼和东淀又都先后出现历史最高滞洪水位，特别是团泊洼水位过高，严重影响到津浦铁路和独流减河左堤的安全。为此，指挥部又决定扒开马厂减河堤，在北大港西围堤上打开了刘岗庄和沙井子口门，在北大港东围堤上扒开入海口门 5366 米，使入海流量最高达每秒 4229 立方米。各洼淀的广大人民群众坚决执行了中共省、市委提出的滞洪、导洪措施，从大局出发，宁可淹没自己的家园，也要保卫天津和津浦铁路安全。全市先后有 96. 2 万人参加了防汛抗洪战斗，其中有 62. 3 万人开赴抗洪第一线，日夜守卫在长达 300 多公里的河堤上，及时对中亭堤、南运河右堤、独流减河左堤、子牙河两岸、金钟河右岸以及海河、北运河两岸等进行了培筑加固工程和防风防浪抢险工作，总计共完成土石方 536 万立方米。经过广大人民的努力奋战，终于战胜了这次百年不遇的特大洪水。

在抗洪斗争中，全市广大群众做出了各自的贡献。交通部门组织了汽车、马车共 4670 辆、拖船和木船 600 只，以及火车 1. 3 万车皮，将 153 万吨的防汛、抗洪物资、器材送到抗洪前线。商业部门在抗洪前线设固定售货点 322 个，流动售货车 316 辆。卫生医疗部门和工厂企业共派出医疗人员 1852 人，治疗伤病患者 34. 5 万多人次。道路工人抢修 18 条 192 公里的道路，保证了交通运输的通畅。电业、电讯工人，不分昼夜架设了 244 公里的供电线路和 2310 对公里的通信线路，保证了堤上、工地的照明和通信联络。在整个防汛期间，全市坚持生产，社会秩序井然。

第二节 城市消防

一、城市消防概况

旧中国由于缺乏消防器材，设施落后，甚至许多城镇没有消防队，火灾严重，城市消防安全得不到保障。

中华人民共和国成立后，城市消防事业进入了崭新的发展阶段。从 1949 年到 1956 年，是新中国消防工作的创建时期。在人民政府领导下，公安机关接管和改造了旧消防警察，组建了以全心全意为人民服务为宗旨的消防民警队伍。同时对原有的“救火会”“水会”等进行了清理整顿，重新建立群众性义务消防队，或改编为公安消防队。1952 年 6 月 29 日，武汉市满家凤巷因居民用火不慎引起重大火灾，烧毁棚户 2139 户，受灾 7000 余人。中共武汉市委当即召开紧急会议，成立了以王任重副市长为主任的市消防委员会，在全市开展防火运动。通过宣传和动员群众，绝大多数居民住户参加了防火互助组，纷纷改造炉灶，增添消防设备，制订防火公约，组织防火检查和巡逻，并且由有关部门严肃处理火灾肇事者，在改善城市防火状况上收到了显著的效果。同年 11 月，公安部通报了武汉市防火运动经验，促进了其他城市加强防火工作。1955 年公安部成立消防局以后，各大、中城市相继建立或健全消防管理机构。为了适应大规模经济建设的需要，1956 年 4 月，国家建委颁发了《工业企业与居住区建筑设计暂行防火标准》。城市消防作为城市建设和治安管理的一项重要工作，逐步走上了轨道。

1957 年至 1965 年，全国消防工作得到较大发展，城市消防工作不断加强和提高。1957 年 9 月，国务院颁发了《关于加强消防工作的指示》；同年 11 月，经第一届全国人民代表大会常务委员会第八十六次会议批准，国务院颁发了《消防监督条例》。在此基础上，国务院有关部门和各省、自治区及许多城市，逐步制订了一套消防规章制度。1960 年 4 月，公安部、建工部制订了《城市易燃建筑防火措施》，同年 8 月，国家建委和公安部颁发了《关于建筑设计防火的原则规定》。1963 年 10 月，公安部召开全国消防工作会议，制订了《关于城市消防管理工作的规定（试行草案）》。随着经济建设的发展，公安消防队和企业专职消防队的实力逐步增强，义务消防队逐渐壮大。1965年5月，经中共中央批准，公安消防民警由职业制改为义务兵役制。随着消防器材生产和消防科研的发展，消防车辆基本上实现了国产化，改变了过去依赖进口的状况，消防器材在产量和质量上有所提高，消防队伍技术装备逐步改善，增强了扑救火灾的能力。

在1966年至1976年的十年动乱期间，城市消防工作遭到严重破坏。消防法规和制度废弛，群众性消防组织基本解体，城市消防监督机构普遍被削弱，不少火灾扑救失利。例如，1969年12月19日，上海市用于举行大型集会和文艺演出的文化广场，因为在大修中违章使用喷灯，发生重大火灾，在扑救过程中，火场秩序十分混乱，造成13人死亡，140余人受伤，有1.2万余个座位的观众厅和舞台上的各种设备被烧毁，经济损失329万元。这是上海解放后损失最严重的一场大火。1972年，在周恩来总理的关怀下，消防工作开始有所恢复。1973年12月，国务院发出《关于开展消防大检查的通知》。1974年10月，国家建委、公安部、燃料化学工业部联合颁发了《建筑设计防火规范》。1975年公安部重申了消防工作的一些规章制度。

中共十一届三中全会以后，消防工作进一步得到恢复和加强。1979年8月，公安部在哈尔滨市召开了全国城市防火工作现场会，交流了城市消防分级管理、消防重点保卫等经验，促进了各城市认真整顿消防工作。为了加强城市消防站的建设，1981年3月，公安部颁发了《消防站建筑设计标准》。1982年10月，公安部与城乡建设环境保护部联合颁布《城镇消防站布局和技术装备配备标准》。在城市高层建筑逐渐增多的情况下，为了加强高层建筑防火工作，国家经委、公安部于1982年12月联合颁发了国家标准《高层民用建筑设计防火规范》。1984年5月，经第六届全国人民代表大会常务委员会第五次会议批准，国务院公布了《中华人民共和国消防条例》，对1957年的《消防监督条例》予以补充和修订。1987年3月，经国务院批准，公安部公布了《中华人民共和国消防条例实施细则》。1985年5月，公安部消防局在广州召开了全国经济特区和沿海开放城市消防工作座谈会。随着改革的深化，促进了各地城市消防工作的进一步加强。

旧中国城市消防落后的面貌已经大为改观，城市消防事业得到很大发展。许多易燃建筑密集区先后被拆除或改建，城市建筑耐火程度有所提高。各地城市消防监督管理逐步加强，公安消防队已普遍建立起来。消防器材装备和消防设施有所改善。各地城市不同程度地增强了防火灭火能力，在同火灾作斗争中取得了显著成绩。

多年来的实践说明，城市消防作为城市建设和管理的一个重要组成部分，必须统一纳入城市规划，进行综合治理；必须动员和依靠人民群众，贯彻“预防为主、防消结合”的方针；必须加强法制建设，依法实施监督管理；必须在发展企业专职消防队和多种形式的群众消防组织的同时，加强公安消防队伍的现代化建设，提高对城市中可能发生的各种火灾的应变制胜能力，以最大限度地减少火灾的危害，保卫城市建设和人民生命财产的安全。

二、城市消防系统

随着城市的数量增加和规模逐步扩大，城市用火、用电、用油、用气增多，全国城市火灾的次数与损失也相应增多。据统计，1986 年全国城市及市辖县共发生火灾 10048 起，死亡 620 人，受伤 1458 人，经济损失 14451 万元。从发生火灾的频率和损失较大的部位看，历年来冬春季节火灾较多，工厂、仓库等工业企业和易燃建筑密集区火灾所造成的经济损失较大。从发生火灾的原因上看，多年来放火所占的比例很小，大多数火灾是由于用火不慎和违反防火安全制度所引起。据统计，1986 年全国城市及市辖县火灾总数中，由于生产、生活中用火不慎和吸烟所引起的占 32.9%；违反安全制度引起的占 19%；违反电气安装使用规程及电气设备陈旧老化引起的占 20.1%；小孩玩火引起的占 6.2%；放火占 4%；自燃占 2.9%；其他原因占 8.4%；火因不明占 6.5%。

（一）消防监督管理机构与消防队伍。

中国城市的消防监督，由各级公安机关实施。50 年代中期，消防监督机构在许多城市都没有单独建立起来，后来才逐步建立与健全。到1986年，全国城市公安局都分别设有消防处或科（股），还有500多个市辖区公安分局设有消防科（股）。城市消防监督人员逐步充实，并配有一定数量的建筑、电气、防火等专业技术人员。

各个城市一般都有3种消防队伍，即公安消防队，专职消防队和义务消防队。

公安消防队是各地同火灾作斗争的骨干力量。从1965年起，公安消防民警由职业制改为现役制。1983年纳入中国人民武装警察部队序列，其人员行政经费由国家开支，公共消防设施、消防车辆装备等所需经费，由地方财政开支。

专职消防队是从“一五”计划期间，随着一些大型工业企业的建设而开始组织起来的，已逐步发展成为城市消防中的一支重要力量。这些消防队一般是由火灾危险性较大，距离当地公安消防队较远的大中型企业和事业单位根据需要而建立的。专职消防队实行合同工制或轮换工合同制，配备所需消防车等器材装备，其人员编制与经费由所在单位负责。企业、事业单位专职消防队担负本单位防火、灭火任务，在需要时还增援公安消防队扑救较大的火灾。

义务消防队是不脱离生产的民办消防组织，具有广泛的群众性，在开展消防宣传，加强基层单位和街道居民防火安全工作，及时扑救初起火灾，以及协助公安、专职消防队扑救大火灾中，都发挥了重要的作用。许多企业、事业单位和街道都建有这种消防组织，配备机动消防泵或其他消防器材，在当地公安消防队的指导和帮助下进行消防业务训练，开展防火灭火工作。义务消防队所需经费及误工补贴，由本单位开支。

1986年在全国353个城市中，除个别新设立的小城市外，都已建有公安消防队。1985年以后，北京、上海、天津等城市还分别成立了消防协会，作为中国消防协会和当地科学技术协会的团体会员，在开展消防学术交流、普及消防科技知识以及同外国城市发展消防友好往来等方面发挥了积极作用。

（二）消防设施。

消防站、消防供水、消防通信和消防通道等，是每个城市不可缺少的公共消防设施，直接关系到城市的消防能力。新中国成立后，城市消防设施的状况逐步得到改善。消防水源，主要是根据建筑设计防火规范的要求，结合城市生产和生活用水工程的建设，配置室外消防供水管网，设置必要数量符合消防用水规定的市政消火栓，并在城区或城市附近的江、河、湖等天然水源处，构筑消防车吸水码头，以保障消防用水的需要。乌鲁木齐、银川、兰州等地市政消火栓从无到有，逐渐增多。其他一些城市的市政消火栓增加了几倍或十几倍以上，使消防供水能力逐步提高。结合市内交通道路的建设，许多城市拓宽和增设了消防通道，以便于消防队迅速赶到火场。除了有些城市利用消防瞭望镜作为发现火警的一种辅助手段外，各城市主要是利用电话来报告火警。各市一般都设有一定数量的火警电话专用线，与本市公安消防队的消防调度指挥中心联通。中国火警电话号码统一规定为“119”。进入80年代以后，使用火灾自动报警装置的宾馆和其他企业、事业单位逐渐增多，越来越多的城市在消防通信上实现了无线电组网。有的城市已将电子计算机技术应用于火警调度指挥工作。

消防站，作为基层消防中队的驻地，是城市消防建设的一项重要设施。《中华人民共和国消防条例》规定：“新建的城市和扩建、改建的市区，应当按照接到报警后消防车能在5分钟内到达责任区边沿的原则设立公安消防队（站）。”按照公安部与城乡建设环境保护部1982年10月联合颁发的《城镇消防站布局与技术装备配备标准》的要求，城市消防站根据其负责保护的区域内的火灾危险性和扑救火灾的需要来设置，每个消防站的责任区面积宜为4—7平方公里。旧中国遗留下来的一些简陋、陈旧的消防站已被改造、扩建，并且新建了一大批公安消防站和企业消防站。1983年以后，还在20余个较大的民航机场组建了公安消防站。但在城市面积扩大、人口增多、生产发展的情况下，仍有不少城市消防站布局过疏。有些消防站责任区面积超过7平方公里，消防队接到火警后难以迅速赶到现场，以致贻误灭火战机。

三、城市消防管理

从20世纪50年代起，各地城市就积极开展群众性防火工作，并且在工厂、企业和其他单位逐步推行防火责任制。许多城市在企业、事业单位和街道居民中以生产、经营单位或居民组织为基础，建立了防火安全委员会，以及义务消防队、治安消防联防队等群众性消防组织。随着城市经济体制改革的深入发展，防火安全工作进一步纳入企业管理的轨道，建立逐级防火责任制和岗位防火责任制，使防火安全与企业经济效益及职工经济利益紧密挂钩，因而取得了显著成效。消防宣传教育，是动员和依靠广大群众做好消防工作的重要措施。多年来各地运用印发防火标语、宣传画和知识手册，举办图片展览和消防器材的文艺节目演出，以及通过电视、广播、报刊等多种形式开展消防宣传，在增强群众消防意识、宣传消防法制、普及防火或灭火知识和交流消防经验等方面，取得了较好的效果。

进入80年代，北京、上海、天津、重庆等大城市还创办了消防报刊。从1985年起，各地城市定期公布当地火灾数字，并适时地报道重大火灾，在通过舆论工具传播消防信息方面取得了新进展。

实行分级管理，加强重点保卫，是搞好消防监督管理的基本措施。在城市消防监督管理中，普遍实行市公安局、区公安分局、公安派出所3级管理。各地区根据当地情况，将火灾危险性大、发生火灾后损失大、伤亡大、影响大的单位（包括重要的工厂企业、大型物资仓库、交通枢纽、政府机关、历史文物建筑、重要的科研单位和高层建筑以及人员集中的公共场所等），列为消防重点保卫单位，实行分级管理，专人负责，严格监督，勤加检查，并按规定的标准逐个验收。对于存在重大火险隐患的单位，由消防监督机构发出火险通知书，限期整改。1981年，公安部在北京召开的全国消防重点保卫工作现场会，进一步推动了各地城市不断加强重点单位管理，有效地防止或减少了重大火灾的发生。

为了在消防监督管理中有法可依，有章可循，国家陆续制订颁发了一系列消防法规和消防技术规范标准。各市人民政府及公安机关也制订了一些地方性的消防管理规定。北京市公安局、公用局于1981年6月制订了《北京市消火栓维护管理规定》。消防监督机构依照消防法规，对各部门、各单位和居民住宅的消防工作进行监督检查，开展建筑设计防火审核，加强易燃、易爆化学物品防火管理，督促整改火险隐患。火灾发生后，由消防监督机构组织调查，及时查明火因，分清责任，按《中华人民共和国治安处罚条例》及其他有关规定给予治安管理处罚，或由上级主管部门和本单位予以行政处分、经济处罚；对于触犯刑法的，则按《中华人民共和国刑法》和《中华人民共和国刑事诉讼法》的规定，由司法机关追究刑事责任。

四、火灾扑救

根据《中华人民共和国消防条例》的规定，任何单位和个人在发现火灾时，都应当迅速向消防队报警。当单位或个人报告火警时，除少数城市由所在责任区公安消防中队直接受理外，一般由该市公安消防总队或支、大队调度室统一受理，立即派出距火场最近的消防中队前去扑救。根据扑救火灾的需要，公安消防队有权调动企业专职消防队到场协同灭火。在紧急情况下，有权调用交通运输、供水、通信和医疗救护、环境卫生等部门的力量，以便迅速控制火势，积极抢救受难人员和重要物资。

扑救火灾所需用的消防器材和消防队伍技术装备逐步得到充实和完善。50年代初期，扑救火灾除用水以外，泡沫灭火器材极为缺乏，各地消防车也几乎都是舶来品。从60年代以后，消防车辆基本上实现了国产化，并且陆续开发和逐步推广使用干粉、卤代烷等新型灭火剂和卤代烷1211、二氧化碳、水喷淋等自动灭火设备。各地配备了扑救一般火灾需要的水罐消防车和水泵消防车。有些城市还配备了扑救石油化工、高层建筑等特殊火灾所需要的泡沫车、干粉车、二氧化碳车、直臂云梯车、曲臂登高车以及通信指挥车、火场照明车和其他专勤车。据统计，1986年各地城市配备的各种国产与进口的登高消防车已超过100辆，其中国产直臂云梯车最大工作高度为28米。

很多重大火灾扑救成功，都是消防干警奋战烈火、人民群众见义勇为和各地区、各单位发扬协作风格的结果。多年来有大批消防干警立功受奖，并涌现了一批英雄模范人物和先进集体。1963 年 3 月 18 日，广西柳州市公安局消防大队鱼峰中队副中队长、共产党员韦必江，在扑救柳江河面油船火灾的战斗中，为了抢救国家财产、掩护同志撤退壮烈牺牲，被公安部追认为“模范公安人员”。沈阳市公安消防支队启工中队，1977 年至 1985 年成功地扑救了 800 多起火灾，在同浓烟烈火的搏斗中，先后有 17 名队员脸上留下伤疤，40 名队员身上留下残疾。这个在灭火战斗中过得硬的消防中队，1980 年被公安部授予全国公安战线模范集体的光荣称号，1984 年被中国人民武装警察部队总部荣记集体一等功。1986 年 11 月 1 日，沈阳市北市副食商场地下室施工现场发生重大火灾，该市消防支队战训参谋张平，因从滚滚浓烟中抢救工人而中毒过重，光荣牺牲，中国人民武装警察部队总部授予他“灭火战斗英雄”的荣誉称号。

中华人民共和国成立以后，城市消防事业取得了很大的成绩，在保卫城市建设和人民生命财产安全上，发挥了积极的作用。由于现代化工业和第三产业的发展，高层建筑的逐渐增多，城市煤气与液化石油气的推广使用，以及家用电器普及率的提高等，都给城市防火、灭火带来许多新课题。

第三节　城市抗震

一、概述

中国地处环太平洋地震带和欧亚地震带，是一个多地震的国家。地震活动有 4 个特点：一是地震活动分布广。据 3000 多年历史资料记载，绝大多数省份都发生过 6 级以上地震，近 80 多年，即发生过 500 余次。根据中国地震烈度区划图，基本烈度在 7 度和 7 度以上地区的面积达 312 万平方公里，约为全国国土面积的 32.5%。二是地震震源浅。中国地震 2/3 发生在大陆地区，震源深度多为二三十公里，只有个别地域，曾经发生过震源深度达几十公里到四五百公里的深源地震。三是地震强度大。近 70 多年，全世界发生 7 级以上强震 1400 多次，中国占 1/10 强，占全球 2/10 或 3/10 的地震总能量，是在中国释放的。近 70 多年，全世界共发生 8 次 8.4 级以上特强地震，中国就占了3次。四是地震重现时间间隔长。除四川鲜水河断裂带等少数地震带以外，中国一次地震重现的时间间隔均在百年以上，甚至更大。

在旧中国，全国从事地震研究的只有3个人，仅有一个地震台。

中国约有一半城市人口处在7度和7度以上地震区，在50万人口以上的城市中，有27个处在7度和7度以上地震区。北京、天津、唐山、太原、大同、包头、呼和浩特、西安、兰州等重要城市都位于8度地震区内。因此，如何减轻城市地震灾害，是一个相当突出的问题。

二、新中国城市抗震工作的初创

中华人民共和国成立以后，地震防灾工作受到国家的重视。为了适应“一五”计划建设的需要，配合156项国家重点项目及其他项目的建设，50年代开始组织研究队伍，建立地震观测台网，开展地震烈度鉴定，并对地震区的重要工程采取抗震设防措施等。这些工作，为抗震防灾创造了一个良好的开端。

1966年3月，河北省邢台地震造成近8000人死亡，120万间房屋毁坏。周恩来总理在视察灾区后指示，地震工作“要为保卫大城市、大水库、电力枢纽和铁路干线做出贡献。”之后，建立了中央地震工作领导小组，在国家科委设立京津地区地震办公室，负责地震预报工作；在国家建委设立京津地区抗震办公室，管理工程抗震工作。开始探索地震前兆和地震预报，布设强震观测台网，地震工程研究进入了新的阶段。

1970年1月，云南通海地震，造成1.5万多人死亡，近34万间房屋倒塌。2月，中央地震工作领导小组召开全国地震工作会议，总结邢台地震以后开展地震工作的经验，进一步明确以预报为主的方针，建议设立国家地震局及相应的地方机构和科技队伍，讨论和制订了1971年至1975年地震工作规划。规划的目标是，研究5级以上地震的短期临震预报，确定6级以上地震的危险区，制订抗震设计规范。

1971年8月，国家地震局宣告成立。1974年，国家建委正式颁发了《工业与民用建筑抗震设计规范》。

1975 年 2 月，辽宁海城地震，死亡 1300 多人，倒塌房屋 110 多万间。由于震前作了预报，人员伤亡大为减少，但房屋、工程设施的毁坏并未能幸免。震后，国务院召开了地震工作会议，决定全面加强地震工作，研究了若干措施。除了健全观测台网和加强综合分析工作，国家地震局设立保卫京、津地区分析预报小组，增设地震台站等项措施外，并决定对京津地区重点工程和房屋建筑进行全面检查，落实抗震措施；在国家建委建筑科学研究院设工程抗震研究所；广泛宣传地震知识，建立地震和防震抗震组织；培训群众测报和抗震队伍；充实科研人员，在高等学校增设有关地震和抗震专业或专业课程；增加仪器装备和经费。这些措施，为城市抗震工作奠定了基础。

三、城市抗震工作的全面加强

1976 年 7 月，河北唐山大地震，造成 24. 2 万人死亡，322 万间房屋倒塌，这是中国和世界历史上罕见的地震灾难。震后，全面加强了抗震防灾工作。1977 年 2 月，国家建委京津地区抗震办公室改为国家建委抗震办公室（1982 年 2 月，该办公室改由城乡建设环境保护部领导），统管全国抗震防灾工作。此外，制定了一整套的规章制度、标准规范和规则，从单体结构抗震发展到整个企业和城市的抗震，全面展开抗震防灾科学研究等，使抗震防灾工作发展到一个新的阶段。

根据唐山和海城这两次地震所提供的经验，在强地震预测、预报方面做了不少工作，也取得了一些成效。但是，即使有地震预报，如工程抗震问题处理不好，仍然不能避免严重的经济损失。海城地震震前，就成功地作了预报，人员大多数撤离房屋，伤亡大为减少。但是，由于房屋建筑和各项设施缺乏抗震能力，震前又来不及采取措施，经济损失并未减轻。唐山地震震前没有临震预报，地震又发生在人口密集的城市，再加上唐山市原定地震基本烈度过低，几乎所有房屋建筑和工程设施都未考虑抗震设防，因而造成的人员伤亡和经济损失为地震史上所罕见。这充分说明，地震预报和工程抗震是减轻未来地震灾害的重要手段，两者相辅相成，不可偏废。

为了加强城市抗震工作，从 1976 年至 1984 年，国务院连续召开 6 次全国抗震工作会议，还召开了城市抗震防灾工作会议和大华北地区抗震防灾工作会议。会议强调抗震工作的重点是抓好城市抗震，要求确保城市要害的安全，并确定了38个重点抗震城市的名单。同时，这些会议还要求加强对抗震工作的领导，抓紧做好抗震加固工作，切实做好震时应急的各项准备工作。确定郑州等10个6度区城市的关键要害设施，按7度进行抗震设防和加固；确定大华北地区（包括：北京、天津、河北、山西、内蒙古、辽宁、江苏、山东、河南、安徽、陕西）的381个重点抗震加固项目。

同时，先后制定了《一九七八—一九八五年全国地震工程科学技术发展规划纲要》《抗震防灾“六五”计划和十年规划轮廓设想》《关于城市抗震防灾规划编制工作暂行规定》，以及关于地震基本烈度6度地区重要城市的抗震设防与加固、设备抗震加固的规定等。根据中期地震预报和中国地震区划图，先后确定了47个重点进行抗震加固的城市，并于1977年12月颁发试行《工业与民用建筑抗震鉴定标准》。此外，还编制了抗震加固技术措施和详图，提出了分析方法，制订了有关规定。

从1977年开始，国家每年拨出1亿—2亿元抗震加固专款，用以加固重要工程项目。根据对27个省、市、自治区和46个部门的统计，1977年至1984年，全国共支出抗震经费22亿多元（其中有10亿元为国家补助，其余为自筹)，共加固了各类建筑1.7亿多平方米，以及一批烟囱、桥梁、电器设施和水坝。

唐山地震以后，对城市新建工程的抗震设防提高了要求，修订了1974年颁发试行的《工业与民用建筑抗震设计规范》。修改的主要内容有：适当提高设防标准，一般建筑的设计烈度，改用基本烈度，不再降低一度；增加考虑饱和轻亚粘土的地震液化问题；对结构影响系数，作了调整与更细的分类；除原定9度外，8度也考虑竖向地震荷载；充实了构造措施。同时还修订了《工业与民用建筑抗震设计规范》，于1979年8月1日起实行。

鉴于唐山地震惨痛的历史教训，除对现有生命线系统的关键部位，进行抗震鉴定与加固外，对一个城市，还要从历史地震、地震地质、土质条件，建筑与人口状况及分布、城市生命线系统等方面进行调查研究，并逐步做出地震危险区划和震害预测，拟订防灾对策与措施。在城市规划、城市改造和土地利用规划中，充分考虑抗震要求。

震后重新建设的唐山市，认真考虑了城市抗震防灾的问题。整个城市按照8度地震烈度进行抗震设防。在城市总体规划上，对抗震防灾问题进行了综合研究，在用地选择、建筑设计、建设施工等各个方面，都提出了抗震的相应措施。所有建筑物都考虑了抗震的要求，特别是对重要的工程，加强了抗震结构。

第十八章
城市勘察测量与市政工程设计

第一节　城市勘察测量

城市勘察测量是城市规划设计和各项工程设计的前期工作，也是实施城市规划、从事各项工程建设不可缺少的工作。城市勘察测量服务于城市建设的全过程。

一、城市勘察测量发展概况

在旧中国，只有少数城市拥有勘测力量，人数很少，装备陈旧，技术落后。如北京解放前夕，仅有钻探钻井技术人员和工人 100 多人，钻机 20 余部，市政测量职工 100 多人，测量仪器 7 台，只能完成简单的勘测任务。

新中国成立后，城市勘测事业从小到大地发展起来，形成一个包括水文地质、工程地质和测量等主要技术行业。1956 年，城市建设部下设城市勘察公司和测量公司，1958 年，城市建设部撤销后，两个公司进行了裁减调整。至 1959 年，建工部部属各院已建立起一支数千人的城市勘测队伍，加上各省、自治区、直辖市的勘测力量，共有勘测人员 1 万余人，拥有动力钻机近 300 台和相当数量的测量仪器。同时，培养出一批能承担复杂勘测任务的技术骨干，在技术上取得了明显进步。水文地质方面，从小规模的凿井，发展到区域性的水文地质勘察，从松散层勘察，发展到基岩找水。工程地质方面，从小型、轻型的工业与民用建筑的地基勘察，发展到大型、重型联合企业的地基勘察，从处理一般的地基问题，发展到解决不稳定地基问题。工程水文物探方面，由面积性物探发展到能够解决某些专题性工程水文问题。测量方面，从小面积的、局部的常规测量，发展到大面积的、高精度的控制测量、地形测量和各种工程测量。并于1958年开始了将航空摄影测量技术在城市大比例尺测量工作中应用的课题研究。

1960年，国民经济困难时期，在精减机构时，过多地下放了城市勘测人员，技术骨干大量调走，仪器设备大量调出，生产能力大大下降。尤其是地方勘测力量精减过头。青岛市原有测绘人员100人，精减后只留下10人；重庆市原有40人，只留下2人；太原市原有80人全部被精减。1962年后，从各地勘测单位抽出大部分勘测力量，承担了农业打井和大小三线勘测的任务。十年动乱期间，城市勘测事业遭到了严重摧残。直到1979年国家城市建设总局成立，城市勘测工作才得到了恢复和发展。

1980年，国家城市建设总局在南京和太原分别召开城市测量和城市勘察工作座谈会，提出了加强城市勘测工作的意见和措施。同年，又在济南召开城市勘察测量规范工作会议，布置了城市测量规范、城市规划工程地质勘察规范、市政工程地质勘察规范、城市水文地质钻探与凿井安全技术规程、城市勘察物探规范、城市供水管井设计、施工与验收规范和城市供水水文地质勘察规范等的制订工作。1982年，城乡建设环境保护部在合肥召开了城市勘察管理工作座谈会，讨论和拟定了城市勘察工作5项管理规章制度和城市工程地质编图原则。在西安召开了制订城市测绘定额工作会议，组织编制了一套城市测绘工作定额。1985年开始，城市勘测单位陆续试行了技术经济承包责任制，改变了过去按人头拨给事业费的办法，实行按承担任务的数量、质量和国家规定的收费标准收取勘测费。城市勘测单位的这一改革，打破了“大锅饭”带来的各种弊病，更好地调动了广大城市勘测职工的积极性，提高了工作效率，保证了工程质量，给城市勘测事业带来了新的活力。1985年，城乡建设系统的勘测人员已达2.6万多人，勘测设备也得到了充实和更新。

二、城市水文地质勘察

（一）城市水源水文地质勘察。

30多年来，城建系统的勘察单位共完成了100多个城市水资源勘察任务，特别是对华北、东北、西北以地下水为主的城市取水提供了依据。中国市政工程西北设计院，在兰州马滩地区找到了多达 10 万立方米/日的地下水水源，经过 18 年的生产验证，效果良好。中国市政工程东北设计院，在过去不易找到地下水的火山碎屑岩、白垩系泥岩、砂岩、玄武岩和多年冻土地区运用地质水力找水理论，采用物探、勘探相结合的方法，找到了丰富的地下水，提高了基岩地区的成井率，满足了一些城市和工矿企业的需要。在勘察技术上，改进了传统的泥浆钻探技术，推广了活塞洗井方法，减少了套管钻进方法，提高了工效，降低了成本。在大口径钻探、钢筋混凝土缝隙式井管以及分层分段取水等施工技术方面，也取得了较丰富的经验和显著效果。80 年代，开始采用了遥感技术、同位素和电子计算机等新技术。

（二）城市环境水文地质工作。

自 70 年代起，由于不少城市过量开发利用地下水和工业“三废”不合理排放等，引起水位持续下降、水量枯竭、水质污染、海水入侵、地面沉降和塌陷等许多环境水文地质问题。为解决这些问题，许多城市积极开展城市环境水文地质研究工作，建立地下水监测网，进行环境水文地质评价，为环境治理提供了科学依据。有几十个城市基本上查明了地下水的污染范围、途径、程度等。许多城市，还开展了地下水污染治理的研究和防治工作，如对防护区的圈定，排污途径和排污容量的确定，污水库（渠）的位置选择与防渗措施，防止污染区的扩大等，都进行了大量研究工作。

（三）城市地热勘察。

地热资源的开发利用，50 年代主要用于医疗方面。60 年代开始用于工业、农业、渔业和人民生活方面。从 70 年代起，开展了地热普查、勘探。在北京、天津、张家口、沈阳、鞍山、南京、厦门、兰州、昆明、拉萨等城市，先后都进行了地热或温泉的普查和勘探。初步统计，全国有 40 多处地热田，2600 多处天然露头温泉，200 多处人工热水露头。西藏拉萨羊八井地热田，已用来发电。北京、天津的大量热水井已被利用于工业和人民生活，节省了能源。

（四）城市地下水人工补给。

70年代，城市地下水人工补给工作逐步得到了发展。不少城市通过水井进行冬灌夏用或夏灌冬用，利用含水层进行储热储冷，满足降温、空调或取暖、锅炉用水的需要。上海、杭州、天津、北京、常州等地，开展了回灌试验研究工作。上海市自1921年至1965年，市区最大累计沉降量已达2.63米。确认地下水过量开采是引起地面沉降的主要原因后，在市区进行了地下水的人工回灌，并建立建井审批制度，全面限制和压缩地下水开采量。经测量表明，市区地面沉降已基本得到控制。北京黄村的渗坑回灌试验，首都钢铁厂的大口井回灌试验，均取得较好成效。

（五）城市地下水动态监测和管理。

为了控制地下水的过量开采，工业比较集中的京、津、唐地区，辽宁的下辽河地区，长江三角洲地区，相继开展了地下水动态监测工作。许多城市建立了地下水动态监测站，对地下水的预测预报、水资源评价和管理，提供了科学的基础资料。由于城市地下水的开发利用缺乏统一管理，出现了乱采乱用、工农业争水和水质恶化等现象。从70年代开始，一些城市对此问题已引起重视，并采取了一些措施。上海、北京、沈阳、哈尔滨、西安等地下水开采量较大的城市，都建立了水资源管理机构，制订了管理制度，以便有效地、经济合理地利用地下水资源。石家庄市还进行了水资源管理模型的试验研究，以取得科学管理水资源的经验。

为了加强对地下水资源的管理，许多城市编制了比例尺为1/50000至1/100000的水文地质图或图集，对城市地下水环境质量做出了现状评价与趋势预测，为城市地下水开发和环境规划提供了科学依据。

三、城市工程地质勘察

（一）城市规划工程地质勘察。

城市规划工程地质勘察，是城市规划和城市建设的先行工作。广大工程地质人员，配合城市规划，完成了城市规划部门提出的工程地质勘察任务，在深入调查研究，充分收集、分析利用已有资料的基础上，因地制宜，选择运用各种勘察手段，进行工程地质勘探工作，广泛查明了规划区的工程地质条件。80 年代以后，为配合全国广泛开展的城市规划工作，已有一些城市编制了城市工程地质图集，为城市规划和建设提供了大量工程地质数据。有的城市对其中的一些工程地质问题进行处理，也收到了良好效果。建于公元 963 年的苏州虎丘塔，由于塔基岩面为一个向北东倾斜的斜坡，使塔基产生不均匀沉降，该塔高 47. 26 米，偏斜 2 度 46 分，偏心距达 2. 325 米。勘探后，通过加固，塔的倾斜与沉降已基本停止。

（二）市政工程地质勘察。

市政工程地质勘察，是为市政工程设计和施工提供所需的工程地质资料，并对建设场地和地基的工程地质条件做出评价。市政工程地质勘察包括：城市道路、桥涵、供水、排水、煤气、热力、输油、堤岸等工程地质勘察。

新中国成立以后，市政工程获得了迅速发展，市政工程地质勘察也相应发展。除了满足一般市政工程需要外，还完成了较为复杂的上海黄浦江过江隧道和泖港斜拉桥，武汉、南京、重庆的长江大桥，兰州黄河大桥，北京、天津的地下铁道等工程建设的地质勘察任务。

（三）工业与民用建筑工程地质勘察。

工业及民用建筑场地的工程地质勘察，是分阶段进行的。一般分为：选择场地勘察、初步勘察和详细勘察，对工程地质条件复杂或有特殊施工要求的重大建筑地基，还需进行施工勘察。在“一五”计划时期，进行了各类大型工业企业的工程地质勘察，完成了北京饭店、首都剧场、上海鲁迅纪念馆和曹杨新村住宅区、西安人民大厦等一大批民用建筑的工程地质勘察。在“大跃进”和国民经济调整时期，工程地质勘察行业虽然受到影响，但在提高勘察技术以及积累经验等方面，仍然取得了进展。在这期间，仅建工部系统就完成各类房屋建筑面积 2. 28 亿平方米。著名的首都十大建筑就是在这期间建成的。在十年动乱中，工程地质勘察工作受到了很大削弱。但是，在内地“三线”建设中，广大工程地质人员仍然做出了贡献。中共十一届三中全会以后，在对外开放和对内搞活方针指引下，尤其是继设立深圳、珠海、汕头和厦门 4 个经济特区以后，又建立一批沿海开放城市的经济技术开发区，工程地质勘察任务愈来愈大。80 年代以后，中国建设了一大批关系国计民生的骨干项目，如陡河电厂、秦岭电厂、北京石化总厂、上海化纤总厂、辽阳化纤总厂和咸阳显像管厂等。同时在一些大城市和经济特区，兴建了许多高层建筑，如北京 27 层的西苑饭店、广州 20 层的白天鹅宾馆、武汉 20 层的晴川饭店、南京 37 层的金陵饭店、深圳 48 层的国际贸易大厦等，这些建筑物的施工和建成，标志着中国工程地质勘察水平达到了一个新的高度。上述大量的工业与民用建筑的胜利建成，都是与广大工程地质人员提供准确、可靠的工程地质资料分不开的。

（四）勘察技术和勘察理论研究。

对冻土、黄土、软土、红黏土、膨胀土、盐渍土、填土等各种土的形成、性质、影响因素以及工程地质评价方法和防治措施，进行了大量试验研究，取得了重大进展。在滑坡、泥石流、岩溶、潜蚀和流砂的形成及其工程地质研究方面，都取得了大量研究成果。在勘探技术方面，多数单位已装备了液压驱动、功能较全的钻机。取样技术也有了改进。原位测试技术发展很快，标准贯入试验甚为普及，电测静力触探测试得到了推广，横压测试技术已应用于勘察实践。在土工试验方面，许多单位相继研制出 QGY 型轻便三联式气压固结仪、多级气压自动加荷高压固结仪等一批新仪器和新设备。

四、城市测量

（一）城市控制测量。

城市控制测量是根据不同需要，对城市规划地区建立适宜密度的测量标志，测设系统统一，精度合乎规范标准的平面与高程控制网，为进行城市大比例尺地形测图、规划道路定线拨地、市政工程、园林绿地工程，以及一般工业与民用建筑工程设计、施工和改建扩建测量，及各项工程测量提供测量技术依据。

中国从 20 世纪 50 年代开始，不论新建和改建城市的控制测量，均遵循从近期出发，适当照顾远景需要，统一坐标和高程系统，满足城市最大比例尺 1/500 测图，满足一般定线放样精度要求，并从整体到局部，进行控制和设置永久性标志等一系列基本原则进行，从而保证了控制网的适用性与可靠性。

城市控制测量为满足城市规划和建设的需要，基本上是建立独立的、统一的坐标系统，并且多数与已有国家大地网点取得连接，高程系统则绝大多数采用国家统一的1956年黄海高程系，这就有利于测量资料的相互利用。绝大多数平面控制网的精度和所有城市高程控制，完全适应了1/500比例尺测图的精度要求和城市规划建设的需要。

据97个从事城市测绘工作单位的统计，到1983年年底，累计完成平面等级控制点30万点，完成水准测量10万公里。

（二）城市地形测量。

中国城市大比例地形图，通常采用1/10000、1/5000、1/2000、1/1000和1/500比例尺系列。1/5000、1/10000比例尺的地形图，既是城市地形图系列，又是国家基本比例尺系列，可以利用国家已有此比例尺地形图或按国家相应规范进行实测，亦可按城市需要实测或依较大比例尺地形图编制。1/2000比例尺地形图，一般是城市市区基本地形图，多需实测。1/1000、1/500比例尺地形图，是旧城区与建成区基本地形图，均需实测。为了城市建设和管理的需要，编制的各种专用图件逐年增多，特别在一些大城市，已利用实测大比例尺地形图，编制有1/20000、1/25000、1/50000、1/100000以至1/500000比例尺的城市交通图、综合管网图、旅游图、区（县）挂图和城市地图集等。70年代以后，航测成图技术已广泛应用，一般采用综合法与全能法测图。成图比例尺与摄影比例尺的放大比，一般为4—6倍，除制成各种大比例尺线划图外，还制作了不同比例尺的影像地形图，供有关领导部门作宏观决策使用。

自1949年至1983年年底，118个从事城市测绘的单位，共计完成各种比例尺地形图实地面积约24.3万平方公里，航空摄影面积约5.29万平方公里，编制地形图、专业图、图集、图册等约1.5万幅。

地面人工测图的成图质量，据1981年北京、上海、天津、南京、广州、武汉、重庆、沈阳、西安、青岛10个城市完成的1/500、1/1000、1/2000比例尺图抽样检测结果看，主要地物平面位置中误差平均为0.45—0.54毫米，次要地物平面位置中误差平均为0.54—0.66毫米。航测成图质量，据19个测绘单位对1982年以前完成的25个城市或测区成图检测资料综合统计，1/2000比例尺丘陵地、山地全能法航测结果，地物平面位置中误差平均为0.51毫米，高程中误差平均为0.62米，综合法成图平面精度平均为0.54毫米。1/1000比例尺成图，主要在平原地区，平面精度平均为0.5毫米。实际抽样检测结果说明，其成果成图的质量，符合1985年城乡建设环境保护部新颁布的《城市测量规范》的要求。

（三）城市工程测量。

新中国成立以后，市政工程和建筑工程的测量，都做了大量工作。在市政工程方面，有城市道路选线、定线测量6万多公里；6600座城市桥梁的断面、定位测量；5万公里城市供水排水管道定线、定位测量；以及其他电缆管线的定线、定位测量；地下铁道和过江隧道等大型工程测量。在建筑工程方面，有建筑前期测量，建筑施工测量和建筑竣工测量。

此外，对有的城市地壳变形、地面沉降，还进行了监测工作。

第二节　市政工程设计

市政工程设计是城市基础设施建设的首要环节，先进合理的设计对缩短建设工期，加速城市建设，节约投资，提高经济效益，起着关键性的作用。

新中国成立前，少数大、中城市的市政建设部门拥有极少数的市政工程技术人员，仅能完成零星的技术简单的供水、排水管道工程和道路桥梁工程设计、施工和维修任务，没有形成市政工程专业设计队伍。新中国成立后，随着城市和工业建设的发展，市政工程设计队伍才逐渐发展和壮大起来。

一、市政工程设计的机构和队伍

1953年，国家开始进行“一五”计划建设。为了适应国民经济发展的需要，1954年4月，建工部成立上下水道设计院，同年7月，改名为给水排水设计院。这是中国有史以来第一个城市给水排水专业设计院，它承担全国城市和工业建设中供水排水工程勘察设计任务。1954 年年底，全院职工人数有 200 余人。1954 年 10 月，建工部成立上海给水排水设计院（1957 年下放上海市，1970 年改名为上海市政工程设计院），承担华东地区供水、排水、桥梁、防洪工程设计任务。1956 年 1 月，城市建设总局成立给水排水设计院武汉分院，承担中南地区供水、排水工程设计任务；同年 3 月，成立给水排水设计院兰州分院，承担西北地区供水、排水工程设计任务；同年 9 月，城市建设部成立给水排水设计院成都分院，承担西南地区供水、排水工程设计任务。1957 年，城市建设部成立天津煤气设计院。1961 年 2 月，建工部成立给水排水设计院东北分院，承担东北地区供水、排水工程设计任务。到 1964 年，建工部直属的北京、中南、西北、西南、东北给水排水设计院、天津煤气设计院和上海市政工程设计院，全部职工人数达 2000 多人。1970 年，部属北京给水排水设计院被解散，部属中南、西北、西南和东北 4 个分院，下放给地方，大大削弱了市政工程设计技术专业队伍力量。1976 年后，才将中南、西北、西南和东北 4 个给水排水设计院及天津煤气设计院收回国家建委直接领导，并将天津煤气设计院扩大，成立华北市政工程设计院，后归国家城市建设总局领导。1982 年，归城乡建设环境保护部领导后，改名为中国市政工程华北、中南、西北、西南、东北设计院。1980 年成立了沈阳市煤气化研究所，划归城市建设总局领导。到 1986 年职工人数近 4000 人。地方市政设计院除北京、上海、天津市政设计院技术力量雄厚、规模较大外，城市的市政设计力量比较分散，有的设立设计科室，有的设立设计处或研究所，主要承担当地中、小市政工程设计任务。到 1983 年年底，省、市市政工程设计队伍总人数约 6000 多人。

城市市政工程的专业设计队伍，从小到大，从供水、排水的单一专业设计队伍，逐渐发展成为一支拥有供水、排水、道路桥梁、煤气热力和防洪工程等综合性的市政设计队伍。至 1986 年，全国市政设计队伍，加上园林设计队伍，约有 1.2 万余人。其中市政工程及园林甲级设计单位职工总人数为 9050 人，含技术人员 5915 人。这支队伍经验丰富，工种齐全，力量雄厚，是中国市政工程及园林设计的骨干力量。

二、市政工程设计技术的发展

我国从50年代初期到60年代中期，是在学习苏联经验基础上进行市政工程设计的。为配合国家156个重点建设项目，完成了西安、兰州、太原、成都、包头等城市的市政工程设计任务，对保证完成国民经济建设第一个五年计划，起到了重要作用。在给水设计方面，能够设计每昼夜供水能力近百万立方米的给水工程、库容达几亿立方米的城市供水水库工程、管渠长达76公里的长距离输水工程、河流水位落差达70多米的取水工程等，掌握了一般水质净化技术，以及几种特殊水质处理技术，如除铁、除锰、除氟和高浊水质等。在排水设计方面，除掌握了城市雨、污水管道和防洪工程设计技术外，还掌握城市污水二级处理工艺和污泥处理技术以及人造纤维、含酚、石油化工、纺织印染等30多种工业污水处理技术。在道路桥梁设计方面，采用形变模量法设计柔性路面，采用弹性理论设计钢筋混凝土桥、预制装配式钢筋混凝土桥、钢筋混凝土空心板桥、钢筋混凝土悬臂梁桥等。

从60年代后期到70年代中期，人们从实践中总结经验教训，提高了理性认识，普遍重视节约和经济效益，进行技术革新，采用新工艺、新技术、新材料、新设备。在给水设计方面，通过试验，采用加速澄清池、水力循环澄清池、斜管沉淀池等先进技术，代替了低效率的传统平流式、竖流式沉淀池，从而使沉淀效率提高3倍多；过滤技术采用双层、三层滤料池，代替传统的快滤池，提高效率0.5—1.0倍多。在排水设计方面，采用斜板沉淀池、表面曝气池，比传统的立式沉淀池和普通曝气池提高效率1—2倍多。在道路设计方面，提出了柔性路面设计理论。桥梁设计中，采用了弹塑性理论，一些新型桥梁得到了较大发展，如双曲拱桥、斜腿钢架桥、预应力悬臂桁架桥等。这些成果，不仅效果好、效率高，而且促进了技术进步，节省了资金。

中共十一届三中全会后，市政工程设计出现了一个新的局面。由于实行经济体制改革，重视科学研究，科研面向生产，设计工作实行经济责任制，引进和消化国际先进技术等，进一步促进了技术创新。在给水设计方面，开展了絮凝理论和絮凝池合理设计研究，探索紊流对絮凝效果的关系研究，突破了絮凝池设计的传统概念，采用折板、网格等新型式，大大提高了絮凝效果，使絮凝技术达到一个新高度。通过试验，对同向流斜板沉淀池创造了纵向集水装置，同时，对翼片斜板侧向流沉淀池设计，取得了很好的效果，使发展斜板沉淀池又提高一步。应用移动罩滤池，在管理上可实现全自动化运行，堪称为“中国式滤池”。大型水厂已经开始采用微波传送，进行水源水质监测、数学模型微处理机自动投药和自动控制运行。在排水设计方面，运用电算程序，推导合理雨量公式，排水管渠走向大流量、大断面、长距离排水暗渠；污水处理已向综合利用、深度处理发展，探索污泥两相消化，发展沼气利用；为节约能源，发展射流曝气、深井曝气等新的处理技术。在桥梁设计方面，桥型设计技术理论也有较大的进步，如预应力钢筋混凝土 T 型刚构式桥、大跨径的斜拉桥及悬索桥等设计技术，都跨进了一个新的阶段。在城市煤气制气技术方面，对传统的干馏制气技术提高自动化水平，防止污染、向大型化发展等技术，都取得了较大进展；两段炉和加压气化研究，也取得了成功。在防洪工程设计方面，已掌握了半重力式和悬臂式混凝土堤、钢筋混凝土堤设计。

市政设计队伍为城市与工业建设完成了大量勘察设计任务，出现了大批优秀设计。1981 年，在全国城建系统的优秀设计评选中，共评选出荣获国家优秀设计奖、国家城建总局一等奖的优秀设计 8 项；获国家优秀设计表扬项目、国家城建总局一等奖的优秀设计 1 项。此外，还有 23 项设计获国家城建总局二等奖。

1984 年，在全国城建系统的优秀设计评选中，共评选出荣获国家优秀设计奖、城乡建设环境保护部一等奖的优秀设计 8 项；获国家优秀设计表扬项目、城乡建设环境保护部一等奖的设计 5 项。此外，还有 26 项设计，获城乡建设环境保护部二等奖。

1986 年，在全国城建系统的优秀设计评选中，共评出荣获城乡建设环境保护部一等奖的优秀设计 3 项，二等奖的优秀设计 10 项，三等奖 22 项。

三、市政工程设计管理

新中国成立初期，按照行政管理模式，建立起一套市政工程设计生产管理体系。国家在各大行政区设置国家级设计院，承担各大区的大型的复杂的市政工程设计任务，无偿地为工业建设服务，保证了工业建设任务的顺利完成，起了积极的作用。这种设计管理体制，一直延续到80年代初期。从1984年起，按照中共中央确定的改革方向，有领导、有步骤地对设计单位管理体制进行了改革，允许国营、集体和个体设计单位并存，形成开放型、竞争型体制。全民所有制的设计单位先实行低收费制，然后创造条件，积极试点，有计划、有步骤地引导全行业逐步实现企业化、社会化。

为使生产管理适应体制改革需要，更有利于实行承包技术经济责任制，实行多劳多得的奖金分配制度。这种措施对推动生产、提高效率起到了积极作用。

大部分市政设计单位于1984年实行了经济承包责任制，调动了设计人员的积极性，设计工作效率大大提高。1984年，据城乡建设环境保护部直属设计院和京、沪、津10个设计单位统计，全年完成工程投资25亿余元，总收入4500余万元，比1983年分别增长83%和200%。由于增加了收入，充实了技术装备、改善了工作条件以及职工福利待遇等。

工程设计招标是设计改革的一项重要措施，旨在提倡竞争，鼓励先进，提高工程效益。市政设计行业承担的任务，已初步打破了地区和部门界限，部分重大设计项目及深圳、大连开发区市政工程项目都试行了招标投标制度，有效地发挥了设计单位积极性和投资效益。

大、中型市政工程项目在委托设计之前，先进行可行性研究。对工程技术重大原则和设计方案进行技术经济评价和论证工作，增强了技术上的可靠性和经济上的合理性，是设计工作中的一项重要改革内容。

第十九章
城市建设科研、教育和学会活动

城市建设科研、教育和学会活动，是城市建设工作的重要组成部分。新中国成立后，这几方面的工作都取得了不少成绩。但从全国来看，仍是人才缺乏，设施不足，还不能适应城市建设发展的需要。

第一节　城市建设科学研究

新中国成立以后，随着新城市和新工矿区的兴建，以及原有城市改建的需要，城市建设科学研究逐步发展。但起步晚，曲折多，进展慢，直到中共十一届三中全会以后，才得到较快发展。

一、城市建设科学研究的初步发展

1956 年，在制订中国第一个发展科学技术的远景规划（即“十二年规划”）时，国家把“区域规划、城市建设和建筑创作问题的综合研究”列为重点项目，包括 9 个中心问题：

1. 研究区域规划的理论、原则和编制方法；
2. 研究城市和居民点的规划问题；
3. 研究在采用定型设计条件下的居住区规划问题；
4. 研究城市规划中的工程问题和交通运转问题；
5. 研究工业区、城市与居民点供水水源的勘察与利用问题；
6. 研究城市和居民点集中供热、供煤气的方法和技术经济问题；
7. 研究城市与居民点在规划与建设中的技术问题；

8. 研究中国大城市改建的规划问题；

9. 研究新中国建筑的创作理论。

从此，城市建设科学研究提到了各级城建部门的工作日程。1956 年 10 月，在建工部建筑科学研究院设立城市规划与区域规划研究室。1957 年 7 月，城市建设部在北京成立市政工程研究所。1958 年，增加了农村规划与农村建设研究的课题。

国家科学技术委员会于 1960 年 1 月检查“十二年规划”执行情况时，认为区域规划的理论、原则和编制方法，工业区、城市与居民点供水水源的勘察与利用，城市和居民点在规划与建设中的技术 3 个中心问题，基本上达到“十二年规划”所提出的指标。在区域规划的理论、原则、方法研究课题中，提出了《区域规划编制暂行办法（草案)》。在供水水源的勘察与利用方面，初步研究成功了泥浆钻井技术、电测地下水等技术和轻便钻机，对快滤池的研究也取得了进展。开始采用自控水泵、井群遥控、远距离传示等新技术。在生活污水利用和天然净化处理等方面取得了一定成果。

50 年代末，在国家重点研究项目外，城市建设广大职工和科技人员，开展了技术革新，取得了一定成效。在水源勘察中，采用泥浆打井技术，提高了勘察速度，节省了钢材和人力。在道路工程方面，对道路泛油和翻浆问题开展了研究，取得了良好成效，并创造了半机械化施工方法。在供水、排水工程方面，采用预应力钢筋混凝土管、石棉水泥管、混凝土压力管等十多种新型管材。在煤气方面，研究解决了中压煤气采用铸铁管及其敷设和接头等问题。

1962 年，国务院在广州召开的全国科学技术工作会议，重新制订了第二个发展科学技术的远景规划（即“十年规划”)。在“十年规划”中，国家科学技术委员会与建工部组织编制了《一九六三——一九七二年建筑工程科学技术发展规划（草案)》，包括建筑安装、城市建设和城乡规划 3 个方面。在城市建设方面，十年科学技术发展的总目标是：充分利用现有城市设施的潜力，积极掌握城市的现代化建设技术。根据国家建设的需要，确定重点项目 3 个，中心问题 30 个，研究项目 134 个。城乡规划方面的重点项目 1 个，中心问题

12个，研究项目49个。这对城市建设科学研究的全面开展，起了指导推动作用。但由于科研经费、条件以及研究机构的变动等原因，“十年规划”未能完全实施。城市建设方面，对供水水质净化技术和理论、几种工业废水及放射性废水处理和利用、供水排水非金属管道设计和施工技术、回转冲击两用钻机、应用航测成图方法、利用劣质煤制造城市煤气、重油裂化制气方法、城市煤气输配系统技术、利用工业废料修筑城市道路底层技术、预应力混凝土城市桥梁结构、隧道施工技术、城市公共交通车辆与维修保养技术、园林植物栽培与养护、珍贵动物的饲养、繁殖与疾病防治技术等课题作了研究，取得了一定成效。城乡规划方面，由于承担中心问题的负责单位国家计委城市规划研究院、建筑科学研究院城市规划与区域规划研究室于1964年、1965年相继撤销，研究工作被迫中断。

十年动乱时，取消了城市建设科研机构，销毁了资料，新中国培养起来的一批科研力量几乎全部被分散。1973年6月，国家建委在建筑科学研究院设立城市建设研究所，但这时“文化大革命”尚未结束，工作难以正常进行。

二、城市建设科学研究进入新时期

1978年5月，国家建委城市建设局在常州召开了城市建设科技工作会议，研究制订了1978年至1985年全国重点科学技术项目第58项“研究城市规划布局、水质处理、城市的现代化交通和城市燃气系统”专题细目、承担单位和主要措施等。

1978年召开的第三次全国城市工作会议提出，要建立、健全城市建设、城市规划设计和环境保护的科学研究机构。此后，城市建设各级科研机构逐步恢复，研究力量又重新组织起来。1979年，国家城市建设总局把建筑科学研究院城市建设研究所改为城市规划设计研究所；1982年，又改为中国城市规划设计研究院。1980年，国家城市建设总局把原沈阳市煤气化研究所改为国家城市建设总局东北煤气化设计研究所。1982年，中国基本建设经济研究所改称为中国城乡建设经济研究所，由城乡建设环境保护部领导。1985年，城乡建设环境保护部成立了城市建设研究院和城镇住宅研究所。

据1985年年底统计，各地方的城市建设科学研究机构：在城市规划方面，有河北、辽宁、吉林、浙江、江苏、江西、河南、湖北、四川、广东、贵州、甘肃、青海、宁夏14个省（自治区）成立了城市规划设计研究院（所）。在市政公用方面，有北京、上海、天津、济南、武汉、广州、西安、沈阳、哈尔滨、长沙、成都、乌鲁木齐、郑州、湘潭14个城市成立了17个市政、公用事业、公共交通科研院（所）。在园林绿化方面，有北京、天津、上海、南京、杭州、哈尔滨、郑州、武汉、广州、沈阳、太原、青岛、吉林、成都、昆明、西安、贵阳17个城市成立了园林科研所。在城市住宅方面，有北京、上海、南京、南昌、沈阳、大连、哈尔滨、武汉、广州、成都、重庆、蚌埠、长春14个城市成立了房产住宅研究所或白蚁防治研究所。到1986年年底，城市建设系统科学研究机构已发展到88个，其中省市77个，部直属11个（包括7个非独立研究室、所），职工总人数7335人，其中科研人员3272人，包括工程师1359人，高级工程师130人。

自1978年以来，城市建设科学研究的主要成就是：

1. 在技术政策研究方面有：《城市建设技术政策要点》（已经国务院批准，在全国颁布施行）、城市土地地价地租和经营、若干经济较发达地区城镇化途径和发展小城镇的技术经济政策、解决城市困难户住房的途径和政策问题、中国城市发展战略问题、城市交通运输发展方向问题、城市燃气合理价格的分析、城市污水处理厂技术经济政策、城市集中供热的发展方向和技术经济政策及近远期实施途径的研究等。

2. 城市规划方面的研究成果有：现代海港城市规划和港区合理布局、居住区详细规划、利用改善城市现有道路提高通行能力、天津市居民出行调查、深圳特区道路交通规划、城镇合理规模、城市规划定额指标、现有大中城市改建规划的研究。

3. 有关理论和方法的研究成果有：中国盆景艺术研究、高浊度水沉淀处理理论、京津唐地区各城市的性质功能与发展方向及相互关系、华北地区水资源评价和开发利用的研究、地下水资源评价的原理和方法、庐山风景名胜资源评价、天津货物流动规律的综合研究等。

4. 工程技术研究开发方面的研究成果有：水质处理研究中的曝气技术、除铁除锰技术、滤料和过滤技术、城镇水厂改造配套技术、城市污水回用技术、中水道技术、利用工业废料和新型材料的筑路技术、废旧沥青混合料再生利用技术、公共交通线路调度自动化监控系统研究、大跨度钢筋混凝土斜拉桥设计与施工技术、立交桥与高架弯桥设计与施工技术研究、劣质煤加压气化技术、半水煤气加压甲烷化技术、城市燃气输配系统工程优化以及燃烧装置的研究、城市园林绿化中的园林植物配置和防治病虫害的研究、花卉选种和育种栽培技术、大熊猫等珍稀动物的饲养和繁殖技术等。

自1978年以后城市建设系统获得国家发明奖6项（见表13），国家级科技进步奖20项，城乡建设环境保护部科技进步奖22项，省市科技成果奖130多项。

获国家发明奖项目一览表

表13

序　号	项目名称	发明者	等　级
1	XCBO－1型吸尘车	天津市环卫局技术研究室吴熹等	4等
2	TS－78型溶气释放器	同济大学胡斌、陈翼孙	4等
3	钢索周期仪	上海市政工程研究所陈文龙等	4等
4	水上一体化水厂	中国市政工程西北设计院许振婉等	2等
5	管式集水同向流沉淀池	天津自来水公司翟砚章、徐景翼、沈大年	3等
6	抗疲劳大吨位拉索冷铸墩头锚具	上海市政工程设计院侯引程 上海市基础工程公司唐明翰	4等

第二节　城市建设专业教育

新中国成立以后，城市建设专业教育的基础比较薄弱，并且经历了艰难曲折的历程。1979年以后，得到了较快发展，初步形成由高等教育、中等教育、职工（即成人）教育组成的，包括全日制、业余、函授、夜校、广播电视等多种形式的教育网，有了一定规模的教育基地和基本师资队伍。在城建事业的发展中，发挥着重要作用。

一、高等专业教育

（一）高等学校的发展。

1949 年，全国只有 39 所大学设置土木、建筑或营建学系，在校学生共 5187 人；有 10 所高等专科学校设置土木、建筑科，在校生 1060 人。这些科、系的学生毕业以后，多数从事铁道、公路和水利部门的工作，从事城市建设工作的仅仅是很小一部分。

新中国成立后，原有的学校经过初步改革，城建类专业招生人数日益扩大。到 1952 年，高等学校及中等专业学校均按专业培养人才，在许多高等学校中建立了城市建设所需要的各种专业，如建筑学、城市建设与经营、工业与民用建筑、给水排水、供热、煤气及通风、汽车干路与城市道路、工程测量、铁道建筑、桥梁与隧道、水利工程等。这些专业，绝大部分是在原建筑系、土木系基础上建立起来的通用专业，设置这些专业的学校有：清华大学、天津大学、同济大学、山西大学、东北工学院、浙江大学、哈尔滨工业大学、西北工学院、青岛工学院、南京工学院、厦门大学、华南工学院、湖南大学、南昌大学、重庆建筑工程学院、大连工学院、武汉大学、广西大学、苏南工业专科学校等 20 余所。随着城市建设事业的发展，1952 年，同济大学、清华大学、天津大学和南昌大学设置了为城市规划和城市建设服务的新专业或专门化，在校本科学生 133 人、专科生 26 人。这些专业的建立，为国家城市建设管理机构和重要工业城市规划设计机构培养了人才。

1956 年，城市建设部成立，在原有高等院校中，增设了城市规划专业。据 1956 年统计，设置城建、建筑类专业的高等学校有 12 所，招收本科生 4821 人，在校生有 13630 人，招收专科生 187 人，在校生有 308 人。

1958 年，城市建设部和建工部合并后，城建高等学校一度发展很快。当时招收城建、建筑类专业的全日制高等学校（包括专科学校）达 38 所。1959 年招生人数约为 6000 人，比 1957 年增长 56%；1960 年招生人数为 6766 人，比 1957 年增长 76%。还在两所原建筑中等专业学校的基础上，升级建立了武汉城市建设学院和苏州城市建设学院。

国民经济调整时期，一些城市建设高等学校下马，部分专业停办。“文化大革命”期间，城市建设教育事业受到更严重的损失。

中共十一届三中全会以后，开始了城市建设教育事业发展的新阶段。自1977年至1984年，相继成立了北京、沈阳、山东、吉林、河北、西北、南京等建筑工程学院，以及福建建筑专科学校、重庆建筑专科学校；在上海、天津、安徽，还办起了大学建筑工程分校。这些学校中，都设有城市建设方面的专业。在其他许多高等学校中，也增设了建筑、城建类专业。1979年，又恢复了燃气与热能供应工程专业的招生，以后城建专业招生规模逐渐扩大。据1986年统计，全国设置城建、建筑类专业的高等学校（包括职业大学）共有206所，其中招收本科学生的有92所，招收专科学生的有180所（有的学校兼招收本科、专科学生）。招生专业有：建筑学、城市规划、风景园林、工业与民用建筑工程、土建结构工程、城镇建设、地下建筑与隧道工程、给水排水工程、环境工程、供热、通风及空调工程、城市燃气工程、岩土工程、建筑材料与制品、建筑管理工程、交通工程等20余种。1986年共招本科生11964人，为1952年招生数的5.13倍，为1977年的3倍；1986年专科（包括干部专修科）招生人数为10277人，是1952年的5.4倍。特别是职业大学中的专科班，绝大部分是在80年代发展起来的。1981年，国务院批准建立武汉城市建设学院，经过3年的努力，已于1984年开始招生，当年招收本科生150人，1986年招生已达495人。1983年又批准建立苏州城市建设环境保护学院，并于1985年开始招生，至1986年共招生492人。1985年1月，在上海同济大学建筑工程分校的基础上，建立了上海城市建设学院。1987年，又在天津大学建筑分校的基础上，建立了天津城市建设学院。此外，还建立了湖南城市建设专科学校，云南省城乡建设专科学校等。这一批城市建设高等学校的建立，为城市建设事业培养高级技术人才提供了良好的条件。

（二）城市建设学科的发展。

要把城市规划好、建设好和管理好，单纯从土木工程和建筑科系专业来培养城市建设学科所需人才，是不能适应城市建设发展需要的，必须培养经济学、社会学、地理学、生态学、管理学等学科和专业的人才。1979年以后，一些综合大学，如北京大学、南京大学、中山大学、杭州大学等，地理系的经济地理专业转向城市规划。交通工程、城镇建设等专业，被教育部列入高等工业学校专业目录。1987 年，城市经济管理、土地管理、环境艺术设计专业被列入高等学校社会科学本科专业目录。此外，市政公用事业管理、城市建设管理、房地产经营管理及环境卫生等专业的招生，也是城市建设专业的发展。

（三）专业教学业务的建设。

为了提高教学质量，1980 年以后，在专业教学业务建设和管理方面，进行了多方面的工作：多次组织制订和修订各专业教学计划和教学大纲，组织编写出版教材。在 1961 年教材编审委员会的基础上，1983 年恢复建立了建筑学及城市规划类、建筑结构类、建筑施工管理类、供热通风及燃气类、供水排水及环境工程类等高等学校教材编审委员会，作为建筑、城建类专业教育教学工作的业务指导机构。1984 年，又成立了城乡建设环境保护部系统高等教育研究协作组。到 1986 年年底，已经通过各种形式，组织修订了城建高等专业学校教学计划 6 种，出版了城建高等专业教材 110 种，为进一步提高教学质量创造了有利条件。

（四）教学结合生产。

城市建设和建筑类专业师生，在坚持教学、科研、生产三结合，参加科研和生产实践活动方面，越来越广泛。学校面向生产，开展科技服务，主动承担社会上各单位提出的培训、咨询、科研和试验任务，有的还获得了奖励。上海同济大学 TS－78 型溶气释放器，获得国家发明四等奖；南京工学院的武夷山庄建筑设计，获得 1984 年全国优秀设计工程金质奖。

二、中等专业教育

（一）中等专业学校的发展。

1956 年，城市建设部成立后，调整建立了长春、沈阳、天津、保定、呼和浩特、贵阳、福州、上海、兰州、济南 10 所城市建设中等专业学校。1956 年，城建、建筑中等专业学校招生数为 14196 人，占当年同类中、高等专业学校招生总数的73.9%，在校生为26648人，占当年同类中、高等专业学校在校生总数的60.5%。中等和高等教育的比例是较合理的。

1961年至1963年贯彻国民经济调整方针时，城建中等专业学校大批下放，其中不少学校被合并或停办。十年动乱时期，城建中等专业学校基本上全被撤销了。1980年，教育部召开全国中等专业教育会议后，国家城市建设总局召开了全国城建系统中等专业学校座谈会，城建中等专业教育开始有所发展。1984年，城建、建筑类中等专业学校，招生10707人，占当年同类中、高等专业学校招生总数的38.7%。1985年，为贯彻《中共中央关于教育体制改革的决定》，城乡建设环境保护部确定把发展中等职业技术教育作为重点，提出了“以大力发展城乡建设职业技术教育为重点，高、中、初级职业技术教育互相衔接，比例比较协调，专业比较配套，办学形式多样的城乡建设职业技术教育体系”的方针。1986年，城建、建筑类中等专业学校招生15916人，占当年同类高、中等专业学校招生总数的41.7%。比例比1984年略有提高，但仍然偏低。

此外，中等专业学校的分布还很不平衡。一方面是过分集中在大城市。1984年，全国共有25所城市建设中等专业学校，而在天津、上海、广州等几个大城市就有13所，占52%。有些省、自治区，一所中等城建学校也没有。另一方面是办学力量分散，出现了省办、市办、大城市各专业局办的多种办学体制，使有限的人力、物力、财力不能充分发挥作用。据1986年统计，全国设有城建、建筑类中等专业学校190所，共313个专业点，平均每个学校仅1.6个专业，其中只有1个专业的学校有116所，占61%，从经济角度来说，也是不合理的，有待调整、改变。

（二）专业教学业务建设。

城建、建筑类中等专业学校的教学研究和协作活动，在1980年就已经开始。1982年，城乡建设环境保护部成立后，又进一步充实发展，先后建立了工业与民用建筑、水暖与通风、建筑机械、建筑企业经济管理、供水排水、城市道路与桥梁、园林绿化、城市规划8个专业协作组，以及华北、东北、华东、中南、西南、西北6个地区协作组。此外，还建立了力学教学研究会和电工教学研究会。1987年，在地区协作组和专业协作组的基础上，成立了城乡建设职业技术教育研究会，在城乡建设环境保护部领导下组织各中等专业学校、职业学校开展职业技术教育的研究协作工作。

到1986年年底，已经组织修订了城建中等专业教学计划13种，电视中专教学计划3种，函授中专教学计划1种，职业高中教学计划3种，组织编写出版了城建中专教材57种。

三、成人职业教育

1979年以后，成人高等、中等专业教育有很大发展，改变了过去忽视成人职业教育的倾向。至1986年年底，全国已有25所高等学校恢复和举办了函授教育，设有建筑学、工业与民用建筑、建筑材料工程、供水排水、供热通风与空调工程、城市燃气工程、建筑管理工程等专业。1986年，招收本科生1313人，专科生1467人；在校本科生7850人，在校专科生3047人。有36所学校举办了夜大学，招收本科生147人，专科生886人；在校本科生1342人，在校专科生3138人。至1986年，城乡建设系统已有职工大学、职工业余大学43所，招收专科生2396人，共有在校生8447人；职工中专122所，招生9181人。同时，还举办了广播电视大学，设置工业与民用建筑、建筑学、城市规划、给水排水、公路与城市道路、建筑管理工程、城镇建设7种专业。1984年招生2.8万人，1986年除建筑学、城市规划专业外，其余5个专业又继续招生1.25万人。中国建筑学会、中国土木工程学会还试办城乡建设函授大学，1984年招收城镇建设专业的函授中专班学生1.5万人。1986年，成立城乡建设电视函授中等专业学校，并开始由各省、市分校招收电视中专学生。

为了不断提高在职人员业务水平和更新知识，城建系统在1981年开办了2期城市建设领导干部研究班，参加学习的共53人。

1982年机构调整后，城乡建设环境保护部干校（后改名为干部管理学院）举办了马克思列宁主义基本理论进修班、经济管理干部大专班、高级文化补习班及建筑企业、城建领导干部轮训班等。1984年开始，在同济大学等地举办了城建局长轮训班、工程师进修班等。此外，城乡建设环境保护部各业务局和各地城建部门，委托有关中、高等专业学校、干部学校、党校等，培训了大批在职领导干部和业务管理干部。为了使城市管理方面培训工作能够持久地开展下去，城乡建设环境保护部已建立了 3 个管理干部培训中心、2 所干部学校（院）和 1 个科技干部培训中心。

为提高各市市长建设城市、管理城市的科学知识和才能，经国务院批准，从 1983 年 10 月开始，由中共中央组织部、城乡建设环境保护部、中国科学技术协会联合举办市长研究班。到 1987 年年底，已开办 7 期，培训市长或主管城市建设的副市长 435 人。

四、国际学术交流

过去，城建专业学校同外国的学术交流和互相访问，基本上没有开展。1979 年以后，城建和建筑类专业学校的教育工作者，参加了国际学术会议，与国外有关学校建立校际联系及互相访问等活动日益开展；还派出中、青年教师出国进修，聘请国外专家来华讲学等。至 1986 年年底，经城乡建设环境保护部派出的出国进修教师有 213 人，聘请外国语言专家来华教授英语，技术专家来华短期讲学的则更普遍。同联邦德国合作，在南京建立了职业技术培训中心。1986 年开始，城乡建设环境保护部与世界银行经济发展学院（EDI）合作在同济大学举办了城市供水与环境卫生、城市住房与城市发展两种高层次（即省、市业务领导干部和院校师资）培训班，每班每年培养 40 余人。通过这些活动，对进一步学习国外先进经验，增进国际学术交流，起了积极作用。有不少出国进修生回国后，已成为教学上的骨干，有的在科研上做出了贡献。

第三节 城市建设的学会活动

城市建设各专业的学术活动，分别由中国建筑学会、中国土木工程学会所属的中国城市规划学会、中国园林学会、市政工程专业委员会、给水排水专业委员会、城市公共交通专业委员会、中国煤气学会以及中国住宅问题研究会、中国城市科学研究会等组织进行。除市政工程专业委员会的前身建立于新中国成立前，其他都是在新中国成立后建立的，其中绝大多数还是中共十一届三中全会以后才建立的。这些组织的活动，基本上也是1978年以后陆续开展的。

一、中国建筑学会城市规划学术委员会

中国建筑学会城乡规划学术委员会成立于1956年，王文克任主任委员。1960年5月，在桂林举行城乡规划学术讨论会，专门讨论了桂林风景区规划。十年动乱期间，被迫停止活动。1978年重新组建、恢复活动后，改称中国建筑学会城市规划学术委员会。第二、三、四届主任委员分别为：曹洪涛、郑孝燮、吴良镛。1986年，经中国科协批准，在对外交流活动中，称中国城市规划学会，并主办《城市规划》《城市规划杂志通讯》《城市规划（英文版)》学术刊物的出版。

1978年中国城市规划学会恢复活动后，科技人员踊跃参加，学术交流活动频繁。

1. 开展多层次、多内容、多形式的学术活动。先后召开了居住区规划，南方部分省、自治区小城镇规划，风景名胜区规划与建设，中小历史文化名城保护、规划与建设，中国城镇化道路，旧城改造规划，遥感与计算机技术在城市规划中的应用等12项专题学术讨论会。还组织了全国性的青年城市规划师征文活动，举办了青年城市规划师学术讨论会，评选了优秀论文。

2. 组织科研成果评议。受城乡建设环境保护部科技局、国家计委国土局及有关省市的委托，先后组织了15项科研设计成果的评议工作。1984年组织评议了《居住区详细规划的研究》和《提高天津市综合客运交通能力的研究》两项成果。

3. 开展咨询服务和继续教育工作。利用学会的技术优势，面向社会、地方和基层，提供咨询服务。先后就常熟市发展规划方案、历史文化名城及风景名胜保护规划问题、经济中心的城市规划改革问题、沿海14个开放城市问

题等专题，进行了咨询和调研。与中国城市规划设计研究院和武汉城市建设学院联合举办了沿海开放城市规划研究班和小城市规划进修班，培训了一批在职规划人员。

4. 开展对外学术交流。与美国、日本、英国、西德、中国香港等国家和地区的城市规划学术团体及专家，举办了沿海开放城市规划与发展学术讨论会、中日城市问题研讨会等多项学术交流活动。

二、中国建筑学会园林学会

中国建筑学会园林绿化学术委员会于1979年建立。第一、二届主任委员分别是：丁秀、秦仲方。1982年，中国建筑学会批准改组成立中国建筑学会园林学会（简称中国园林学会）；1983年11月，在南京举行成立大会，秦仲方当选为第一届理事会理事长。

从1979年起，园林绿化学术委员会先后召开了园林绿化、风景名胜区及公园规划设计、城市绿化、武夷山风景名胜区规划与建设等专题学术讨论会。讨论和交流的主要内容有：城市园林绿化系统规划，城市绿化树种选择，园林植物种质资源、引种育种和栽培养护，风景资源评价及风景名胜区规划设计，园林建筑与园林工程，以及武夷山风景名胜区规划中的容量、建设规模、建设与风景环境的关系、游览路线、绿化建设、交通等问题。

1982年中国园林学会成立以后，先后举行了城市绿化和园林建设如何体现中国特色，草坪与地被植物，风景名胜区评价，园林经济体制改革的理论与实践等专题学术讨论会。出版的学术刊物为《中国园林》杂志。

三、中国建筑学会城市交通规划学术委员会

1979年3月，中国建筑学会城市规划学术委员会成立大城市交通规划学组。1985年8月，在原大城市交通规划学组的基础上成立中国建筑学会城市交通规划学术委员会，选举郑祖武为主任委员。

城市交通规划学术委员会的任务是：团结全国城市交通工作者，共同探索城市交通领域中的理论和实践，交流城市交通规划和综合治理的经验，促

进城市交通规划和建设的发展。

该委员会先后召开了多次全国性的学术讨论会，就城市交通规划、提高现有道路通行能力、地铁规划与建设、城市交通调查与规划、交通控制系统、深圳城市交通规划等问题进行了广泛深入的讨论，并提出改进建议。

四、中国土木工程学会市政工程专业委员会

新中国成立以前，已有中国市政工程学会的组织。1956 年 11 月，根据中国土木工程学会第二次全国代表大会的决定，建立了市政工程专业委员会。过祖源为首届主任委员。1978 年，改名为市政工程学术委员会，并恢复活动，隶属中国建筑学会，顾康乐为第二届主任委员。1985 年，市政工程学术委员会重新划归中国土木工程学会，并根据土木工程学会四届二次常务理事会议决定，恢复市政工程专业委员会的名称，选举佟泽林为第三届主任委员。1986 年，市政工程专业委员会决定下设 3 个学术组织：城市桥梁学术委员会，城市道路与交通工程学术委员会，城市防洪工程学术委员会，作为三级学术组织。

1978 年以后学术活动异常活跃，先后召开了道路桥梁、供水排水、污水处理等专业性学术讨论会，讨论和交流了重庆长江大桥、兰州黄河大桥和城市道路的设计、施工新技术；污水处理厂的运营管理、科学研究、技术革新，以及污水灌溉、沼气发电、污水处理射流曝气试验研究成果与经验；斜拉桥设计、施工、研究方面的成果与经验等。还编辑出版了《市政工程学术论文选集》。

五、中国土木工程学会给水排水专业委员会

中国土木工程学会给水排水专业委员会成立于 1985 年 9 月。在同年 11 月召开的成立大会上，选举王业俊为首届主任委员。

给水排水专业委员会的主要任务是：对国家有关的技术政策、发展规划、工程建设、生产管理等提出合理化建议；组织或参加重大工程规划设计的可行性论证和重要技术文件的审查，发挥参谋作用；积极开展学术交流活动，

普及供水、排水科技知识；传播先进技术、信息和生产管理经验；组织编辑学术书刊和技术情报资料；结合工程建设事业和科学技术发展的需要，组织举办各种技术培训和讲座等继续教育活动，从而提高供水排水科学技术水平；积极开展国际性学术交流活动，不断吸取国外先进技术，为中国建设事业服务，同时，扩大中国供排水专业对外的影响。

给水排水专业委员会下设五个学组（或委员会）：给水委员会、排水学组、建筑给水排水委员会、结构委员会、机电委员会。

六、中国土木工程学会城市公共交通专业委员会

中国建筑学会公共交通学术委员会，成立于1979年。1985年，划归中国土木工程学会。第一届和第二届主任委员都是李伯海。

本专业委员会设七个学组：城市公共交通规划、运输、结构学组，城市公共交通企业管理和经济政策学组，城市公共汽车学组，城市电气交通学组，城市出租汽车学组，城市轮渡学组，城市客车装配学组。委员会主办《城市公共交通》和《城市电气交通》两种会刊。

主要学术活动有：1981年8月举行的全国轻轨交通学术研讨会，探讨了发展中国城市轻轨交通的可能性和必要性问题。1983年1月召开的快速有轨电车技术讨论会，进一步探讨了如何开发此项新技术及车辆技术初步方案。1984年5月召开的城市公共交通客流调查学术讨论会，总结交流了各地客流调查成果及经验。此外，城市轮渡学组受城乡建设环境保护部委托，确定了城市轮渡八项国家级和部级标准、规范。

七、中国土木工程学会城市煤气专业委员会

中国建筑学会城市煤气学术委员会，1979年成立。1985年，划归中国土木工程学会，更名为城市煤气专业委员会（简称中国煤气学会）。本委员会下设燃气气源、燃气输配、燃气应用、液化石油气四个学组和咨询部。第一届和第二届主任委员是游光辉，第三届和第四届主任委员是唐本善。

1986年10月，以中国城市煤气学会名义，正式加入国际煤气联盟，成为

该联盟第46个成员组织。根据联盟理事会章程，遴选唐本善、王振华、王云龙为国际煤气联盟理事会理事。

该联盟从1979年成立以来，主要学术活动有：1980年11月，举行第一次学术工作会议，进行了城市煤气化途径及气源、输配、应用的学术交流。1981年9月，由城市煤气学术委员会负责，以中国建筑学会名义，联合中国煤炭学会、中国金属学会、中国环境科学学会和北京市能源学会，召开了城市煤气化途径学术讨论会。该委员会主办的会刊为《煤气与热力》。

八、中国城市住宅问题研究会

该会1983年10月在北京成立，是从事综合研究城市住宅问题和房地产经济的群众性学术团体。其宗旨是，对中国城市住宅问题进行多学科的综合研究，特别是决策研究；研究城市住宅和房地产业的基本理论、方针政策和改革问题；探索城市住房发展和房地产业在国民经济和社会发展中的地位、作用及其发展规律，为解决城镇居民住房问题，提高房地产业的经济效益、社会效益和环境效益，加速社会主义建设服务。

研究会有团体会员210多个，其中有省、市住宅问题或房地产经济研究会，城市房地产管理部门和经营单位，还有一部分从事住房研究的科研部门和高等院校的系、室。研究会下设：住宅社会学、住宅建设、房地产经济3个学术委员会。第一届和第二届理事会理事长均为陆禹。

开展的学术活动主要有：

1. 广泛进行学术交流，推动住宅理论研究。先后在北京、屯溪、大同、兰州、福州、湘潭等市召开了年会或研讨会，对住宅的商品属性、房租改革、住宅商品化、住房制度改革等理论问题，进行了探讨；同时，对城市土地和房地产经济理论的若干问题，开展了讨论。

2. 动员社会力量，综合研究住宅问题。先后提出了题为《为本世纪末实现城镇居住小康水平而奋斗》《亟待改革现行城镇住宅经济体制》《抓紧研制和完善住宅技术政策》等建议书。

3. 论证住房制度改革方案，积极提出建议。先后对房租改革由暗贴变为明贴，新房新租、老房超标加租，以及增资提租等方案开展论证，提出意见和建议。

九、中国城市科学研究会

该会1984年1月成立，是进行城市科学研究的学术团体，是政府部门进行城市开发建设和治理的咨询机构。

该会的主要任务是：积极开展城市科学的学术活动，研究城市发展的规律、基本原理和重大方针政策问题；反映国内外城市发展的趋向和问题，组织专题研究，向有关部门提供咨询服务；协调各有关方面的研究活动，制订城市学科建设规划，并积极组织实施；评论和介绍国内外城市科学研究成果，编辑、出版有关书刊和资料，举办座谈会、讲座、培训班和学术讨论会，开展学术成果的评议活动，组织参观考察和国际学术交流。该会与中国城乡建设经济研究所、市长研究班合办《中国城镇》杂志。

第一届理事会由103名理事组成，其中常务理事30人。万里任名誉会长。首届理事会理事长李锡铭、芮杏文先后离位后，由廉仲继任。

该会下属的专题研究会有：小城市委员会、历史文化名城研究会、华东城市计划经济研究会、城市经济研究会和城建管理监察研究会等。

该会成立以后，先后与有关单位联合组织召开了中国城镇化道路问题学术讨论会，大城市人口问题与对策讨论会，全国城市生态科学讨论会，城市基础设施经济问题讨论会，西安、桂林、苏州、杭州4旅游城市市长座谈会，东部沿海城市开发建设讨论会和城市科学理论座谈会等。

第三编
当代中国各类城市的建设和发展

第二十章
全国性中心城市的建设和发展

北京、上海、天津是中华人民共和国的直辖市，是全国性中心城市，也是全国人口规模最大、工业产值最高的3个城市。这3个城市既是全国人才荟萃的中心，也是向全国输送人才、技术和产品的基地。它们的经济发展战略以及区域和城市的规划与建设都受到国家直接指导和关怀。它们的规划建设和管理，对其他城市具有很大的影响。

第一节 北京市

北京是中华人民共和国的首都，是全国的政治中心和文化中心。北京自元朝建大都起，就是世界闻名的古都。后来经过明朝的改建和清朝的修葺，形成了结构严谨、气势雄伟、中轴分明、道路规整的城市格局。旧城中心的故宫，始建于明代，是中国现存的规模最大的宫殿建筑群。供皇帝游憩的苑囿有北海、中海、南海，城西北的颐和园和毁于英、法联军之手的圆明园。此外，著名的古迹尚有皇帝祭天的天坛、明十三陵、八达岭长城、慕田峪长城和周口店猿人遗址等。

北京又是中国现代教育的发祥地。1898年创办的京师大学堂（北京大学前身）是中国最早建立的现代高等学府；1902年京师大学堂设师范馆（北京师范大学前身）是中国创办最早的现代高等师范学府；1911年创办的清华学堂（清华大学前身）是一所综合大学。到1949年，北京有13所高等院校，在校学生1.5万多人。

但是，自1911年辛亥革命至1949年1月31日北平和平解放，由于军阀交替统治和政治重心南移，这里很少建设，经济不发达，市政设施落后，是一座衰退中的城市。1949 年城市人口约 160 万人，工业产值为 1 亿多元（按 1980 年不变价格计算，下同）。

新中国成立后，北京作为全国人民的首都，恢复了生机。北京市的城市建设是在中共中央和国务院的指导下，按照规划进行的。1949 年 5 月，北京市都市计划委员会成立，并邀集国内知名专家参加规划工作。同年 9 月，市政府邀请了以阿布拉莫夫为组长的苏联专家工作组协助研究北京市的城市规划与建设问题。中外专家在许多问题上看法是一致的，虽然对首都行政中心的位置问题有分歧，少数中国专家主张把行政中心放在旧城西郊月坛至公主坟之间地段，多数中国专家则支持苏联专家组的主张，把行政中心放在旧城区内，实际建设还是按行政中心放在旧城安排的。

一、城市经济的发展

中共北京市委在 1954 年上报中共中央的《关于早日审批改建与扩建北京市规划草案的请示》中认为："首都是我国的政治中心、文化中心、科学艺术的中心。同时还应当是也必须是一个大工业城市。如果在北京不建设大工业，而只建设中央机关和高等学校，则我们的首都只能是一个消费水平极高的消费城市，缺乏雄厚的现代产业工人的基础。显然这和首都的地位是不相称的。""我们在进行首都的规划时，首先就是从把北京建设成为一个大工业城市的前提出发的。"

根据上述认识，北京市的各项工业都有很大的发展，建成了以机械、纺织等工业为主的通惠河北工业区；以化工为主的通惠河南工业区；以化工、皮革为主的南郊工业和仓库区；以原有钢铁厂为基础的石景山工业区；以毛纺织、建材为主的清河工业区；以电子、仪表为主的酒仙桥工业区；以炼焦为主的垡头工业区；以铁路设施为主的丰台地区；以机械、电机为主的衙门口工业区和燕山石油化工基地。形成了钢铁、石油化工、机械、电子、仪表、食品、轻工、纺织、建材、印刷、医疗器械、工艺美术等门类比较齐全的工业生产体系。1980 年工业总产值达 213 亿元。

北京市的工业发展无疑取得了巨大成就，但是也给城市带来许多问题。工业建设占用了近郊大量农田，城市蔬菜供应不足；城市用地、用水日益紧张；环境污染日益严重；职工上下班通勤距离过长，城市交通拥挤。这些问题在60年代初已经暴露得十分明显。1964年，中共中央在批转国务院副总理李富春的《关于北京城市建设的报告》的批示中指出："必须下决心改变北京市现在这种分散建设、毫无限制、各自为政和大量占农田的不合理现象。凡是不应该在北京建设的单位，不要挤在北京进行建设。凡是不应该扩大建设的单位，不许进行扩大建设。"后由于"文化大革命"，这一指示未能得到贯彻实施。1980年4月，中共中央书记处在关于首都建设的建议中明确指出："北京是全国的政治中心，是中国进行国际交往的中心。经济建设要适合首都的特点，重工业基本上不再发展"。1983年7月，中共中央、国务院又在关于对《北京城市建设总体规划方案》的批复中指出："北京是我们伟大社会主义祖国的首都，是全国的政治中心和文化中心。""北京城乡经济的繁荣和发展，要服从和服务于北京作为全国的政治中心和文化中心的要求。""今后北京不要再发展重工业，特别是不能再发展那些耗能多、用水多、运输量大、占地大、污染扰民的工业，而应着重发展高精尖的、技术密集型的工业。"至此，首都建设和经济发展之间的关系才有了一个明确的方针。在这一方针的指导下，北京工业继续发展，1986年全市工业总产值达348.6亿元（其中市区295.8亿元）。

1949年至1986年，北京的基本建设投资达600多亿元。如此巨大的投资在全国城市中是独一无二的。到1986年，北京市的城市人口为522.3万人，建成区面积为380平方公里。北京已经从一个清末逐步衰退的城市发展成为一个朝气蓬勃的大城市。

二、科研、教育、行政设施的建设

1949年11月，中国科学院在北京成立，陆续在北京建立了45个研究所，其中多数位于海淀区中关村一带。1977年，哲学社会科学学部从中国科学院分出，成立中国社会科学院，拥有32个研究所。1986年，全市共有科研机构

440个，从事科研的人员达11.8万人，形成了以中国科学院、中国社会科学院、高等院校和各部、委科研机构组成的全国性科研中心。

从1950年起，北京陆续建立了中国人民大学、中央民族学院、马列学院、外国语学院、体育学院、农业大学、林学院、邮电学院、化工学院、外贸学院、轻工业学院、中央音乐学院、中国音乐学院、中央财政金融学院、中央美术学院、工艺美术学院、电影学院、戏剧学院、北京工业大学、北京工业学院、北京师范学院等几十所高等院校。特别是在学院路两侧，集中建设了矿业学院、钢铁学院、石油学院、航空学院、地质学院、农机学院、政法学院、医学院八大学院和其他一些学院，形成一个充满活力的大学城。北京大学、清华大学在西北郊原地进行了大规模扩建。北京师范大学迁址重建，扩大了规模。1986年全市高等院校共67所，在校学生12.96万人，居全国之冠。

行政办公用房和外事用房的建设在北京城市建设中占有突出地位。北京解放后，首先整修了中南海，作为中共中央和国务院所在地，并为全国政治协商会议兴建了开会和办公用的政协礼堂。随后在长安街、朝内大街、公主坟以西、三里河、百万庄、和平里、地安门等地区修建了中央级和部队机关的办公用房。从1955年开始，在建国门外开辟了使馆区；1962年，又在东郊三里屯地区开辟了第二个使馆区；80年代初，在东郊亮马河一带建设第三个使馆区。到1986年，共建成各级行政办公楼和外事建筑600多万平方米。

三、住宅和公共建筑的建设

旧北京的居住用房基本上是四合院和大杂院式的平房，1949年旧城内和关厢的居民住房有1300多万平方米。解放后，北京建设的住宅大多为多层和高层的住宅楼房。到1986年年底实有住宅6710万平方米。1986年人均居住面积为6.34平方米。1979年以后，随着“开放、搞活”的经济政策的贯彻，北京建设了国际大厦、中国银行大楼、建国饭店、香山饭店、西苑饭店、长城饭店等一大批高标准的金融、贸易和旅游接待用大型公共建筑。

四、市政公用设施的建设

伴随各项建设的发展，市政公用设施也有很大发展：

（一）形成了宽阔通畅的城市道路、广场系统。

1949 年北京解放以后，为筹办 10 月 1 日的开国大典，对天安门广场进行了整修。从此，天安门广场便成为重大节日庆典和群众集会、游行的政治性活动场所。1959 年，结合人民大会堂、中国革命博物馆和中国历史博物馆的建设，广场从 11 公顷扩大到 40 公顷。1977 年，结合毛主席纪念堂的建设，又扩大到 44 公顷。

以天安门广场为中心，1949 年至 1986 年北京市形成了以原有方格网格局为基础的环路加放射路道路系统。展宽和打通的东西干道有：以贯穿天安门广场的东、西长安街为主体，东至通县、西至石景山，全长 40 公里的东西主干道；从朝阳门外经东四、景山、西四至阜成门外的朝阜干线；从东便门至西便门的前三门大街；以及骡马市大街、地安门东西大街、体育馆路等。南北干道有：永定门内大街、宣武门外大街、新街口北大街、崇文门内外大街等。已建成的环路有：拆除旧城墙建成的全长 23.7 公里的二环路北半环；联通各郊区全长 48 公里的三环路；以及部分四环路。放射路有从城区通往八达岭、小汤山、南苑、周口店、香山、颐和园等 10 多条干线。至 1986 年，城市道路总长度为 3030 公里，总面积 2628 万平方米，分别为 1949 年的 14 倍和 18.8 倍。

1965 年至 1969 年建成了西起苹果园，经前三门，到北京站，全长 23.6 公里的第一条地下铁道。1971 年至 1984 年建成了沿内城城墙走向修建的全长 16.04 公里的环线。

（二）整治了河湖水系，保证了城市供水。

解放以后，北京人民大力整治了河湖水系。1949 年至 1986 年，北京市共建成水库 85 座，总库容达 72 亿立方米；修建拦河闸 50 座，总蓄水能力 0.47 亿立方米；同时大力开发地下水，年开采地下水近 25 亿立方米。从而使北京市可用水资源平均年达 47 亿立方米，枯水年为 34 亿立方米，并初步改变了北京地区枯季缺水、雨季洪涝成灾的局面。主要的水利建设工程有官厅水库和永定河引水渠的建设，以及密云水库和京密引水渠的建设。水源的建设保证了城市生产和生活用水设施的建设。到1986年，全市共有自来水厂14座，水厂日生产能力172.8万立方米，为1949年的20倍。

（三）建立了集中供热和燃气供应事业。

1958年9月，第一热电厂一期工程建成投产，揭开了北京市集中供热的序幕。经过28年的建设，1986年北京的集中供热系统已经成为中国最大的城市供热系统，供热能力为蒸气每小时820吨、热水每小时587百万千卡，供热面积达975万平方米。

北京市的燃气供应事业起步晚，但发展快。1958年开始供应管道煤气；1965年开始供应液化石油气。1986年全年供应管道煤气40897万立方米，液化石油气153813吨，总用气人口达517.8万人（含郊县），是全国用气人口最多的城市。

第二节 上海市

上海市是中国最大的经济中心和著名的国际港口。

上海地处长江口，腹地辽阔，兼有海运、河运之利，鸦片战争以前已是重要的商贸口岸。清朝嘉庆十五年（1810年）上海人口已达52万人，成为“江海之通津，东南之都会”。

第一次鸦片战争以后，上海被辟为商埠，1845年西方列强国家强行建立租界，到1914年，公共租界和法租界的面积扩大到32.82平方公里，比华界大1倍还多。在第二次世界大战期间，各帝国主义国家宣布交还在中国的租界，但是它们仍控制着上海的经济命脉。

解放前的上海，是中国最大的工、商、外贸、港口城市。1948年上海进口和出口贸易总额分别占当时全国进口和出口贸易总额的78.5%和71.3%；全市有大小工厂12570家，产业工人有45万多人，是全国工厂和产业工人最集中的城市。但是，它又是一个经济畸形发展的城市：占全市工业总产值3/4

的轻纺工业所需的机器设备、金属材料和原料基本上依靠进口，甚至棉纺工业所需的棉花也大部分依赖进口；钢铁工业实际形成的年生产能力仅为钢3万吨、钢材7万吨。由于租界分割的历史原因，整个城市无统一布局，没有南北贯穿的干道，市政公用设施主要集中在原租界地区。高楼大厦与简屋破棚并存，市区内较为集中的棚户区有300多处，323万平方米，还有几十万水上居民和无房户。

1949年5月27日，上海解放，当时，市区人口为419万人。上海解放初期城市建设的重点是统一全市的道路系统和市政设施系统，着力改善劳动人民的居住环境。1949年至1952年，通过“自建公助”（个人部分出资、国家调拨材料、统一施工）的办法，拆除了近百万平方米的棚户，改建成两层砖木结构住房。1951年开始，规划建设了上海第一个工人住宅区——曹杨新村。1952年又在普陀、闸北、杨浦等工业较集中的9个地段建造了2万套工人住宅。这些建设极大地调动了上海工人当家做主的生产积极性。

一、改组工业，促进城市发展

上海有强大的工业基础和具有革命传统与生产技艺的广大工人阶级队伍，是一座具有旺盛自我发展能力和消化吸收能力的、充满活力的城市。1956年至1985年，上海先后进行了4次工业大改组。这4次大改组，促进了上海的经济发展，也推动了上海的城市建设。

1956年，结合对私营企业的改造，进行了第一次工业大改组，将部分工厂转产，增加钢铁、机械、化工、原材料等重工业比重，压缩轻纺工业比重。经过调整、迁并，在市区形成了沪东、沪西、沪南、沪北4个工业区和若干工业小区，在近郊形成了北新泾、桃浦、漕河泾、彭浦、吴淞、五角场、高桥、庄宁寺、周家渡、长桥10个工业区。

1958年至1960年，在“大跃进”的形势下，进行了第二次工业大改组。工业企业从1957年的15600多户合并成4300多户，形成了大批量、成套生产的能力。为了促进上海的发展，1958年国务院批准将原属江苏省的嘉定、宝山、上海、松江、金山、南汇、川沙、奉贤、青浦、崇明10个县划归上海市。上海市得以规划和开辟了远郊卫星城：以机电和重型机械工业为主的闵行卫星城；以煤化工为主的吴泾卫星城；以科研和轻纺工业为主的嘉定卫星城；以汽车和仪表工业为主的安亭卫星城；以轻工业为主的松江卫星城；以冶金工业为主的吴淞卫星城；等等。

1962年至1965年，根据国民经济“调整、巩固、充实、提高”的方针，进行了第三次工业大改组。针对上海资源不足而技术力量雄厚的特点，工业开始向高、精、尖方向发展，着重开发新材料、新设备、新技术、新工艺。

1979年开始，在“外引、内联、改造、开发”的上海经济发展方针的指引下，进行了第四次工业大改组。这次改组的重点是加强轻工业和电子工业，改变大而全、小而全的生产组织，提高专业化协作水平，使上海工业向高、精、尖方向再迈出一步。为适应这一发展，上海市提出了在改造和建设中心城市的过程中，重点开发浦东地区，充实和发展卫星城，有步骤地向杭州湾和长江口南北两翼展开，有计划地建设郊县小城镇的城市布局发展构想。

1986年，上海市建成区面积为202平方公里，城市人口为698.7万人，规模之大居全国之首。工业总产值为917.8亿元，占全国1/10；外贸出口总值35.8亿美元，占全国的1/9；港口吞吐量为1.26亿吨，占全国的1/3。

二、市政公用设施和住宅的建设

1950年至1986年，上海用于城市基础设施建设的投资为81.5亿元，由于近郊工业区和远郊卫星城的辟建，全市新建道路主要分布在市区外围，如沪闵路、沪嘉路、曹安路、逸仙路、龙吴路等。中心区道路建设主要是打通卡口、堵头，提高路面等级和增辟南北干道。60年代末到70年代中期，先后在市区的打浦路和郊区的米字渡建造了一条过江隧道和一座铁路、公路双层大桥，为进一步开发浦东及杭州湾北岸地区创造了条件。1986年年底，市区道路长达1300公里。

在城市供水上，除老厂挖潜、扩建外，新建了闵行、吴淞、长桥、桃浦4座水厂，再加上各单位的自备水厂，1986年日供水能力达627.7万立方米，市区居民全部普及了自来水。

在燃气供应上，除扩建了杨树浦煤气厂和吴淞煤气厂外，新建了吴泾焦化厂。自1972年起还开始使用液化石油气。1986年，全市平均日销售煤气314万立方米、液化石油气117立方米，家用燃气普及率达54.8%。

1950年至1986年，上海的住宅建设投资总额为75.11亿元，住宅竣工建筑面积为4828.6万平方米。其中1979年至1986年共投资62.15亿元，竣工3036.2万平方米，分别占总额的82.7%和62.9%。住宅用地的分布主要有三种方式：一是“填空补实”，利用旧城区的零星空地，拆除棚户简屋和道路裁弯取直等办法建设住宅。这种方式在五六十年代使用较多，其中较著名的有1964年开始的对蕃瓜弄大型棚户区的改建。二是在市区边缘结合近郊工业区的辟建，规划辟建大型生活居住区。这种方式开始于60年代初，至1984年共开辟了工农、兰花、控江、长白、曲阳、彭浦、沪太、管弄、真如、长风、仙霞、虹桥、田林、康健、长江、雪野、临沂、梅园、泾西等20个大型生活居住区。这些居住区一般规模都在2万人以上，大的有8万—9万人，配有较完善的生活服务设施。三是旧区的大面积改造。这种方式始于1984年，面积达到几个街坊或一大片地区，实行统一规划，住宅、市政公用设施、第三产业综合开发，如虹口区的四平路地区和久耕里，闸北区的天目路—恒丰路地区，南市区的西凌家宅，普陀区的药水弄和徐汇区的市民村等。

然而，由于历史形成的原因和人们的习惯势力，上海的发展方式主要是由市中心区向外蔓延。尽管1958年起有10个县划归上海市，上海市区外围也发展了一些卫星城，但是上海的人口仍主要集中在中心区。上海全市的平均人口密度为每平方公里近2000人，而中心区的人口密度为每平方公里近2万人，其中密度最高的卢湾区和静安区竟高达每平方公里6.5万人左右。

1950年至1954年，城市公用事业投资占固定资产投资总额的20.6%，而1955年至1984年的30年间，投资比例下降到6.6%。因而，上海中心区长期处于人口拥挤，市政公用设施过度利用的状态。

为了改变市政公用设施落后的状态，1985年和1986年，上海市公用事业投资分别上升到 12. 8 亿元和 24. 8 亿元，分别占同期固定资产投资总额的 12. 9% 和 21% 。两年的公用事业投资额共达 37. 6 亿元，相当于 1950 年至 1984 年 35 年间总投资额的 86. 8% 。在此期间，动工修建了全国最大的铁路客站——上海新客站、改善上海市区自来水水质的黄浦江上游引水工程和穿越黄浦江的第二条隧道——延安东路过江隧道等重大工程。市政公用事业落后于生产、生活发展的状况开始好转。

1986 年与 1949 年相比，上海市区人口增长了 0. 54 倍，住宅建筑面积增长了 2. 1 倍，生活用水售水量增长了 3. 34 倍，燃气普及率增长了 25 倍，工业总产值增长了 40. 9 倍。可以说，自新中国成立以来，上海的经济有很大的发展，人口得到有效的控制，居住水平和市政公用设施水平都有适当的提高。

第三节　天津市

天津是中国著名的工商业城市和国际港口，其人口规模和工业产值仅低于上海、北京，居全国第三位。

天津位于华北平原的东北部，东临渤海，北依燕山，地处华北最大的海河水系五大支流的汇合处和入海口，扼南北大运河的咽喉，居华北、东北通衢之要冲，是北京的海上门户。它的发展始于金、元，盛于明、清，与这些朝代建都于北京有密切关系。它既是河漕、海漕的运输枢纽，又是京都的卫城，商业、金融业随之发展。到 1840 年前后，天津城厢一带已有人口近 20 万人。

第二次鸦片战争（1860 年）以后，天津被辟为商埠，先后被迫设置了英、法、美、德、日、意、俄、奥、比 9 国租界，占地总面积达 2 万余亩，相当于旧城面积的近 8 倍。在 1860 年到 1948 年的 88 年间，天津的进出口贸易和工业有很大发展。1938 年，天津的进出口贸易额占全国的 24. 7% ，几乎与上海相等。1947 年工业总产值为 5. 2 亿元，其中占主导地位的是依附于进出口贸易的轻纺工业和以食盐为原料的化学工业，它们的产值占工业总产值的 80% 以上。1948 年，天津的人口达 191 万人，仅次于上海，居全国第二位。

天津的市政公用设施也有一定的基础。1948 年年底，街道总长 270 多公里，总面积 250 多万平方米，高级路面占 55%；排水管道共有 236 公里，收水面积占当时建成区面积的 25%；全市有自来水厂 5 座，日供水能力 6. 33 万立方米，供水面积 29 平方公里，管道长度 245 公里。但是这些设施大部分分布在原租界地区，而且各自为政，互不衔接，劳动人民居住的地区则几乎无市政公用设施可言。

1949 年 1 月 15 日，天津解放。新中国成立后，天津的城市建设伴随工业的发展而有了很大的发展。

一、城市建设概况

1949 年至 1957 年，天津的工业着重于内部调整，挖掘潜力。这时的城市建设工作则着重于调整和建立全市市政公用设施的统一系统，改善劳动人民的居住环境和配合工业的调整新开辟了白庙工业区、陈塘庄工业区、南仓仓库区，扩建了土城工业区。其中，在群众中影响最大的工程是消灭了严重影响劳动人民生活环境卫生的四大害——赤龙河、南开蓄水池、墙子河和金钟河，以及建设了第一批工人住宅。

1958 年至 1960 年，天津的工业大发展，为此又开辟了北仓、铁东、西营门等工业区和天拖南、津坝公路等工业地段，还在杨柳青、军粮城、咸水沽等地建设了近郊卫星城。

1964 年，大港地区发现石油。1973 年，塘沽新港大规模扩建，成为全国最大的人工港。因此，从 70 年代起，城市建设的重心由中心区扩大到滨海地区。

1979 年以后，为贯彻“开放、搞活”的经济政策，充分发挥天津的商埠作用，一方面加强了中心区的改造，另一方面把工业向海河下游和滨海地区转移。

从 1949 年至 1986 年，天津市的工业布局和城市结构发生了很大变化。先后在市区周围建设了东南郊、陈塘庄、天拖、西营门、西站西、北仓、铁东、白庙、新开河、北站外、程林庄 11 个工业区；在大毕庄、引河北建设了

2个近郊工业区；在杨柳青建设了以汽车、机械工业为主的卫星城；在大南河建设了以纺织、轻工为主的卫星城；在军粮城建设了以发电、化工为主的卫星城；在咸水沽建设了以毛纺、化纤和仪表工业为主的卫星城；在滨海地区扩大了塘沽港口基地和汉沽海洋化工与造船基地，新建了大港石油化工基地。

住宅建设和市政公用事业相应发展。1949年年初，全市共有住宅1080万平方米，平均每人的居住面积为3.8平方米。1949年至1980年共新建住宅1505万平方米，由于人口的增加和1976年唐山大地震给天津带来的破坏，1980年人均居住面积反而下降到3.6平方米。1981年至1986年，天津市加强了住宅建设，6年间共建住宅2081万平方米，1986年人均居住面积达6平方米。

1986年全市有铺装道路总长1091公里，总面积1203万平方米；排水管道共1750公里，其中市区雨水污水分流制管道占62%，合流制管道占38%，雨水管收水面积占市区建成区面积的53.3%，污水管收水面积占67%；全市自来水日供水能力为137.5万立方米，供水管道总长2091公里，用水普及率95%。解放后新建的主要市政公用设施有燃气供应、地下铁道、污水处理厂和集中供热。

1965年，第一座液化石油气罐站建成后，天津市开始了液化石油气的供应。1975年年初，建成大港油田至市区的天然气第一期输气工程。1984年建成天津第一煤制气厂。到1986年，燃气用户达61.34万户，气化率为62.2%。

集中供热事业始于1985年，将天津市第一发电厂改造为热电厂，并铺设热力管网工程。1986年，供热能力为每小时、蒸气80吨，供热面积为28万平方米。此外，体院北住宅区还实现了3万平方米住宅的地热采暖工程。

天津是全国继北京以后第二个有地下铁道的城市。地下铁道始建于1970年6月，1984年年底通车7.2公里。

全市第一座大型污水处理厂——纪庄子污水处理厂于1982年动工，1984年竣工。该厂日污水处理能力为26万立方米，相当于市区日污水排放量的

1/4。污水经过处理后，不仅减少了环境的污染，而且每年可提供近 1 亿立方米的水用于农田灌溉。

二、水源建设

天津市的水源长期依靠海河水系。随着海河水系上游地区的工农业发展，上游来水逐年减少，导致海水上溯。由于工农业发展和城市规模的扩大，又造成城市用水和排污量增加，造成海河“咸淡不分”和“清浊混流”，使水质降低，水供需矛盾更加严重。

为解决上述问题，1958 年天津市对海河进行了大规模的改造。改造工程包括在海河口建闸、城市排污系统改造和农田排灌系统改造 3 项措施。仅前两项措施投资就达 8000 万元，相当于 1953 年至 1957 年市政建设总投资的 1.3 倍，使用各种建筑材料 70 多万吨，共拆房 8.3 万多平方米，而且污水改造工程遍及全市，影响面很大。由于广泛深入的宣传和群众的热情支持，工程进行顺利，从 1958 年 7 月 1 日动工到年底就基本完工。参加义务劳动的群众共 91 万多人次、930 万个劳动日，占工程总劳动日的 75.6%。这项工程的建成，使海河成为一座水库，好水不流失、污水不入河、咸水不上溯，每年可给城市增加 15.7 亿立方米淡水，同时还美化了城市，增加了游憩空间。但是海河治理工程仍未彻底解决全市缺水问题。每逢天旱，城市供水不足，工厂停产，居民饮水困难，不得不引黄河水救急。为了进一步增加水源，解决天津缺水问题，经中共中央批准，1981 年 11 月开始了引滦河水入天津的工程。工程总投资 11.39 亿元，引水线路全长 234 公里。参加施工的人数平时 5 万多人，高峰时达 17 万多人。全长 11.39 公里的引水隧洞的开凿，由驻津部队和铁道兵部队承担，两支部队只用了一年零两个月，比原计划提前一年多竣工。引滦入津工程于 1983 年 9 月全部完工。这项工程每年可为天津供水 10 亿立方米，进一步缓和了水源的紧张状况。

三、旧城改造

旧城的利用过度和城市设施逐年老化是天津市长期感到困惑的问题。

1967 年 7 月和 11 月，唐山地震波及天津，给天津旧城造成了很大的破坏，为此，国家拨款恢复重建。

天津市区在震灾中遭受破坏的建筑物达 3426 万平方米，占市区建筑面积的 62.4%，其中倒塌和严重损坏而无法修复的有 654 万平方米，占市区建筑总面积的 11.9%。地震造成的直接经济损失约 39 亿元。1976 年至 1980 年，国家从各种渠道拨款 18.94 亿元，用于天津的抗震救灾。这一阶段的工作是以恢复生产为主，用于企事业重建、恢复生产的资金占 66%，重建住宅仅 267 万平方米，到 1979 年年底尚有 5.1 万间临建棚遍布全市，残墙断壁到处可见。

1980 年年初，国务院派出考察组对天津的灾情进行了调查，并提出《关于天津市震后住宅及配套设施恢复重建问题的报告》。国务院于 5 月 16 日批准了这个报告。7 月，天津市在国家建委组成的城市规划专家组的帮助下着手编制《天津市一九八一年——一九八三年震损住宅及配套设施恢复重建规划》。1981 年至 1983 年国家为此拨款 24.6 亿元，到 1983 年年底实际完成震灾恢复重建总投资 25.4 亿元。3 年间共新建住宅 900 万平方米（其中用震灾专款新建 643 万平方米），修复加固住宅 676.5 万平方米。至此，天津的抗震临建棚全部拆除。与此同时，共新建、扩建水厂 4 座，新增日制水能力 37 万立方米，铺设给水管 436 公里，下水管 268 公里，新建商业网点 2630 个，新建中、小学校 51 所，幼儿园 50 所，新建医院、卫生院 31 处和各种文化设施 13 处。此外，还建成街道办事处、派出所、居委会及自行车棚、公共厕所、垃圾站等 237 处，使长期存在的“上学难、入托难、就医难、买东西不方便”等问题有所缓和。

1985 年开始建设的中环线道路，是改造旧城的又一项重大工程。这项工程仅市政投资就达 3.2 亿元，相当于海河改造工程的 4 倍；道路全长 34.49 公里，沿线有工业区、仓储区和新开辟的居住区，承担着繁重的交通运输任务；全线有 7 座桥梁，8 座立交桥和 2 座人行天桥，交通管理采取绿波放行和电视控制技术。1986 年全线建成通车。

到 1986 年，天津市的城市人口为 424.4 万人，是 1948 年的 2.2 倍；建成区面积为 283 平方公里，是 1948 年的 4.6 倍；工业总产值为 332.4 亿元，是

1947 年的 63. 9 倍；轻重工业的比例从 1949 年的 88. 3:11. 7 发展到 58. 9:41. 1；港口吞吐量为 1818 万吨，仅低于上海、大连，居全国第三位。天津已经从一个以进出口贸易为主的轻纺工业城市发展成为一个综合性工业城市。

第二十一章
大区域中心城市的建设和发展

本章叙述的七个城市是仅次于北京、天津、上海的特大城市。由于有利的地理位置和历史上形成的经济、社会条件，这些城市的作用已超越省的界限，成为大区域的中心城市，甚至在某些方面具有全国性的影响。

第一节　沈阳市

沈阳市是辽宁省省会，东北地区最大的综合性工业城市，也是全国最重要的重型机械、设备生产基地之一。人口规模和工业总产值仅次于北京、天津、上海，居全国第四位。

沈阳位于松辽平原的南部，四周与抚顺、鞍山、本溪、阜新、辽阳、铁岭等燃料、动力、钢铁生产基地为邻，纵横交错的铁路和强大的电网，使这些城市组成一个以沈阳为中心的辽宁中部重工业城市群。

沈阳曾是清王朝入关前的统治中心。1898 年至 1903 年，沙俄修筑了哈尔滨经沈阳至大连的“东清铁路支线”，在沈阳车站附近占据了大片土地作为铁路附属地。1905 年日俄战争后，日本取代沙俄势力，成立“南满铁道株式会社”，将附属地进一步扩大。1931 年“九一八”事变后，沈阳沦为日本的殖民地。

日本侵略者依据沈阳的交通、资源优势，在这里建设了大量工厂。在沈阳建设的工厂占全东北总数的 13.7%，仅铁西区就有 281 家，其中机器制造、金属冶炼和化工等重要工厂有 104 家。这些工厂大多依附于日本国内工业，独立制造能力不强。据 1942 年统计，当时沈阳的日本人有 21.1 万人，占全市人口的1/6。

沈阳坎坷的经历，造成城市布局十分零乱。旧城区始建于清初，大东区是军阀张作霖统治时期开辟的，和平区和铁西区是日本人三四十年代潜心经营之地，一经街以西至和平大街以东的是洋行买办的商埠、居住区，皇姑区西南部是自发形成的贫民区。市政设施主要集中在和平区、铁西区和商埠区。1945年，自来水日供水能力为7万立方米，用水人口22.78万人，普及率15%；煤气日产量5.5万立方米，用户3.2万户。广大劳动人民不仅居住条件恶劣，而且很少有受教育的机会。1948年，文盲在全市人口中占70%，在产业工人中占90%以上。

1948年11月2日，沈阳解放。

沈阳的工业生产，经过恢复，1952年工业总产值达到8.77亿元（按1980年不变价格计算，下同），超过了历史上的最高水平。“一五”计划期间，沈阳成为国家重点建设的城市，国家用于沈阳工业的投资达11.1亿元，占全国工业投资的4.4%，其中机械工业投资占全市工业投资的76.8%。全国694个限额以上的建设项目中，在沈阳有26个，156个重点项目中，在沈阳有6个。大规模的经济建设，从根本上改变了过去殖民地工业的性质，使沈阳形成了生产飞机、重型矿山设备、机床、锻压设备、风动工具、大型变压器、电线电缆等国家建设急需产品的能力。

为适应工业建设的发展，1956年编制了沈阳市总体规划方案。在总体规划方案的指导下，扩建了铁西工业区和大东工业区，新辟了沈海工业区和北陵工业区，在南湖一带形成了高等院校和科研机构比较集中的文教区，逐步改变了零乱的城市布局结构。

1958年至1960年，沈阳新建了汽车、拖拉机、无线电、电器仪表、塑料、合成纤维、制药等工业。70年代，新建了大型电机、电子计算机、晶体管、数控设备、电视机等工业，工业固定资产达123.45亿元，相当于1949年的18.3倍。工业总产值185.94亿元，相当于1949年的95.8倍。到1986年，城市人口达335.5万人，建成区面积有164平方公里。

沈阳市在建设过程中，存在着重生产、轻生活的缺点，建设投资长期主要用于新工业区的开辟和工业生产，忽视了城市整体机能的提高，致使城市建设愈来愈跟不上生产发展的需要。据1961年调查，沈阳市人均居住水平从1949年的4.61平方米下降到1961年的2.75平方米，街巷垃圾成堆，自来水、煤气供应不足，城市环境恶劣，甚至有100多个新建工厂和车间因缺水不能正常投产。城市建设和管理上的问题已经发展成为影响生产增长和人民生活不便的社会问题。

1961年7月，邓小平视察沈阳，提出了加强城市建设工作的意见。并调拨给沈阳100台汽车，专门运输垃圾。为了解决城市建设资金来源问题，1961年12月，中共中央批准沈阳市为第一个从企业利润总数中提取5%作为城市建设资金的城市，自1962年起试行。1962年至1966年，沈阳每年可提取2500万元，再加上其他用于城市建设的资金共达4320万元。然而这一良好的情况至1966年下半年“文化大革命”开始以后就停止了。直到1979年以后，城市建设才重新受到重视，得到发展。

30多年来，沈阳市先后在南北方向上打通了兴工街与珠江街、黄河大街与南京街，延长了和平大街北段、太原街北段，拓宽了和平大街南段、青年大街、西顺城街等15条道路；在东西方向上改造了市府大路，打通了中山路和天后宫路，新建了津桥路，扩建了珠林路、沈抚公路（沈阳段）、砂阳路等16条道路；此外，还改建了文化路、崇山路，拓宽了塔湾街、滂江街、北海街、万柳塘路，形成了一条环绕市中心区的中环路，全市形成了完整的道路系统。到1986年，有铺装道路956公里，道路面积891万平方米，分别为1949年的4.6倍和3倍。

沈阳市在道路建设的同时，完善了市区的供水、排水系统。1986年自来水日供水能力为16.5万立方米，用水人口299.5万人，用水普及率90%，分别是解放前供水最高年的23.6倍、13.1倍和6.1倍。市区形成了6个雨水排水系统和5个污水排水系统，1986年建成区排水设施普及率达80%。

沈阳市的煤气日制气能力，从1945年的5.5万立方米增加到1986年的49.2万立方米。1965年，开始使用液化石油气，1986年日销售量为46吨。1985年9月，又从辽中县引入天然气，日供应30万立方米。1986年，燃气普及率达到60%。

1986年，建成区绿地面积为2394公顷，是1949年的20倍。绿化覆盖率为16.6%，是1949年的11.8倍。在绿地建设中比较引人注目的工程是1985年结合南运河整治，建成带状公园，长14.5公里、宽100—700米，总面积为314公顷，不仅增加了城市绿地和游憩空间，而且对泄洪、排涝和补给城市地下水都起了良好作用。

沈阳市的住宅数量增长缓慢。1949年至1978年，30年间实有住宅建筑面积从922万平方米发展到1528万平方米，增加了65.7%，而在同期城市人口却从106万人增长到223.7万人，增加了111%，致使人均居住面积下降。1979年以后，情况开始改变。1979年至1986年共建住宅1333.6万平方米，使实有住宅建筑面积增长到2620万平方米，人均居住面积达5.11平方米，居住状态开始改善。

1986年，沈阳市建成区面积达164平方公里，城市人口为333.5万人，工业总产值为178亿元。

第二节　武汉市

武汉市是湖北省省会，华中地区最大的综合性工业城市和钢铁基地。在全国城市中，它的人口规模居第五位，工业总产值居第六位，高等院校和在校学生数仅次于北京、上海居第三位。

武汉扼长江与汉水交汇之咽喉，毗邻洞庭、鄱阳两大湖区，居京广铁路的中心，解放以前就是中国内地最大的商贸、工业、交通中心。1947年年底，全市有机械、纺织、面粉加工、卷烟等工厂233家。

1949年5月16日，武汉解放。当时，建成区面积30平方公里，城区人口102万人，年工业总产值2亿元。

解放以前的武汉，由于长江、汉水的阻断，汉口、汉阳、武昌三镇鼎立，繁荣发展的地区主要集中在汉口。1950年，武汉长江大桥开始勘测设计；1957年，大桥建成通车，使京汉、粤汉两大铁路连成一线，天堑变通途，构成全国最大的南北运输动脉，武汉三镇也由此联成整体。

“一五”计划期间，武汉市为国家重点建设城市。1954 年，武汉市编制了《城市总体建设规划》，以后作过两次修改。根据规划，全面整治了堤防，建立了全市的道路系统。在汉口，新建、扩建了解放大道、利济北路、武胜路；在汉阳，建成了汉阳大道、鹦鹉大道；在武昌，开辟了中山路、武洛路和洛瑜路、和平大道、中南路和中北路。

1979 年以前，城市建设的主要特征是开发新区。先后环绕旧城建设了 13 个工业区：以武汉钢铁公司所属企业为核心的青山工业区；以纺织工业为主的余家头工业区；以武汉重型机床厂为主的答王庙工业区；以武汉锅炉厂为主的钵盂山工业区；由电机厂、鼓风机厂等组成的关山工业区；以机械工业为主的武东工业区；以化学工业为主的葛店工业区；以建材工业为主的白沙洲工业区；以肉类联合加工厂为主的堤角工业区；以轻工、机械等小型企业为主的唐家墩工业区；以轻化工为主的易家墩工业区；以机械、建材工业为主的鹦鹉洲工业区；以冶金、机械工业为主的七里庙工业区。此外，还开辟了洪山行政区和东湖大学区。

中共十一届三中全会以后，随着商品经济的发展和外贸活动的增加，武汉市新建了长途电信枢纽大楼、邮件处理中心、中南商业大楼、晴川饭店、新华饭店等大型公共建筑。市区零售商业、饮食业、服务业网点从 1978 年的 1 万个左右，发展到 1986 年的 32674 个。因此，旧城区市容、环境的建设日益受到重视。

武汉向有外洪内涝之忧。在全市渍水面积中，汉口占 2/3，而汉口渍水的重灾区主要在黄孝河一带。因此，整治黄孝河被列为旧城改造的重点工程。工程按地形分为 3 个排水区：机场河排水区分排新华路以西 24.67 平方公里的渍水，1984 年竣工；沿江排水区，分排利济路至丹水池沿江地带 9.67 平方公里的渍水，1985 年基本完成；黄孝河干流区，分排新华路以东至戴家山 48.14 平方公里的渍水，1986 年完成部分工程。

1986 年，武汉市城市人口为 302.4 万人，是 1949 年的 3 倍；建成区面积 187 平方公里，是 1949 年的 6.2 倍；工业总产值 175.2 亿元，是 1949 年的 88

倍；有高等院校35所，在校学生9.74万人，是1949年的21.7倍。同期，住宅和市政公用事业的数量和发展倍数也有很大增长：住宅建筑面积3674万平方米，为1949年的5.5倍，市区人均居住面积5.72平方米；市区道路1306公里，为1949年的3倍；自来水日供水能力180.7万立方米，为1949年的17倍，用水普及率95%；燃气普及率21.5%。

第三节　广州市

广州市是广东省省会，是华南地区最大的工业城市和对外贸易中心。在全国城市中，它的人口规模居第六位，工业总产值居第五位。

早在秦、汉时代，广州便与海外有贸易往来，盛唐时期已是世界著名港口。清初实行海禁，但仍特许广州继续对外通商，曾一度是当时全国唯一的对外贸易口岸。1906年至1936年筑成的粤汉铁路，和1911年筑成的广九铁路扩大了广州的腹地，并密切了广州与香港的联系，使广州发展成为重要的对外贸易港口和联系海外的门户，轻纺工业和机器制造业也有较大发展。

1949年10月14日，广州解放。当时市区总面积36平方公里，城市人口120万人，工业总产值2.4亿元。

中华人民共和国成立初期，由于台湾海峡的战争状态，抑制了上海的对外贸易职能，使广州逐步成为全国对外贸易中心。1950年成立了广州市对外贸易管理局，举办了华南出口商品交易会。1957年，国家决定每年春、秋二季在广州举办中国出口商品交易会。

出口商品交易会的活动，大大推动了广州市的城市建设。1958年至1959年，在海珠广场附近建成两座面积分别为1.3万平方米和4.7万平方米的出口商品陈列馆。1957年至1965年，先后新建了东方宾馆、广州宾馆、华侨大厦、新爱群大厦。黄埔港建成了5个万吨级杂货码头，广州港建成了如意坊码头和大沙头客运站。1963年，白云机场经过扩建，成为全国第三个国际机场。1972年至1975年，又利用原展览馆改建成11万平方米的广州对外贸易中心（出口商品交易会），新建白云宾馆、流花宾馆和东方宾馆西楼，以及邮政、国际电讯、民航售票大楼等设施，使流花地区成为全市的交通、外贸和国际交往的中心。黄埔港开辟了墩头基新港区，新建了8个万吨级深水泊位码头，并整治疏浚了珠江前航道，使2.4万吨级轮船可乘潮进出港口。

高等教育也有较大发展。1952年全国高等教育院系调整时，广州在原有基础上组建了中山大学、华南工学院、华南农学院、华南师范学院、中山医学院、广东教育学院和广州中医学院等高等院校，以后又新建了广州医学院、广州体育学院、广州师范学院、广州高等工业学校、暨南大学和广州外语学院等院校。

在相当长的时期内，广州的工业不是国家投资发展的重点，但是，作为华南和全省的中心城市，依靠地方的力量，工业仍有所发展。1978年工业总产值达7.1亿元，形成了西村、鹤洞、南石头、赤岗、员村、车陂等工业区。

城市环境逐步改善，从1950年至1958年，先后消灭了严重污染环境的玉带濠、荔湾涌，并组织义务劳动163万多人次，开挖东山、荔湾、流花、金液池等4个大型人工湖，增加防洪蓄水面积103公顷，并改建成总面积192.3公顷的4个大公园；与此同时，先后把2.4万间木屋改建成总面积为57.7万平方米的砖瓦住宅。1964年，新建了水上居民住宅22万平方米，使第一批水上居民上岸定居。

1979年以后，开放、搞活的经济政策使广州地处沿海、毗邻港澳的优势得到发挥。除了继续发挥外贸中心的作用以外，又进一步发展成为利用外资、引进国外先进技术、生产出口创汇产品的工业基地。1986年，工业总产值达到178亿元。

城市建设迅速发展。全市住宅实有建筑面积从1978年的1314万平方米增长到1986年的3067万平方米，人均居住面积从3.82平方米上升到6.9平方米。自来水普及率到1984年已达到100%。为了进一步发挥对外联系的职能，还利用外资建成了白天鹅饭店、中国大酒店、花园大酒店等一批高级旅馆，总面积55.31万平方米，床位9988张。1985年，在黄埔地区东江出口处开辟了9.6平方公里的经济技术开发区，以进一步发挥对外开放的优势。1986年底，广州建成区面积为230平方公里，城市人口265万人。

第四节　哈尔滨市

哈尔滨市是黑龙江省省会，东北北部地区的中心城市，全国水力、火力发电设备的生产基地。人口规模居全国城市的第七位。

清代初年，哈尔滨是边防驻军屯垦之地。1896 年，沙皇俄国胁迫清政府签订《中俄密约》，攫取了在中国吉林、黑龙江两省境内修筑铁路的特权，选定哈尔滨为铁路管理中心。俄国人对哈尔滨进行了城市规划和建设，逐步形成旧城（香坊）、新城（南岗）、傅家甸（道外）和埠头（道里）四个区，使这里形成了以俄罗斯建筑风格为主的独特城市面貌。随着铁路的建设和商品流通范围的扩大，哈尔滨逐步发展成为东北北部商品集散地和对外贸易中心。据 1927 年统计，这里有外国侨民 14 万人，分属 28 个国家，有 16 个外国领事馆、32 家洋行、16 家外国金融机构。1931 年，日本侵略者占领哈尔滨，1938 年制订了《哈尔滨都邑计划纲要》，规定哈尔滨为北满的"经济、军事中心"。日本人大量修建煤炭、粮食、木材的储运仓库和油、酒、粮食加工及机械修理企业，并修筑铁路和军事据点。到 1945 年日本投降时，城市人口达到 66 万人，城市用地 92 平方公里。当时，城市道路格局已基本形成，排水管线有 204 公里，有供水厂一座、输配水管线 170 多公里、用水人口 14 万人，有一座小型煤气实验厂，1200 户使用煤气。有比较齐全的社会活动场所，是一座城市设施有相当基础的商业贸易城市。

1946 年 4 月 28 日，东北民主联军解放哈尔滨，是全国解放最早的大城市。

1950 年，朝鲜战争爆发后，辽宁省的部分工厂北迁，在哈尔滨安置了轴承厂、电机厂等 11 个大中型工厂。随后，建设了哈尔滨亚麻厂。"一五"计划期间，又建设了电机厂、汽轮机厂、锅炉厂、轴承厂、量具刃具厂等 13 项重点建设项目，使哈尔滨成为生产动力机械为主的综合性工业城市。

1953 年，哈尔滨着手编制了城市总体规划。根据城市规划的统一安排，在东部建设大型铁路编组站，开辟了香坊、太平、动力、平房和哈西等工业区，在城市西南发展了高等院校区。使新区和旧区，铁路与工厂，都保持了良好关系。

这一时期哈尔滨基本建设中的生产性建设投资和非生产性建设投资保持65:35的比例。工厂附近都建设了相应的职工住宅，城市自来水用水普及率从1951年的18%增长到1957年的64%，此外，还修建了40多公里长的松花江大堤，消除了洪水对城市的威胁。

1958年以后，哈尔滨的工业继续有很大发展。新建了第一机器制造厂、龙江电工厂、建成机械厂、林业机械厂、工程机械厂、制氧机厂、松江拖拉机制造厂等大型工厂。

然而，有相当长的时期，基本建设投资中的生产性投资和非生产性投资比例处于严重失调的状况，这就导致城市设施过度使用，不能正常运转。“文化大革命”期间，情况愈演愈烈。具有俄罗斯风格的尼古拉教堂被拆，许多宗教建筑被破坏。城市建设维护资金大量被挪用，市政公用设施严重失修失养，旧社会遗留下来的三十六棚棚户区长期未能改造。

粉碎“四人帮”以后，哈尔滨加强了城市建设。1978年，首先改造三十六棚。这个棚户区是旧社会留下的最破烂的棚户区之一，共有居民4600多人，经过改造，新建住宅和公共建筑92244平方米，共安置了1554户居民。此后，十八拐、新民大院等地也相继得到改造。

1979年至1986年，共新建住宅957万平方米，为1949年至1978年新建住宅量的160%，1986年，实有住宅建筑面积为2310万平方米，是1949年的5倍。市政公用设施也有明显改善。日供水能力达69万立方米，是1949年的14.5倍；排水管道530公里，是1949年的2.6倍；铺装道路1198公里，比1949年增长10倍多；燃气用户39万户，比1949年增长325倍；城市绿化面积3513公顷，比1949年增长了47倍。到1986年，哈尔滨的建成区面积为156平方公里，是解放初期的1.7倍；城市人口229万人，是解放初期的3.5倍；全市工业总产值98.6亿元，是1949年的77倍。

第五节　重庆市

重庆是中国西南地区人口最多、经济最发达的工业城市，境内山地，丘陵面积占80%以上，是著名的山城。

重庆位于长江和嘉陵江的汇合处。自古就是西南地区的水运交通枢纽和商品集散地。1889年中英《烟台条约续增专条》开重庆为商埠。全面抗战时期，重庆是国民政府的所在地，大批工厂入迁，加上新办一些中小工业企业，到1945年全市工业企业达1690家，职工10.65万人。工厂数占当时国民党统制区的28.3%，资本额占2.1%，职工人数占26.9%。在这时的工业产值中，重工业占81.3%，轻工业占18.7%。全市的钢铁工业拥有4万余吨的炼钢能力，军事工业能生产多种枪炮及炮弹、子弹、手榴弹等，机械工业能生产纺织机械、水轮发电机、变压器及各种机床。抗日战争胜利后，工业产业结构发生变化，1949年工业产值为3亿元，其中重工业占25.7%，轻工业占74.3%。这时的城市人口为79万人。

1949年11月30日，重庆解放。新中国成立以后，重庆成为国家开发西南地区的基地之一。1952年成渝铁路通车，使重庆与川西平原联系在一起，并通过1957年通车的宝成铁路联系北方各省。1965年通车的川黔铁路和1981年通车的襄渝铁路，沟通了重庆与贵州、云南，以及华南地区和中南地区的联系。铁路的建设促进了重庆经济的发展。作为西南地区的中心城市，重庆被国家列为直辖市。

重庆地形复杂，新中国成立前没有通畅的道路系统，而且多竹木捆绑的棚屋。1952年起，根据城市规划，在市中心区整修了被国民党在撤退前烧毁的朝天门码头附近的街道；改建了全市最繁华的解放碑和校场口周围的街道，整修出南、北、中三条横贯市中区的干道；配合火车站和码头的建设新建了两路口和朝天门的缆车。与此同时加强了市中区与各主要片区之间的道路联系，新建和改建了长江路（市中区至杨家坪）、杨石路（杨家坪至石桥铺）、石小路（石桥铺至小龙坎）、嘉陵路（市中区至沙坪坝）和海弹路（海棠溪至弹子石)。这些道路的建设奠定了重庆市道路系统的骨架。结合整修和新建道路，成片改造了朝天门、解放碑、学田湾、大田湾和菜园坝等地区的房屋。1953年至1957年共建住宅266万平方米。

1964年开始的“三线”建设，重庆地区被国家列为建设重点。在重庆成立了“三线”建设指挥部，这是一次突破部门分割，实行统一建设的尝试。重庆的原有工业基础对支援建设起了良好作用。“三线”建设加强了重庆市机械加工和仪表生产能力，形成了以重庆为中心的工业基地。为了加强重庆市区与附近地区的联系，1966年建成嘉陵江牛角沱公路大桥，1967年建成连接南干道与北干道的菜园坝至牛角沱公路隧道。然而，“三线”建设过分强调分散，使重庆因地形原因造成的片区分隔现象进一步发展，既加大了城市建设的负担，也给这些工业企业的生产、生活带来不便。

1979年以后，重庆的经济活动和城市建设发生很大变化。1983年3月，中共中央和国务院批准重庆市为经济综合改革试点的第一个大城市，1984年，国家又对重庆实行计划单列。在经济体制综合改革的推动下，全民所有制工业和非全民所有制工业有较大发展，从而提高了城市的经济活力。1986年，全市工业总产值为148.3亿元，其中非全民所有制工业的产值由1980年的17%上升到27.8%。摩托车、汽车、纺织品、食品等大批优质工业品进入全国市场。重庆的工业伴随全国市场的扩大而发展。

经济的发展加快了城市建设的速度。为了扭转住宅和城市基础设施不足的局面，1981年至1986年住宅投资达15.5亿元，相当于1950年至1980年住宅总投资的1.6倍，共建成住宅建筑面积959万平方米，城市人均居住面积由1980年的3.12平方米提高到1986年的4.2平方米。1980年7月，长江公路大桥建成通车，1981年嘉陵江载人索道建成。配合大桥和索道的建设，市中区的道路系统进一步改善，基本上消除了车辆堵塞的现象。1981年向市中区供应天然气的管道建成，1986年气化率为25.4%，生产和生活逐步趋于协调。

1986年，重庆市建成区面积为84平方公里，城市人口为212.8万人，居全国城市的第八位。

第六节　南京市

南京市是江苏省的省会，长江下游地区的中心城市之一，也是全国重要的教育基地。

公元3世纪至15世纪，先后有东吴、东晋、宋、齐、梁、陈、南唐和明8个王朝在此建都。现存的城墙是明代建造的。

1927年，国民政府定都南京，对南京的建设付出了较大的力量，城市干道初具规模，供水、供电、邮电通讯、公共交通、园林绿化以及若干公共建筑的标准，当时在国内城市中是居前列的。全市有5所大学、7所科研机构，包括全国最高的科学研究机构——中央研究院。但是，当时南京工业基础非常薄弱，除了有中国水泥厂、永利铔厂等少数现代化工厂外，南京基本上是一个臃肿、庞大的官僚消费城市。据1948年统计，在135万人口中，工人仅有9万人（其中产业工人2万人），而机关职员及其眷属则有30万人，从事商业和服务性行业的有30万人，无业和失业人口达37万人。有大小旅馆360家，影剧院43家，中西餐厅174家，营业舞厅10家，银楼115家和许多妓院。另有20万人居住在309处棚户区内。

南京于1949年4月23日解放，起初是苏南行署所在地。1952年，苏南行署和苏北行署合并，成立江苏省人民政府时，定为省会。

南京城市建设发展最快的是大专院校。1952年全国大专院校院系调整期间，在原有院校基础上成立了南京大学、南京工学院、南京航空学院、华东水利学院、铁道医学院、南京艺术学院、南京中医学院、南京农学院等。1958年以后，南京又新建了南京气象学院、江苏教育学院、南京化工学院、南京邮电学院、南京体育学院等，到1986年共有高等院校29所，在校学生6.5万人。

1968年12月，南京长江大桥及其配套工程建成通车，促使南京工业在70年代有了重大发展，扩建了南京汽车制造厂、南京钢铁厂、华东电子管厂、南京热电厂、南京炼油厂等大中型企业，新建了烷基苯厂、栖霞山化肥厂、梅山铁厂等大型企业。到1986年，全市工业总产值达135.8亿元，是1949年的280多倍。与此相适应，1977年南京港开始扩建，到1986年港口货物吞吐量达4129万吨，是1949年的40倍，仅次于上海、大连、秦皇岛，为国内第四大港，内河第一大港。

在城市规划指导下进行的大规模经济建设，使南京市形成了由主城区和沿江外围城镇组成的城镇群，党政军领导机关，主要大专院校和科研单位，大型公共服务设施，以及电子、机械、轻纺等轻型工业集中在主城区。原油加工、石油化工、无机基本化工、钢铁冶炼、建筑材料等基础工业，以及港口、铁路交通设施，主要设在沿江外围城镇。据1983年调查，外围城镇的工业产值占全市的34%，利税占40%以上；外围城镇的总面积约40平方公里，相当于主城区的35%，人口共35万人，相当于主城区的20%，工业职工近13万人，相当于主城区的1/3；在外围城镇的职工中，有5万多人来自主城区，其中80%已携带家属在外围城镇定居。外围城镇的开拓，在发展经济、控制主城区规模和保护古城风貌等方面，起了很好的作用。

与1949年以前的南京相比，南京城市建设有了很大发展。1986年年底，南京市建成区面积为123平方公里，城市人口为191.9万人；共有各类建筑4817万平方米，其中住宅2432万平方米，分别是1949年的3倍和2倍；公园由5座增加到32座，城市公共绿地面积由1973公顷增加到5598公顷，城市绿化覆盖率达38%；自来水日供水能力为203.5万立方米，用水普及率达98%；煤气和液化石油气从无到有，燃气用气普及率达49.9%；而工业、交通和文教科研事业更不可与当年同日而语。

80年代的南京保持了明代形成的不规则的城郭外形和内部道路街巷的基本格局，保护了六朝石刻、明城垣（尚存约20公里）、阳山碑林、明孝陵、中山陵、雨花台、栖霞山、莫愁湖、玄武湖等文物古迹，疏浚了秦淮河，重修了夫子庙，保持了鲜明的文化古城特色。

第七节　西安市

西安市是陕西省的省会，全国著名的古都，西北地区最大的综合性工业城市和科研教育中心。

西安，古称长安，西周、秦、西汉、西晋、前赵、前秦、西魏、北周、隋、唐等11个朝代曾先后在此建都。尤其是隋、唐时期建设的长安城，面积约83平方公里，人口100余万人，是当时世界上最大的城市。唐灭亡以后，城市被毁。明洪武三年（1370年），秦王朱樉受封于西安，建秦王府，又增修城垣，这就是现在保存下来的西安城。清朝末年，西方影响开始向内地渗入后，1889年设电报局，1902年设邮政局，并陆续出现了销售“洋货”的药房和商店以及关中大学堂、师范学堂、法制学堂、女子师范学堂等新式教育机构。辛亥革命以后，城市面积一直维持清末不到14平方公里的水平，街道多土路，排水设施简陋，居民用水全部依靠土井。

1949年5月20日，西安解放。当时，市区人口39.7万人，有一座4000千瓦的发电厂和一些规模很小的纺织厂、面粉厂、火柴厂和机械厂，全市工业总产值为1亿元。

西安在西北地区，又有比较好的交通条件和城市设施，因而成为“一五”计划期间国家重点建设的城市之一。1950年，西安市人民政府即开始编制“都市发展计划”；到1953年，以“一五”计划为依据，完成了《西安市一九五三至一九七二年城市总体规划》；1954年11月，总体规划被国家正式批准。这个规划方案既安排了大规模的建设，也保护了古城风貌。著名的汉城遗址、阿房宫遗址、大明宫遗址、兴庆宫遗址、明代城墙、大雁塔、小雁塔、钟楼、鼓楼、明秦王府等均被规划为公园、广场或绿地。城市路网继承了唐长安城的“棋盘式”格局。

在总体规划的统一安排下，基础设施建设先行。1952年至1957年，建成日供水能力达5.16万立方米的自来水厂和装机容量为4.8万千瓦的西安热电站。1953年起，西北第三、第四和第五棉纺织厂，以及156项中的高压电瓷厂、开关整流器厂、绝缘材料厂、电力电容器厂等陆续动工。到1957年，西郊的电工城、东郊的纺织城和机械工业区、南郊的文教区都基本成形。

“二五”计划期间，在“建立独立完整的工业体系”的思想指导下，红旗机械厂、庆华电器厂、陕西钢厂、八一铁厂、焦化厂、冶金机械厂、重型机械厂、矿山设备厂、电缆厂、变压器电炉厂、西安化工厂、机床厂、油脂化工厂等一大批大中型工业企业建成投产，使城市的工业结构突破了原规划的轻型精密机械工业和纺织工业的范围，城市用地急遽膨胀。在这种形势下，有人提出拆除明代城墙，国务院副总理习仲勋得知这个消息后，经国务院明令禁止，这座民族文化瑰宝才得以保存。由于“一五”计划期间城市已经形成科学、合理的“骨架”，再加上城市规划部门工作人员的努力，“大跃进”的盲目发展在西安没有造成太严重的后果。到1965年，全市工业总产值达19.8亿元，各项城市设施基本上能适应生产、生活的需要。

1966年开始的“文化大革命”，使西安市的城市建设事业受到前所未有的干扰：一些大专院校被撤销，改建为工厂，打乱了南郊文化区的布局；明城墙外侧的环城林地有1/3被违章占用；不少古建筑遭到破坏。

1976年以后，西安的城市建设逐步恢复。到1986年，城市人口达177.7万人，建成区面积达33.3平方公里，全市工业总产值达96亿元。人均居住面积达5.83平方米，自来水日供水能力达57万立方米，用水普及率达90.6%。

1983年4月开始的西安环城建设工程，是解放以来西安最大的一项市政建设工程和文物维修工程。工程包括维修城墙、整治城河、改造环城林、打通环城北路4项内容，有保护文物、调蓄雨洪、消除污染、改善环境、疏导车流、丰富城市人民生活的综合效果。

历史给西安留下了珍贵的文物，半坡村的文化遗址、秦始皇陵的兵马俑坑，以及北部黄陵县的黄帝陵、乾县的武则天陵等重点文物保护单位有230多处。这些文物都得到妥善保护。1979年以后，旅游事业的发展使西安的这一得天独厚的优势得以发挥。1981年至1986年，全市共接待了94个国家和地区的国际旅游者90.3万人次，国外游客年递增40%，居全国之首。这一因素给城市注入了新的活力。

第二十二章
工商业发达的地方中心城市

本章叙述的九个城市，大都具有一定的工商业基础，是传统的地方政治、文化、经济中心。新中国成立后，在新的社会条件下，这些城市都是省会，在城市规划的指导下，都得到很大程度的改造和扩建，发生了巨大的变化。

第一节　太原市

太原市是山西省的省会，中国重要的煤炭、冶金、机械、化学工业基地。太原地处山西省中部，该市已探明的煤矿储量达185亿吨，约占全省已探明储量的10%。此外，尚有较丰富的铁矿、石膏矿。

自1917年起，太原长期被作为军阀阎锡山割据的统治中心，并兴建了一批中小型军火、冶金、机械工业。到1949年，城市人口为21万人，全市共有47家工厂、职工3.6万人、工业年产值3586万元，年产原煤21万吨、生铁1.9万吨、钢6600吨、水泥2.5万吨。旧太原城市布局混乱，市政公用设施水平很低。工厂大多沿铁路散布，与住宅杂处，大部分在城北，少部分在城内和城南。1949年，房屋建筑总面积约300万平方米（其中住宅164万平方米），大部分是砖土平房。自来水日供水能力为0.69万立方米，用水普及率为16.7%，城市道路共62公里，一般宽度在10米以内，大多为土路和碎石路，且多丁字交叉，东西不通、南北不畅。

1949年4月24日，太原解放。

太原的资源条件，有利于发展高能耗工业。1950年，国家在太原建设了中国第一座自行设计的重型机器制造厂——太原重型机器厂。第一个五年计划期间，太原被国家列为重点建设城市之一，156 个工业建设项目在太原建厂的有太原化工厂、太原氮肥厂、太原制药厂、太原第一热电站和第二热电站等 11 项。此后，还新建了电解铜厂、电解铝厂，扩建了太原钢铁厂等。1986 年，太原市全市工业总产值为 68.9 亿元（其中重工业产值占 69.3%），是 1949 年的 192 倍。

1954 年太原编制了城市总体规划，以后又作了多次修改。根据规划，太原市尽可能地调整了原有工业和铁路不合理的布局：设置了北郊化学工业区、城北冶金工业区、河西北机械工业区和化学工业区、河西中部精密机械和轻纺工业区以及城南工业区和北营工业区；外迁了穿经城南生活区的旧南同蒲铁路，使这段铁路与石太铁路合线；新建铁路客站，拆除插入生活区的旧客站，打通并建设了建设路、五一路、并州路、解放路、新建路、西渠路、和平路等南北干道和新华街、北大街、迎泽大街、南内环街等东西干道，使全市形成方格网道路系统；新建了迎泽大桥、第二汾河大桥和汾河地下隧道，沟通了汾河两岸，促进了河西的发展。

然而，在 50 年代，人们对环境问题的认识还不深。太原是一座高能耗、高水耗的能源原料型重工业城市，而且三面环山，多逆温层天气，地下水补给范围有限。当时的城市规划对上述特点没有给予足够的重视，到 70 年代初，环境污染和水源不足的问题已很突出，引起了各方面的关注。

从 70 年代末开始，太原市着手进行环境治理：发展燃气、集中供热，推广蜂窝煤，把环境保护和改变能源构成与改变落后的燃烧方式结合起来；以节能、节水为主要措施，把环境保护与老企业的技术改造结合起来；扩大污水处理能力，大力绿化，把环境保护与城市建设结合起来。通过上述措施，城市环境质量开始有所好转。

1986 年，太原市建成区面积为 168 平方公里，城市人口为 144 万人。全市住宅建筑面积为 1673 万平方米，人均居住面积为 6.17 平方米。自来水日供水能力为 66 万立方米，用水普及率为 84%，工业用水重复利用率为 75.5%。燃气普及率达 35%。集中供热建筑面积占全市供热建筑面积的 20%。污水日处理能力达 19.3 万立方米。建成区绿化覆盖率为 15.8%。

第二节　济南市

济南市是山东省的省会，是一座以机械、纺织工业为主的综合性工业城市，也是全省的文化教育中心和陆路交通枢纽。

济南因建城于古济水南岸而得名。济水在宋以后亦称大清河或北清河，1855 年被黄河夺道。济水沟通中原和海滨，使济南自古成为山东农产品和沿海食盐的重要集散地。20 世纪初，胶济铁路和津浦铁路相继通车，使济南进而发展为重要的商贸城市，轻工业亦有所发展。

1948 年 9 月 24 日济南解放。当时城市面积 23 平方公里，人口 54 万人。整个城市基本上分为三部分：旧城、新区和棚户区。旧城为元代修筑的，北至大明湖北岸，南至趵突泉、黑虎泉，城南有千佛山，城内有大明湖及上百处泉水，“家家泉水，户户垂杨”，使济南赢得“泉城”的美誉。但是，这是一个自清末起逐步走向衰落的城区。新区在旧城以西，包括 1904 年清政府开辟的近 4 平方公里的商埠区和日本侵略者在 1938 年向南扩展的 1 平方公里的“新市区”，商埠区和新市区街道比较整齐、市政设施较好。在新区和旧城之间和外围，散乱地分布着棚户区。

1949 年，济南市成立城市建设计划委员会，并编制了《济南市都市计划纲要》。以后，又在《纲要》的基础上编制了城市建设初步规划和城市总体规划。

在 1957 年以前，济南没有重大的工业建设。这时的城市建设重点，是改善市区道路交通和劳动人民的生活居住环境。先后修建了东西向的文化路、黑虎泉西路、泉城路和解放路，南北向的趵突泉北路、黑虎泉北路和历山路，从而形成了旧城区的环路，贯通了旧城与商埠区的联系，并使市区向东延伸；结合河湖水系的修整，建设了大明湖公园和趵突泉公园；新建了工人新村、二七新村、邮电新村等居住区；城市日供水能力从 1949 年的 1.04 万立方米增长到 1957 年的 3.08 万立方米。

1958 年以后，工业迅速发展，形成了以机械工业为主的白马山工业区，以纺织工业为主的北郊工业区，包括电力、轻工在内的黄台综合工业区和以冶金工业为主的王舍人庄工业区。济南市的机械工业，已经从面向地方的修造业，发展成为向全国供应金属切削机床、大型锻压设备和重型载重汽车的生产基地。

济南的工业是在“大跃进”和“文化大革命”期间发展起来的。因而，随着生产的发展，城市的环境质量却逐渐恶化。到70年代末，由于地下水的过量开采，济南人民赖以生存并引以为荣的泉水日渐枯竭，断流时间越来越长。这件事引起全社会的震动，从而推动了以保泉为中心的环境综合治理工作：调整了采水布局，1978年至1982年在东、西两郊开辟了日供水能力为30万立方米的新水源地，关闭市区部分水厂；全市实行计划用水，节约用水；广泛绿化，涵养水源，在南部山区实行封山造林，在旧城结合趵突泉、黑虎泉、五龙潭三大泉群，建成一条环绕古城的绿带。经过综合治理，济南地下水位开始回升，泉群干涸期逐年缩短：1982年为240天，1983年为120天，1984年为90天，1985年为68天。

治理泉水的同时，在市区拓宽了纬二路和经十路东段，形成了贯通全市东西和南北的两条主要干道；1985年至1986年全市改造了10条旧街道，以发展商业服务业；1979年至1986年，共完成住宅建筑面积579万平方米，使人民的居住条件明显改善。

到1986年，济南市建成区面积为98平方公里，城市人口为119万人，全市工业总产值为84亿元。市区实有住宅建筑面积1772万平方米，人均居住面积为7.4平方米。公用自来水厂日供水能力为48.5万立方米，工业用水重复利用率56%，生活用水普及率100%。燃气普及率38.6%。建成区绿化覆盖率32.3%。

第三节　长沙市

长沙市是湖南省的省会，是以机械、纺织、食品工业为主的综合性工业城市，也是全国高等教育比较发达的城市。

1949 年 8 月 4 日，长沙和平解放。当时，城市 85% 以上的住宅是火烧以后建起来的竹木结构房屋，没有自来水，沟渠堵塞，污水横溢；湘江上既无桥梁，也无轮渡；建成区面积 6.7 平方公里，城市人口 34.4 万人，工业总产值 6563 万元，全市失业和无业人数达 6.2 万人。

面对满目疮痍的城市和数量众多的失业大军，市人民政府在城市建设方面采取了两项重大决策：一是 1950 年 6 月提出了“长沙市区规划原则草案”；二是实行“以工代赈”，组织失业人员在《草案》指导下建设城市。从 1950 年起，把聚居在湘江东岸的 4800 余棚户拆迁安置在南郊东瓜山和北郊丝茅冲；1951 年 10 月，建成沿江大道；同月，建成日供水 1.5 万吨的第一自来水厂；1952 年起，打通了城市中心的东西干道五一西路，并向北修建了北站路，向南修建了新兴路，向东南修建了劳动路。此外，还完成了大托铺飞机场和露天体育场的土石方工程。这些基础设施的建设，为城市的发展打下了基础。

“一五”计划期间，长沙不是国家重点建设的城市。但是，由于有了一定的基础设施，再加上省会城市的行政影响，长沙安置了从上海内迁的搪瓷厂、热水瓶厂和日用化工厂。通过合作化运动把原来的手工业组成汽车修理、机械修理、铸造、木帆船修造等 9 个联社，建立了军鞋厂（后改为湖南橡胶厂）、后勤被服厂、粮食加工厂和大型粮库。整个城市呈现一派新景象。

1958 年至 1965 年，由于城市规划在指导全局上发挥了作用，城市建设取得很大的成就：

第一，铁路东迁。原京广铁路与湘江相距仅 1.5 公里，城市受铁路禁锢，发展受阻。1958 年国家决定修建京广铁路复线，长沙市及时提出了铁路东迁的新线规划方案，并取得铁道部同意。在当地人民的支持下，改线方案当年施工，当年基本竣工。城市用地得到舒展，铁路站场也有了发展余地。

第二，港口南移。原在市中心沿江地带的码头，因用地不足，装卸机械化发展受阻。为此，航运部门和城建部门，共同选定水深岸陡又避西北风的城南路以南江岸为水运作业区，轮渡和客运码头仍放在中心区附近。经过全面调整，客运、货运各得其所，也为居民提供了一条凭栏眺望湘江景色的绿带。

第三，工厂外迁。原在旧城区的电机厂、锅炉厂、拖拉机配件厂、化工机械厂、水泵厂、起重机厂、内燃机配件厂、鼓风机厂8个工厂，因用地不足而难于扩展。长沙市在城市下风方向及时开辟了南郊工业区，使这些工厂外迁以扩大生产，旧城区环境也得以改善。

“文化大革命”期间，长沙作为毛泽东的故乡和工作、学习过的地方，进行了一些重大工程的建设。比较突出的工程有湘江大桥和新火车站的建设。湘江大桥于1972年建成通车，它促进了城乡物资的交流，并使城市有可能向湘江西岸发展。新火车站于1977年落成，它使五一路向东延展，带动了沿线一大片地段的开发，而且，自新车站到湘江大桥形成一条繁荣的、贯穿全市的东西大干道。

自1979年起，长沙市的城市建设掀起了一个以住房建设为中心的高潮。人均居住面积，从1978年的3.8平方米，上升到1986年的6.92平方米。与此同时，自来水普及率达99.9%，燃气普及率达33.8%。到1986年，长沙市建成区面积为83平方公里，城市人口为100万人，工业总产值为52.4亿元。全市有高等院校21所，在校学生40458人。

第四节　南昌市

南昌市是江西省的省会，是一座以轻纺工业为主的综合性工业城市。

1949年5月22日，南昌解放。当时，建成区面积8.28平方公里，城市人口22.1万人，有一个日供水1200立方米的自来水厂，全市有近6万人居住在100多处棚户区内。1949年工业总产值为2818万元。

南昌解放不久，省、市领导机构就很重视城市建设工作。1950年2月，南昌城市建设研究会（后改为南昌市建设委员会）成立，由省长邵式平兼主任委员，并编制了《南昌市城市建设方案》和《南昌市新市区计划图》。在方案和计划图的指导下，南昌市在“一五”计划期间开辟了城北、城东两个新工业区，以安排地方投资建设的电力、轻纺、化工企业。与此同时，在城市建设上采取“以工代赈”的方法，兴建了4项工程：1951年，在旧城东侧开辟了一条长5公里、宽60米的八一大道，成为全市性交通主干道；1954年冬，开始兴建旧城区主要排水系统——孺子路下水道；1955 年 11 月，动工改建横跨赣江的八一大桥，将钢架木桥面结构改为钢桁架钢筋混凝土组合结构和沥青桥面，并逐年培修防洪的重要屏障——富大有堤，有效地保障了城市安全。

1958 年至 1960 年，南昌兴建了一批钢铁、电子、机床、铸锻、拖拉机、轻纺等大小 457 个工业企业和江西大学、江西工学院、江西教育学院、洪都大学、共产主义劳动大学等 15 所高等学校。在城区，形成了城东文教区和城南工业区的布局。在城郊 30 公里范围内，建立了莲塘、向塘、长堎、罗家等卫星城镇。迅猛的发展，造成城市布局分散，市政设施水平和居住水平下降。1960 年人均居住面积仅 2. 5 平方米。“文化大革命”期间，南昌市又遭受了更严重的破坏。

1976 年 10 月粉碎“四人帮”以后，南昌的城市建设才从混乱走向振兴。远郊难以独立生存的工业点被撤销，市内基础较好的轻纺工业迅速恢复、发展，大中学校回城复课，到农村落户的工程技术人员回到各自的工作岗位。

1978 年，城市规划管理机构恢复，并着手修订《南昌市城市总体规划》，以纠正“文化大革命”给城市造成的不正常局面。

为了解决城市住宅紧张和安置回城人员，1980 年成立了民用建筑统建办公室，一方面对旧住宅区进行成街、成片的改造，另一方面有计划地开辟新住宅区。1979 年至 1986 年，共建成住宅建筑面积 396 万平方米，在上海路新村、青云谱、徐家坊等十几处，形成各项公共服务设施基本配套的住宅群。到 1986 年，实有住宅建筑面积达 1136 万平方米，人均居住面积达 6. 33 平方米。

在住宅建设的同时，扩建了自来水厂和相应的管网设施。日供水能力，从 1978 年的 24. 6 万立方米，增长到 1986 年的 52. 3 万立方米，生活用水普及率达到 98. 8% 。

为解决城市内涝问题，1981 年建成日排水能力 346 万立方米的青山湖排涝站，基本上解除了城区内涝问题。1983 年，又新建了第三交通路、第五交通路等几条排水干管和沿江路截污工程。下水道长度，从 1976 年的 112. 4 公里增长到1986年的235公里。

1979年开始供应液化石油气，到1986年，用气普及率达28.8%。

1982年，全市人民积极投入义务植树活动，1983年获全国义务植树先进城市光荣称号。城市建成区绿化覆盖率，从1980年的12.5%提高到1986年的19.7%。

1986年、南昌市建成区面积为65平方公里，城市人口为94万人，全市工业总产值为49.4亿元，分别是1949年的7.8倍、4.3倍和175倍。

第五节　成都市

成都市是四川省的省会，全国重要的机械、电子工业基地和文化教育中心。

成都市有3000多年的历史，自秦蜀郡守李冰修建闻名的水利工程——都江堰以来，成都平原就成为重要的粮、油、猪等生产基地。盐、铁、丝绸等手工业与商业较兴盛，且盛产蜀锦、蜀绣、漆器等工艺品。然而由于蜀道艰险，交通闭塞，现代工业起步很晚，清末才出现机器制造局、制币厂、火柴厂等现代工业。全面抗战时期，沿海工业内迁，成都发展了一些小型轻纺工业；抗战胜利后，工业生产又趋下降，是一座工业生产落后，官僚、军阀、地主集中，消费行业比较发达的城市。1949年，城区人口共60.8万人，工业产值仅0.86亿元（占工农业总产值的12.3%），而商业、饮食、服务网点却有1万多处。当时，建成区面积约18平方公里，城区房屋建筑面积640万平方米，其中住宅425万平方米，少数公馆、宅院集中在城西，大多数房屋低矮简陋；60%的街道宽度在10米以下，只有商业街春熙路有0.5公里的水泥路面，53%的路面为泥结卵石路，其余为土路；没有公共交通设施；自来水厂的日生产能力为0.5万立方米，用自来水人数占城区人口的4%；城区垃圾成山。

1949年12月，成都解放。当时社会失业人数达10多万人。人民政府实行以工代赈，组织失业无业人员进行一些以体力劳动为主的市政建设；既疏导了河道，清除了垃圾，整修了城市道路，也使许多失业无业人员成为自食其力的劳动者。

成都的大规模经济建设，是和国家开发西南地区的战略部署联系在一起的。1950年至1952年建成的成渝铁路，1950年至1954年建成的川藏公路，1952年至1956年建成的宝成铁路和1958年至1970年建成的成昆铁路，使成都改变了过去的闭塞状况，成为开发西南的重要基地。

“一五”计划期间，成都被国家列为重点建设的城市。当时156项重点工业项目安排在成都的有10项，大部分为电子工业和精密机械工业。1953年，成都编制了城市总体规划。总体规划确定以旧城为基础向四周紧凑发展。城市北部安排了铁路站场，在货场附近设仓库区；与铁路联系方便而且靠近地面水源的东北部、东部设置工业区，南部和西部依托原有学校基础，构成文教区；旧城与各新建区之间用放射加环状的道路系统和滨河绿带、公园等联系成一个整体。

根据城市总体规划，1953年至1957年新建和扩建了城市道路110公里，使城市干道系统基本形成；改造了流经工业区附近的沙河，保证了工业区的用水和雨水排放；工业区和新建生活居住区，建设了雨水与污水分流系统；新建住宅300余万平方米以及相应的服务设施。由于基础设施与工业建设同步发展，新建工厂一般三年投产。到1958年，新建工厂陆续建成，是年，工业产值达到6.5亿元。“二五”计划初期，工业继续有很大发展，为此，城市近郊建设了一批工人镇，其中有以化工为主的青白江工业区，以飞机制造为主的黄田坝工业区，以金属结构厂为主的洞子口工业区和以农机制造为主的天回镇工业区。

但是，在“大跃进”的形势下，工业愈来愈不受城市规划的控制。在原工业区与工业区之间的间隔地带和卫生防护地带中不断插入新工厂，形成了一个从城市东北一直延伸到城市东南的大片工业地带。城市的环境质量开始下降，住宅和生活服务设施的建设也开始落后于工业的建设。

1966年开始的“文化大革命”使城市建设失去了正常秩序。1968年拆毁了市中心原皇城的明清建筑；1970年为修建防空工事，填埋了市区中心区围绕皇城的御河，使这段经过整理和绿化的水面全部消失；1972 年又填埋了横贯城区的金河，严重破坏了城区排水系统。

1976 年，开始着手解决城市建设上的迫切问题，即城市供水不足和城市对外出口交通不畅。1977 年改造并扩建了自来水一厂和二厂，使城市自来水日供水能力达到27.5 万立方米，水质亦有明显改进，初步缓和了供水紧张状况。为解决城市北面通青白江工业区的交通堵塞问题，将川陕公路成都近郊10 公里的道路路基从 9 米拓宽至 25 米，从而改善了城市北大门的交通状况。

1986 年，成都市建成区面积为 95 平方公里，城市人口为 157 万人，全市工业总产值 114.4 亿元，共有高等院校 18 所，在校学生 5.2 万人。市区实有住宅建筑面积 2149 万平方米，人均居住面积为 6.8 平方米；自来水日生产能力达 39.1 万立方米，用水普及率达 92.6%；燃气普及率达 50.6%。

第六节　福州市

福州市是福建省的省会，是中国东南沿海的以轻工、机械为主的综合性工业、港口城市。

鸦片战争以后，福州被辟为“五口通商”的口岸之一，清政府在马尾设立船政局，开办中国第一家造船厂和船政学堂，福州的对外贸易重心也移向马尾。工商业的发展，使福州在闽江两岸形成新区，经济活动中心亦从旧城转向新区。新区江北的台江区属商业地带，江南的仓山区为外国人集中地，多洋行、银行、领事馆、教堂。1936 年，福州人口达 40 万人。抗日战争期间，工厂多数内迁，城市人口减少到只剩 20 万人。

1949 年 8 月 17 日，福州解放。当时，建成区面积 17 平方公里，人口 32.4 万人，失业人口高达 10 万余人，80% 的房屋为简陋木板房，除仓山区有小水厂外，其他地区无自来水。1949 年工业总产值 2250 万元。

福州地处海防前线，解放后相当长的时间，没有安排国家重要的经济建设项目。但是，由于海防建设和城市自身的活力，福州仍在稳步发展。

1950 年至 1952 年，采用以工代赈的办法，先后扩建了西南环城路等 10

多条道路，并使城市道路与对外公路连接起来，使福州成为交通运输网的中心。与此同时，清运了市区长期堆积的4万吨垃圾，疏浚了三捷河，防止了城市内涝。

1952年8月至1953年4月，数千民工和解放军建成了总长81.21公里的沿江防洪大堤和配套工程。

1953年至1960年，福州地方工业有所发展，兴办了福建机器厂、上游造船厂、第一化工厂、玻璃厂、搪瓷厂、罐头厂、八一钢铁厂、变压器厂、开关厂、机床厂、拖拉机厂等，形成了以八一钢铁厂、变压器厂等重工业为主的北工业区和以木材加工为主的南工业区。1960年工业总产值达4.7亿元。

1958年，外福铁路建成通车。为配合外福铁路和工业区建设，相继建成五四路、五一路、三八路、六一中路北段、国货路等干道。到60年代初，日供水能力达到17.5万立方米。由于省、市政府都设在旧城的鼓楼区，因而解放后的福州建设逐步由江边移至旧城。

“文化大革命”期间，许多事业处于停滞状态，但道路建设仍继续发展。1968年在修建五一广场的同时，拓宽改建了于山路（后改名古田路），并向东延伸连接福（州）马（尾）公路。1970年新建闽江大桥，改建了万寿桥和江南桥（后改称解放大桥），缓解了闽江两岸的交通。1971年建成乌龙江大桥，结束了福（州）厦（门）公路上的乌龙江轮渡历史。此外还改建了六一北路、六一南路等。

随着国际形势的变化和台湾海峡两岸形势的趋向缓和，1979年以后，福州作为沿海港口城市和著名侨乡的优势开始发挥作用。

1981年，福州市开始对外开放。当年年初，中日合资的福日电视机有限公司引进国外全套生产线和技术，至1984年年底，共生产各类彩色电视机72万台。省电子计算机公司1978年至1983年引进技术设备后，产值增长46倍。至1985年，全市工业总产值达37.9亿元。

随着对外联系的扩大，1979年至1986年建成了闽江饭店，外贸中心大楼、海山宾馆、侨联大厦、文艺大厦、珠宝大楼等一大批高层建筑。与此同时，共建设住宅354万平方米，1986年人均居住面积达7.31平方米。自来水日生产能力达到40万立方米。福州得天独厚的温泉资源开始得到合理的保护、开发和利用，建设了一座日产5000立方米的热水厂，向附近各宾馆、浴室统一供应温泉水。1986年，福州市建成区面积为47平方公里，城市人口达80.55万人，工业总产值为50.38亿元。

第七节 长春市

长春市是吉林省的省会，是东北地区重要的科研、教育中心，也是新中国第一汽车工业基地。

长春市原是日本帝国主义扶植的满洲傀儡政权的首都“新京”，是日本关东军的指挥中心。整个城市，除了政府机构的大厦外，军事设施多于工业设施。1944年建成区面积为80平方公里，人口81.7万人。日本侵略者对长春进行了精心规划，按人口密度将城市划分为4个等级区，一级居住区人口密度为每平方公里0.4万人，二级区0.5万人，三级区1万人，四级区1.2万人。日伪统治者居住在一级居住区，那里街道、建筑整洁，供水、排水、电力、煤气、电讯、绿化等设施齐全；一般中国人民只能居住在三、四级区。

1948年10月19日，长春解放时，城市人口只有17.7万人。

“一五”计划期间，国家在长春布置了重要的工业企业、高等院校和科研机构。1953年开始建设第一汽车制造厂，之后又建设了长春客车工厂、长春机车工厂、长春拖拉机厂、吉林柴油机厂、长春机械厂、东北无线电厂、东北光学仪器厂等，使长春成为以制造汽车、拖拉机和铁路车辆为主的工业城市。在工业建设的同时，国家还在长春建立了军医大学（后改为白求恩医科大学）、兽医大学、东北师范大学、地质学院、汽车拖拉机学院（后发展为吉林工业大学）、东北人民大学（后改为吉林大学），以及汽车研究所、应用化学研究所、光学精密机械研究所、材料试验机研究所等。

1954年和1955年，长春市把市政建设投资的94%和84%用于为汽车厂服务的基础设施上，开辟了道路、设置了公共交通线路、建成了专用的供水、排水、煤气、电力、电讯设施。此外，还由城市向汽车厂职工提供了20多万平方米的住宅。1956 年 7 月 15 日，汽车厂建成投产，结束了中国不能制造汽车的历史。

为解决城市的水源，1960 年在伊通河修建了新立城水库，最大库容为 2.88 亿立方米，日供应城市原水 24 万立方米。但是由于水库上游管理失控，任意修筑小塘坝、小水库，使汇水面积减少 54%，再加上连年干旱，到 1977 年 6 月，库水只剩下 270 万立方米，几近枯竭。为此，不得不在紧急状态下重新开辟水源，从饮马河石头口门水库引水，修建了一条长 33.5 公里、日输水能力 15 万立方米的工农干渠，缓和了城市供水紧张状况。

1979 年，开始改造民康路的棚户区和桃源路的东圈（旧社会的妓院房屋），共建住宅 4.3 万平方米，使 860 户居民搬进新居。以后又改建了全安居住小区、春郊居住小区，新开辟了南湖居住小区、绿园居住小区。从 1979 年到 1986 年，共建住宅建筑面积 721 万平方米，使人均居住面积从 1978 年的 3.62 平方米提高到 1986 年的 5.33 平方米。

旧长春的道路以十几个广场为中心，多点放射，没有贯穿东西的主干道。直到 1980 年以后，才拓宽改造了解放大路、吉林大路、西安大路、南湖大路、自由大路等东西干道。1980 年至 1985 年共新铺装道路 111 万平方米，是解放以来修建道路最多的时期。

1980 年开始建设集中供热系统，到 1985 年，集中供热面积达 539 万平方米，占全市供热面积的 19.8%，取消了锅炉 767 台，占全市锅炉总数的 19%，每年减少烟尘排放量 8000 多吨、二氧化硫 800 多吨。全市降尘量 1985 年比 1980 年降低 19.4%。

到 1986 年，长春市建成区面积为 105 平方公里，城市人口为 151 万人，全市工业总产值 71.9 亿元。第一汽车制造厂累计生产的汽车约占全国汽车总产量的 1/3；客车厂累计生产的铁路客车约占全国总产量的 1/2；拖拉机厂累计生产的拖拉机约占全国总产量的 1/10。全市有高等学校 28 所，在校学生 4.7 万人；有自然科学研究人员 10.1 万人，社会科学研究人员 9.3 万人，在汽车、光学、化学、地质、电子计算机等科研领域，长春处于全国较领先地位。

第八节　兰州市

兰州市是甘肃省的省会，是以石油、化学、机械工业为主的综合性工业城市。1949 年 8 月 26 日，兰州解放。当时，兰州虽是甘肃省省会，工业却只有电厂、机器厂、汽车配件厂、毛纺厂、面粉厂等 15 家小厂，职工不足 4000 人，年工业产值 359. 1 万元，市区面积 16 平方公里，城市人口 17. 2 万人。

1952 年筑成的天（水）兰（州）铁路、1958 年筑成的包（头）兰（州）铁路、1960 年筑成的兰（州）青（西宁）铁路和 1962 年筑成的兰（州）新（乌鲁木齐）铁路，使兰州加强了和中国东部、中部地区的交通联系，并成为开发大西北地区的桥头堡。

“一五”计划期间，全国已探明的油田主要在甘肃的玉门和新疆的克拉玛依。由于兰州附近有丰富的水、煤、有色金属矿藏等资源，国家即确定兰州为以石油加工工业为主的工业基地。安置在这里的重点建设工业企业有属于 156 项中的兰州炼油厂、兰州合成橡胶厂、兰州氮肥厂、兰州石油机械厂、兰州炼油化工机械厂和兰州热电站 6 项，以及兰州石油化工机器厂、兰州机车工厂和兰州自来水厂。此外还建设了永登水泥厂、兰州兽医生物药品厂、兰州毛纺厂、西北毛纺厂、兰州肉类联合加工厂等地方企业。为了支援兰州建设，还从沿海地区迁来了美高皮鞋厂、兰州搪瓷厂、兰州胶鞋厂、佛慈制药厂、长通电线厂、长新电表厂、长虹电焊条厂、长津电机厂、红色服装店等 20 多个企业。

1953 年，兰州市开始编制城市总体规划方案，1954 年 12 月得到国家批准。由于受地形的限制，总体规划把城市划分为 4 个片区：西固为石油化工综合基地；七里河为铁路编组站、货场和机械制造工业区；安宁为精密仪器仪表工业区；城关为全市行政、文化活动中心。每个片区都设置相应的生活居住区，生产设施和生活设施同步建设。各重点建设的工业企业大部分动工于 1956 年，竣工于 1959 年。城市规划保证了建设。

“二五”计划期间，兰州工业继续发展，建设了白银有色金属公司、兰州铝厂、长风机器厂、万里机电厂、新兰仪表厂、西北油漆厂以及黄河上的第一个水电站——盐锅峡水电站。此外还有在“大跃进”期间发展起来的400多个中小型地方企业。

在第三、第四个五年计划期间，兰州在动乱中仍新建、扩建了西北铁合金厂、连城铝厂、兰州碳素厂、兰州筑路机械厂、兰州轴承厂等20多个大、中型企业，还建设了一批支援农业的工厂。到1975年，兰州地区共建成工业企业748个，工业总产值达到39.3亿元。

在建设工业的同时，国家还在兰州成立了中国科学院兰州分院和兰州大学、西北师范学院等大专院校。

大规模的经济建设，使兰州从一个荒凉落后的城市发展成为具有现代工业、科研、教育设施的大城市。但是，由于自“二五”计划以后，忽视了非生产性设施的建设，尤其是在“文化大革命”期间，城市规划被废止，城市的环境质量日益恶化，市政公用设施和住宅严重不足。1975年，人均居住面积仅3.35平方米；水厂日供水能力80万立方米，只能满足城市需水量的2/3；城市日排污水量共57万立方米，而进入污水处理厂的仅11.2万立方米。

1976年，兰州开始修改城市总体规划。1979年，国务院批准了兰州市1978年至2000年城市总体规划。兰州市的城市建设又开始平稳地向前发展。

环境保护工作被放在十分重要的地位。1979年开始对污染源进行调整治理，先后关、停、并、转了158个企业，撤销了电镀、铸造、锻压、热处理等109个厂点。到1984年，全市锅炉有效治理率达86%。

1979年，城关黄河大桥建成通车。1982年以后，新建改建了滨河路、金昌路、安宁西路、定西北路等10多条城市干道，缓解了市区交通南北不畅、东西拥挤的局面。

兰州南北有荒山8000多公顷。1983年起，全市掀起了绿化荒山的热潮。到1985年，全市植树成活面积共达6260公顷，是1983年以前成活面积的7.2倍。

到1986年，兰州市建成区面积为160平方公里，城市人口为109.7万人。

全市工业总产值为63.7亿元，共有高等学校13所、在校学生2.7万人，自然科学人员4.8万人，社会科学人员1万多人。市区实有住宅建筑面积987万平方米，人均居住面积达6.65平方米。自来水日供水能力达118万立方米，生活用水普及率达96.8%。市政公用设施落后于工业建设的局面已基本扭转。

第九节　贵阳市

贵阳市是贵州省的省会，是以冶金、机械、食品工业为主的综合性工业城市。

1949年11月14日，贵阳解放。当时，城区面积为6.8平方公里，城市人口21万人，工业产值1000万元左右。房屋80%以上是木质穿斗结构的板房，全市除了有2公里的块石道路外，其余都是泥土毛石路，没有公共交通工具，自来水日供水能力仅993立方米。

50年代初，贵阳市人民政府采取“以工代赈”的办法，修理城区危房5万平方米，清挖贯城河污泥万余立方米，并在河床上铺砌石板，在河床中央修筑了下水道，建成全市第一条雨污分流的排水干管。

1953年，贵阳市人民政府编制了《贵阳市分区及街道干线初步规划》。1954年又对规划进一步作了修改。根据规划，确定了即将建设的铁路站场的位置，修建了贯穿市区的干道中华路、延安西路、延安中路、中山东路和中山西路。为修建延安路，当时曾成立“延安路建设委员会”，统一规划、统一设计、统一拆迁、统一建设，仅用一年半时间就将全路段的道路、上下水道、绿化、电力、电讯工程配套交付使用。

1953年至1957年，贵阳市发展了一些地方轻工业，而发展最快的则是教育事业，先后建设了贵阳师范学院（后改为贵州师范大学）、贵阳医学院、贵州大学、贵州民族学院、贵州农学院、贵州工学院和8所中等专业学校、7所干部学校。在1956年以前，贵州省的高中、初中毕业生还为数不多，因此，在大中专学校中外省籍学生占85%以上，这对吸收外地人才，推动贵州省开发起了一定作用。

1958 年，黔桂（贵阳—柳州）铁路通车，再加上“大跃进”的形势，贵阳市的工业和城市建设迅猛发展。相继建设了鸡场（后改为白云区）铝工业基地、洛湾化肥生产基地、清镇合成石油厂、林东煤矿。在城市外围建设了甘堰塘、小河、中曹司等 15 个工业区。1958 年至 1962 年，共新建大中型工厂 58 家，小型工厂 29 家，街道工厂 35 家。至 1962 年，贵阳的工业企业发展到 218 家，职工 7. 3 万人。但是，由于建设战线太长，长期形不成生产能力，1958 年至 1962 年工业产值仅增长 3. 5%，而城市人口却增长到 52 万人。

1965 年起，国家把贵州省作为“三线”建设的重点地区之一，从东北和沿海地区内迁了一些航空、电子、精密仪器仪表、机器制造工业到贵阳和黔中地区，促进了贵阳经济、技术的发展。然而，在“文化大革命”期间进行的这些建设没有统一的规划，布局极为分散，为以后的建设带来许多困难。

1976 年粉碎“四人帮”以后，城市建设逐步走向正常。1978 年 4 月开始建设延安东路，随后，又将全市 90 余公里街巷进行了整修，使全部路面都有了较好的铺装，仅在省府路东段保留 200 米石头路面，让人们不要忘记旧贵阳的状况。1979 年至 1986 年，共建设住宅 351 万平方米，先后建成了窄口滩、宅东、金鼎山、煤矿村、市东村、莲花坡、云岩村和纪念塔等生活小区。1986 年，人均居住面积达 6. 3 平方米。1981 年至 1985 年先后治理了贯城河和南明河。1986 年，贯城河经受了洪水的考验，南明河则水质变清，出现鱼群，关闭了 20 年的河滨游泳区重新开放。

1986 年，贵阳市建成区面积达 83 平方公里，城市人口为 91. 6 万人，全市工业总产值为 31. 7 亿元，分别是 1949 年的 12 倍、4. 4 倍和 317 倍。旧贵阳连钉子都不能生产，而新贵阳已拥有钢铁冶炼、有色金属冶炼、机械、化工、电子、橡胶、卷烟、皮革、纺织、建材等比较齐全的工业，能生产多种类型的汽车、飞机部件，大马力内燃机，大功率液压挖掘机，各种轻工机械，电子元件，彩色电视机等 4000 多种产品。

第二十三章
原有工业城市的发展

本章介绍的城市，在中华人民共和国成立之初，已具有一定的工业基础。在新的社会条件下，这些以矿产资源和港口为依托的重工业城市，更处于优先发展地位，又以新的形式迅速发展。

第一节　大连市

大连市位于辽东半岛南端，是东北地区的主要海上门户。

大连市始建于沙俄侵占时的1898年。

1905年，日本取代沙俄。1945年8月22日，苏军解放大连。1945年至1949年，大连实行中苏共管。1950年苏军撤离。当时，建成区面积45平方公里，城市人口70万人。

新中国成立初期，首先发展的是工业。1952年，工业产值超过历史最高水平。从1953年起，国家对机车车辆厂、造船厂、炼钢厂、化工厂等进行技术改造和扩建，以后又发展了机械制造、石油化工、建筑材料、电子、纺织、食品等工业，使大连发展成为以机械、化工为主的综合性工业城市。1986年，工业总产值为131.7亿元，是1949年的54倍。大连造船厂年造船吨位占全国总吨位的1/6至1/4。大连机车车辆厂制造的内燃机车，占全国总数的57%。大连机床厂生产的组合机床占全国的80%以上。大连氯酸钾厂生产的氯酸钾，产量占全国的1/3，出口量占全国出口量的9/10。玻璃、搪瓷、服装等轻纺工业产品，在国内外市场上也占有重要地位。

大连港于50年代末开始复苏。1957年吞吐量超过历史最高水平，达到

1030万吨。1958年，由于原木出口的增加，扩建了香炉礁码头。70年代，由于大庆原油出口量骤增，对寺儿沟油港区先后两次进行改造扩建。1974年又对老港区进行大规模改造，兴建了30条舱口作业线，同时兴建大连新港——鲇鱼湾油港区。1976年建成中国第一座10万吨级栈桥式原油出口码头。1979年以后，香炉礁杂货码头和和尚岛煤炭码头又先后动工。到1984年，大连港吞吐量突破4000万吨，仅次于上海，居全国第二位。1986年，吞吐量为4429万吨。1978年至1986年，外贸出口额平均占全国的1/5，居全国首位。

大连的城市建设有了很大的发展。1950年至1986年，大连共建住宅1172万平方米，1986年实有住宅建筑面积1424万平方米，是1949年的3.4倍。大连是一个缺水的城市，因而水源建设一直受到重视。其中，主要的水源工程是1981年至1983年建设的碧流河引水第一期工程。这项工程使自来水日供水能力从21万立方米增加到36万立方米，是1949年供水能力的2.2倍。1986年，自来水用水普及率为98.8%。燃气供应和绿化建设也取得较大成就。1986年，燃气普及率由1949年的11.1%提高到72.5%；公共绿地面积由66.4公顷提高到300公顷。

1986年，大连市建成区面积为90平方公里，城市人口为142万人，面积和人口都比1949年增加了1倍。

第二节　鞍山市

鞍山市是中国著名的“钢都”，钢铁产量居全国之首。

1945年8月22日，苏联红军进驻鞍山。1946年4月国民党政府接管。1948年2月19日，鞍山解放。在这段曲折的历史时期，鞍钢的设备遭受严重破坏。到解放时，工厂全部停产，城市人口仅剩15万人。

鞍山解放以后，人民政府立即着手恢复工作。到1952年，鞍钢已恢复到日伪时期的生产水平。“一五”计划期间，鞍山钢铁公司是全国经济建设的“重中之重”。全国156项重点建设工程中，鞍钢有七号高炉、大型轧钢厂和无缝钢管厂3项建设工程。当时的口号是“全国支援鞍钢，鞍钢支援全国”。

这3项工程是在全国57个大中城市的199个大企业支援下建成的。以后，不仅鞍钢继续发展，而且出现了为鞍钢各厂矿加工备件的工厂，利用鞍钢提供的原料生产机电、化工、轻工产品的工厂，以及服装、针织等工厂。1985年，鞍钢的产品产量是：钢726万吨、铁661万吨、钢材504万吨，分别占全国产量的15.5%、15.1%和13.6%。鞍钢不仅以产品支援了全国建设，而且为各大中型钢铁企业和科研、设计、管理单位输送了5万余名管理干部、技术干部和技术工人，分布之广遍及全国。

工业的高速发展，使鞍山在60年代初期就出现了住宅和许多基础设施全面紧张的情况。尤其严重的是，生产过程中产生的废气、废水、废渣，对环境造成严重污染。1963年年初，邓小平指示：要把鞍钢的"三废"利用起来，化害为利，变废为宝。为此，国家计委决定把鞍山市定为全国"三废"处理和利用的试点城市。

1964年至1966年，鞍山市完成"三废"治理试点工程29项（投资2744.4万元）。这些工程不仅减轻了环境污染，而且回收了有用物资。4个选矿厂的尾矿水，在修了尾矿坝以后，基本上实行了控制排放，每年还可回收精矿粉18万吨，价值270万元。化工总厂的含酚废水的含酚浓度，从每升97毫克下降到31.4毫克，每年回收酚盐834吨，价值89.9万元。高炉水冲渣工程投产后，每年可产150万吨水渣，建成一座年产6000万块砖的水渣砖厂；此外还利用高炉渣修筑路基和用作混凝土骨料，使高炉渣利用率达65%。烧结机机尾除尘装置投产以后，烧结厂厂区降尘量由每月每平方公里611吨减少到184吨。

然而，这个良好的开端在"文化大革命"中停止了，直到1973年8月，国家召开了全国第一次环境保护会议以后，鞍山的环境保护工作才重新恢复起来，到80年代进入新的高潮。

1981年至1985年，全市为治理污染共投资2亿元，完成治理项目280个。到1985年年底，鞍钢10座吹氧平炉已有7座安装了电除尘装置，每年可回收含铁粉尘10.5万吨。市化工二厂在1982年建成炭黑尾气发电工程，每小时回收尾气60吨，每年发电1700万度。前峪尾矿库在1984年在废尾矿库上植树种草，大大减轻了对市区大气的污染。此外，全市还改造了 1592 台锅炉。到 1985 年，鞍钢工业废水循环利用率和处理率达到 89. 2% 和 92. 33%，使鞍山的水质污染基本得到控制。工业废渣综合利用率达 66. 8%。

在大力进行环境治理的同时，鞍山市还开展了对余热资源和燃气的综合利用。到 1986 年，有 521 万平方米住宅、10 万多户居民实现了余热采暖，每年可节约用煤 20 万吨，少向大气排放烟尘 2400 吨、二氧化碳 3400 吨。此外，燃气普及率达 74. 1%，每年可减少燃煤 28 万吨和减少垃圾 7 万吨、烟尘 3 万吨、二氧化硫排放 1. 4 万吨。实践证明，对工业生产产生的“三废”，能否化害为利，保护环境，事在人为。1986 年，鞍山的工业总产值为 92. 5 亿元，其中重工业产值占 74%，比值之高在全国 100 万以上人口城市中仅次于抚顺，居第二位。这个高能耗城市昔日烟雾弥漫的景象已被绿树蓝天所代替。1986 年，建成区绿化覆盖率达 24. 3%。市区西部的工业为城市提供了清洁的能源，市区东部的绿地为城市输送着清新的空气，在街头巷尾、湖滨树下，随时可以看到蓬勃开展的群众性体育活动，呈现着一派欣欣向荣的景象。

1986 年，鞍山市建成区面积为 77 平方公里，城市人口为 112 万人；住宅建筑面积 1140 万平方米，相当于解放初期的 6. 4 倍，人均居住面积为 5. 37 平方米；自来水日供水能力为 91. 4 万立方米，相当于解放前最高日供水能力的 23 倍，生活用水普及率为 92. 26%；全市共有道路 328 公里，道路面积为 550 万平方米，分别是 1949 年的 1. 8 倍和 1. 9 倍。

第三节　抚顺市

煤都抚顺位于辽宁省东部，距沈阳 45 公里，是一个以燃料、动力和原材料生产为主的综合性重工业城市。

1948 年 11 月 1 日，抚顺解放。

解放以后，抚顺仍以煤都著称。在“一五”计划期间，156 项重点建设项目中，抚顺有西露天煤矿、老虎台煤矿、龙凤煤矿、胜利煤矿、东露天煤矿、抚顺发电厂、抚顺铝厂 7 项工程。到 1957 年，煤的年产量达 922. 5 万吨，占全国总产量的7%。“二五”计划期间，抚顺大力发展石油工业，成为中国页岩油生产的基地。随着大庆油田的开发，到60年代，抚顺的石油工业便转向加工大庆原油。其他工业亦相应发展。煤炭工业产值占全市工业总产值的比重，从1949年的44.6%下降到1965年的8.7%；石油工业则由12.1%上升到40.5%；钢铁工业由6.3%上升到12.2%；有色金属工业由2.5%上升到10.4%。

1985年，抚顺全市工业总产值为62.2亿元；原油加工量达787万吨，居全国首位；原煤产量为951.8万吨，占全国的1.1%；炭黑产量占全国的17%；铝产量占全国的36%；挖掘机产量占全国的60%。

抚顺解放初期的城市建设，着重于加强各矿区之间的交通联系和改善各矿区矿工的生活居住条件。1952年以前共新建、扩建道路1500公里，比日伪统治时期修建道路的总和还要多1倍；大批矿工的简陋棚屋得到改造；城市供水范围迅速扩大，到1952年，自来水用水普及率就达到74.2%。

随着加工工业的发展，城市建设的重点逐步从浑河南岸的矿区转向浑河以北以及城市东西两端的东洲、望花等新区。燃料、动力工业的发展也为城市的燃气、集中供热事业提供了有利条件。

抚顺在1910年开始供应煤制气，到1945年用气户数有5000余户。新中国成立以后，随着煤矿向深部开采，就逐步用矿井天然气取代煤制气，到1954年就全部采用天然气。到60年代，随着石油工业的发展，又发展了液化石油气。1986年，燃气用户达19.3万户，69.5万人，普及率61.7%。

1970年，抚顺市利用发电厂循环水开始发展集中供热事业。到1986年供热能力达到每小时蒸汽296吨、热水194百万千卡，供热面积达596万平方米。

随着城市建设的发展，城市用地紧张已成为一个全国普遍的问题。抚顺这个沿河谷分散布局的带形城市在这方面尤其突出。70年代以后，煤矿开采进入城下，使全市1/5的城市用地变为沉陷区，再加上土地的浪费，使本来已很紧张的城市用地问题变得更加严重。从1984年起，抚顺作为全国的试点城市开始征收城市土地使用费，把占用土地与企业经济利益直接挂钩。到

1985年，各企业单位主动退回了闲置不用的土地15万平方米，调整了17个企业单位的用地，解决了一些在用地方面长期难以解决的问题，城市财政也开辟了一个新来源。仅1984年，就征收了1200万元，全部作为地方财政收入，纳入国家预算管理，其中70%左右用于城市建设支出。

1986年，抚顺市建成区面积为98平方公里，城市人口为112.6万人，工业总产值62.8亿元；住宅建筑面积达1037万平方米，为新中国成立前的4倍，人均居住面积为4.73平方米；自来水日供水能力为59.7万立方米，为新中国成立前的4倍，供水普及率95.3%；建成区园林绿地面积达1484公顷，绿化覆盖率15.8%。

第四节　唐山市

唐山市原是一座以采煤为主的工业城市，从1877年创建中国最早用机器开采的煤矿起，已有100多年的历史。1975年生产原煤2690万吨、钢87万吨，市区工业总产值23.7亿元，市区人口69.8万人。

1976年7月28日凌晨，发生7.8级大地震，顷刻之间城市化为一片废墟。市区共震毁房屋1868万平方米，占房屋总数的87%，已震坏但可修复的房屋244万平方米，占13%。地震中心区的工业建筑震毁90%，民用建筑倒塌了94%。全市死亡242469人（其中市区14.8万人），重伤164851人（其中市区8.16万人）。地震造成的直接经济损失近30亿元。

地震发生后，中共中央、国务院迅速派出10万多名中国人民解放军指战员，3万多名医疗人员，2万多名干部和3万多名建筑工人，进行抢险救灾。辽宁、吉林、黑龙江和陕西的工程兵部队支援开滦煤矿的重建。鞍山、包头、武汉、太原等钢铁公司支援唐山钢铁公司的抢修。震后一年，全市270家工业企业恢复了生产。到1978年年底，全市工业总产值达21.7亿元，基本上达到震前水平。1986年，全市工业总产值为63.4亿元，为震前的2.7倍。

1976年8月，国家建委城市建设局组织上海市城市规划室、沈阳市城市规划院、中国科学院地理研究所、清华大学和河北省各市的60多名城市规划工作者编制了唐山市城市总体规划。

规划方案在用地选择上保留了铁路以北采空区以外的老市区和东矿区；放弃了铁路以南压煤的老市区，把一部分原有企业迁往老市区以北25公里的丰润县城关以东，形成一个新区。全市分为三大片：铁路以北的老市区是全市的行政中心，并安置了煤矿、钢铁、电力、陶瓷、建材等工业；新区安置了从老市区铁路以南迁来的机械、纺织等8个较大的工厂；东矿区以开滦矿务局的5个煤矿为基础，形成依矿建点、相对集中的矿区居民点。在老市区铁路以南，保留了7处有代表性的地震遗迹，供参观、考察。1977年5月14日，中共中央国务院批准了这个规划方案。

从1977年下半年开始，国家建委、河北省各地、市、辽宁省建委和基建工程兵、铁道工程兵、煤炭部、冶金部等单位和唐山市抽调了50多个施工队伍，近10万人，参加唐山的重建工作。河北省组织全省生产了162台塔吊，国家建委调入了1000多台件大型施工机械，并在现场组建了20多个预制构件厂、加气混凝土厂、石膏板厂，扩建了水泥厂。

1978年3月，国家建委和河北省建委又一次组织了国家城市建设科研设计部门和北京、湖南、四川、陕西、河北等14个省、市的规划专家100多人，进一步制订了震后恢复建设规划，并编制了城市道路、供排水、煤气、供热、绿化、供电等专业规划。同年4月，唐山市建设指挥部和中国建筑学会在唐山联合召开了建筑设计方案讨论会，就居住区规划、住宅设计方案进行了反复研究，选出2个居住小区规划方案和10个住宅设计方案。

由于全国的支援和唐山市人民的努力，城市重建工作进展顺利。不过，重建没有完全按照当初确定的规划方案，为图眼前的便利，又在铁路以南的老市区进行了成片的建设。

到1986年6月底，在唐山地震十周年之时，一座新城市已基本建成。唐山恢复建设的总投资达到43.57亿元；建成住宅1122万平方米（不包括群众自建住宅），有22.5万户居民迁入新居；市政设施配套比较齐全，共修建道路342公里，相当震前的1.9倍；新建水厂4座，日供水能力为26万立方米，为震前的2.43倍；新建了一座日处理3.6万立方米的污水处理厂；公共绿地面积 199. 98 公顷，为震前的 2. 8 倍；全市有 2. 6 万户用上了焦炉煤气，有 300 万平方米建筑采用了集中供热；建成区面积 108 平方公里；城市人口为 95. 86 万人。

第二十四章
新工业城市的崛起

本章介绍的8个城市，都是在中华人民共和国成立以后发展起来的新工业城市。这些城市是根据国家计划的安排，依托经济不发达的老城市，或者平地起家，进行大规模的工业建设发展起来的。

第一节　石家庄市

石家庄市是河北省的省会，是京广、石德、石太铁路的交点，是以轻纺工业为主的综合性工业城市。

石家庄位于粮棉产区的河北平原的中西部，扼晋煤东运之咽喉。1906 年和 1907 年京汉铁路和石太铁路通车以前，石家庄只是一个面积仅为半平方公里、600 多人的小村庄；通车以后，逐步发展成为山西、河北物资集散中心。1937 年 10 月，日军侵占石家庄。出于军事和掠夺物资的需要，1939 年下半年开通 10 条石家庄至邻近地区的公路，1940 年建成了石德铁路，1942 年开挖石津运河并修建了大郭村军用机场，市区亦有所发展。1947 年 11 月 12 日，石家庄解放。当时城市人口 9 万多人，城市面积 15 平方公里。

“一五”计划期间，国家确定石家庄建设由 4 个棉纺厂和 1 个印染厂组成的大型纺织联合企业，由制药厂、淀粉厂、玻璃厂组成的华北制药厂，和一个装机容量为 15. 9 万千瓦的热电厂。1953 年，在建工部和华北行政委员会的帮助下，编制了《石家庄第一期城市总体规划》。根据规划，新建项目集中安排在京广铁路以东，与石德铁路平行，形成石家庄最大的工业区；工业区以南为工人住宅区；地方工业主要布置在西南部孙村工业区；教育、科研区布置在东和东南部。当时正在酝酿将省会从保定迁至石家庄，因而在中心地区还安排了省、市行政区。1956 年，省会从保定迁往天津，后又从天津迁回保定，因而石家庄与省会职能有关的建设终止，其他各项建设均按规划执行。到 1957 年，石家庄已经成为一个以纺织、医药为主的轻纺工业城市。

“大跃进”期间，石家庄建设了不少小工厂，其中多数混杂在生活居住区内。后来，经过调整，这些工厂从生活居住区中迁出，被安置在孙村工业区和新辟的桥西中华大街工业区。

1968 年 1 月，河北省省会由保定迁入石家庄。省级机关决定在铁路以西建设，这就改变了“一五”计划以来重点建设铁路以东的规划。为了加强铁路东西两侧的联系，1971 年起，先后在京广铁路上建设了 4 座立交桥，桥西旧市区的改造加快，有 44 个有污染的小工厂被迁到工业区，迁出后的用地改为生活居住区。许多省属的工厂、科研机构和大专学校也相继迁入。

1976 年年底开始编制第二期城市总体规划（1981 年至 2000 年）。按照城市总体规划，结合国家铁路电气化改造工程，石太铁路的市区段和京广铁路的下行编组场和南货场由市区迁至市郊。1980 年至 1983 年，全市有 32 个电镀、化工企业和车间被迁往化工区，并组建了电镀中心。1984 年搬迁了位于市中心火车站附近的焦化厂，使市区环境大为改善。

在新的总体规划指导下，城市各项建设迅速发展。1979 年至 1986 年共新建住宅 604 万平方米，使全市人均居住面积达到 7 平方米。商业服务业有很大发展，每千人拥有的从业人员由 1975 年的 20 人增加到 1986 年的 88 人。1977 年开始利用炼油厂的液化石油气、焦化厂的焦炉煤气和华北油田的天然气发展燃气事业，到 1986 年，燃气用户达 10 万余户，普及率为 42%。1986 年自来水日供水能力达 35.3 万立方米，用水普及率达 100%。新建了省体育馆、省科技馆、省图书馆、市青少年宫、新火车站、新长途汽车站等大型公共建筑，此外，还在城市西北部建设了长 20 公里、宽 800 余米的防护林带。

1986 年，石家庄市建成区面积为 68 平方公里，城市人口为 95.9 万人，全市工业总产值为 73.3 亿元。全市共有高等学校 14 所，在校学生 2.27 万人；共有自然科学研究人员 1.68 万人，社会科学研究人员 1.28 万人。

第二节　郑州市

郑州市是河南省的省会，是中国重要的棉纺织工业和氧化铝生产基地，并拥有全国最大的铁路枢纽。

1948 年 10 月 22 日，郑州解放。当时，城市面积 5.23 平方公里，人口 16.4 万人，住宅建筑面积仅 74.7 万平方米，人均居住面积 2.16 平方米。1949 年工业总产值仅 732 万元。

“一五”计划期间，国家在郑州安排了 5 座大型棉纺织厂和油脂化工厂、热电厂。同时，由地方投资扩建新建了烟厂、面粉厂、食品厂等。此时，河南省省会由开封迁至郑州。随之新建和迁建的有郑州大学、河南农学院、河南医学院等高等院校。1953 年，郑州市编制了城市总体规划。

在城市总体规划的指导下，伴随工厂、机关、学校的建设，道路、供水、排水、住宅、园林绿化和各项生活服务设施相应发展。郑州即从一个自发形成的农副产品集散地，有计划地发展成为一个有完整市政公用设施的省会和轻纺工业基地。1957 年，建成区面积 40.3 平方公里，城市人口 45.5 万人，工业总产值 3.5 亿元。分别为 1949 年的 7.7 倍、2.8 倍和 47.8 倍。

1958 年至 1976 年，郑州发展了重工业和机械工业，新建了郑州铝厂、第二砂轮厂、电缆厂、煤矿机械厂、工程机械厂等大型工厂。

在郑州城市建设的各项成就中，比较突出的是绿化建设和黄河引水工程建设。解放前的郑州是一座风沙弥漫的城市。北部和东部有沙荒地 5 万多亩、起沙薄地 10 万多亩，市内很少树木。1951 年至 1954 年，在近郊沙区造林 5.2 万亩，保护了农田，减少了风沙对城市的威胁。1955 年以后，大力开展了市区绿化。除了建设成片的公园、苗圃外，道路绿化对改变市区环境起了重大作用。所有新建的道路都种上行道树，已定线而尚未建设的道路，则先种行道树，既绿化了城市，又控制了建筑红线。大量的绿化建设，改善了郑州的气候条件。1950 年至 1970 年，郑州年平均沙暴日为 9.7 天，1971 年至 1979 年，平均只有 1.1 天。1981 年以后，没有出现过沙暴日。1986 年，建成区绿化覆盖率达34.4%，在全国大城市中处于领先地位。

1951年，郑州建成以地下水为水源、日供水能力为3000立方米的第一座自来水厂。1956年建成以贾鲁河为水源的柿园水厂。当时贾鲁河流量为每秒1.7至2立方米。随着工农业用水的增加，贾鲁河多次断流。为解决水源问题，1970年春开始修建“引黄入郑”工程：邙山提灌站和通往柿园水厂的输水干渠。1972年工程竣工，使柿园水厂日供水能力稳定在30万立方米。1985年，又建成在花园口取黄河水为水源的白庙水厂。1986年，郑州的自来水日供水能力为50万立方米，生活用水普及率为93.8%。

1986年，郑州市建成区面积为72平方公里，城市人口为102万人，全市工业总产值为72.5亿元，分别是1949年的13.8倍、6.2倍和990倍。全市有高等学校18所，在校学生3.1万人。住宅人均居住面积达6.62平方米。

第三节　洛阳市

洛阳市是中国著名的古都，又是中国第一个拖拉机生产基地和重要的机械工业城市。1948年4月5日解放。洛阳市当时的城区面积为4.5平方公里，城市人口7.5万人，只有一座500千瓦的小电厂、一座小煤矿、几家铁工厂、砖瓦厂，年工业产值仅74万元。

“一五”计划期间，洛阳是国家重点建设的城市。156项工程安排在洛阳的有第一拖拉机厂、轴承厂、矿山机械厂、铜加工厂和热电站5项。1953年5月，由国家计委组织第一机械工业部和有关部门联合选择厂址。经过比较，确定在涧河西兴建工业区，以避开西工的周王城遗址和白马寺的唐宋古墓区。1954年年初，建工部城市建设局协助洛阳编制了涧西工业区的总体规划。涧西工业区地势平坦开阔，规划北部为工业编组站和铁路专用线，工业编组站南为工厂区，从工厂区的南沿起设200米宽的防护林带，再向南为生活居住区和大专学校、科研机关用地。工厂与居住区平行发展，用地相互平衡，职工可以在步行距离内上下班。这种布局大大减少了城市的交通量。据1985年调查，涧西区90%的职工仍是步行或骑自行车就近上下班，非常方便。

为了保证洛阳的重点建设工程顺利建成，国家计委和第一机械工业部决定由第一机械工业部汽车工业管理局担任洛阳涧西新建厂的总甲方，在筹建工厂的同时，协助地方进行城市建设。建工部负责组建了洛阳工程局，担负重点工程建设任务。国家还从全国各老企业和文教、科研单位抽调了一批工程技术人员到洛阳工作。同时，河南省将洛阳由地区辖市改为省辖市，及时建立健全了洛阳市的各级组织。全国50多个城市，900多个企业支援了洛阳的建设。1955年9月，第一批建设的4个工厂开工建设，到1957年年底，大型厂房已建起20座，65个车间已有27个投产。热电站开始发送电力；拖拉机厂已生产拖拉机配件；矿山机械厂也有部分车间试生产。到1959年，5项重点工业企业全部建成。

1956年，国家在涧西又安排了柴油机厂、耐火材料厂，在西工安排了玻璃厂、棉纺织厂。洛阳市又编制了包括旧城、西工、涧西在内的全市总体规划。1958年至1976年，洛阳还建设了单晶硅厂、红旗炼油厂和许多小型街道工厂。不过，这时的建设比较混乱，由于管理失控，涧西区200米宽的防护绿地被挤占，污染严重的农药厂、橡胶厂、化工厂、电镀厂建设在居民稠密的生活区，1970年人均居住面积下降到3.9平方米，低于50年代的水平。

70年代初，焦枝铁路建成通车，洛阳成为焦枝铁路和陇海铁路交汇的铁路枢纽。1975年以后，集中改造了旧城北大街南段、七里河村和西工小街等房屋破旧地段，并打通了中州路东段，改善了城市东大门交通堵塞状况。城市环境也得到综合治理：1980年，热电站兴建了输灰工程，将粉煤灰送往邙山填沟造田。拖拉机厂改造了炼钢工艺，1984年利用工厂余热全市集中供热面积达1020万平方米。全市关停了44个污染严重的工厂。1981年至1984年，大气降尘量由每月每平方公里51吨减少到28.5吨。1985年，在新建、改建、扩建的工业项目中，执行防治污染设施和主体工程同时设计、同时施工、同时投产的项目已达94%。

1986年，洛阳市建成区面积达42平方公里，城市人口66.9万人，人均居住面积达到6.17平方米，全市工业总产值达49.9亿元。

第四节　合肥市

合肥市是安徽省的省会，全国重要的科研、教育基地。1949 年 1 月 21 日合肥解放后，为皖北行政公署所在地。1952 年 4 月 12 日，皖南、皖北行署合并，恢复安徽省建制，省会设在合肥。

1949 年的合肥，在方圆 5.2 平方公里的老城内，实际建成区不足 2 平方公里，居民 53620 人，有 3 家小工厂及一些卷烟、碾米作坊，共有 133 名工人。1949 年工业总产值 225 万元。城内仅有一家 48 千瓦的小发电厂。全城共有 100 万平方米破旧平房，6.9 公里泥结碎石路，没有自来水，没有排水系统，没有公园和行道树，没有公共交通，没有高等学校。

当时，安徽省连年灾荒，救灾任务重，不可能拿出多少资金用于合肥的城市建设，只能有重点地对合肥旧城区进行一些整修。其中，一项主要工程是沿土城墙略整地形，修筑环城马路，取得防洪、绿化和形成内环交通的作用。环城植树，花钱不多，但是对改善城市面貌和环境质量的作用却与日俱增。

1952 年合肥成为安徽省省会后，在城市建设上主要做了两件事。一是开始按省会城市的要求进行规划，同年 10 月，绘制了《街道计划图》。该图表示了以旧城为中心的功能分区、城内井字形干道骨架、环城绿化系统和环形加放射的道路网。二是确立了“重点改建城区，逐年向外发展”的方针。

“一五”计划期间，合肥没有国家投资建设的大项目，而是依靠地方力量发展地方工业。从上海迁来一些工厂，建设了纺织、针织、面粉、搪瓷、砂轮、软木、农业机械等工业。为此，开辟了东郊和平路工业区。1953 年建设了第一水厂，日供水能力 9000 立方米；1954 年拓宽了东西干道长江路，并在沿街安排了一些公共建筑和商业网点，形成城市的繁华地段；填平了九狮河等大小臭水沟塘，埋设了下水道；在环城林带的基础上扩建了逍遥津公园、包河公园，开辟了稻香楼、杏花村等绿地。“一五”计划后期，地方工业和民用建筑不断增加，在东郊工业区又增加了机电、五金、食品等工厂群；在北郊建立了一批仓库和工厂；在西南及南郊建立了工业大学、师范学院、安徽大学及一些中、高等专业学校、干部学校和住宅群。1956 年开始建设董铺水库，总库容 1.7 亿立方米，1958 年建成后，提高了城市防洪能力，并为城乡提供了丰富的水源。

“二五”计划期间，在“大跃进”的形势下，各部门提出了大量工业建设项目。1958 年年初，在国家计委区域规划组的帮助下，提出了以发展机械工业为重点的《合肥市工业区规划意见》，确定城市分别向北、东、西南三个方向发展，而以西南为主。从此，奠定了以旧城为中心，展伸三翼的城市总体规划布局。西南郊工业区的建设，采取了统一选址、统一建设厂外工程的联合建厂方式，在短时间内形成一批规模较大的机械、汽车制造、铸锻、制药、丝绸、化肥等骨干工业。

“文化大革命”中，城市建设出现了混乱状况，但 150 多公顷环城公园带没有被侵占，保持了“绿环”的特色。1983 年，合肥市因良好的绿化建设被评为全国绿化先进城市。

随着中国科技大学迁到合肥和中国科学院合肥分院的成立，合肥市知识分子占城市人口的比例已居全国同等城市的首位。到 1986 年，全市有高等学校 10 所，在校学生 2.5 万人，自然科学人员 6.15 万人，社会科学人员 2.77 万人。建成区面积达到 62 平方公里，城市人口为 64.5 万人，工业总产值为 39.2 亿元，人均居住面积达 7.25 平方米，自来水普及率达 99.2%，建成区绿化覆盖率达 26.2%。

第五节　西宁市

西宁市是青海省的省会，黄河上游地区的新兴工业城市。

西宁位于青藏高原东部，平均海拔 2261 米，自古就是联结中原与青藏高原的重镇。由于长期处于封闭状态，这里的经济、文化十分落后。号称“八大工厂”的火柴厂、三酸厂、皮革厂、洗毛厂、机器厂、纺织厂、玻璃厂、牛奶厂，实际上只是一些手工作坊。1949 年 9 月 5 日西宁解放时，城区面积不足5平方公里，人口不足7万人，没有一条上、下水管道，没有一条铺装路面的道路，没有一幢质量比较好的建筑。1949年全市共有工业职工362人，工业总产值505万元。

1950年至1957年，配合青藏、甘青、宁张等公路建设，西宁市修建了一些市区干道和桥梁；组织了铁工、农具、食品、印刷4个生产合作社；建立了农机、水电机械、建材、木材加工等地方工业；安置了从上海、北京迁入的服装、食品、乳品、木器等工厂。1954年成立青海民族学院，这是青海省建立的第一所大学。

1957年，在城市建设部城市设计院的协助下，西宁市编制了城市总体规划，确定城市划分为古城台、北川、东川、南川和西川5个区。这个规划虽未经正式批准，但是实际上指导了建设。

1959年，兰青铁路建成通车，随着国家对柴达木盆地和祁连山矿藏的开发建设，铁路继续向青海腹地延伸，从而使西宁成为青藏高原联系中原的枢纽和开拓青海内陆资源的基地。

兰青铁路的通车和“大跃进”的形势，助长了急于使西宁市摆脱落后状态的情绪。因而1958年开始，出现了各项建设齐头并进的局面。工业大发展，建起了青海钢铁厂、西宁炼铁厂、青海毛纺厂，扩建了西宁绒毛加工厂等。文教、科研事业大发展，新建了青海师范大学、青海医学院、青海畜牧兽医学院、财贸学校、公路学校等大专学校，以及青海盐湖研究所、西北高原生物研究所等。建成了日供水2.3万立方米的第一水厂，新建、改建了许多贯通市区的主干道，沿干道建设了许多政府机关和其他公共建筑，建设了人民公园等。

由于建设摊子铺得过大，超过了当地所能承受的能力，因而从1962年起不得不对经济进行全面调整，停建了青海钢铁厂、西宁火车站候车楼等工程，动员盲目流入城市的农民返回农村，过多征用的土地退还给农民。

1965年，西宁成为国家“三线”建设的重点地区后，从上海、山东、黑龙江迁建了青沪机床厂、青海第一机床厂、青海第二机床厂、青海重型机械厂，从河南、辽宁、天津迁建了拖拉机厂、内燃机厂等，从上海、江苏、河南、北京迁建了一批电机、电器、轴承、标准件等机械制造企业，从本溪迁建了西宁钢厂等，使西宁新增30多个较大的工业企业。为适应工业发展的需要，到1976年，城市道路有92%铺上了沥青路面，扩建了第一水厂，新建了第二水厂，日供水能力达7.6万立方米。但是，由于“文化大革命”的干扰和“山、散、洞”的建设方针，使许多工厂布点过分分散造成生产、生活上的困难。

1976年粉碎“四人帮”后，城市建设长期不配套的状况，开始改变。1978年至1986年，新建住宅建筑面积200万平方米，相当于1950年至1977年新建住宅总面积的89%。1986年人均居住面积为6.05平方米。新建的第三、第四自来水厂，1986年日供水能力达14.5万立方米，生活用水普及率为99%。1979年起，修建了西宁体育馆、青海医药贸易大楼、青海民族贸易大楼、青海高海拔高压试验中心、青海科技测试中心、电子计算中心等大型公共建筑。

1986年，西宁市建成区面积为49平方公里，城市人口为51.9万人，工业总产值为13.8亿元。全市有高等学校6所，在校学生6796人。西宁市已经成为一座初具规模的高原新城。

第六节　大庆市

大庆市是中国最大的石油生产基地和重要的石油化工基地。

大庆位于黑龙江省西部，原先是一片广袤的草原。1959年9月26日，这里发现有工业开采价值的油田，时值国庆十周年，因而得名“大庆”。1960年12月20日，中共中央批转了石油工业部关于组织大庆油田大会战的报告，于是，6万名职工从全国各地汇集到草原，开始了大庆石油生产基地的建设。

大庆开发初期，职工把原国营牧场留下的牛棚、羊圈和马厩稍加修整即作为办公室、宿舍。不少职工住在帐篷里，有的甚至挖地窨子权作栖身之地。为了尽快解决居住问题，就地取材，建造名为“干打垒”的夯土墙平房。1960年全油田共建“干打垒”房屋30万平方米，形成15个“干打垒”村庄。1962 年起，开始烧砖制瓦，建成少量砖木平房和砖柱土坯房。职工家属在“干打垒”村庄中发展服务事业，在村庄附近开荒种地，有力地支援了油田开发，使大庆形成“工农结合，城乡结合，有利生产，方便生活”的矿区。“干打垒”房屋和“工农结合，城乡结合”的居民点是大庆特定条件下的产物，反映了人民群众的革命精神和创造性，对油田开发起了重大作用。

随着石油加工工业的发展，有些沿滨洲铁路的居民点如让胡路、萨尔图、龙凤等人口都发展到 5 万人以上，红岗、铁人、乘风庄、八百垧、图强等村庄也发展到上万人。但由于居住区的过于分散，使基础设施和公共建筑难以配套建设。这种情况直到 1978 年才开始改变。

1978 年，在创业庄建设了 4 栋五层住宅楼。200 多户钻井职工搬入楼房新居。这是大庆自 1960 年以来建设的第一批住宅楼。嗣后，在南北近 130 公里，东西近 60 公里的范围内，按照规划建设了 3 个规模较大的镇和 57 个居住区，形成一个新型的城镇组合体。萨尔图镇是大庆市的中心，让胡路镇是科研和文化区，龙凤镇是石油化工总厂所在地。各居住区则结合油田生产，适当集中。一些小而偏远的居民点逐步被放弃。

1979 年，大庆开始建设全市性大型公共建筑：图书馆、青少年宫、百货大楼、新华书店、游泳馆、工人文化宫等。这些公共建筑都建在 3 个镇上，从而充实了镇的内容，加强了镇的凝聚力。

工农结合的形势有了新发展。农业按照服务城市、富裕农村的方向，开发利用草原和天然水面，开展多种经营。1985 年，养鸡 244 万只；养鱼 6730 余公顷，鱼产量 157 万公斤；养奶牛 10892 头，产奶 17788 吨。丰富的农产品活跃了农贸市场，满足了人民生活的需要。

1986 年，大庆市建成区总面积 65 平方公里，城市人口总数 56 万人，工业总产值 89 亿元，农业总产值 1. 7 亿元，人均居住面积 6. 49 平方米（“干打垒”住宅占住宅总量的 20%），自来水普及率达 96. 4%，燃气普及率 100%。

第七节　攀枝花市

攀枝花市，曾称渡口市，是中国新兴的钢铁工业基地。

攀枝花位于金沙江畔，四川、云南两省交界的山区。这里的钒钛磁铁矿已探明的地质储量近百亿吨，还有煤种齐全的煤矿和储量丰富的石灰石、白云石、硬质粘土等发展钢铁工业需要的辅助材料。1964 年 10 月，中共中央批准了攀枝花钢铁基地的建设。随后，国务院 10 个部和四川、云南两省的 5 万多名建设者进入这个只有羊肠小道的深山峡谷，揭开了大规模建设的序幕。

崇山峻岭中的开发，交通必须先行。2 万多名职工跋山涉水抢修公路、航道，一年内挖掉 456 万立方米土石，建成和改造了 3 条公路、50 座中小桥梁，打通了 81 公里航道。国家组织了河南、山东、安徽、辽宁、北京五个车队共 1500 辆车，在成昆铁路通车前承担物资运输任务。

1965 年，编制了《攀枝花工业区总体规划》。规划强调“以农业为基础”和“干打垒”精神，尽量不占农田，结合地形，分散布置了弄弄坪、攀密、宝鼎、河门口、仁和 5 个片区。1966 年，开始建设煤矿、铁矿和电厂、水泥厂、钢铁厂。1970 年，年产 650 万吨铁矿石的兰尖矿的选矿厂部分投产；宝鼎煤矿建成年产原煤 225 万吨的规模；渡口电厂、河门口电厂相继发电，两个电厂的装机容量共 18.6 万千瓦；年产量为 30 万吨的渡口水泥厂建成。1970 年 7 月 1 日，成昆铁路通车。与此同时，钢铁厂出铁；同年 10 月 1 日炼出第一炉钢。1972 年 12 月 1 日初轧厂试轧成功。1974 年 8 月轨梁厂轧出成品钢材，标志着攀枝花钢铁厂第一期工程基本建成。建设者们“三块石头顶口锅，帐篷搭在山窝窝”和“天是罗帐地是床，野菜盐巴下干粮”的艰苦努力结出了硕果。

但是，“文化大革命”时期，在“左”的思想指导下，不重视生活设施建设，到 1970 年全市仅有 25 万平方米永久性住房，以油毡棚为主的临时性住房竟有 120 万平方米。因此，市政府重新编制了《渡口市总体规划纲要》，对城市用地作了进一步安排，增加了炳草岗、金江、格里坪 3 个片区。1973 年，在规划纲要的基础上编制了《渡口市总体规划》。1978 年，规划又作了进一步修改。

新总体规划按照地形将城市划分为 8 个片区。片区之间靠金沙江上的 7 座大桥和两岸的干道联系起来；铁矿石运输采用平洞、溜井、电机车；选矿利用地形使矿浆自流；煤和石灰石用架空索道运输；除了通车的街道以外，还设置了便捷的人行梯道，自来水分区分压供水；污水分区集中处理；雨水就近排出；公共福利设施分为市级、片区级和居民点级3级，重点放在居民点级和片区级。

1979年以后，住宅和基础设施建设开始得到重视。到1986年，工业总产值达15亿元，城市人口为37.2万人，建成区面积为42平方公里，共有住宅建筑面积495万平方米，人均居住面积达6.93平方米，自来水普及率为91.4%，燃气普及率为29.6%。

第八节　深圳市

深圳于1979年3月设市。在设市以前，是一个南接香港新界的边陲小镇，城区面积3平方公里，人口2.3万人，工业总产值6154万元。

1980年8月，全国人大常委会批准《广东省经济特区条例》。据此条例，在深圳市区南部划出327.5平方公里设置全国最大的经济特区——深圳经济特区。

1981年7月，中共中央明确指示，要把深圳经济特区建设成为以工业为主，并兼营商、农、牧、住宅、旅游等多功能的综合性经济特区。据此，深圳编制了《社会经济发展大纲》，并确定以组团式为深圳城市建设总体规划的基本布局。

1984年，中国城市规划设计研究院协助市规划部门完成了深圳经济特区发展的总体规划编制工作，拟定到2000年人口规模为80万人。根据规划，特区自东向西分成5个组团：由大小梅沙旅游地、盐田港区和沙头角构成东部组团；以老城区为基础扩展成为罗湖、上步组团；以国际金融、商业、贸易、会议中心为主的福田组团；华侨城和实验大学构成的沙河组团；包括蛇口工业区、南海石油后勤基地、科技工业园、深圳大学和南头镇的南头组团。

1986年，已开发了罗湖、上步组团和蛇口、南头组团，完成基本建设总投资81.45亿元；开发建成区面积48平方公里，建成房屋209万平方米；城市道路总长度202公里，道路总面积439.7万平方米；下水管道总长332公里，有污水处理厂1座，日处理能力2.5万立方米；自来水已全面普及，日供水能力23.4万立方米；液化石油气普及率达80.1%；建成区绿化覆盖率为36%。全市大气和饮用水质均达到国家一级标准，一座现代化的城市已初具规模。1986年，城市人口为21.56万人，工业总产值达36.67亿元。

第二十五章
风景名胜城市

杭州、桂林、昆明、扬州四个城市都有引人入胜的风景名胜资源，在国内外享有盛名。新中国成立以后，这些城市的风景名胜都受到保护，并有所发展。随着国内外旅游事业的开展，这些城市的风景名胜愈来愈受到重视，成为当地人民的重要财富。

第一节　杭州市

杭州市是浙江省的省会，也是全国著名的风景旅游胜地。西湖的秀丽山水，经过历代经营建设，留下了丰富的文物古迹和名人轶事，形成充满诗情画意、富有浓郁民族特色的风景名胜城市。素有“上有天堂，下有苏杭”之誉。

1949 年 5 月 3 日，杭州解放。当时，建成区面积 20 平方公里，城市人口 47.4 万人；主要工业是丝绸、棉纺、造纸业以及剪刀、扇子、绸伞等手工业，其产品在国内外久负盛名，工业年产值不到 1 亿元。

在新中国成立初期，杭州市人民政府对西湖风景名胜区实行保护为主、适当建设的方针。1950 年开始全面封山育林，发动群众植树绿化，消灭荒山 4.7 万余亩；沿丘陵地带和主要风景游览线，营造了延伸 30 多公里的风景林，为西湖风景区的普遍绿化打下了基础。1951 年成立疏浚西湖工程处，至 1958 年共挖运出湖泥 720 万立方米，并重点整修了灵隐寺、凤凰寺、六和塔、湖心亭等古建筑，建设了“花港观鱼”公园。

1953 年，在建工部和苏联专家穆欣的帮助下，编制了《杭州市初步规划示意图》，提出要把杭州发展成为“以风景为主，适当发展文教、轻工业的风景城市”。根据这个规划，在西湖以北老和山以东的松木场一带开辟了文教区，先后建设了浙江大学、杭州大学、杭州师范、丝绸专科学校等大专院校；在拱墅区新建了杭州丝绸纺织印染联合厂，在江干区建设了杭州肉类联合加工厂等；西湖西部山地被划为休养区；城市布局比较合理。但在建设过程中，大批疗养院接踵而至，大有破坏自然景观之势，1954 年国务院及时进行了纠正。

1958 年开始的“大跃进”中，杭州把艮山门至半山一带辟为重工业区，新建了杭州钢铁厂、重型机械厂、汽轮机厂、制氧机厂、锅炉厂等；把留下小和山辟为电子仪表工业区，新建了杭州仪表厂、电讯器材厂、光学仪器厂；并在闲林埠开采铁矿、在余杭县的临平新建水泥厂、耐火材料厂，在萧山县的浦沿新建了氮肥厂、电化厂。这一时期，生活设施建设跟不上工业建设，城市交通日益拥挤，环境污染日趋严重。但是，由于新工业区都与西湖风景区保持一定距离，没有对风景资源造成直接破坏。

“文化大革命”期间，西湖风景名胜遭到严重破坏。素有“佛国”之称的上、中、下天竺寺院均被工厂占用，灵隐寺内办起了浙江无线电厂、杭州电视机厂，“花港观鱼”公园内的蒋庄变成了吴山无线电厂，以“南屏晚钟”著称的净慈寺被部队长期占用，“运木古井”上建造了营房；直接排入西湖的生产、生活废水每天有 4000 余立方米，使湖水发黑变臭；许多塑像、碑碣、经幢、摩崖石刻被毁。但是，长期生活在这个美丽环境中的杭州人民在困难的条件下，主动承担了保护古迹的责任。岳坟、孔庙、放鹤亭、西泠印社等处碑刻、翁仲都被小心埋藏、掩蔽起来；著名的飞来峰石刻在浙江大学学生和园林职工的日夜守护下，被完整无损地保存下来。

1976 年 10 月粉碎“四人帮”，各项事业由乱而治。1983 年，中、东河综合治理工程动工，工程包括：拆除沿河两岸 38 万平方米旧建筑，新建房屋 47 万平方米；新建污水干管和污水处理厂，将沿岸污水经过处理排入钱塘江；疏挖河床，重建岸壁；埋设各类地下管线；沿河开辟宽 10 米的绿化带；新建中河路；新建、改建 27 座桥梁。同年，京杭运河与钱塘江沟通工程动工。这项工程使运河、苕溪、钱塘江、曹娥江、甬江5大水系相互沟通，对发展城乡经济，减少市区短途驳运有重要作用。对西湖的污染采取了综合整治措施：在建成了环湖污水截流工程以后，1986年又完成了引钱塘江清水补给西湖的工程，减少了湖水的污染，增强了水体自净能力；所有以柴油为动力的游船全部改为电瓶驱动，消除了油污；环湖地区600多台炉灶全部采取消烟除尘措施，基本上控制了烟尘污染；整修西湖驳岸，防止泥土流失；经常疏浚湖底淤泥，打捞湖面污物；养殖多种水生物，提高生物净化效果。在风景区内，关、停、并、迁了17个有严重污染的工厂。被占用多年的净慈寺、三天竺、郭庄已先后退还，重新开放。环湖绿地不断扩大，扩建了虎跑公园，修葺了西泠印社，新建了“曲院风荷”公园、望湖楼。加快了住宅和市政公用设施的建设，1979年至1986年，共建住宅面积达721万平方米，人均居住面积为7.65平方米。

1986年，杭州市城市人口为102.6万人，建成区面积63平方公里，工业总产值为171.6亿元，生产、生活和旅游事业的形势都很好。

第二节　桂林市

桂林市位于广西壮族自治区东北部，漓江之滨，是中国著名的风景名胜之地。桂林附近呈典型的岩溶峰林地貌，多溶洞、奇峰。漓江秀丽清澈，两岸翠竹丛丛，峰峦叠嶂，一江流水千幅画，故有“桂林山水甲天下”之誉。

1949年11月22日，桂林解放。当时，建成区面积约5平方公里，市区人口约9万人。除了在风景优美地段有少数富人的别墅住宅外，广大人民居住在约74万平方米用碎砖烂瓦搭建的简易住房中。

新中国成立以后，桂林长期处于工业建设和风景建设并进，而统一协调不足的状态。1957年以前，桂林没有重大的工业建设，仅兴办了麻袋厂、火柴厂、农械厂等小型工厂。这时的城市建设和风景建设也处于初创阶段：整修了中山路、解放路等主要干道；修建了跨越漓江的第一座桥梁——解放桥；建造了工人疗养院、铁路疗养院、广西第一图书馆、工人电影院（后来的桂剧院）、工人文化宫等公共建筑；整修了榕湖、杉湖景点。

1958 年至 1966 年，桂林的工业建设和风景建设都有较大发展。与此相对应，1959 年编制了桂林城市规划。除了在“大跃进”期间上得快下得也快的钢铁工业以外，这一阶段新建了电动机厂、五金机械厂、机床厂、水泥厂、玻璃厂、制药厂、绢纺厂、轮胎厂、风动工具厂，扩建了电厂、橡胶厂、织布厂等，使桂林成为以中、小型机械、橡胶、纺织、食品、医药工业为支柱的广西东北部工业中心。为此，新辟了瓦窑、龙船坪、观音阁、黑山等工业区，修建了桂林—瓦窑公路。与此同时，为庆祝 1958 年 3 月 5 日广西壮族自治区的成立，拆迁了 7742 平方米危烂房屋，建成了全市第一座公园——七星公园，还整修了叠彩山、伏波山、南溪山等景点。1959 年，为迎接国庆十周年，建设了月牙楼、博望亭、榕湖饭店、桂林饭店等。1962 年至 1966 年，改造了阳桥至南门桥的沿街建筑，形成了小青瓦屋顶，三四层为主的沿街建筑街景；修建了文昌桥至解放桥的滨江南路游览道和桃花江游览道；兴建了南溪公园以及芦笛岩洞口建筑、伏波茶室、望江楼、桂海碑林、花桥展览馆、阳桥茶室、工艺美术楼等形体、色彩与周围环境相协调的风景建筑。

由于在工业建设时缺乏对环境的通盘考虑，因而，伴随工业的发展，自然景观遭到严重破坏，大气、水体被污染。尤其在“文化大革命”前期，风景点内任意设建设项目，象鼻山景区、南溪山景区、西山公园都曾被部队、工厂挤占。

1973 年，国务院副总理邓小平对一些工厂污染漓江水质提出批评：“破坏祖国大好河山，功不抵过”。自此以后，才引起各级领导部门对环境保护和治理工作的重视。市政府对 26 个污染严重的工厂、车间采取了关、停、并、转、迁、治、限等措施，清除了积存在南溪河的煤灰，使南溪河恢复了碧绿澄清的原貌。国家拨专款 1100 多万元，为桂林建设生活污水排放干管和污水处理厂。

1973 年，桂林市被确定为对外开放城市。当年，新建了漓江饭店，扩建了榕湖饭店，接待了国外游客 977 人。1979 年，国务院确定桂林市为风景游览城市。1982 年，国务院又公布桂林市为全国 24 个历史文化名城之一。1984 年，漓江上建成第二座大桥——净瓶山大桥。从此，桂林市的各项事业配合旅游业的开展而有较快发展。

1973 年至 1985 年，桂林接待了 140 多万国外旅游者，旅游创汇 14292 万美元。1986 年接待了 35. 7 万人次国外旅游者，仅次于北京、上海、广州，居全国第四位。

到 1986 年，桂林市建成区面积为 33 平方公里，城市人口为 33. 2 万人，住宅建筑面积为 472 万平方米，人均居住面积达到 6. 64 平方米，自来水日供水能力为 14. 4 万立方米，生活用水普及率为 98. 5%，建成区绿化覆盖率为 40. 2%。工业总产值为 15. 4 亿元。

第三节　昆明市

昆明市是云南省的省会，是西南地区新兴的综合性工业基地，为全国著名的风景旅游胜地。

昆明建城始于 746 年南诏国时代。元以后，一直是云南的政治、经济和文化中心。保存有唐、宋以来历代开拓的佛寺、道观、殿宇、楼阁。昆明是云南多民族聚会的中心，各民族风俗习惯、服装、建筑无不多姿多彩。昆明无严寒酷暑，素有“春城”之称，树木常青，花开不断，四季皆宜旅游。1949 年，云南全境和平解放。当时，昆明市区人口为 19 万人，建成区面积 7. 8 平方公里，全市工业总产值 4913 万元。

从 1950 年 3 月中国人民解放军进驻昆明，到 1966 年 3 月贵昆铁路通车前，昆明的对外交通主要依靠公路，还不具备进行大型工业建设的条件。但是，出于本省发展的需要，昆明仍发展了机械、冶金、化工、建材、电力、煤炭等工业。到 1965 年，全市工业总产值达 9. 59 亿元。

伴随各项建设的发展，在城市的西北部形成了包括云南大学、昆明工学院、民族学院、师范学院等在内的文教区；在东郊小坝形成了化工、机械工业区；在北郊茨坝北部形成精密、重型机械工业区，南部形成轻工、食品工业区；在西北郊的普吉形成冶金、化工工业区；在西郊马街形成以冶金、机电、建材工业为主的综合工业区；在远郊形成了安宁、海口、昆阳 3 个工矿区。城市基础设施亦有较大发展：建成了环城路、直通新火车站的南北干道太和街、福德街、和平路（后来统称北京路）和东西干道人民东路等；在北郊整治了盘龙江，修建了松华坝水库，在东郊修建了东白沙河水库、金殿水库，在西郊修建了西白沙河水库、明朗水库等，既增加了农业灌溉面积，也提高了城市的防洪、供水能力。1965 年全市自来水日供水能力达 8.53 万立方米，为 1949 年的 71 倍。在住宅建设上，总的情况是住宅面积的增长落后于城市人口的增长，因而人均居住面积从 1950 年的 3.8 平方米下降到 1960 年的 2.2 平方米，后经努力，达到 1965 年的 3 平方米。

1966 年 3 月和 1970 年 7 月，贵昆铁路和成昆铁路相继通车，大大改善了昆明的对外交通状况。这期间工业建设有较大发展，但是，“文化大革命”的动乱却使工业生产严重受挫，致使 1968 年的工业总产值仅有 2.49 亿元，为 1965 年的 26%。城市建设遭受极大破坏，其中最甚者是在滇池的内湖不讲科学地“围湖造田”，破坏了水体的自净能力和调节城区气候的作用。人均居住面积又一次下降到 2.97 平方米，城市道路、给水、排水等都处于停滞状态。

1976 年 10 月以后，情况开始好转。特别是 1979 年以后，各项事业都有很大发展。到 1986 年，工业总产值达 56.3 亿元，占全省工业总产值的 46.4%。1978 年 6 月，昆明附近的风景区对外开放，1979 年国外旅游者即将达 1.34 万人，1986 年达 9.53 万人。

随着旅游事业和其他建设的发展，旧城改造已提上议事日程。在市中心广场、东风路、北京路等主要街道上建成了工人文化宫、科技大楼、广播电视中心、外贸大楼、昆明饭店、金龙饭店、茶花宾馆、华侨大厦等高层公共建筑；在东华、董家湾、和平村、豆腐营、新闻路、虹山等地开发了设施配套的 8 个生活居住区。1979 年至 1986 年，住宅竣工面积达 750 万平方米。1986 年人均居住面积达 6.77 平方米。与此同时，自来水日供水能力达 26 万立方米，自来水普及率为 99.9%，燃气普及率为 7.7%，排水工程和环境保护工作也有所进展，建成区面积为 84 平方公里，城市人口为 102 万人。

第四节　扬州市

风光秀丽的文化古城扬州市是江苏省一座经济发达的中等城市。公元前486年，吴王夫差为运粮开凿邗沟，沟通江淮，在此筑邗城。隋炀帝在邗沟的基础上开凿沟通南北的大运河，促进了扬州的繁荣。唐代，扬州依仗运河成为南北交通枢纽，城区面积达20平方公里。清代，扬州是运河漕运的中心。扬州诗文书画、戏曲、音乐、书帖刻印、工艺美术、园林艺术极为昌盛，形成全国一大流派。

1949年1月25日，扬州解放。当时，市政基础设施十分薄弱，城区道路仅3—4米宽，环绕城区5公里的运河上没有一座桥梁，没有自来水，没有排水系统，年工业总产值为975万元。

扬州解放不久，中共扬州市委、市政府对城市布局作了原则规定：城区毗连瘦西湖风景区的西郊作为文教区；工业放在城南郊古运河的下游；老城区作为行政、商业、生活居住区。这一规定为城市的合理布局奠定了基础。1951年至1952年，扬州掀起了城市建设的高潮。清除了垃圾堆100多处，填平汶河臭水沟1.8公里，改善了城市环境；拆除城墙，筑成长8.7公里的环城马路；拆迁房屋2703间，将老城区4.4公里的十字干道拓宽至12米，以适应机动交通的需要；将贯穿老城区的内城河疏浚拓宽至19米，沿河绿化，修筑驳岸、人行道和游船码头，从内城河可乘船直达瘦西湖、平山堂；整修瘦西湖风景区和市内名胜古迹；将两个棚户区改建成第一工人新村和劳动新村，安置了1643人。

1954年至1955年年初，编制了城市发展总体规划：确定城市向东、向南发展；旧城北部瘦西湖、蜀岗、堡城一带为风景古迹保护区。根据规划确定的分区，扬州师范学院退还了瘦西湖东侧原拟扩建校址的已征用土地；在古运河上建设了第一座桥梁——渡江路桥，为城市向南发展创造了条件。

1958年，扬州建立了通风机器制造、拖拉机修造、汽车修配、水利机械、工业用泵、交流电动机、农药、化肥、制药等工业。经过城市规划部门的安排和调整，形成了以化工、农药、制药为主的西南化工区，以水泥、砖瓦、陶瓷、水泥制品为主的东北建材工业区，以及城南机械工业区。在工业发展的同时，扬州市依靠人民的义务劳动，疏浚了7条城河，整修了188条街巷下水道，街头巷尾新建花坛300多处，家家户户窗明几净，取得全国第一个无蚊蝇城的光荣称号。此外，还利用市内残存的旧建筑物、假山石等修复了瘦西湖的凫庄、船舫、四桥烟雨、水云胜概和大明寺西园内的部分建筑。

1964年，第一水厂建成投产，日供水能力为5000立方米。1970年扬州发展了一些电子、纺织、印染、钟表、日用搪瓷、光学仪器仪表工业企业。1972年，规划建设了梅岭、五里庙、黄金坝等居住小区。1973年，为迎接中日佛教文化界人士纪念鉴真和尚圆寂1210周年活动，兴建了仿唐建筑鉴真纪念堂。1976年，在古运河上修建了第四座桥梁——徐凝门桥，并结合水利工程修建了湾头闸桥，改善了新、老城之间的联系。

1976年以后，结合南京扬州公路和扬州天长公路的改建，扬州改建了二环路和石塔路、三元路，使城市形成两横两竖、内外双环的道路系统。石塔路、三元路在定线和街景设计时，把唐代的石塔、千年银杏，明代文昌阁，清代珍园、萃园与新建的临街建筑组成一个协调的整体，反映出浓厚的文化古城气息。

1982年，经国务院批准，扬州市被列为全国第一批历史文化名城。这一年，扬州进行了大规模风景建设：整修了大明寺、平山堂和瘦西湖；开放了个园、何园、仙鹤寺、观音山、天宁寺等在“文化大革命”期间被占用的园林、寺庙；在古运河北入口新建了三面环水的茱萸湾公园。

1983年编制了历史文化名城保护规划。根据规划，在北环城路集中建设了工艺美术楼、工艺研究所、国画院、古籍书店、文物商店、中国银行、友谊商店、富春花园等文化、旅游服务设施。通过精心的规划、设计和建设，扬州逐步形成了古朴而又适应现代城市生活内容的城市风貌。

1986年，扬州市建成区面积为20平方公里，城市人口为26.8万人，市区工业总产值为20.5亿元，人均居住面积为6.34平方米，自来水普及率为89.6%。

第二十六章
少数民族自治地方首府

本章介绍的五个城市，是少数民族自治地区的首府。新中国成立以前，这些城市的经济、文化和城市设施比较落后。新中国成立以后，经过30多年的建设，经济、文化和城市设施有很大的提高，而且表现出各自的民族特色。这些成就，为少数民族地区的发展，奠定了物质和技术的基础。

第一节　呼和浩特市

呼和浩特市是内蒙古自治区的首府，也是全国毛纺工业基地之一。呼和浩特位于大青山南麓农牧业发达的土默川平原，北控大青山南北交通的咽喉，自古以来就是中原地区与北方民族地区联系的枢纽。

1949年9月19日，呼和浩特和平解放。全市人口11.8万人，市政设施很简陋，建成区面积约9平方公里，年工业总产值141.5万元。

新中国成立初期，为发展当地的生产新建了农业机械厂，扩建了甘草膏厂。1950年起，在京包铁路北侧植造了一条长6.5公里、宽215米的防风林，以缓解风沙对市区的侵袭。1951年，在新旧城之间，修建了一条混凝土路。此外，还建设了两所医院和一所用蒙语授课的民族中学。

1954年，呼和浩特定为内蒙古自治区首府。1956年编制了城市规划，工业区布置在市区东、西、南郊，大学区设置在市区东南部。在城市规划的统一安排下，市中心区建设了富有民族特色的内蒙古博物馆、民族艺术厅等大型公共建筑。并先后扩建了呼和浩特毛纺厂（后称第四毛纺厂），新建了第一、第二、第三毛纺厂、地毯厂、肉类联合加工厂和日处理甜菜1000吨的大型糖厂，使呼和浩特从商品集散地发展为农畜产品加工工业基地。1958 年，建设了综合电机厂、机床厂、电子仪器厂、橡胶厂、轮胎翻修厂、灯泡厂、洗涤剂厂、电池厂、粮食机械厂、汽车修配厂等。1963 年至 1965 年，从上海、天津、烟台等沿海城市，迁入电动工具厂、机床附件厂、动力机厂、机床厂、电子设备厂、无线电厂、卷烟厂、五金制品厂、塑料厂等。与此同时，建立了内蒙古农牧学院、内蒙古工学院、内蒙古师范学院、内蒙古医学院、内蒙古财经学院、内蒙古大学和内蒙古林学院，以及内蒙古农业研究所。上述项目的建设，推动了全自治区的工业、教育和科研的发展。

1965 年，对火车站前的锡林北路进行了全面改造，拆除破旧土平房 4775 平方米，新建各种房屋 18738 平方米，各种管线一次配套建成，而且实行联片集中供暖。大规模的建设，使呼和浩特市区原来相互分离的 3 片连成有机的整体。

1976 年，呼和浩特修订了城市总体规划。此后，在市中心区建设了内蒙古体育馆、内蒙古科技馆、内蒙古科委电子计算中心、内蒙古彩色电视大楼、少年宫、昭君酒家等大型公共建筑。

1986 年，呼和浩特市建成区已为 56 平方公里，城市人口为 58.6 万人；市区有大学 9 所，在校学生 2.05 万人，中等专业学校 31 所，在校学生 1.3 万人；从事自然科学的人员 3.84 万人，社会科学的人员 1.90 万人；共有医院 57 所，医院床位 5210 张；人均居住面积为 6.58 平方米；自来水日供水能力为 17.4 万立方米，用水普及率 87.9%；燃气普及率 11%；建成区绿化覆盖率 22.8%；市区工业总产值达 15.8 亿元。

第二节　乌鲁木齐市

乌鲁木齐市是新疆维吾尔自治区的首府，是自治区的政治、经济和文化的中心。乌鲁木齐市位于天山北麓、准噶尔盆地南缘，三面环山，乌鲁木齐河由南向北纵贯市区。乌鲁木齐市于 1949 年 9 月 25 日和平解放。建成区仅 10 平方公里，人口为 10.8 万人，有 10 家小工厂和 50 多个手工作坊，年产值

428 万元。全市仅有 1.6 公里沥青路，没有供、排水设施，绝大多数房屋为土坯平房。

解放初期，新疆财政拮据。中国人民解放军进疆部队节衣缩食，对支援地方工业建设做出重大贡献。从 1952 年起，先后在乌鲁木齐建设起七一棉纺织厂、八一钢铁厂、十月汽车修配厂、六道湾煤矿、八一面粉厂、苇湖梁发电厂、新疆水泥厂及乌拉泊水电站等工矿企业，为乌鲁木齐的工业发展奠定了基础。

为适应大规模经济建设，1954 年开始编制城市总体规划。在城市规划的指导下首先开展的是道桥建设。先后建设了文艺路、红旗路、人民路、太原路、延安路、友好路、新医路、迎宾路，打通了新华路、青年路，改建了中山路、东风路、建国路、扬子江路、长江路、黄河路，基本形成了市中心区的道路网。1962 年年底，兰新铁路通车乌鲁木齐，从此这座边疆城市与全国各地有了便捷的交通联系。1958 年，新建了苇湖梁煤矿、八道湾煤矿、红雁池电厂、金属冶炼厂、皮革厂、食品厂等。1959 年，成立自来水公司，并铺设输水管道 7 公里，设立自来水站 8 处，居民第一次吃上自来水。1960 年，首次建成 12 公里排水管。与此同时，在红山、河滩、燕尔窝地区大面积造林，在市区广植行道树，并扩建了人民公园、新建了南公园，大大改善了当地的绿化条件。

高等教育也有较快的发展。原来规模很小的新疆学院经扩建充实，于 1960 年改为新疆大学，同时还兴办了农学院、医学院、矿冶学院等高等学校。

科研事业从无到有，1955 年建立自治区农林牧科研所，1960 年成立中国科学院新疆分院，以后又成立新疆农业科学院。50 年代末、60 年代初，国家先后选派了近千名科技人员到乌鲁木齐工作。

1977 年以后，乌鲁木齐进入新的发展时期。1978 年至 1986 年，共新建住宅建筑面积 692.7 万平方米，人均居住面积从 3.3 平方米增长为 6.46 平方米。城市房屋在设计上注意了发扬地方特色和民族风格。1982 年建成的具有浓郁民族风格的维吾尔族医院，荣获国家优秀设计二等奖。人民会堂、自治区人大办公楼、华侨宾馆、科技大楼、青少年宫、市图书馆等大型公共建筑为城市面貌增添了新的色彩。

1986 年，乌鲁木齐市建成区面积为 50 平方公里，城市人口为 95.8 万人；自来水日供水能力达 14.0 万立方米，普及率为 90.3%；燃气普及率 65.4%；建成区绿化覆盖率为 16.2%；高等学校 10 所，在校生 2 万人，中等专业学校 31 所，在校学生 1.17 万人；自然科研人员 7245 人，社会科研人员 5632 人；全市工业总产值达 27.2 亿元。

第三节　拉萨市

拉萨市是西藏自治区的首府，地处“世界屋脊”西藏高原中部，平均海拔 3650 米，是世界上最高城市之一；年日照时间在 3000 小时以上，有“日光城”之称。

从公元 7 世纪吐蕃王朝藏王松赞干布建都起算，已有 1300 多年的历史。拉萨以独特的藏式建筑和神秘的宗教色彩闻名于世。市中心的布达拉宫高 117.19 米，依山垒砌，错落有致，它与大昭寺、小昭寺、哲蚌寺、色拉寺、甘丹寺、罗布林卡、龙王潭名胜古迹构成“拉萨八景”。

由于交通阻隔和封建农奴制的长期统治，拉萨生产发展缓慢，市政设施十分落后。到 1951 年 5 月 23 日西藏和平解放时，拉萨市区面积不到 3 平方公里，人口仅 3 万人；没有现代工业，仅有几家织毯、织氆氇和制造日常用具的手工业作坊；没有正规学校和现代市政公用设施。

新中国成立之初，国家主要集中力量修建川藏和青藏公路，以加强西藏和全国其他地区的联系。两条公路于 1954 年 12 月 25 日在拉萨汇合，改善了拉萨的对外交通条件，大量物资都靠 2000 多公里的高原公路运输。

在修建川藏和青藏公路的同时，拉萨城市修建了一些供电、医疗、文教、卫生设施。国家派出医疗队，以改善西藏的卫生医疗条件。1953 年，在拉萨建成自治区人民医院。1956 年 9 月建成西藏第一所中学——拉萨中学。同年 12 月，建成 600 千瓦的夺底水电站。1959 年又建成规模较大的纳金电站。商店、邮局、银行等也相应建立和发展，初步改善了全市人民的生活条件。

1959 年以后，国家先后派出数以万计的干部、工人、工程技术人员，与西藏各族人民一起建设新拉萨。先后修建了拉萨大桥、拉曲公路、当雄机场和贡嘎机场。1961 年开始治理拉萨河，新修河堤 20 公里，到 1966 年基本解除了洪水对城市的威胁。

1965 年 9 月 9 日，西藏自治区成立。为迎接自治区成立，1965 年在布达拉宫下的旧城外建设了一片新城区。新建了 2 条城市干道，并给 10 万多平方米原有土路和泥结碎石路铺筑沥青路面；修建了供 1 万多人用水的小自来水厂和相应的供水、排水管道；新建了文化宫、影剧院等公共设施；在市中心区新建了地毯厂，在郊区新建了汽车大修厂、机修厂、军械厂、皮革厂、水泥厂和林芝毛纺厂。此外，还新建了农业科学研究所、畜牧研究所和交通科学研究所等科研机构。

1975 年，在北部新修的一条长 7 公里、最大流量每秒 25 立方米的排洪渠，代替了原来流经市区高出地面 3—4 米的流沙河；在市区铺装了 5 条道路的沥青路面；配合格尔木到拉萨输油管道的建成，建设了 3.3 万立方米的储油库，结束了靠汽车运油的局面。

1976 年以后，城市建设进入一个新的发展时期。1977 年开始，较大规模地修建了城市供、排水系统：在药王山上建成日供水 1 万立方米的自来水厂，并修建了 24 公里供水干管和 32 公里排水干管。1978 年至 1984 年，改建旧城区房屋 7 万多平方米，近千户居民搬进新居。此外还鼓励居民自筹资金修建住房，使八角街、沿河路、幸福东路和林廊路一带新建了不少藏式楼房。

与此同时，还建了 10 多所小学、6 所中学和 1 所师范学校。

1984 年春，在北京召开了第二次西藏工作座谈会，为庆祝西藏自治区成立 20 周年，确定由北京、天津、上海、江苏、浙江、四川、福建、山东、广东 9 省市援助西藏建设 43 项工程。在拉萨市区的共有 23 项，其中包括拉萨饭店、西藏宾馆、拉萨剧院、西藏体育馆、拉萨群众艺术馆、拉萨市上下水工程等。在上述工程建设的同时，自治区和拉萨市修建了大昭寺结合部、拉萨电视转播站和藏医院住院部等。

为了保持民族建筑风格，以大昭寺为中心的八角街一带，在改造建筑内部结构的同时，保留了藏式建筑的外貌。藏医院住院部的设计也反映出浓郁的藏族风格。

1986年，拉萨市建成区面积达32平方公里，城市人口为9.48万人，工业总产值为5642万元，市区有1所大学、7所中等专业学校、10所中学和47所小学，人均居住面积为6.96平方米，自来水普及率为83.6%。

第四节 银川市

银川市是宁夏回族自治区的首府。东临黄河，西靠贺兰山，位于宁夏灌区中部。贺兰山削弱了西北寒流和风砂的侵袭，创造了适合农业发展的气候，因而农业发达，素有“塞上江南”之称。

然而，由于交通闭塞，银川长期依靠农牧业经济，城市发展缓慢。到1948年9月23日银川解放时，城市建成区仅3平方公里，城市人口约4万人，工业总产值为263万元。街巷全是土路，只有近2000米长的下水道，没有自来水，居民大多住土坯房。

解放初期，当地政府根据地方的资源、财力和生产的需要，新建了毛纺厂、汽车修配厂、电厂及一批为农业生产和人民生活服务的小型工厂。城市建设也相应起步，截至1957年，先后修建了解放军街、中山街、胜利街、公园路等13条街巷的泥结碎石路面；营造了旧城环城林带；在旧城新华街西府井打了银川第一眼深井，修建了水塔和蓄水池，供应居民清洁的饮用水；疏浚了旧排水沟，并新铺3000米排水暗沟。

1958年10月25日，宁夏回族自治区成立，银川市为自治区首府。同月，包兰铁路正式运营，改变了银川交通闭塞的状况。贺兰山煤田的开发和石嘴山电厂、青铜峡水电站的建设，为银川提供了优越的能源条件。银川市的经济建设进入一个新的发展时期。

“大跃进”时期，无根据地将城市规模拟定为100万人口。在铁路以西开辟了新市区，并在那里筹建十几个大中型工厂，还从上海、南京迁来服装、家具等工厂。建设摊子铺得过大，脱离了实际可能。因而，1961年起停建了本地无原料的特殊钢厂、铝厂和规模过大、资金不足的综合电机厂、拖拉机厂，集中力量建成了通用机械厂（以后的起重机厂）、毛纺厂、皮革厂和地毯厂。1964 年后，又从沿海城市迁来机床厂、橡胶厂、电子仪器厂等 7 个工厂。

由于大规模的工业建设，在新市区南部形成大片工业区。在工业区北，营造了一条长 8 公里多、宽 230 米的卫生防护林带兼高压线走廊。为配合市区的建设，在新、旧城区间建成了第一条干道——银新南路，并开拓了新市区的干道路床。但是，由于新市区的基础设施和生活服务设施建设没有及时跟上，造成在新市区工作的职工长期留居旧城的局面，这种状况一直延续到 1976 年。

“大跃进”和“文化大革命”期间造成的城市建设落后状况，从 1979 年开始转变。在道路方面，建成了两条连接新、旧城的交通干道——银新北路和黄河路，大大缓解了交通堵塞。在旧城，拓宽了环城路，新建了新南环路等城市边缘道路，使过境交通不再进入城市。

在供水方面，除扩建旧城小南水厂和新建新城水厂外，还在新市区利用部分单位的自备水井，实行中心地区连片供水，基本满足了工业生产和人民生活的用水需要。1986 年，自来水厂日供水能力为 5. 5 万立方米，各单位自备水源日供水能力为 9. 5 万立方米，自来水普及率为 85. 6%。在排水方面，共埋设排水管道 40 多公里，基本上解决了新、旧城雨后内涝和新市区中心区的临时排水问题。

1977 年至 1986 年，共新建住宅建筑面积 237 万平方米，使人均居住面积达到 6. 93 平方米。这一时期的建筑注意体现地方、民族特色。在新建的南门清真寺、绿洲饭店、银川宾馆等建筑上，做了有益的尝试。

1986 年，银川市建成区面积为 34 平方公里，城市人口为 29. 2 万人，市区工业总产值 7. 79 亿元。

第五节　延吉市

延吉市是吉林省延边朝鲜族自治州的首府。延吉地处中国东北边陲，距中朝边境 59 公里，距中苏边境 150 公里。布尔哈通河自西向东横贯市中心，烟集河由北向南注入布尔哈通河，把延吉分割成 3 片。距市区 145 公里的长白山有原始森林、瀑布、天池火山口、温泉组成的瑰丽景色，是国内外瞩目的游览胜地。1945 年 8 月 15 日，延吉解放。

1945 年至 1948 年，延吉曾是吉林省首脑机关所在地。一度发展了机械、化工、军鞋和军服等工业。但随着首脑机关的迁移，工厂也随之迁出。

为了发展朝鲜族文化，1947 年，延吉成立了延边教育出版社、吉东保安团政治部宣传队（延边歌舞团前身）。1949 年，成立全国第一所少数民族大学——延边大学。1952 年，普及了小学教育。1956 年，实行小学义务教育。1958 年，普及了初中教育。同年，延边大学医学部、农学部从延边大学分出，成立延边医学院、延边农学院。延边大学则转向以培养朝鲜族师资和干部为主的学校。

由于延吉地处边境，工业长期发展缓慢。50 年代至 70 年代，只发展了少量制药、造纸、玻璃、啤酒、卷烟、炸药等工业。城市建设也发展不快，只是铺装了几条干道的沥青路面，铺砌了河堤护坡，建设了州政府办公楼、延吉宾馆、百货公司、工人文化宫、延边医院等建筑。

1978 年以后，延吉市的经济建设和城市建设进入了全面发展的新阶段。从当地资源条件出发，对烟厂、酒厂、玻璃厂、制药厂等 38 个老企业进行技术改造，同时又新建了纺织、中药、卷烟、农药、客车 5 个工厂。

1984 年全市有 25 个工厂引进了国外技术、设备，大部分工厂与北京、天津、上海、青岛、西安等城市实行联合，全国有 29 所大专院校和科研单位参与研究延吉市的技术攻关项目。

从 1979 年至 1986 年，共新建住宅建筑面积 113.8 万平方米，人均居住面积由 2.8 平方米增长为 4.37 平方米。在此期间，拓宽了光明街、人民路，新建了跨越布尔哈通河的延东桥，全市 21 条主次干道都铺装了沥青路面。还先后建设了少年宫、延边艺术剧院、延吉体育场和延边博物馆等大型公共建筑。1986 年，延吉市建成区面积为 19 平方公里，城市人口 18.56 万人，工业总产值 5.9 亿元，自来水普及率 72.2%，建成区绿化覆盖率 16.4%。

第二十七章
生机盎然的中小城市

本章所介绍的九个中小城市，是在没有国家重点投资的情况下，依靠当地优势，发挥中小城镇的自身潜力，逐步发展起来的。

第一节　烟台市

烟台市是山东省东北部一个经济发达的工业、港口、渔业、休养、旅游城市。这里海滩与礁石交错，景色绚丽多变，偶见“海市蜃楼”，更是不可多得的奇观。市域境内有蓬莱阁、长山岛、芝罘岛、毓璜顶、养马岛等风景名胜区。由于烟台是中国开辟较早的通商口岸，外贸与民族工业历史悠久。

烟台市区在1937年曾达到20万人。但是，由于抗日战争和解放战争中的破坏，到1948年10月烟台第二次解放时，市区人口只剩8万人。1949年，工业总产值仅为791万元。

新中国成立不久，在烟台市政府的扶持下，张裕葡萄酿酒公司、造钟厂、造锁厂、织布厂等相继开工。随后，国家投资建立了机床厂、罐头厂等骨干企业。1954年起，烟台港先后建成一个6000吨级泊位和一个3000吨级客轮浮码头，结束了相沿一个多世纪的过驳作业，提高了码头的运输能力。按照城市规划的安排，先后拓宽了东西主干道——南大街等6条主要街道；新建了火车站东路、通伸西路、通伸北路、毓璜顶西路、环海路、青年路；在市区迁出9处墓地，建成4个小游园；1956年建成第一座自来水厂；在南山营造风景林，在西沙旺营造长12.5公里的沿海防护林，共造林1万余亩。

70年代初，随着国际关系的缓和，烟台的建设有了新的发展。传统工业逐步形成体系。张裕葡萄酿酒公司、罐头厂、水产联合加工厂、啤酒厂、食品厂等食品工业，改进了工艺，扩大了厂房，产品成倍增长。电子、仪表、建材等工业也有较大发展。1978 年，工业总产值达 10. 7 亿元。

1974 年至 1978 年，港口建成 3 个万吨级泊位，3 个 3000 吨级泊位。港口吞吐量由 1973 年的 167 万吨增长到 1978 年的 458 万吨。

为适应工业和港口的发展，城市建设也相应发展。开拓了东接解放路、北连海港、西通西沙旺的市区第二条东西干道——北马路；在烟台港海运站和铁路客运站交汇处，建起了两站联合广场；在西沙旺新建了烟潍公路北线；同时还改建了海岸路，改善了海滨环境。1973 年，市区的日供水能力达 7 万立方米。同年，开始供应液化石油气。1975 年，兴建了体育场、体育馆、百货大楼、海员俱乐部、外轮供应公司和友谊商店。1976 年至 1978 年相继建成了小黄山、白石村、黄泥沟、凤凰台等新住宅区。

1984 年，在北京大学和清华大学的帮助下，烟台市创办了有 11 个系的烟台大学，大大促进了市区高等教育的发展。同年，烟台经济技术开发区开始建设。

1979 年至 1986 年，改造了华茂街、经纶街、慎礼街等低洼破旧房屋区，新建了大海阳、奇山、幸福河等住宅小区。1986 年人均居住面积达 6. 7 平方米。为解决市内交通日益拥挤的问题，拓宽了跃进西路、大海阳路、北马路和跃进中路 4 条主要干道，并开辟了 3 个广场和 2 座立交桥，使市区形成 3 条东西干道，7 条南北干道。

1986 年，烟台市建成区面积为 35 平方公里；城市人口为 35. 5 万人；市区工业总产值达到 25 亿元；烟台港货物吞吐量达 691 万吨；自来水普及率为 95. 8%；燃气普及率为 66. 1%；建成区绿化覆盖率为 24. 85%。

第二节　沙市市

沙市市是湖北省的一座新兴轻纺工业城市。

沙市位于长江中游荆江北岸、江汉平原西部，四周农村盛产粮、棉、麻及水产品。这里自古就是湖北西南部的物资集散地。1911 年至 1936 年，沙市的棉花年平均出口量占全国出口总量的 11.33%，成为全国仅次于武汉、天津的第三大棉花出口市场。

1949 年 7 月 15 日，沙市解放。当时沙市建成区面积 3.1 平方公里，城市人口 7.9 万人。全市只有 5 条总长不到 5 公里的简易铺装道路，街旁明沟排水，没有自来水。

新中国成立初期，沙市以江汉平原的丰富资源和广阔市场为依托，在资金不足的情况下，自力更生，因陋就简地开始了经济建设。

1949 年，利用棉花打包厂一座容量为 300 立方米的消防池，建成一座日供水能力为 1300 立方米的自来水厂，结束了市民翻堤挑水的历史。1951 年开始，组织社会闲散劳动力，修补路面，疏通沟道，排除污水，并把全市唯一的东西干道中山路铺上了沥青路面。城市基础设施初步改观。

1952 年至 1953 年，沙市人民热情参加了国家兴建的荆江分洪工程。工程建成后，消除了洪水对沙市的威胁，从而对经济建设提供了安全保证。

“一五”期间，沙市利用闲置的庙宇、会馆、民房、仓库，新建、扩建了被单厂、纺纱厂、织布厂、染整厂、玻璃厂、造纸厂等 25 个工厂，安置了从上海、北京迁来的 4 个热水瓶厂、1 个内衣厂和 1 个棉花机械厂，奠定了轻纺工业的基础。1958 年，沙市工业有了进一步的发展。

1959 年，沙市编制了城市总体规划。规划确定旧城为商业、文教、行政区；在旧城东，开辟东工业区。为加强旧城与东工业区的联系，1958 年至 1963 年，分段建成第二条东西干道北京路。1960 年兴建东区水厂，日供水能为 15 万立方米。1964 年扩建西区水厂，增加日供水能力 2.5 万立方米，基本满足了当时用水的需要。

1972 年，沙市编制了《沙市市暨江陵县城关镇城市总体规划》。规划确定以旧城为中心，向东、西、北 3 个方向发展。充实以纺织工业为主的东工业区，开辟以化工为主的东部沿江工业区，以机械、电子工业为主的西工业区，以轻工业为主的北工业区以及以建材工业为主的西部沿江工业区。全市共分为 5 个工业区和 9 个生活区。根据规划的安排，1973 年起将旧城内急需扩建的59个工厂逐步搬迁到指定地点，东工业区中的部分工厂也按行业调整到其他工业区。搬迁后的工厂有了发展余地，生产日益发展。旧城腾出的用地，分别用于建设办公、居住和公共服务设施，并适当降低了旧城密度。

1973年至1977年，沙市每年集中80%以上的资金，用于新区的道路、供水、排水、供电、公共交通等建设，使城市有较大的发展。

“文化大革命”期间，城市建设受到“先生产、后生活”的思想影响。到1978年，沙市排水设施的服务面积不到建成区面积的30%。市区渍水严重；旧城区的街巷大多尚未铺装；楼房水压不足；不少文物古迹被工厂占用；违章建筑较多。这些问题，到1979年以后，逐步得到解决。

1981年至1983年，沙市城市建设部门投入较多的资金解决街巷路面铺装差、公共厕所不够、自来水水压不足、路灯缺少等群众急需的问题。到1984年，全市泥土路已基本铺上路面。1982年至1986年，完成了排渍工程和污水截流工程，基本解决了市区渍水及污水对河渠的污染。1983年底，沙市开始建设第一个综合开发的洪垸生活小区。1984年以后，又相继建设了玉桥新邨、五一路住宅组团等。

1986年，沙市建成区面积为21平方公里，城市人口为23万人，市区工业总产值达21.87亿元，建成区绿化覆盖率为19.75%，人均居住面积7.71平方米，自来水得到了普及。

第三节　景德镇市

景德镇素有“瓷都”之称，是中国重要的陶瓷工业基地之一。

景德镇位于江西省东北部，附近蕴藏着大量的制瓷原料，其东部高岭矿所产瓷土土质极佳。景德镇四乡山峰重叠，松林茂密，境内河流纵横，水运可沿昌江经鄱阳湖直达长江。得天独厚的原料、燃料、水运条件，使景德镇的制瓷业长期兴盛，历千年而不衰。1949年4月29日，景德镇解放。当时，建成区面积2.5平方公里，城市人口9.08万人，工业总产值1087万元。城市没有自来水，没有道路照明。

新中国成立初期，景德镇的陶瓷工业有了迅速发展：一是2000多个私营瓷业作坊合并为52个陶瓷生产合作社；二是1954年成功地创办了全市第一座半机械化陶瓷成型厂；三是以煤代替松柴，改变千百年来的烧瓷工艺。这些变革，为陶瓷业向现代工业迈进创造了条件。

随着陶瓷业的发展，城市建设事业也得到相应的发展。但是，老市区可供建设的用地已经不多，昌江无桥，西进受阻。因此，首先开辟了东市区。1954年，在西北隅原刘氏林园的基础上建成一座面积为6.5公顷的人民公园。从1955年起，在东市区陆续建设了宇宙瓷厂、为民瓷厂、雕塑瓷厂、景陶瓷厂、高压电瓷厂、瓷用化工厂、陶瓷机械厂、瓷土厂、印刷机械厂、水泥厂、里村电厂，以及景德镇陶瓷学院和轻工业部陶瓷研究所。1956年新建珠山中路，并与马鞍山路、东一路连接，成为东西向主要干道。在东西干道旁，新建了昌江商场、百货大楼、景德镇饭店等公共建筑。1958年，还建设了当时亚洲第一流的景德镇瓷厂。与此同时，东市区还建设了相应的商店、医院、邮局、中小学和2个住宅区，以及一条运煤的铁路专用线。1959年建成全市第一座日供水1.15万立方米的观音阁水厂。1963年建成昌江大桥，为城市向西发展创造了条件。到1965年，东市区已成为全市最大的陶瓷工业区。

在建设东市区的同时，老市区逐步在改造。为解决工厂与居住区混杂的局面，在老市区下风向戴家弄以南划定为陶瓷工业区。将老市区的52个瓷业合作社迁往工业区，组建成建国、人民、红星、红旗、光明、东风、景兴、新华8个瓷厂，以及瓷用匣钵厂和电瓷厂。

“文化大革命”期间，景德镇遭受严重破坏。省、市革命委员会主要领导人提出“瓷器不能打仗”的论点，迫使陶瓷业转产；撤销了全国唯一的陶瓷学院和陶瓷研究所；炸毁刚建成的景德镇瓷厂，改建航空设施工厂；迫使1.5万名陶瓷工人和技术人员转产汽车、拖拉机和军用产品。致使城市基础设施严重失修失管，住宅被任意占用或拆除，1972年，人均居住面积仅2.5平方米。

1972年以后，情况稍有好转。1974年，在昌江上建成第二座大桥——吕蒙大桥。1975年，在东市区建成一座日供水1万吨的自来水厂。但是，城市设施的严重不足状况并无很大变化。

1977年以后，景德镇的生产和城市建设全面复苏。1978年，成立城市规划委员会，编制了《景德镇市城市总体规划（一九八〇—二〇〇〇年）》，确定了“逐步改造老市区，配套完善东市区，建设发展西市区”的建设方针。

首先列入老市区改造范围的是沿江东路。拓宽了道路，兴建了护岸，建成了2.24公里绿化带，还新建了一条大型截流管，将沿江74个排污口通过截流引向郊外。1978年起，先后拓宽和打通了中心广场四周的道路，在广场东面的马鞍山新建了两个小游园。此外，对长期失修失养的珠山中路、中山路等12条道路，进行了全面翻修。1982年，皖赣铁路通车，为此开辟了通站路，兴建了火车站和站前广场。1983年，建成了日供水5万立方米的洋湖水厂和昌江上第三座大桥——珠山路大桥。

从70年代末起，景德镇开始开发西市区。西市区在昌江以西，按规划分为3片：西一区是全区的行政、商业中心；西二区是工业区；西三区是生活居住和公共活动区。

西市区的开发，与陶瓷业的发展有直接关系。1981年起，围绕陶瓷工业进行了两项重大工程建设。一是昌江渠化工程。该工程分鲇鱼山和凤岗两个梯级，1986年已大部完工。瓷器水运，不仅可降低运输成本，而且可减少破损。通过这项工程每年可发运8万吨出口瓷直达九江口岸转运世界各国，一年可节约运杂费325万元，还可增加城市水源。二是兴建焦化煤气工程。自50年代以煤代柴烧瓷以后，全市有工业烟囱500余座，年耗煤约106万吨，而且，烧瓷需用还原焰，煤炭燃烧不完全，因而大气污染十分严重。1982年经轻工业部批准，在景德镇西二区兴建一座日供气40万立方米、年产焦炭30万吨的焦化煤气厂。1986年建成供气后，全市大型瓷厂改用煤气烧瓷，大大减少了大气污染，提高了瓷器一级品率，新建了一批瓷厂，还可供应城市居民部分燃气。

在西三区还开辟了占地43公顷的陶瓷历史博览区。博览区分为三部分：东部是古窑瓷厂，西部是古建筑区，中部是具有地方建筑风格的古陶瓷综合展览馆。在这个博览区可以看到中国古代手工制瓷工艺的全过程，还可看到多种类型的古建筑。可以对古代景德镇的社会概貌有一个较系统的认识。

1986 年，景德镇建成区面积为 23 平方公里，城市人口为 30.9 万人，市区工业总产值为 8.84 亿元，自来水普及率为 74.4%，建成区绿化覆盖率为 22.68%，人均居住面积为 6.06 平方米。

第四节　石河子市

石河子市位于新疆维吾尔自治区天山北麓，准噶尔盆地南缘，玛纳斯河畔，是一座以农垦生产为基础发展起来的新兴轻纺工业城市。石河子原是湖名，到清朝发展为小镇。1949 年 9 月 25 日新疆和平解放时，这里仅有 20 多户、近 100 人。

1950 年，中国人民解放军第二十二兵团为发展农牧业生产，来到玛纳斯河流域，开垦荒地，兵团领导机关驻石河子。

1951 年春，兵团抽调 2000 多名指战员，开始石河子基地建设。当时，石河子没有房屋、道路，指战员们用芦苇搭棚，自制施工工具，自己建窑烧砖，到 70 公里外的天山伐木，用胡麻油炼油漆。当年建成以土坯、芦苇、草泥为建筑材料的各种房屋 733 间，共 2.21 万平方米，修筑土路 52 公里。到 1956 年，共建设各类房屋 23.9 万平方米，修筑砂石路 14 公里，植树 18.64 万株，开办了机械修配、木工、食品、粮油加工等一批小工厂。形成了驻玛纳斯河流域及其以北地区部队开荒生产的领导指挥中心，为后来的城市发展奠定了基础。

由于各农场连年丰收，大量的粮食、棉花、甜菜、油料、畜产品急需寻找出路。1957 年开始发展轻纺工业。

生产的发展推动了城市建设。1977 年，国务院批准石河子设市。到 1986 年，建成区面积为 23 平方公里，城市人口为 29.9 万人，工业总产值达 5.5 亿元；各类房屋 441 万平方米，其中住宅建筑面积为 250 万平方米，人均居住面积达 6.6 平方米；城市道路长度为 51 公里，面积 65 万平方米；自来水日供能力为 8 万立方米，普及率为 53%；城市北有乌伊公路林带，东、西各有一条120米宽的东、西防护林带，南有铁路林场，形成了环抱城市的绿化屏障。建成区绿化覆盖率达36.7%；全市有高等学校2所，在校学生3244人。

第五节 辛集市

辛集市是1986年新设的市。在此以前，是河北省束鹿县的县城。它地处河北平原的中南部。清朝中叶，成为中国北方重要的皮毛加工、集散地，在国内有“河北一集”之誉。抗日战争时期，日本侵略军占领辛集，将皮毛、棉花作为军用物资垄断，不准私人经营。致使辛集经济一落千丈，人员外流。到1945年抗日战争胜利、辛集解放时，全镇仅剩5000多人。

辛集解放后，是冀中军区十一分区领导机关所在地，设市建制。当时为支援全国解放，辛集及其周围村庄建起了一大批小型工厂。其中有枪械厂、弹药厂、白皮厂、麻袋厂、铁业社、铁木厂、榨油厂、轧花厂、纺织厂、漂棉厂、鞋帽厂、肥皂厂、电池厂、化工厂和砖厂等。这批小厂都因陋就简，条件很差，但为以后的工业发展打下了基础。

1949年10月，冀中军区十一分区迁离辛集。随后，许多工厂也迁往他处。剩下的工厂转而生产为当地生产、生活服务的产品。麻袋厂转产毛巾、床单；修械所转产马拉水车；化工厂先生产硫化钠，以后发展成为中国最大的钡盐厂。

在“文化大革命”期间，辛集的许多单位开始生产市场紧缺商品。搬运公司试制油毡；棉油厂部分车间生产提花织物和制冷机械；砖厂生产玻璃制品；服装鞋帽厂分出了塑料厂、鞋厂、服装厂；农机修造厂分出了电子元件厂。另外，作为当时的农业机械化试点县，农业机械业也有所发展。到1978年，工业产值为1.49亿元。但是，城市建设长期没有相应的发展，使辛集一直保持着农村居民点的特征。

1979年以后，辛集的工业经过内部改革，逐步适应了商品经济的发展，生产出有市场竞争力的产品。皮毛厂引进国外先进设备，使猪皮修面革、绵羊皮被评为全国同类产品第一名。服装一厂与港商开展补偿贸易，提高了装备水平和生产能力。到 1985 年，当地传统的皮毛业共建立集体皮毛贸易中心 5 个，皮毛制革加工厂 13 个。此外，尚有村办皮毛制革厂 54 个和近千个皮毛联合体和专业户，皮毛从业人员达 3 万多人。同时，辛集以集资方式建设了规模巨大的“河北一集”市场。开业一年，成交额达 2767 万元。到 1986 年，建成区面积 7 平方公里，城市人口 4.84 万人，工业总产值达 5.4 亿元；市内 46 条主要街道和 200 多条小巷都铺设了水泥或沥青路面；开辟了 8.8 公里的环城路，使过境交通不再穿越市区；自来水日供水能力为 1.2 万立方米，用水普及率 41.7%；在干道旁新建了影剧院、文化馆、工人文化宫、图书馆、青少年宫、百货公司等公共建筑。

第六节　海宁市

海宁市是 1986 年新设的市。在此以前，是浙江省海宁县的县城硖石镇。

海宁市地处富饶的江南水乡，历来是商品集散之地。1893 年，这里出现了小型织袜厂，以后又陆续建起了碾米厂、缫丝厂、发电厂。1909 年，沪杭铁路通车后，这里经济更趋活跃。当时镇上米行达 130 余家，另有银楼、钱庄、百货店、绸布店、食品店 50 多家。抗日战争爆发后，经济逐渐萧条。到 1949 年，全镇仅存几百台手摇织袜机，100 余匹马力的动力，2—3 台旧机床和几台碾米机。街道狭窄，房屋破旧，河道淤塞，人口约 2 万人。

海宁市的许多骨干工业，是在 50 年代起步的。1952 年，8 家打铁铺的 32 个手工业者，以 7800 元资金，借用一座祠堂，成立了铁器生产合作社，打制小农具，以后配合农村电力灌溉生产排灌设备。到 80 年代，成为能生产 20 多种机床的海宁机床厂，已是国家机械行业的定点企业。1958 年，由 21 名搬运工人家属集资 7700 元创办海宁拉链厂，后成为全国拉链生产的重要基地。同样，由 7 名转业军人集资 1 万元创建的海宁灯泡厂，最初只生产小电珠，在复旦大学、上海和长春光学机械研究所的帮助下，已能生产照明光源、仪器光源、摄影光源、医用光源等 50 多种产品。此外，还建立了碾米厂、针织厂、轻工机械厂、化肥厂等。

1956年，海宁市开始改造旧街道。以后，结合河网建设，填了一些不必要的沟渠，建设了新路。60年代初，因陋就简地办起供水站。1978年以后，由于地方财政的好转，许多企事业单位提高经济效益后，积极自筹资金营建职工宿舍。文教、卫生、体育事业，随着经济的发展，不断进步。

城市建设水平的提高，增强了城市的凝聚力。海宁化纤厂、海宁塑料包装材料厂等都是在多处选址后才到这里定点的。许多外地的工程技术人员也愿意到此落户。1986年，海宁市建成区面积为9.4平方公里，城区人口5万人；市区有3所中学、5所小学、16所幼儿园，普及了小学和中学教育；自来水日供水能力为4.1万立方米，普及率为81.6%；人均居住面积达9.5平方米；工业总产值约为4亿元。

第七节　江阴县城澄江镇

澄江镇是江苏省江阴县的县城，地处长江入海口的咽喉，素有江海门户和锁航要塞之称，也是长江下游商旅集散之地。

元代以后，江阴地区的纺织手工业飞速发展，出现乡乡植棉，户户纺纱的局面。1905年，江阴引进一批近代织布机。据1935年调查，当时全县有纺纱公司1家、染织厂67家、机器翻砂厂11家、米面厂62家、油厂10家、印刷厂和书坊12家，这些工业大部分集中在澄江。

抗日战争时期，很多纺织设施毁于战火。至1949年4月21日澄江镇解放时，城镇人口仅3万余人，企业工人3000名。城内房屋破旧，残垣断壁随处可见，没有自来水，大部分居民以煤油灯照明。

新中国建国初期，澄江镇修复了被国民党军队拆毁的港口设施，清理了河道，恢复了交通。1952年兴建了设计年通过能力为420万吨的黄田港船闸。当时全县最大的利民纱厂也在政府的扶持下迅速恢复和发展。

1958年，原有一定生产基础条件的纺织印染工业、服装工业、机械工业、造船工业等得到较大发展。“文化大革命”期间，社会商品的不足和在大城市工作的江阴籍职工被迫回乡，给澄江镇工业的发展提供了有利的机会。不少工厂与上海、无锡等地挂钩，生产出具有国内、国际竞争力的产品。

澄江镇的工业发展很快，但城镇建设却长期处于自流状态。因而布局混乱，道路拥挤，住房不足，污染日益严重。1980 年，县政府组织力量编制了澄江镇总体规划，并开展了较大规模的市政、公用设施建设。到 1984 年，澄江镇先后新建了人民东路、中山北路、环城西路、青果路、虹桥南路等干道；重点改造了南街住宅区和旧城区内 40 多条小街小巷；在长江边建设了新的自来水厂，日供水能力为 3.5 万立方米；图书馆、少年宫、科技中心、游泳馆、幼儿园和其他 10 多幢公共建筑相继建成。据 1984 年调查，澄江镇的生活服务设施直接为当地居民服务的比例达 55%—75%，高于邻近的其他县城。1985 年，城镇居民已普遍用上了自来水，所有的主次干道和 70% 以上的小街小巷已铺设了沥青或混凝土路面，约 25% 的家庭使用了液化石油气，人均居住面积达 8.07 平方米。1986 年，城镇人口为 14 万人，建成区面积为 12.48 平方公里。

城镇环境的改善，对吸引和稳定技术、经营人才，引进新技术、新设备和提高工业产品的质量和信誉都起了良好作用。1986 年，澄江镇工业总产值达 14.5 亿元。

第八节　开平县城三埠镇

开平县三埠镇位于广东省珠江三角洲西部潭江中下游。三埠镇由长沙、新昌、荻海三埠组成，隔江鼎立，水运交通方便，商业基础较好。但是，在 1978 年以前，由于城镇的发展潜力没有充分发挥，基础设施水平较低，桥梁不足，陆路交通不便，没有自来水，住房紧张。

开平县是广东省著名的侨乡。旅居海外的华侨、华裔和港澳同胞有 60 万人，分布在 58 个国家和地区，他们爱国爱乡。在新中国成立前，全县 80% 的公益福利事业是由侨资兴建的。新中国成立以后，他们眷恋故土，更加关注祖国建设。1978 年以后，三埠镇在港澳同胞和旅美、旅加侨胞资助下，先后兴建了侨园宾馆、侨联大厦、第一人民医院门诊大楼和住院大楼、开侨中学科学馆、体育馆、开平美术馆、华侨博物馆，以及祥龙大桥、荻龙大桥等文化、教育、卫生、交通、旅游服务设施。捐资赠物的总金额占三埠城镇建设总投资的20%。

1980年，三埠镇制订了改造和建设三埠的五年规划。经过5年的建设，三埠镇面貌焕然一新。

（一）兴建长沙东郊、北郊和荻海南郊的工业区，把原来选址不当和有污染的工厂迁到新区。同时，对工业的污染加强了治理。

（二）把新昌、长沙的主要街道改造成商业服务中心，建设了一批高级商场和旅游宾馆，并普遍增加商业服务网点，使商业布局趋于合理。

（三）兴办自来水。在龙山水库建设自来水厂，解决了镇内和部分郊区人民的用水卫生问题。

（四）建设祥龙、荻龙2座大桥，并拓宽潭江大桥。与此同时，修筑了长沙沿江大道和新昌江滨大道2条长堤。这样，就结束了3埠之间陆路联系不便的历史。

（五）1983年，在长沙东郊辟地5公顷，新建港口，开辟联系香港、澳门的客运航线。

（六）在改造原有住宅的同时，开辟了长沙东、西郊和新昌南郊3个住宅区，新建了335幢6层以上的公寓。建设总面积45万平方米，等于旧住宅总面积的3倍。1984年，三埠城镇人口为5.8万人，平均每人增加了近8平方米建筑面积。

1986年，三埠镇建成区面积为4.5平方公里，人口为6.78万人，工业总产值3.8亿元。

第九节　临沂市罗庄镇

罗庄镇是1984年新设的镇，它位于山东省东南部，临沂市区南9公里。这是一个由穷变富的新兴小镇。

罗庄镇原是一个农村人民公社。1972年，全公社共3.8万人，有耕地4.2

万亩；工农业总产值为347万元，平均每人91元，而纯收入仅60元。在公社范围内蕴藏着煤和铝矾土，有1个国营的矿务局、1个瓷厂和1个耐火材料厂。这时的工业着重发展采煤业和陶瓷业，这是和当地农民的传统手艺和文化水平相适应的。劳动者无工资收入，只记工分参加公社分配。陶瓷业只生产粗陶瓷，发展较慢。采煤业则积累了较多资金。

有了资金和经营企业的经验，罗庄镇就办起了农具厂、搪瓷厂、电池厂和床单厂等。1979年农具厂扩建为铸钢件厂，生产向国外出口的水暖管件。1983年，陶瓷厂改为釉面砖厂，生产国内畅销的釉面砖；与港商合资兴办了兔毛纺厂。1984年，中国土产和畜产品进出口总公司与罗庄合资建设了羽绒厂。1985年搪瓷厂分出一个工业搪瓷厂，生产面向城市的铸铁浴缸和酸碱贮罐。1986年床单厂扩建了一个丝织厂，生产服装面料；中国轻工外贸公司与罗庄镇合资建设了生产氯化锌电池的电池厂。截至1986年，罗庄镇企业达30家，工业总产值达2.1亿元。

不断壮大的经济实力，促进了罗庄镇的市政建设和公益事业的发展。罗庄镇的30家企业是沿着一条公路建设的，事先并无规划。1984年，罗庄镇出资提高了这段公路的路面等级，并安装了路灯。1986年，罗庄镇又建起了电厂和自来水厂。沿着公路，建设了银行、图书馆、商店、影剧院，以及老人幸福院等。

为了提高当地人民的文化素质。1980年至1985年，为全镇培养了40名幼儿教师；用200万元更新了小学的校舍和桌椅；用30万元资助当地一所中学扩建；派出37人到各地大专院校和科研单位学习。

结束语

中华人民共和国成立37年来，城市建设走过了一条曲折的道路，成绩很大，也有不少失误。总的说，是两头好、中间差，像是一个马鞍形。新中国成立初期，国家重视城市建设工作，城市建设取得了卓著的成效。从1958年“大跃进”起，近20年的历史过程中，在“左”的错误指导思想下，城市建设出现失误，屡遭挫折，致使问题成堆。1978年中共十一届三中全会以后，经过拨乱反正，城市建设进入新的发展时期。从1979年到1986年年底，这8年的建设成就超过了以往的29年。曲折的道路使得人民付出了沉重的代价，前事不忘，后事之师。认真总结和吸取丰富的历史经验及沉痛的教训，对探索有中国特色的社会主义城市建设道路具有积极意义。

一、正确认识城市和城市建设在经济社会发展中的重要作用

新中国成立后，中国共产党和政府的工作重心从农村转移到城市，确立了城市领导农村的正确方针，城市建设提到重要日程上。国家制定了一系列方针政策，使城市建设得到正常发展，有力地配合国民经济的恢复和建设，顺利完成了第一个五年计划。1978年以后，中国共产党和政府重视发挥城市的作用和城市建设工作，逐步调整“骨头”和“肉”严重失调的比例关系，调动各方面的积极性，促进了城市建设和国民经济的发展。相反，从20世纪50年代后期开始，否认城市和城市建设在经济社会发展中的重要作用，企图用降低城市建设标准，甚至用不建城市的办法，人为地缩小城乡差别，欲速则不达，后果严重。发展经济而不建城市，建设工业而不搞基础设施，只用一条腿走路，不按科学规律办事，以致城市不能正常运转，严重影响到国民经济的

顺利发展。实践证明，城市建设是形成和完善城市功能、发挥城市中心作用的基础，城市建设与经济建设，是相互促进又相互制约的。1984 年，中共中央《关于经济体制改革的决定》指出：“城市是我国经济、政治、科学技术、文化教育中心，在社会主义现代化建设中起着主导作用。”并要求：“城市政府应该集中力量做好城市的规划、建设和管理。”这是历史经验的重要总结。

二、要按照城市规划建设城市

中国是社会主义国家，具有按照规划建设城市的优越条件，第一个五年计划期间，有计划、有重点地建设城市，按照规划对城市整体进行合理布局，远近期结合，使各项设施协调地进行建设，对发展国民经济和改变城市面貌，起了显著作用。但是，由于当时缺乏经验，城市规划出现了某些脱离实际的缺点，“大跃进”期间各地在基本建设中又出现了失误，1960 年宣布了“三年不搞城市规划”，加之“文化大革命”的破坏，致使 20 年的时间内，城市的建设和发展，基本上失去城市规划的指导，陷入了盲目发展的混乱状态。这一失误，已经造成难以弥补的损失，是当代中国城市建设中的重大教训。

进入 80 年代以来，中国城市规划工作一方面学习世界先进国家的城市规划理论与方法，跟上时代前进的步伐，另一方面根据中国的具体实际情况，加速做好城市建设的规划。只要认真地按照城市规划进行建设，可以预料，到 2000 年时，中国城市将以崭新的面貌出现在世界的东方。

三、必须改革城市建设的管理体制

城市是一个有机的整体。城市中的各行各业、千家万户，对整个城市来说，都是个体与整体、局部与全局的关系。任何个体与局部的失误，都会给整体和全局造成损失，因此，必须按照规划建设和管理。新中国成立以来，城市建设投资基本上是由各部门条条下达的，很多市政、公用设施作为各工业企业的附属配套项目，分散地进行建设，不利于城市整体的协调发展。1956 年，对城市的民用建筑，国务院曾提出过“六统一”的方针，但是因为投资难于集中使用，这一方针未能付诸实现。在这种情况下，各工业企业只有各自为政，自搞一套市政公用设施和民用建筑，结果造成了很大的浪费。不但影响了城市的整体发展，也不能形成社会化的城市职能，降低了城市的综合效益。

1976 年唐山大地震后，在恢复重建过程中实行统一规划、统一建设，城市面貌很快焕然一新。中共十一届三中全会以后，天津市政府冲破老的投资管理体制，摆正了建设计划与城市规划的关系，严格按照规划建设，城市面貌变化空前，取得显著成果。特别是几个经济特区的城市建设，采取建设计划与城市规划密切相结合的方法，先地下，后地上，科学地进行建设，速度快，效果好。

但是，全国许多城市建设计划与城市规划仍然是两张皮，结合不好。

这一问题，应该随着经济体制改革，进行同步改革，实行由城市统一规划、综合开发、配套建设的新体制。城市建设各行业，也要改革过去那种单纯依靠国家投资的作法，遵循经济规律，开辟各种资金渠道，有条件的要实行有偿使用，按照价值规律实行合理计价，有偿使用，以便做到良性循环，合理发展，以适应不断增长的新的需求。

建立合理的城市建设投资计划体制，保证城市建设资金合理的比例和固定来源，并把城市规划与国民经济和社会发展计划相互衔接起来。城市基础设施的建设要在城市政府的规划指导下进行，同时要相应地健全各级城市建设管理机构的职能。

四、加强城建工作法制建设

新中国成立初期，城市回到人民手里。在城市建设和管理方面虽然没有完整的法规可依，但各级领导干部本着“必须用极大的努力去学会管理城市和建设城市”的精神，都能虚心地学习，谨慎地行事，认真地贯彻城市建设“为工业、为生产、为劳动人民服务”的方针。“一五”期间，进行重点建设，城市规划对城市的建设和管理，具有法律性的权威，城市建设工作比较正常。以后，在小生产的习惯势力与“条条为主”的建设体制扭在一起，再加上城市建设机构多变，城市建设中各自为政，分散割据，“以权代法，以言代法”的现象就多了起来。“文化大革命”期间，无政府主义大泛滥，更是无法无天，城建工作受到严重破坏，其根本原因是没有法制。中共十一届三中全会以后，人们逐步认识到只有以法治代替人治，才能保证城市建设科学地顺利地发展。因此，国家加强了城市建设方面的立法工作，各城市也陆续制订有关的法规、条例。各级城市建设部门只有做到有法必依，执法必严，违法必究，才能保障具有中国特色的社会主义城市建设工作顺利进行。

五、开展城市科学研究，培养城市建设人才

城市化和城市的社会化、现代化，是历史发展的必然趋势。城市越是现代化，城市的职能、结构就越复杂。面对社会主义现代化建设和改革、开放的新形势，城市在规划、建设、管理的每一个环节上，都必须尊重科学，按照科学规律办事。这就需要一方面广泛地组织学术界、理论界的专家学者和城市各部门有经验有见解的实干家，以理论和实际相结合，由近期到远期，从宏观到微观，对城市开展科学研究，为制订城市发展战略和建设方针，发展城市建设的理论和方法，开发新技术，提供科学依据。另一方面要随时注意掌握世界各国新的情况、新的技术动向，以便及时吸收和引进世界先进科学技术和技术设备。

开发智力，培养人才，是提高规划、设计、施工、生产和业务管理的科学技术水平的关键，也是城市建设事业中一个带有战略性的重大问题。30 多年来，中国城市建设的科学技术力量发展很快，已经拥有一支 5929 人的城建科技队伍。但是与世界先进国家的城市建设科技水平相比，差距还不小，同时与中国大规模的城市建设发展要求也是不适应的。必须通过多种渠道，下大力气培养人才，才是迎接世界科技进步的捷径。

在新的历史条件下，继续贯彻“控制大城市规模，合理发展中等城市，积极发展小城市”的方针，合理分布城市，对形成具有中国特色的社会主义

城镇体系，是有重要意义的。预计到20世纪末，按照国民经济发展目标和使人民生活达到小康水平的要求，将有为数不少的农业劳动力陆续转移到城镇中来，城镇数量和城镇人口都会迅速增长，城市在四化建设中所处的地位更加重要。因此，在发展社会生产力发展的基础上，加强城市现代化的建设，着重建设好能适应城市经济社会发展需要的基础设施和服务设施，逐步提高城市人民的居住水平，加强城市园林绿化和环境保护，大力采用先进的科学技术成果和现代化的管理手段，使城市交通便捷、信息灵通，并有较强的防灾应变能力，以保障国民经济的顺利发展和人民生活水平的不断提高。

附　录

中华人民共和国城市建设大事记

（1949—1986 年）

1949 年

10 月 21 日　中央人民政府政务院财政经济委员会成立，委计划局下设基建处，吕克白任副处长，主管全国的基本建设和城市建设工作。

1950 年

4 月 3 日　政务院公布《契税暂行条例》，对土地房屋买卖、典当、赠与或交换应交纳契税的问题作出了决定。

7 月　政务院发出《关于保护古文物建筑的指示》。

11 月 22 日　政务院发布《城市郊区土地改革条例》。

1951 年

1 月 8 日　政务院发布《城市房地产税暂行条例》。

2 月 18 日　中共中央发出《政治局扩大会议决议要点》的党内通报，要求加强党委对城市建设工作的领导，贯彻为生产、为工人服务的观点。

3 月 28 日　中财委发布《基本建设工作程序暂行办法》，对基本建设的范围、组织机构、设计施工，以及计划的编制与批准等，都作了明文规定。

3 月 31 日　政务院批准公布《关于进一步整理城市地方财政的决定》，对全国省辖市以上的城市财政收入中的税收、地方企业收入及各种附加，特别是附加种类和附加率，第一次作了明确统一的规定。

1952 年

4 月 中财委聘请苏联城市规划专家穆欣来华工作，同年 12 月转聘到建工部。

5 月 24 日 内务部发布《关于加强城市公有房地产管理的意见》。

8 月 7 日 中央人民政府委员会第 17 次会议决定，成立中央人民政府建筑工程部，周荣鑫、宋裕和为建筑工程部副部长。

9 月 1 日至 9 日 中财委召开城市建设座谈会。会议对城市进行了分类，提出了有重点地进行城市建设的方针，并要求 39 个城市成立市的建设委员会。

11 月 15 日 中央人民政府委员会第十九次会议，任命陈正人为中央人民政府建筑工程部部长，万里为副部长。

1953 年

3 月 建工部城市建设局成立，孙敬文任局长。

5 月 国家计委成立基本建设联合办公室，下设城市建设组、设计组和施工组。

7 月 13 日 国家计委设置城市建设计划局，曹言行任局长。

9 月 4 日 中共中央发出《关于城市建设中几个问题的指示》，要求加强重要工业城市的规划设计工作，迅速拟定城市总体规划草案，报中央审查；各中央局、分局及有关的市委、市政府必须建立和健全大区财委的城市建设局（处）及工业建设比重较大城市的城市建设委员会。

12 月 5 日 政务院公布《关于国家建设征用土地办法》。

1954 年

6 月 10 日至 28 日 经中共中央批准，建工部召开第一次全国城市建设会议。会议明确了城市建设要为国家的社会主义工业化、为生产、为劳动人民服务，应与工业建设相适应，采取重点建设的方针。会议对首都北京以外的其他城市进行了分类；强调城市建设应加强城市规划与设计工作；建立城市建筑监督管理制度；加强城市各种公用事业的管理与设计工作；拟定必要的城市经济技术定额；培养城市建设干部；等等。

7 月 建工部给水排水设计院成立，郑大堃、林枫为负责人。

8 月 建工部城市建设局改为建筑工程部城市建设总局，孙敬文任局长。

9 月 8 日 国家计委颁发《关于新工业城市规划审查工作的几项暂行规定》。

9 月 15 日 中央人民政府委员会第 34 次会议通过，任命刘秀峰为中央人民政府建筑工程部副部长。

9 月 29 日 第一届全国人大一次会议决定，刘秀峰为建筑工程部部长。

10 月 19 日 国家计委发出《关于厂外工程投资划分的规定》，对重点建设城市中的共同性工程投资和具体建设项目投资划分作了明确规定。

10 月 22 日 国家计委发出《关于办理城市规划中重大问题协议文件的通知》。

10 月 建工部城市建设总局城市设计院成立，李正冠、史克宁为负责人。

11 月 8 日 国家建设委员会成立，薄一波任主任，国家计委城市建设计划局划归国家建委领导。

1955 年

4 月 5 日 北京市聘请的苏联专家组一行 7 人到达北京，帮助首都的城市规划工作。

4 月 9 日 第一届全国人民代表大会常委会第 11 次会议批准国务院设立城市建设总局，万里任局长。原建工部城市建设总局撤销。

4 月 21 日 中华人民共和国国务院任命万里为城市建设总局局长。

5 月 4 日 国家建委召开有关工业布局与城市建设问题座谈会，研究了发展中、小城市，不发展大城市等 20 个问题。

5月 国家计委、城市建设总局发出通知，今后有关城市公用事业的各项计划由城市建设总局主管。

6月9日 国务院全体会议通过并颁发《关于设置市、镇建制的决定》，对市、镇建制的设置标准，作了明文规定。

6月13日 李富春副总理作《厉行节约，为完成社会主义建设而奋斗》的报告。《报告》提出：近代化的工业和原有的城市相结合，近代化的工厂和现有的适合人民生活水平的房屋、办公室、宿舍相结合，这是当前最切合实际的社会主义建设方针。

6月30日 薄一波副总理发表《反对铺张浪费，保证基本建设工程又好又省又快地完成》的广播讲话。

7月4日 中共中央发出《关于厉行节约的决定》，要求在非生产性建设上，必须严格控制，削减非急需建设的项目，认真地降低设计标准和工程造价。

8月5日 国务院批转国家建设委员会《关于在基本建设中贯彻中共中央和国务院节约方针的措施》，在改善城市机制和城市建设工作，降低非生产性建筑造价的方面提出了具体措施。

10月24日 城市建设总局召开重点工业城市会议，全面检查各重点工业城市的城市建设工作，安排市政工程设计、城市规划和市政工程的施工准备工作进度，确定施工力量的组织方案。

11月7日 国务院全体会议通过《关于城乡划分标准的规定》，责成内务部在一九五六年内，对全国现有旧城镇和城镇型居民区作一次统一的审定。

11月19日 国务院发布《基本建设工程设计任务书审查批准暂行办法》。

12月2日 中共中央发出《关于如何进行建筑学术思想批判的通知》。通知指出：开展反对建筑学中的形式主义、复古主义等资产阶级唯心主义思想的批判，对于厉行节约，促进国家工业化有重要意义。

1956 年

1 月 18 日 中共中央批转《关于目前城市私有房产基本情况及进行社会主义改造的意见》。中央指出，对城市房屋私人占有制的社会主义改造，必须同国家的社会主义建设和国家对资本主义工商业的社会主义改造相适应。

2 月 城市建设总局将城市设计院分为城市设计院和民用建筑设计院，鹿渠清任城市设计院院长，李正冠任民用建筑设计院院长。

2 月 22 日至 3 月 4 日 国家建委召开第一次全国基本建设会议，着重讨论了设计工作、建筑工作和城市建设工作在今后若干年内的规划，并提出了实现上述规划和改进当前工作的基本措施。

4 月 国家建委设置区域规划局。

5 月 8 日 国务院批转《关于加强新工业区和新工业城市建设工作几个问题的决定》，要求从 1956 年开始进行 10 个地区的区域规划；加强城市和工人镇的规划工作；设立总甲方，统一组织厂外工程和公用事业的建设；在民用建筑中逐步地实行统一规划、统一投资、统一设计、统一施工、统一分配和统一管理的方针。

5 月 12 日 城市建设总局撤销，中华人民共和国城市建设部成立，万里任部长。

8 月 14 日 国家建委颁发《城市规划编制暂行办法》。

11 月 2 日至 12 日 城市建设部召开全国城市建设工作会议，总结了城市建设工作的经验，明确了城市建设中的方针问题，提出了今后城市建设工作的意见。

12 月 1 日 卫生部和国家建委颁布《饮用水水质标准》，即日起在全国执行。

1957 年

1 月 11 日 国务院发出《关于职工生活方面若干问题的指示》，要求地方人民委员会和各企业、事业单位，对现有住宅都应该注意充分地和合理地加以使用，做好房屋的维修工作；今后新建和扩建企业，必须根据国家计划和批准的初步设计，同时修建新增加职工所必需的住宅。

1 月 城市建设部在天津召开第一次全国供水会议。

3 月 陈云在政协第二届三次会议上指出，在城市建设中，必须纠正规模过大、标准过高、占地过多、要求过急的偏向。

4 月 城市建设部在北京召开第一次全国公共交通会议。

5 月 16 日 李富春、薄一波在重庆谈勤俭建国的方针。李富春提出了基本建设的 10 个政策问题，批评了基本建设征地过多、新工业城市规划过大、标准过高等问题。

5 月 31 日至 6 月 7 日 国家计委、国家建委、国家经委联合召开全国设计工作会议，动员全国设计人员用整风精神检查和总结第一个五年计划的经验教训。会议研究了城市规划和城市建设工作中存在的主要问题，并提出了改进意见。

6 月 3 日 国务院发出《关于进一步开展增产节约运动的指示》，提出民用建筑应该提倡简易房屋。

6 月 7 日至 8 日 城市建设部召开省、市、自治区城市建设厅（局）长座谈会，讨论了在城市规划和设计工作中如何贯彻勤俭建国的方针。

7 月 城市建设部在北京成立市政工程研究所。

10 月 15 日 武汉长江大桥正式通车。

1958 年

1 月 6 日 国务院公布《国家建设征用土地办法》。

1 月 31 日 国家建委、城市建设部发出《关于城市规划几项控制指标的通知》。

2 月 1 日至 11 日 第一届人大五次会议决定：撤销国家建设委员会。国家建设委员会管理的工作，分别交国家计委、国家经委和建筑工程部管理。

城市建设部与建筑工程部、建筑材料工业部合并为建筑工程部，下设城市建设局，主管全国城市规划和城市建设工作，付雨田、丁秀先后任局长。

2月25日 城市建设部召开第一次全国城市绿化会议，提出城市绿化的重点是首先发展苗圃，普遍植树，必须和生产相结合。

7月3日 建工部在青岛召开的城市规划工作座谈会结束。会议讨论了城市建设工作如何适应全国“大跃进”的形势的问题，产生了《城市规划工作纲要三十条（草案）》。

10月12日 全国人大常委会决定，设立国家基本建设委员会，陈云兼任主任。

1959年

6月4日 在建筑工程部和建筑学会联合召开的住宅标准及建筑艺术座谈会上，刘秀峰部长作《创造中国的社会主义的建筑新风格》的报告。

10月 建工部城市建设局分为城市建设局和城市规划局。丁秀任城市建设局局长，王唐文为城市规划局主要负责人。

11月 建工部、农业部、卫生部在武汉联合召开工业废水处理和污水综合利用会议。

1960年

2月15日 建工部副部长杨春茂在全国建筑工程厅局长扩大会议上，作《以城市建设的大跃进来适应国民经济的大跃进》的报告。

3月 中共中央批转建筑工程部党组《关于工业废水危害情况和加强处理利用的报告》。中共中央指出，从现在起，必须积极进行工业废水的处理利用，今后新建企业，都应当把废水处理利用作为生产工艺的一个组成部分，在设计和建设中加以保证。

5月3日 建工部在桂林召开第二次全国城市规划座谈会。这次会议着重研究了有关城乡建设的方针政策；提出了逐步建设现代化城市的问题；明确了开展区域规划工作的必要性和积极进行县镇与农村规划的任务。

9 月 建工部城市规划局及其城市设计院划归国家基本建设委员会领导。

10 月 15 日 中共中央批转建工部提出的《关于解决城市住宅问题的报告》。

11 月 15 日至 12 月 23 日 国家计委召开第九次全国计划会议。会上李富春副总理就当前形势和经验教训等问题作了报告，他提出：三年不搞城市规划。

1961 年

1 月 27 日 国务院批转国家档案局《关于加强管理城市基本建设档案的意见》和《关于如何加强管理城市基本建设档案的报告》。

1 月 30 日 第二届人大第 35 次会议决定，撤销国家基本建设委员会。城市规划局划归计委领导，改称城市建设计划局，曹洪涛任局长。

3 月 国务院发出《关于进一步加强文物保护和管理工作的指示》。

12 月 5 日 中共中央同意沈阳市从企业利润中提取 5% 作为城市建设资金，自 1962 年起试行。

1962 年

3 月 20 日 中共中央发出《关于严禁各地进行计划外工程的通知》。中央指出，正在建设的所有计划外的工程，一律停止施工，特别是楼、馆、堂、所，不论建设到什么程度，必须立即停止施工。

5 月 28 日 建工部发出《关于加强供水管理、降低漏失率节约用水的通知》。

6 月 8 日 第二届人大常委会第 55 次会议决定，批准成立国家房产管理局，作为国务院的直属机构。

10 月 6 日 中共中央、国务院在第一次全国城市工作会议后，发出《关于当前城市工作若干问题的指示》，决定从 1963 年起，大中城市的工商业附加税、公用事业附加税和城市房地产税，统一划给市财政，保证使用城市的公用事业公共设施以及房屋等的维修和保养，所需材料，要列入国家计划。

11 月 6 日 国家计委、财政部、建工部、国家房产管理局发出《关于加强城市房屋、公用事业和市政工程设施维修工作的通知》。

12 月 15 日 国务院任命赵鹏飞为国家房产管理局局长。

12 月 20 日 国家计委、财政部发出《关于六十四个大中城市房地产税划给市财政用于城市建设和维护费用的通知》。

1963 年

3 月 26 日 建工部发出《关于试行〈城市建设工作条例（草案）〉和市政工程、公用事业、园林绿化等三个专业规定（草案）的通知》。

4 月 14 日 国务院批转《关于对华侨出租房屋进行社会主义改造问题的报告》。

10 月 12 日 中共中央、国务院批准《第二次城市工作会议纪要》。纪要中决定：所有设市城市开征三项城市费用；大、中城市都应编制城市的近期建设计划，并修改现有的总体规划。

12 月 7 日 中共中央、国务院发出《关于调整市镇建制、缩小城市郊区的指示》，要求撤销不够设市条件的市，并对缩小市的郊区、调整镇的建制、调整林场、农场、矿山、油田等地区的市镇建制作了规定。

1964 年

3 月 6 日 中共中央批转李富春《关于北京城市建设工作的报告》。中央强调，必须下决心改变北京现在这种分散建设状况。

4 月 国家计委城市建设计划局划归国家经委领导，改称国家经委城市规划局，曹洪涛任局长，撤销城市规划研究院。

5 月中旬至 6 月 17 日 中共中央在北京召开工作会议，提出了一、二、三线的战略布局和建设“大三线”的方针。

7 月 国家房管局召开全国房管工作会议。

11 月 30 日 国务院转发国家计委、国家经委、财政部、物资部《关于改进基本建设计划管理的几项规定（草案）》。规定城市建设等 18 个部门的投资，继续划归地方统筹安排，中央各部门不再下达建设项目和投资指标。

12 月 1 日 毛泽东在国家经委召开的设计院院长会议纪要上批示："要在明年二月开全国设计会议之前，发动所有的设计院，都投入群众性的设计革命运动中去，充分讨论，畅所欲言。以三个月时间，可以得到很大成绩。"正式开始了全国性的设计革命运动。

12 月 7 日 经毛泽东同意，国家计委将拟定的编制长期计划的程序印发政治局、书记处、各中央局和有关部委党组。《程序》认为，为了加强内地建设，"三五"期间基本建设投资增加了，城市等方面的投资必须减少。

1965 年

1 月 4 日 第三届人大一次会议决定，任命李人俊为建筑工程部部长。

3 月 16 日至 4 月 4 日 国家建委召开全国设计工作会议。

3 月 31 日 第三届人大常委会第五次会议决定，将建筑工程部分为建筑工程部和建筑材料工业部；成立国家基本建设委员会，任命谷牧为国家建委主任，刘裕民为建工部部长；国家经委城市规划局划归国家建委领导，曹洪涛任局长。

8 月 28 日 国务院颁发《关于改进设计工作的若干规定（草案）》。提出：城市规划要根据城市为生产建设，为劳动人民服务的方针和工农结合、城乡结合、有利生产、方便生活的原则进行。

1966 年

2 月 国家建委转发建工部《关于住宅、宿舍建筑标准的意见》，对面积定额、层数、厨房、单位造价等作了降低标准的规定。

2 月 28 日至 3 月 9 日 建工部城市建设局召开了第一次全国城市排水

会议。

1967 年

1 月 4 日　国家建委发出《关于北京地区一九六六年房屋建设审查情况和对一九六七年建房的意见》，指出：旧的规划暂停执行，凡安排在市区内的建设，应尽量采取见缝插针的办法，不再开辟新的居住小区。

1968 年

6 月 10 日　国家建委印发《一九六八年京、津地区抗震工作规划要点》，传达了周恩来总理“要保卫大城市、大水库、电力枢纽、铁路干线”“要密切注视京津地区地震动向”等指示。

1969 年

5 月　建工部城市建设局撤销，干部下放到河南省修武县“五七”干校。

10 月　北京建成了中国第一条城市地下铁道。

10 月　国家基本建设委员会城市规划局撤销，干部下放到江西省清江县“五七”干校。

1970 年

6 月 22 日　中共中央决定，撤销建工部、建筑材料工业部，成立中华人民共和国国家基本建设革命委员会，任命李良汉为主任。

9 月 8 日　国务院提出第四个五年国民经济计划纲要（草案），提出工业建设要大分散，小集中，不搞大城市。工厂布点要“靠山、分散、隐蔽”。

9 月　上海黄浦江隧道建成通车，这是中国第一条过江隧道。

1971 年

5 月 1 日　周恩来总理在天安门城楼上对北京市负责人讲：对城市建设管

理问题要加强，要大加整顿。

6 月 为了贯彻周恩来总理的指示，北京市召开城市建设和城市管理工作会议。

11 月 22 日至 29 日 国家建委召开城市建设座谈会，对进一步加强城市建设工作交换了意见。会议对国家建委放松城建工作提出了批评，并要求设置机构，加强城市规划、城市房屋、市政设施、园林绿化、治理“三废”等工作。

1972 年

5 月 30 日 国务院批转国家计委、国家建委、财政部《关于加强基本建设管理的几项意见》，强调指出：城市的改建和扩建要做好规划，经过批准，纳入国家计划。

12 月 26 日 国家建委决定成立城市建设局，丁秀、曹洪涛为负责人。

1973 年

3 月 27 日至 31 日 国家建委城市建设局召开城市公共交通座谈会，研究当前存在的问题和需要采取的具体措施。

4 月 国家建委主持召开解决城市供水紧张问题的会议，重点解决北京、天津、西安等 13 个城市缺水问题。

5 月 谷牧任国家基本建设委员会主任。

6 月 国家建委建筑科学研究院设置城市建设研究所。

9 月 8 日至 20 日 国家建委城市建设局在合肥召开城市规划座谈会。会议交流了合肥、杭州、沙市、丹东等城市开展城市规划的经验，征求了对《关于加强城市规划工作的意见》《关于编制与审批城市规划的暂行规定》《城市规划居住区用地控制指标》3 个文件稿的意见。

10 月 国家建委城市建设局召开城市煤气工作座谈会，讨论了城市煤气的发展方向。

12 月 22 日 国家计委、建委、财政部联合发出《关于加强城市维护费管理工作的通知》，规定城市维护费要保证用于城市公用事业、公共设施，以及房屋等的维修和保养，不能挪作他用。

1974 年

9 月 12 日至 18 日 国家建委在沈阳召开全国消烟除尘经验交流会，重点推广沈阳开展消烟除尘工作的经验。

1975 年

4 月中旬 国家建委城建局在湛江召开小城镇建设座谈会，征求了对《关于加强小城镇建设的意见》和《关于城市规划的编制、审批和管理意见》两个文件稿的意见。

6 月 11 日 国务院发出《关于解决北京市交通市政公用设施等问题的请示报告》批复，要求结合我国在本世纪内发展国民经济两步设想的宏伟目标，把北京逐步建成一个新型的现代化的社会主义城市。

10 月 8 日 国家建委发出《关于加强城市房产管理工作的通知》。通知说，遵照国务院关于将城市房产交由国家建委管理的指示，国家建委已责成城市建设局管理这项业务工作，各地城市房产管理工作，由各省、市、自治区建委（基建局）归口管理。

1977 年

4 月 国家建委发出《关于厂矿企业职工住宅、宿舍建筑标准的几项意见》。

5 月 14 日 中共中央、国务院批复河北省《关于恢复和建设唐山规划的报告》。

1978 年

2 月 国家建委组织全国 29 个单位的规划人员修订唐山市总体规划，编制唐山市建设规划，并进行了部分市政工程设计。

3 月 6 日至 8 日　国务院召开第三次全国城市工作会议。会后，中共中央批准了会议制订的《关于加强城市建设工作的意见》，对城市规划、旧城改造、住宅及市政公用设施等各方面工作都作了明确规定。并决定从 1979 年起，在 47 个城市试行每年从上年工商利润中提成 5%，作为城市维护和建设资金。

5 月　国家建委城市建设局在常州召开了城市建设科技工作会议。

7 月 25 日至 31 日　国家建委城市建设局召开全国动物园工作会议。

9 月 5 日　国家计委、国家建委、财政部、国家物资总局联合发出《关于自筹资金建设职工住房的通知》。

9 月 7 日至 13 日　国家建委召开城市住宅建设工作会议，提出了七年规划和两年设想，制订了加快住宅建设的措施。会后，城建总局在西安、柳州、南宁、桂林、梧州市进行建房出售给个人的首次试点。

10 月 19 日　国务院批转国家建委《关于加快城市住宅建设的报告》。

11 月 6 日至 12 日　国家建委城建局和广东省建委在肇庆召开风景旅游城市规划建设座谈会。

12 月 4 日至 10 日　国家建委城市建设局召开全国城市园林绿化工作会议。

12 月 5 日　国家计委、国家建委、财政部颁发《关于工业比较集中的县镇开征公用事业附加的几项规定》。规定从 1979 年 1 月起，对一些工业比较集中的县镇和工矿区开征公用事业附加。

12 月 28 日　国家计委、国家建委、财政部颁发《关于四十七个城市试行从工商利润中提取百分之五作为城市维护和建设资金的有关规定》，对提取范围和办法、使用范围、计划体制和材料、设备供应以及资金管理等方面都作了明确规定。

1979 年

2 月 8 日　国家建委颁发《城市房产和城市建设各行业劳动定员试行标准》。

3月12日 国务院发出《关于成立国家建工、城建两个总局的通知》。通知说，国家城市建设总局直属国务院，由国家建委代管，行政编制为250人。国务院对国家城建总局的业务范围作了明确规定。

3月 国家建委在杭州召开风景区工作座谈会，研究了重点风景区的保护和规划工作。

5月10日 国家城市建设总局正式成立，邵井蛙任局长。

5月 国家建委建筑科学研究院城市建设研究所改为城市规划设计研究所，隶属国家城市建设总局领导。

12月8日 国家城市建设总局、中央爱委会、卫生部发出《关于改变城市环境卫生体制问题的通知》，要求各设市城市环境卫生部门归由市基本建设委员会或城市建设局领导。

12月30日 国家城市建设总局发出《关于加强市政工程工作的意见》，就市政工程工作的方针和任务、管理体制、定员标准等18个方面的工作提出了意见。

1980年

3月1日 经国务院批准，国家建委、中央爱委会、国家城市建设总局发送《关于加强城市环境卫生工作的报告》。

3月2日至11日 城市建设总局召开全国城市房产住宅工作会议。会后，国家建委转发了《关于加强住宅建设工作的几点意见》。

5月4日 王任重传达中央书记处对北京市工作方针的四点建议。

5月15日 国务院批转国家文物局、国家建委《关于加强古建筑和文物古迹保护管理工作的请示报告》，要求各级人民政府和有关部门，采取有力措施，制止破坏，切实把古建筑和文物古迹保护管理工作抓起来。

5月16日 中共中央、国务院决定在广东省深圳、珠海、汕头和福建的厦门试办经济特区。

7月10日至17日 国家建委召开全国城市规划专家座谈会。会议总结了城市规划工作的历史经验，研究了今后城市规划工作的指导方针、如何实施规划，以及发展小城镇问题。

7月16日 国务院批转宗教事务局、国家建委等单位《关于落实宗教团体房屋政策等问题的报告》。

7月26日 国务院发布《关于中外合营企业建设用地的暂行规定》。

9月18日 国家经委、国家计委、国家建委、财政部、国家城市建设总局发出《关于节约用水的通知》，针对企业用水管理不善的问题，对节约用水提出了具体意见。

9月23日 国家城市建设总局颁发《城市供水工作暂行规定》。

10月5日至15日 国家建委召开全国城市规划工作会议，总结交流了经验，讨论制订《城市规划法》草案；提出了城市发展的指导方针、政策和措施。国务院副总理谷牧提出：市长的主要职责是规划、建设和管理好城市。

12月9日 国务院批转《全国城市规划工作会议纪要》，同意会议提出的“控制大城市规模，合理发展中等城市，积极发展小城市”的方针。

12月16日 国家建委颁发《城市规划编制审批暂行办法》和《城市规划定额指标暂行规定》。

12月22日 中国第一座三层立交工程——北京西直门三层转盘式立体交叉桥建成。

1981年

3月6日 第五届人大第十七次会议决定，任命韩光为国家基本建设委员会主任。

3月17日 国务院批转国家城建总局等部门《关于加强风景名胜保护管理工作的报告》。

5月6日 国家城市建设总局、国家劳动总局、公安部、工商行政管理总局发出《关于解决发展城镇集体经济和个体经济所需场地问题的通知》。

5月11日 国家城市建设总局在青岛召开第一次城市污水处理厂管理工

作座谈会。

6月18日至23日 国家城市建设总局召开全国城市建设厅（局）长座谈会，座谈如何发挥城建现有设施、队伍的作用和加强城建行政管理的问题，征求对编制全国“六五”计划和十年设想中有关城市规划、建设和管理方面的意见。

7月 国务院批准建立武汉城市建设学院。

9月15日 北京地铁第一期工程经国家验收正式交付运营。

10月7日 国务院批转国家建委《关于开展国土整治工作的报告》，并指出，国土资源和生态平衡遭受破坏的情况相当严重，迫切需要加强国土整治工作。

12月12日至17日 国家建委、国家档案局、国家城市建设总局召开城市建设档案工作座谈会。

12月 国家建委、国家经委、国家城市建设总局先后召开北方15个城市和南方10个城市用水会议。

1982年

2月5日 国务院发布《征收排污费暂行办法》。

2月8日 国务院批转国家建委、国家城市建设总局、国家文物局《关于保护我国历史文化名城的请示》，公布第一批24座历史文化名城。

3月 国家城市建设总局发出《关于加强城市（镇）房地产产权产籍管理工作通知》。

5月4日 全国五届人大常委会第23次会议决定，撤销国家建委、国家城市建设总局等单位，成立城乡建设环境保护部（简称建设部），李锡铭任部长。

5月14日 国务院公布《国家建设征用土地条例》，对征用土地的程序、审批权限、用地单位支付补偿费和安置费的标准，以及对违反条例者应负的责任内容，都作了明确规定。

6 月 15 至 23 日 全国城乡建设环境保护工作会议在北京召开。会议讨论了城乡建设环境保护部门面临的形势、任务，以及采取的重要措施。

8 月 31 日 建设部颁发《市政工程设施管理条例》，对城市道路、桥涵、排水、防洪、照明等设施的管理，做出了明确的规定。

9 月 27 日 建设部、国家经委、国家计委、财政部发出关于印发《二十五个城市用水会议纪要》的通知。

11 月 23 日至 27 日 建设部城市规划局、文化部文物局召开历史文化名城规划和保护座谈会，讨论了如何做好历史文化名城规划、反映地方特色和不同的城市风貌以及保护文物古迹和旅游事业结合等问题。

12 月 3 日 建设部颁发《城市园林绿化管理暂行条例》。

12 月 4 日至 10 日 建设部城市规划局召开南方县镇规划座谈会。

12 月 19 日至 24 日 中国城市发展战略思想学术讨论会在北京召开，筹备成立中国城市科学研究会。

1983 年

1 月 国务院批准建立苏州城市建设环境保护学院。

3 月 14 日至 21 日 第一次全国城市环境卫生、园林绿化先进集体、先进个人代表大会在北京召开。会议提出将要在全国 236 个大中城市中大规模地开展植树和绿化活动。

5 月 3 日 国家科委批准成立建设部城市规划设计研究院。

5 月 28 日 建设部、文化部发出《关于在建设中认真保护文物古迹和风景名胜的通知》，要求将各级文物保护单位和风景名胜区的保护措施纳入规划，分别确定其保护范围和控制建设用地；必须注意保护环境风貌。

6 月 3 日 建设部发出关于编写《当代中国城市建设》的通知，要求各省、市、自治区城建部门立即组织力量，总结当代中国城市建设的成就和经验。

7 月 14 日 中共中央、国务院批准《北京市城市建设总体规划方案》。为了加强对首都规划建设的领导，决定成立首都规划建设委员会。

9月8日 国务院批转建设部《关于对国民党军政人员出走弃留的代管房屋处理意见》。

10月5日 中央组织部、建设部、中国科协联合举办的首届市长研究班在北京开学。

10月6日至10日 建设部、国家经委、全国总工会联合召开全国城市节约用水会议，总结交流了节约用水经验；讨论制定了节约用水的具体政策，规定了城市地下水资源管理规定和工业用水定额；表彰了节约用水的先进单位和个人。

11月2日 中共中央办公厅、国务院办公厅转发国务院侨务办公室和建设部《关于落实华侨私房政策情况的报告》，要求各地认真检查这项工作的进展情况和存在的问题，于1984年上半年完成这一工作。

11月5日 国务院批转建设部《关于重点项目建设中城市规划和前期工作意见的报告》，并指出，重点项目建设的前期工作与城市规划工作相结合，是保证重点项目建设顺利进行，并取得良好效益的重要条件。各部门、各地区，都要认真抓好重点建设前期工作与城市规划的结合，使重点项目建设和城市统一规划，协调发展。

11月15日 中国园林学会成立。

11月19日 国务院发出《关于制止买卖、租赁土地的通知》，要求各地对买卖、租赁土地等非法活动，进行一次认真检查、清理，并将情况报告国务院。

12月9日 中国城市住宅问题研究会成立。

12月17日 国务院颁布《城市私有房屋管理条例》。《条例》对所有权登记、买卖、租赁、代管等方面作出了规定。

1984年

1月5日 国务院颁发《城市规划条例》。《条例》内容包括总则、城市规划的制订、旧城区的改建、城市土地使用的规划管理、城市各项建设的规划管理、处罚等方面。

1 月 20 日　中国城市科学研究会成立。

3 月 28 日　由中共中央书记处和国务院联合召开沿海部分城市座谈会，决定进一步开放大连、秦皇岛等 14 个沿海港口城市。

4 月 28 日　中国最大的污水处理厂——天津纪庄子污水处理厂竣工，这座大型污水处理厂日处理污水能力为 26 万立方米。

6 月 8 日至 13 日　建设部责成城市规划局召开城市土地规划管理座谈会。

7 月 7 日　全国人民代表大会常务委员会决定芮杏文为城乡建设环境保护部部长。

7 月 24 日　建设部城市规划局改由建设部和国家计委双重领导。

8 月 6 日至 10 日　建设部召开沿海开放城市规划座谈会。

8 月 25 日　经国务院批准，建设部发布《中华人民共和国城乡建设环境保护部关于外国人私有房屋管理的若干规定》。

10 月 11 日　国务院批转建设部《关于扩大城市公有住宅补贴出售试点的报告》。

10 月 20 日　中共中央在《关于经济体制改革的决定》中指出：城市政府应该集中力量做好城市的规划、建设和管理，加强各种公用设施的建设，进行环境的综合整治，指导和促进企业的专业化协作、改组联合、技术改造和经营管理现代化，指导和促进物资和商品的合理流通，搞好文教、卫生、社会福利事业和各项服务事业，促进精神文明的建设和创造良好的社会风气，搞好社会治安。同时，城市政府还应该根据国民经济发展的总体要求和当地的条件，做好中长期的经济和社会发展规划。

11 月 22 日　国务院批转民政部《关于调整建镇标准的报告》。国务院指出，为了适应城乡经济发展的需要，适当放宽建镇标准，实行镇管村体制，对已具备建镇条件的地方，地方政府要积极做好建镇工作，成熟一个，建一个。

12 月 16 日至 20 日　建设部召开全国城市煤气工作会议。会议讨论了城市煤气发展规划，研究制定了有关技术经济政策，总结交流了城市煤气生产、建设和改革经营管理工作的经验。

12 月 27 日　建设部在合肥召开全国旧城改建经验交流会，主要是研究推广合肥市在旧城改建中实行社会集资，进行统一规划，综合开发的经验。

1985 年

1 月 16 日 国务院总理听取建设部关于住房租金改革方案汇报。

1 月 22 日 成立了以芮杏文为组长的住房租金改革领导小组。

2 月 8 日 国务院发布《中华人民共和国城市维护建设税暂行条例》。《条例》对城市维护建设税税率、使用等作了规定。规定税率为：纳税人所在地在市区的，税率为 7%；在县城、镇的，税率为 5%；不在市区、县城或镇的，税率为 1%。

4 月 19 日 国务院批转建设部关于《改革城市公共交通工作的报告》，要求对各种车辆严格管理，大力发展公共交通，增加客运车辆；加快道路网的改造和改建，修通必要的环路，形成通畅的干道系统。

5 月 10 日 国家科委批准设立建设部城市建设研究院。

6 月 7 日 国务院发布《风景名胜区管理暂行条例》。《条例》对风景名胜区的规划、土地，以及景物、文物古迹的管理等作了规定。

6 月 10 日 建设部颁发《城市煤气工作暂行条例》和《发展城市煤气的技术政策》。

7 月 1 日 第一次全国城镇房屋普查工作全面展开。近百万普查人员在全国 310 多个市、3900 多个县镇、1800 多个工矿区，对房屋、居住情况进行逐幢逐户的测绘登记。

8 月 30 日 建设部、国家计委颁发《关于加强重点项目建设中城市规划和前期工作的通知》。其主要内容是进一步贯彻落实国务院的精神，使重点项目建设和城市规划密切结合，保证重点工程建设顺利进行，取得良好的经济效益、社会效益和环境效益。

11 月 5 日 国家科委批准成立建设部城镇住宅研究所。

11 月 22 日 全国人民代表大会常务委员会决定，叶如棠任城乡建设环境保护部部长。

12月7日至10日 建设部城市规划局召开城市土地规划管理座谈会，研究如何理顺城市土地管理体制问题。

1986年

3月1日 建设部发出《关于城镇公房补贴出售试点问题的通知》。

3月11日 建设部、国家计委发出《关于商品住宅建设问题的通知》，要求今后建造商品住宅采取先建后卖的办法。

4月19日 国务院批转民政部《关于调整设市标准和市领导县条件的报告》。国务院要求各地认真总结设市和市领导县工作的经验，搞好规划，合理布局，严格按条件办理。

6月1日 建设部批准颁发《城市园林苗圃育苗技术规程》。

6月6日 建设部和国家计委印发《关于加强城市规划工作的几点意见》，对“七五”期间如何加强城市规划工作提出了具体要求。

6月3日至7日 建设部和国家计委召开全国城市供热工作会议。

7月30日 国务院办公厅转发建设部、中央爱国卫生运动委员会《关于处理城市垃圾改善环境卫生面貌的报告》，要求各级人民政府和各有关部门应予高度重视，着手采取有效措施，解决城市垃圾问题。

10月23日至28日 建设部城建局召开全国公园工作会议。

11月25日至30日 国务院召开全国城市建设工作会议，研究在改革、开放、搞活的新形势下，如何充分发挥城市的多种功能和中心作用，如何把城市规划、建设、管理工作进一步搞好。建设部同时在京举办全国城市建设成就展览会。

12月2日 建设部、国家统计局发布第一次全国城镇房屋普查成果新闻公报。普查表明，全国28个省、市、自治区的323个市、1951个县、5270个城镇和工矿区的房屋建筑面积已达46.76亿平方米。

12月8日 国务院批转建设部、文化部《关于请公布第二批国家历史文化名城名单的报告》，公布上海、天津、沈阳等38个城市为国家历史文化名城。

后　记

在本书的编写过程中，得到了各省、市、自治区和一些城市的大力支持，还有很多城市建设部门离任的老领导，有关专业的专家、学者对本书提出了许多很好的修改意见。在此一并表示感谢。

本书资料、数据一般收集到1986年年底，个别情况延长到1987年。

参加本书初稿编写工作的同志有：于书典、于木琪、万木根、万禄、王瑛、王煦、王真杰、王汉华、王早生、王国建、王维珍、王晶晶、甘锋、卢允崎、卢盛炳、包文琴、兰毓柱、印绍良、石新民、朱智、朱丹、朱懋伟、乔邑平、乔虹、任致远、江永武、孙兰逊、孙国良、孙宗汾、孙俊、朴杰、刘门楼、刘友湘、刘连、刘英豪、刘润生、汪巧玲、何方良、何济钦、余香荣、陈永川、陈希耀、陈铎、陈培康、邹祖平、邵庄法、吴伟科、吴啸山、沈士芳、沈音、沈铁、肖绍雍、杜林杠、杜锡道、宋玉珏、杨彬、李虹、李子实、李长杰、李学书、李森堡、郑菁、张书珊、张汉亭、张光兴、张克修、张若丕、张陆明、张忠祥、张曼伦、张景沸、林彦淙、封永默、周玉民、哈先甲、贺廷栋、胡风岐、胡海涛、赵广庆、赵天佐、赵士绮、赵金才、赵振中、高崇志、高禄堂、谈远明、姚金龙、钱宝政、陆明其、陶化生、徐汉云、崔广录、崔学荣、崔明义、夏军、黄瑾、章立德、梁荣行、蒋达善、鲁涛、蔡华、裴兆雄、潘兆南、臧筱珊、薛经道、魏京山、魏玺英。另外，还有很多同志为本书编写工作提供了资料、图片，在此表示感谢。

本书限于编者水平，还有许多不足之处，希广大读者多提宝贵意见。

编　者

1988年9月30日